杰夫·贝佐斯辞去华尔街的高薪工作后,于1995年7月开创自己看似不起眼的事业——在线书店。公司的第一个仓库就在其办公室的地下室。吉姆·洛特/《西雅图时报》

(下图)1999年,35岁的杰夫·贝佐斯和妻子麦肯齐在西雅图的家中。那年秋天,亚马逊的市值达到250亿美元,他被《时代周刊》评为当年的"年度人物"。不久互联网经济泡沫破灭,亚马逊差点在这次劫难中破产。大卫·伯内特/联系图片社

在贝佐斯小的时候,每年夏天,他的父母都会送他去他退休的祖父位于得克萨斯州科图拉的牧场,在那里他学到了自力更生的价值,并对科幻小说和太空探索产生浓厚的兴趣。1999年,他重游了家族牧场。大卫·伯内特/联系图片社

杰夫·贝佐斯希望亚马逊打造一款完全独特的智能手机。他在 2010 年亲自构思并密切参与开发的 Fire Phone，屏幕上的图像可以呈现 3D 视觉效果，但亚马逊的工程师们对这一功能持怀疑态度。这款手机在 2014 年 6 月推出后遭遇彻底失败。大卫·莱德 /Getty Images

当亚马逊印度高管提出的增长计划偏保守时，贝佐斯告诉他们，"在印度，我不需要计算机科学家，我需要牛仔"。2014 年 9 月，他访问印度，奖励他们的积极进取，并在一个布满装饰的平板卡车上揭开了一张 20 亿美元的巨额投资支票。曼朱纳特·基兰 /法新社 /Getty Images

（左）贝佐斯希望传奇的执行编辑马蒂·巴隆参与他和《华盛顿邮报》高管们的战略会议。"要改变一家餐厅，就必须请位新主厨。"他说。2016 年 5 月，他们一起公开发言。

（右）《华盛顿邮报》驻德黑兰记者杰森·雷扎安被不公正地判定犯有间谍罪，并在伊朗被监禁了 18 个月。2016 年 1 月，雷扎安获释后，贝佐斯乘坐私人飞机前往法兰克福，将这位记者及其家人接回美国。亚历克斯·黄 /Getty Images

迷恋好莱坞和《星际迷航》的贝佐斯，客串了2016年的电影《星际迷航3：超越星辰》，他与当时的妻子麦肯齐和他们的四个孩子一起参加了首映式。托德·威廉姆森/Getty Images

亚马逊影业的第一任负责人罗伊·普莱斯为《透明家庭》等热门剧作开了绿灯，并帮亚马逊和贝佐斯打进了好莱坞。他是亚马逊各种派对上的支柱人物，包括在2016年9月艾美奖之后举行的这场。普莱斯在被指控不当行为后于次年辞职。查理·加莱/Getty Images 为亚马逊影业供图

好莱坞与亚马逊亿万富翁创始人相互吸引。2018年1月金球奖过后，贝佐斯与马特·达蒙、泰卡·维蒂蒂和克里斯·海姆斯沃斯等一线明星一起出席了亚马逊在比弗利希尔顿酒店举行的派对。阿尔贝托·E.罗德里格斯/Getty Images

（左）亚马逊全球消费者 CEO（首席执行官）杰夫·威尔克代表着亚马逊锋芒毕露的企业文化中更人性化的元素。"如果没有他，今天的亚马逊将面目全非。"威尔克在 2020 年宣布离开亚马逊时，贝佐斯这样写道。乔·布格莱维奇／彭博社

（右）AWS 首席执行官安迪·贾西主张尽可能长时间地向公众隐瞒其部门的出色财务表现。今天，AWS 贡献了亚马逊全部营业利润的 60% 以上。2021 年，贝佐斯宣布贾西将接替他担任亚马逊 CEO。大卫·保罗·莫里斯／彭博社

（左）贝丝·加莱蒂是唯一一位在亚马逊核心高管团队 S-team 待过三年的女性。2015 年《纽约时报》发表了对亚马逊企业文化的负面报道后，她接管了亚马逊人力资源部门。她被要求"彻底简化"亚马逊的绩效评估系统。霍莉·安德列斯

（右）戴夫·克拉克自 2012 年以来一直负责管理亚马逊庞大的运营部门。在亚马逊因安全问题饱受批评之际，他主导收购了机器人公司 Kiva，并将业务扩展到包裹递送领域。2021 年，他接替杰夫·威尔克担任亚马逊消费者 CEO。凯尔·约翰逊

（左上）唐纳德·特朗普在其总统任期内频繁抨击亚马逊，指责其避税并欺诈美国邮政服务。2017年6月，贝佐斯、微软CEO萨提亚·纳德拉和其他科技领袖前往白宫进行了一次表面和谐的"朝圣"之旅。贾宾·博茨福德/《华盛顿邮报》/Getty Images

（右上）2017年7月，贝佐斯参加了在爱达荷州太阳谷举行的艾伦公司精英会议。活动中流出的一张照片暴露了这位CEO热衷健身，"肌肉男贝佐斯"开始变成网络热词。德鲁·安格勒/Getty Images

（下图）2015年11月，蓝色起源公司成功发射并降落了一个乘员舱及其可重复使用的助推火箭，这是一项历史性的壮举。一个月后，SpaceX也成功做到了。"欢迎加入俱乐部"，贝佐斯在推特上艾特埃隆·马斯克。但蓝色起源的优势没有保持多久。蓝色起源/ZUMA Press图片社

当贝佐斯和劳伦·桑切斯的关系被《国民问询》曝光后,他们开始在精英圈中公开出双入对。2020年2月,他们与詹妮弗·洛佩兹以及《时尚》杂志传奇主编安娜·温图尔出现在洛杉矶的一场时装秀上。卡拉·凯斯勒/《纽约时报》/Redux

贝佐斯于2020年1月再次访问印度,与2014年那次全然不同。这一次,印度小商贩抗议这位CEO的到来,贝佐斯和劳伦·桑切斯却盛装打扮,在泰姬陵前合影留念。帕万·夏尔马/法新社/Getty Images

2018年1月,亚马逊西雅图总部那三个彼此连通的巨大玻璃温室Spheres开幕,彼时,该公司已占用该市20%的高档办公空间,与市议会的关系冷淡。杰克·扬－普拉塞斯/Alamy图片库

亚马逊将其第二总部的一半设在纽约皇后区长岛市的决定，遭到了强烈反对。抗议者在 2019 年 1 月举行的 HQ2 市议会听证会上拉起反亚马逊横幅并嘲笑这家公司。亚马逊几天后就取消了在那里建立新办事处的计划。德鲁·安格勒 / Getty Images

在 COVID-19 大流行开始时，亚马逊遭到了来自其临时工人的大量批评。尽管采取了体温检查、规定社交距离和其他安全措施，仍然有一些员工感染了病毒，工人抗议公司将销售置于安全之上。莱安德罗·贾斯汀

拒绝让贝佐斯在国会做证后，亚马逊被迫做出了让步。2020 年 7 月 29 日，在国会众议院司法小组委员会关于网络平台和市场垄断的听证会上，贝佐斯与脸书的马克·扎克伯格、谷歌的桑达尔·皮查伊以及苹果的蒂姆·库克一起出席了线上视频听证会。曼德尔·颜

"我的一生都在犯错。" 2019 年，在华盛顿特区史密森尼国家肖像画廊博物馆举行的庆祝晚宴上，贝佐斯如是说。他的大儿子普雷斯顿对他进行了介绍。乔伊·阿斯科/AP 为英国国家肖像馆供图

他从一众画家中选择了写实画家罗伯特·麦柯迪，他要找"一位超现实主义高手，他能够把我身上的每个瑕疵、每个不完美、每条伤痕，都清晰地画出来"。

贝佐斯传

amazon
Unbound

Jeff Bezos and the Invention
of a Global Empire

［美］布拉德·斯通（Brad Stone） 著
张琪 译

中信出版集团｜北京

图书在版编目（CIP）数据

贝佐斯传 /（美）布拉德·斯通著；张琪译 . -- 北京：中信出版社，2021.10
书名原文：Amazon Unbound: Jeff Bezos and the Invention of a Global Empire
ISBN 978-7-5217-3238-2

Ⅰ. ①贝… Ⅱ. ①布… ②张… Ⅲ. ①贝佐斯-传记 Ⅳ. ① K837.125.38

中国版本图书馆 CIP 数据核字（2021）第 153931 号

Amazon Unbound
Original English Language edition Copyright © 2021 by Brad Stone
All Rights Reserved.
Published by arrangement with the original publisher, Simon & Schuster, Inc.
Simplified Chinese translation copyright © 2021 by CITIC Press Corporation
本书仅限中国大陆地区发行销售

贝佐斯传
著者：[美]布拉德·斯通
译者：张琪
出版发行：中信出版集团股份有限公司
（北京市朝阳区惠新东街甲 4 号富盛大厦 2 座 邮编 100029）
承印者：中国电影出版社印刷厂

开本：787mm×1092mm 1/16	插页：4
印张：28.75	字数：350 千字
版次：2021 年 10 月第 1 版	印次：2021 年 10 月第 1 次印刷
京权图字：01–2021–3240	书号：ISBN 978–7–5217–3238–2
定价：79.00 元	

版权所有·侵权必究
如有印刷、装订问题，本公司负责调换。
服务热线：400–600–8099
投稿邮箱：author@citicpub.com

献给我的父亲罗伯特·斯通

爱迪生的天才之处不在于发明，而是创建了一个发明系统。几十位研究人员、工程师以及能工巧匠在他的带领下，在一个他精心构建和管理的等级体系中努力工作。

——**格雷厄姆·摩尔，《黑夜最后的日子》**

总让我感到很奇怪的是……我们所欣赏的一些人类特质——善良、慷慨、开放、诚实、将心比心——在我们的社会中常和失败相伴。而那些我们讨厌的特质——尖刻、贪婪、攫取、卑鄙、自负、自私——往往带来成功。人们欣赏前者，却更爱后者。

——**约翰·斯坦贝克，《罐头厂街》**

目录

序 言 _ III

第一部分
发 明
001

第 1 章
最高产品经理 _ 003

第 2 章
一个无聊到没人注意的名字 _ 035

第 3 章
牛仔与杀手 _ 050

第 4 章
突飞猛进的一年 _ 073

第 5 章
挺身而战 _ 095

第 6 章
轰炸好莱坞 _ 112

第二部分
杠杆
137

第 7 章
零售机器 _ 139

第 8 章
亚马逊的未来 _ 161

第 9 章
最后一英里 _ 189

第 10 章
后院的金矿 _ 219

第 11 章
步步为营 _ 238

第三部分
无 敌
259

第 12 章
辉煌的图景 _ 261

第 13 章
轻微凹陷的无敌盔甲 _ 289

第 14 章
反垄断清算 _ 319

第 15 章
高速增长与巨大挑战 _ 349

致　谢 _ 375
注　释 _ 379

序　言

2019年11月一个星期天的晚上，几百位政界、商界、媒体界和艺术界的名流，齐聚美国华盛顿特区的史密森尼国家肖像画廊博物馆。这样一大群人的室内聚会，很快就会变得不受欢迎，就像来自某个没落文明的古老习俗。几个月后，新冠病毒引发现代历史上最为严重的一场全球疫情。

这场聚会只有收到邀请的人才能参加。当晚，博物馆的庭院人群熙攘，米歇尔·奥巴马、希拉里·克林顿、南希·佩洛西等人身着盛装，出现在几百位嘉宾当中。他们在这里庆祝六位人物的肖像新晋画廊永久收藏之列，肖像的主人包括音乐剧《汉密尔顿》的创作者林-曼努尔·米兰达、《时尚》杂志主编安娜·温图尔这样的美国符号，还有全球首富——亚马逊创始人、CEO杰夫·贝佐斯。

写实画家罗伯特·麦柯迪笔下的贝佐斯栩栩如生：纯白的画布上，贝佐斯身着白衬衫，系着银色领带，目光锐利。这样的眼神在过去的25年，常常让他的员工感到方寸大乱。因对"服务、创造力、个性、洞察力和独创性"的杰出贡献，贝佐斯被授予"国家肖像奖"。在当晚的演讲中，贝佐斯感谢在场的家人和同事对他的热情支持，谦虚的谈吐风格一如既往。

在他19岁的大儿子普雷斯顿一番隆重的介绍之后，贝佐斯说："我的一生都在犯错，企业界对此可是尽人皆知。这里有多少人买过Fire Phone？"人群一阵大笑，然后安静下来。Fire Phone是2014年亚马逊推出的一款智能手机，以彻底失败而告终。"对，没有，根本没人买。谢谢。"他笑着说。

"我做成的每一件事，不管是有趣的、重要的，还是有益的，前期都经历了无数试验、错误和失败。"他说，"我身上全是失败的烙印。"他回忆为什么要从博物馆推荐的一众画家中选择麦柯迪："我要找一位超现实主义高手，他能够把我身上的每个瑕疵、每个不完美、每条伤痕，都清晰地画出来。"

话音落下，听众起立，热烈鼓掌。那样的晚上，台上的乐队是Earth, Wind & Fire，客人们畅饮，跳舞，喜剧演员詹姆斯·柯登扮成温图尔，戴着金色假发、黑色墨镜、穿着皮毛包边的大衣，为温图尔本人颁奖。"让杰夫·贝佐斯请我喝咖啡！"他拿着妩媚的腔调，逗得这群有钱人开心大笑。

然而，欢宴之外，人们对亚马逊和担任其CEO之职26年之久的贝佐斯的情感要复杂得多。亚马逊成功了，但声誉并不好。相伴掌声而来的不和谐的批评之声比比皆是。亚马逊令人尊敬甚至热爱，但它那隐秘的野心也常常让人生疑。其创始人的身价在飘升，它仓库里的那些蓝领工人却在艰难度日，这引发对金钱和权力分配不公的持久质疑。亚马逊不再只是一个鼓舞人心的商业故事，更成了一场关于大公司对员工、社会和地球生态环境应负何种责任的全民公投的目标。

对于环境这一条，贝佐斯曾考虑一项"气候承诺"（Climate Pledge）计划。根据这个计划，亚马逊将在2040年实现碳中和，比《巴黎协定》设定的那些最乐观的目标还要早10年。批评人士强烈要求亚马逊像其他大企业那样公布碳足迹——经营排放的有害温室气体情况。亚马逊公司的可持续发展部门多年来一直声称采用了更加高效的建筑节能标准，减少了浪费性包装材料的使用，却不愿公布进展，也不愿像其他公司那样发布碳减排报告。贝佐斯则强调，亚马逊解决这个问题的方法是创造性的，应该被视作领导者，遍布全球的无数亚马逊用户也仍会愿意访问它的网站，快乐网购。

在这一目标下，[1]具体措施付之阙如，亚马逊的飞机、卡车和运货车队却在持续变得庞大，污染气体排放与日俱增。尽管如此，贝佐斯还是希望发布这一计划，并高调地邀请其他企业加入。亚马逊内部也在积极筹划通过一段视频来发布这一计划，贝佐斯将亲自前往极地冰盖，在那里录制这段视频。亚马逊可持续发展和公共关系部门的员工花了好几天时间，思考如何实现这一极度复杂且碳密集的壮举。最终，他们慈悲地放弃了这个想法，而选择让贝佐斯在华盛顿特区温暖的全国新闻俱乐部来宣布，不必大费周章跑到极地去了。

2019年9月19日上午，即史密森尼国家肖像画廊博物馆盛宴举行的两个月前，寥寥数位全国新闻俱乐部的成员，作为亚马逊CEO的仅有观众出席了发布仪式。贝佐斯与《联合国气候变化框架公约》前执行秘书克里斯蒂安娜·菲格雷斯坐在一个很小的舞台上。"五年前气候科学家所做的预测被证明是错误的。"贝佐斯先发言，"南极冰盖的融化速度比五年前预测的速度快了70%，海洋温度升高的速度也加快了40%。"他继续说道，亚马逊将采取100%可再生能源为运营提供动力，以实现自己的新目标。第一步是向位于密歇根州普利茅斯

序　言

的初创公司 Rivian Automotive 订购 10 万辆电动运货车，这家公司也是亚马逊投资的。

在随后的问答环节中，记者向贝佐斯提到一群号称"亚马逊气候正义雇员"的工人。[2] 他们向公司提出的要求之一，是撤回对反对气候政策的政治人物的资助，并中断与化石能源公司的云计算服务合同。贝佐斯说："我认为这些员工的担心是完全可以理解的。"但他不同意他们的所有要求："我们不希望这变成公地悲剧，所有人都必须为此努力。"几个月后，新冠肺炎疫情暴发，亚马逊解雇了该组织的两名首脑人物。

那天我也在观众席上，我举手问了贝佐斯那天上午的最后一个问题：他是否确信人类的行动还来得及逃过地球变暖的最危险情况？他用他那犀利的目光盯着我，回答说："我天生就是个乐观的人。"这种目光同样被艺术家罗伯特·麦柯迪忠实地捕捉到了。"我真的相信，只要发挥想象力和创造力，只要人们有决心和热情，有强大的目标，就可以找到走出任何困境的出路。这就是我们人类现在需要做的。我相信我们会这样做，我很确定。"他的回答表明，他完全相信只要拥有具备强大技术、聪明大脑和意志坚定的发明家，一切问题都将不是问题。至少在那一刻，他看起来还是那个理想飞扬的老杰夫，而不是那个创造和经营着一家满身争议的大公司的亿万富翁。亚马逊到底是在推进世界走向精彩未来，还是在消灭支撑了它自身成功的公平竞争和自由企业精神，完全取决于你怎么看。

* * *

如今，亚马逊几乎无所不卖，并快递所售商品，它的数据中心驱动着全球大部分互联网络,传输电视节目和电影到千家万户,它的一款声控扬声器也很畅销。但是在 30 年前,亚马逊还仅仅是一个想法,酝酿于曼哈顿中城的一座摩天大楼的 40 层。不熟悉那段互联网基础史实的人,可以读读下面的故事。

30 岁时,贝佐斯冒险踏上创业之路。他辞去了在华尔街对冲基金 D. E. Shaw 的高薪工作,启动了一门看上去不怎么赚钱的生意:一家在线书店。他与 24 岁的妻子麦肯齐从纽约飞往沃斯堡,从储藏室里开出他家那辆 1988 款雪佛兰开拓者,由麦肯齐驾车往西北行驶,自己则坐在副驾驶座位上,将财务预测数据输入笔记本电脑中的电子表格。那是 1994 年,互联网的旧石器时代。

他在西雅图东部郊区一个三居室平房的车库里创立了自己的公司,车库中间有一个旧式取暖用的大铁炉,并用从家得宝花 60 美元买来的木门动手制作了两张桌子。他给公司起名 Cadabra Inc.,后来又在 Bookmall.com、Aard.com 和 Relentless.com 之间犹豫不决,最后才决定用地球上最大的河流来代表其公司拥有最丰富的图书种类,那就是 Amazon.com。

最初,他自己出钱为公司提供资金,他虔诚的父母杰基和迈克也出了 24.5 万美元。网站于 1995 年上线时,正赶上人们对万维网这种新技术的狂热。每周的订单都在 30%、40%、50% 地增长,任何精心计划的步骤都被打乱了,推动第一批勇敢者陷入集体疯狂。对于当时的情形,这些人后来呈现出一种明显的失忆感。早期的投资机构大多对互联网不信任,对这位来自东海岸的怪异而自信的年轻人也不以为然,对他的商业计划报以夸张的笑声。但是到 1996 年,硅谷的风险投资家注意到这家初创公司,大量资本的涌入却使这位初出茅庐的 CEO 的想法发生了转变,燃起了狂野的雄心和狂热的占有欲。

公司的首个口号是"快速变大"（Get Big Fast）。在 20 世纪 90 年代后期的互联网热潮中，亚马逊的迅速扩张是史诗般的。贝佐斯雇用了新的管理层，开设新仓库，在 1997 年轰轰烈烈地进行了 IPO（首次公开募股），并与他的第一个竞争对手巴诺书店进行了一场艰难的诉讼。他认为亚马逊品牌可以像理查德·布兰森的维珍品牌一样具有延展性，他全力投入新品类，开始销售 CD（激光唱片）、DVD（数字通用光盘）、玩具和电子产品。"我们要进军月球。"他对当时的朋友、星巴克 CEO 霍华德·舒尔茨说。

贝佐斯希望自己设定成功的标准，不被没有耐心的外部人干扰。因此，他在第一封写给股东的信中解释了自己的经营理念，他的重点不是着眼于即刻的财务回报或满足华尔街的短视需求，而是着眼于增加现金流和不断增长的市场份额，以长期为忠实的股东创造价值。他写道："今天是互联网的'第一日'，也是亚马逊的'第一日'，如果我们做得好。"这个充满神圣意味的"第一日"，也从此在亚马逊内部代表着不断创新、快速决策，以及对更广泛的技术趋势的热切拥抱。投资者买了单，将股价推高至难以想象的高度。这位 CEO 成了百万富翁和名人，登上《时代周刊》的封面，成为 1999 年的年度人物。封面上，在 20 世纪的暮色中，他那光秃秃的脑袋正从一个装着彩色泡沫颗粒的纸箱里傻里傻气地探出来。

但是在表面之下，情况一片混乱。亚马逊在其他互联网创业公司上的巨额投资正在恶化，许多收购都没有成功，很多早期从沃尔玛等传统零售商那里挖来的人，面对这种混乱，满腹狐疑，纷纷离去。圣诞节假期期间，第一批仓库被订单淹没，西雅图总部的员工每年 12 月都不得不离开办公桌，卷起袖子，到前线装箱和包装礼物，当地的经济型酒店房间价格也被这些亚马逊人推高了一倍。

在接下来的两年中，该公司一直亏损，在互联网泡沫破灭期间几乎破产。一篇把亚马逊的网站名谑称"Amazon.bomb"的报道称，"投资者已经开始意识到这家故事书公司的股票存在问题"，它已经不知所措。人们纷纷嘲笑贝佐斯，2001年，他甚至遭到美国证券交易委员会轻描淡写的调查，理由是内幕交易。一位分析师反复预测该公司的现金流即将断裂，引发媒体关注。当时，亚马逊已经搬进一座有着20世纪30年代艺术装饰风格的退伍军人医院，该医院坐落在面朝西雅图市中心的山丘上。2001年2月，西北太平洋发生尼斯阔利大地震时，这家医院房屋的砖瓦和砂浆掉落下来，被认为是不祥之兆。贝佐斯和他的员工躲在厚厚的"门台桌"下面而免于被砸到。

亚马逊的股价跌至个位数，暴富梦想破灭了。37岁的贝佐斯在他办公室的白板上潦草地写了句"股票价格不代表我"，然后他加倍讨好顾客，例如，在《哈利·波特》最新版出版当天就快速发货。

员工们很害怕，但贝佐斯看上去无比冷静。2001年，通过及时融资，以及在线服务商AOL（美国在线）在最后关头的1亿美元注资，亚马逊筹集了足够的资金来偿还债务，并逃过了大多数网络公司遭遇的命运。2003年春，当亚马逊通过削减成本迎来第一个扭亏为盈的季度时，怀恨在心的贝佐斯在一篇业绩新闻稿中隐藏了一个首字母缩写词Milliravi[①]，³"内涵"那位预测亚马逊即将消亡的分析师。

该公司幸存下来，但似乎没有什么特别之处。竞争对手易贝（eBay）出售的商品种类更多；实体折扣零售商沃尔玛的价格更低；不断壮大的搜索引擎谷歌不仅吸引了世界上最好的工程师，也抢走了大批在线购物者。亚马逊要把这些人抢回来，就要付费给谷歌在其搜

[①] 类似于中国的藏头诗。——编者注

索结果中植入广告。

接下来发生了该公司历史上最大的一次业务转型。与易贝的在线拍卖业务竞争失败后，贝佐斯向第三方商家开放了亚马逊网站，并允许它们在亚马逊的产品旁边列出自己的商品，让客户自由决定购买谁的商品。突然之间，贝佐斯发现了一种飞轮效应，或者说良性循环，他的生意有了动力。在亚马逊网站上增加外部供应商和更多选择，吸引了新的购物者，而且亚马逊从这些销售中赚取了佣金，可以用于降价或补贴快递成本。这反过来又引来更多的购物者和更多的卖家。这一过程不断重复。贝佐斯认为，对这个循环的任何环节进行投资，都会进一步加速这一循环。

贝佐斯还聘用了航空航天和汽车业巨头联合信号公司的高管杰夫·威尔克。威尔克和贝佐斯一样：老成，野心勃勃，不顾一切地满足客户需求，包括员工的感受。他们一起重新设计了仓库，将其命名为"配送中心"，并全盘重写了他们的物流软件。获得了高效且可预测地履行客户订单的能力后，亚马逊重新引入珠宝和服装等新产品类别，并最终推出了诱人的一年 79 美元两日送达保证，即亚马逊 Prime 会员服务。

与另一位志同道合的副手安迪·贾西一起，贝佐斯还进入了另一个更加让人意想不到的业务领域。基于亚马逊工程师的工作方式，以及公司在构建稳定计算基础架构来应对季节性的巨大流量高峰方面所积累的专业知识，他构想了一种名为亚马逊网络服务（AWS）的新业务，即把亚马逊的原始计算能力出售给其他机构，后者可以在线访问亚马逊的服务器并使用它来低成本运营自己的业务。

许多亚马逊员工和董事会成员都无法理解这一商业计划，但是当时已经 40 岁的贝佐斯对其确信无比，他对项目采取了微观管理，并经常在深夜向 AWS 团队负责人发送特别详细的建议和指令。"空间必须扩展到无限大，而且不设停机时间，"他对着已经不堪其扰的项目工程师说，"无限大！"

与此同时，苹果凭借其 iPod（音乐播放器）和 iTunes 商店实现了音乐销售迅速增长，贝佐斯对此感到无比震惊。担忧图书业务也会被同样的方式入侵，他发起了一个秘密项目，开发了亚马逊自己的数字图书阅读器 Kindle。同事们认为，已经多年亏损的亚马逊制造硬件产品实在是太疯狂了。贝佐斯则告诉他们："我绝对知道这很难，但是我们可以学会。"

他任命了另一名副手史蒂夫·凯塞尔来负责 Kindle，要求他放下所负责的亚马逊最原始的图书销售业务，并"继续前进，就当你的目标是让每个销售纸质书的人失业"，由此引发了亚马逊在新的电子书市场上与传统出版商长达数年的争斗，并导致了对亚马逊从事掠夺性行为的指控。矛盾的是，这也导致了针对五家大型图书出版商和苹果公司的反托拉斯诉讼，指控它们非法串谋将电子书的数字价格定在 Kindle 9.99 美元的标准之上。

建物流中心，挺进 AWS 和电子书业务——三个举措让亚马逊重新进入华尔街名流之列。2008 年，亚马逊的市值超过易贝，并开始与谷歌、苹果和硅谷新贵脸书相提并论。然后，贝佐斯动用了一切手段击败沃尔玛，并收购了两个后起的在线竞争对手：鞋类零售商 Zappos（美捷步）和快销品卖家 Quidsi，后者拥有颇受欢迎的网站 Diapers.com。反垄断监管部门迅速批准了这些交易。随着亚马逊的市场垄断地位不断加强，人们后来对这些批准的正当性产生了怀疑。

事实证明，这位身体越来越健硕、脑袋越来越光洁的 CEO，比任何人想象的都要复杂。他是一位饥渴的读者，经常带领高管们讨论克莱顿·克里斯坦森的《创新者的窘境》之类的书，他不愿做常规之事。员工被要求学习他的十四项领导力原则，包括客户至上、对人才的高标准、节俭。他们要接受培训，每天在工作决策中如招聘、提拔员工，甚至对产品进行微小改动时，都要考虑这些原则。

只是罗列要点和无法完整呈现想法的PPT在亚马逊是被禁止使用的，尽管它在美国其他公司很受欢迎。在亚马逊，所有会议都是以思维缜密、数据丰富的六页文件开始的，这些文件被称为"叙事报告"。在亚马逊，业务启动行动就是一个编辑过程，报告需要进行多次修订，每个词语的含义都要进行充分讨论、经过公司领导者的审慎考虑，其中大部分来自贝佐斯本人。同时，亚马逊内部的工作小组被划分为特别小的多功能单元，称为"两个比萨小组"（因为人少，两个比萨就够吃了），要求快速的执行力，并经常互相竞争。

这种不寻常且去中心化的企业文化被深深植入员工中间，要求速度和准确性兼备。他们必须行动迅速，绝不可以误事。通过每周和每季度的业务报告以及每年两次的全公司总结大会，分别是夏末的OP1（用于运营计划）和圣诞节之后的OP2，目标、权责和截止日期得以向下层层分解，业绩指标则向上逐级递增。每个团队的表现均由贝佐斯带领那个有着神圣光环的领导委员会——S团队来评估，这个团队的每个人都精于算数。贝佐斯本人排在首位，他将主要精力放在领导有前景的新项目，或解决表现不佳的团队上，那种专注和严格与他在亚马逊早期时无异。在他看来，没有什么是理所当然的，包括亚马逊越来越成功。

他会直接对那些达不到要求的员工宣泄愤怒，这在亚马逊尽人皆知。"你为什么要浪费我的生命？"他这样质问让他感到失望的下属，或者用一句"对不起，我是傻子吗？"来讽刺他们。这种残酷的领导风格和独特的文化虽然让许多员工感到厌恶，但事实证明，它无疑是有效的。2011年春季，亚马逊的市值达到800亿美元。随着手中所持股票价值的增长，47岁的贝佐斯以181亿美元的净资产成为全球排名第30的富豪。[4]

巨大的成功开始引起关注。州立法机关意识到，互联网上日益增长的免税销售正在耗尽它们的收入，它们通过立法，要求在线零售商缴纳营业税，弥补早在互联网之前的邮购公司时代就存在的漏洞。贝佐斯决心保住相较线下竞争对手的显著价格优势，甚至支持加利福尼亚州就取消对在线零售商强制收取销售税的新法而进行的公民投票。但是在战斗进行到一半时，他改变了方向。规避营业税让亚马逊束手束脚，它开设新设施的地点，甚至员工出差的地点都受到诸多限制。贝佐斯放弃了他宝贵的价格优势，同意缴纳营业税。取而代之的是，他采取了更长远的眼光，使亚马逊有可能在人口稠密的州（更接近其客户）开设分公司和物流中心，为公司历史上规模最大的一次扩张奠定了基础。

亚马逊在全面扩张，无论是在网上，还是在它的总部。它把分散在西雅图各处的办公室，搬到了市北联合湖附近一个办公开发区内的十几栋建筑里。2012年初，随着戴着亚马逊胸卡的员工布满这个地区，一些匿名的传单也出现在湖的南部，上面不敬地称他们为"亚马逊浑蛋"。[5] 它预示着这家公司与其偏左的蓝领老乡之间的关系正在日益变得令人不安。

虽然已经战胜千难万险，但杰夫·贝佐斯仍然喜欢将媒体对公司和他的那些负面报道，如《巴伦周刊》那篇"Amazon.bomb"封面报道，张贴在他的办公室墙上，以让他和同事们保持警醒和动力。"每天都是第一日！"他在那年春天发出的致股东的信中尽职尽责地提醒他的员工和投资者。毕竟，要用不计其数的实物和数字商品摆满亚马逊那无所不包的虚拟货架，要做的工作永无止境。

＊　＊　＊

我在 2013 年 10 月出版了《一网打尽》，正好抓住了世界对亚马逊日益着迷的神经。那本书试图解释一个经典的现代商业故事——这家线上书店如何绝地求生，不仅颠覆了零售业，还颠覆了数字媒体和企业计算领域。

对于书籍，人们的评价总是会褒贬不一。"我很想喜欢这本书。"麦肯齐·贝佐斯在亚马逊的网站上打了 1 星，并发表了她的看法。她称书的内容不实，"对亚马逊人和企业文化进行了偏颇与误导性的刻画"。她还批评了我对贝佐斯追随者的描写，把他们写成了传播贝佐斯格言和领导风格的"杰夫机器人"。后来，我还得知贝佐斯对我追溯他已去世的生身父亲泰德·乔根森的方式很不满，他的父亲在贝佐斯蹒跚学步时就离开了家庭，直到 45 年后我去拜访他，他才了解了发生在儿子身上的事情。

当时我以为，我的书对于亚马逊的崛起已经描绘得很充分了，但是随后发生了一件奇怪的事情。2014 年，亚马逊发布了第一款运行虚拟助手 Alexa 的声控音箱 Echo。该产品大受欢迎，在接下来的五年中，亚马逊售出了超过 1 亿台 Echo，掀起了一波新的语音联网技术热潮，并一血亚马逊在消费类电子产品 Fire Phone 上惨败的前耻。亚马逊从用户家门口走进了他们的起居室，可以回应他们的各种请求和问题，甚至了解他们私密对话的内容。

大约在同一时间，亚马逊的 AWS 部门扩大了数据库服务范围，以吸引大型企业和政府机构使用先进的企业云计算。亚马逊于 2015 年春季首次发布了 AWS 的财务业绩，其盈利能力和增长速度震惊了投资者，市场对亚马逊股票开始了新一轮追捧。

几年后，亚马逊在西雅图开设了第一家原型实体零售店亚马逊 Go，该商店使用人工智能和计算机视觉技术，可以在客人离开后自动收费，不必使用人工收银员结账。亚马逊还进行了全球化扩张，花重金进入印度、墨西哥等国家，与全球最大零售商沃尔玛在市场上直接竞争。它还通过亚马逊影业公司在好莱坞投资了《透明家庭》、《了不起的麦瑟尔夫人》和《杰克·瑞恩》等热门剧集，也有一些失败的案例如伍迪·艾伦导演的《六场危事》。这让亚马逊紧随网飞，加入了重新定义家庭娱乐新时代的竞赛。

除了这些进展，亚马逊也在重振其传统业务。亚马逊商城是第三方卖家在亚马逊上兜售商品的地方，随着中国制造的低价商品的大量涌入，这个平台开始爆发。2015 年，亚马逊商城出售的商品总额超过了亚马逊自有商品。2017 年，亚马逊收购了有机食品超市连锁店全食超市，将恶意收购者挡在门外，挽救了这家标志性的美国食品超市。这桩收购也帮助亚马逊打通了进军食品领域的道路。

亚马逊还重塑了送货业务，通过自有的分拣中心网络、驾驶员和印有"Amazon Prime"标识的货运飞机，减少了对 UPS（联合包裹）等合作伙伴的依赖。它还复兴了广告业务，将广告嵌入搜索结果，就像谷歌十年前让亚马逊大光其火的做法。这项业务现在反而成了亚马逊新的利润增长点。

在我写作《一网打尽》的 2012 年，亚马逊的市值接近 1200 亿美元。到 2018 年秋天，这家公司的市值首次达到 1 万亿美元——在不到六年的时间里翻了八倍，并在 2020 年初再次越过这道分水岭。当

序　言

时我笔下的亚马逊公司员工不到15万，到2020年底，这个数字已经到了惊人的130万。2012年时我们谈起亚马逊，谈论的是Kindle，现在却是Alexa和云计算、好莱坞工作室、视频游戏制造商、机器人制造商以及连锁超市股东等。

亚马逊在赢得投资者和客户的同时，也变成一场激烈的政治争论的中心，这场争论有可能重新定义自由市场资本主义。直言不讳的批评者认为，亚马逊如此赤裸的财富和权力聚敛，造成巨大的社会成本，它加剧了收入不平等，并让工人和本地企业承担了巨大的风险。

美国参议员伊丽莎白·沃伦在2019年参加美国总统竞选的首次亮相中写道："当今的大型科技公司对我们的经济、社会和民主制度拥有过多权力。亚马逊抄袭小公司在亚马逊商城上出售的商品，贴上自己的品牌，通过这种方式挤垮了它们。"她要求将Zappos和全食超市从杰夫·贝佐斯精心打造的企业巨无霸中强制剥离，并将这个王国分成多个小块。[6]

* * *

随着亚马逊的改变，贝佐斯本人也经历了惊人的转变。

在公司成立初期，他通常穿着皱巴巴的卡其布裤子和土气的海军蓝衬衫，骑着他的两轮赛格威踏板车，笑声回荡在办公室各处。他与妻子和四个孩子住在西雅图城外华盛顿州麦地那的繁华海滨，并小心保护自己的隐私。尽管他的财富不断增长，但他似乎对收集古董跑车或拍卖昂贵画作等兴趣不大。他也不爱好豪华游艇，只有他的私人飞机才能点燃他的激情，这是因为避免乘公共飞机旅行为他节省了金钱无法买到的资源——时间。

但是到21世纪最初10年的后期，贝佐斯已不再是那个土里土气、心无旁骛的科技怪胎，甚至不再是那个在2014年推出注定要失败的智能手机Fire Phone时，喜欢引用各种技术参数、冒冒失失的书呆子。

摆脱了这一尴尬又自负的极客形象的贝佐斯，变成商场上的主角。一开始，这个形象似乎具有一种不可战胜的神秘光环。在2017年夏天，亚马逊股价的上涨让贝佐斯超过财富缓慢增长的微软联合创始人比尔·盖茨，成为世界首富。后者将自己所有的钱都用于慈善事业，但贝佐斯在这方面尚未有任何实质性动作。当贝佐斯升至全球富豪榜榜首时，出现了一张广泛流传的照片，上面的他戴着一副时尚的加勒特·莱特折叠太阳镜，身穿短袖Polo衫和羽绒马甲，露出有力的肱二头肌，参加著名的艾伦公司一年一度的太阳谷峰会。杰夫·贝佐斯成了商业界的动作明星。

最初，内部人士很难察觉贝佐斯的改变。同事们说，他仍然沉迷于Alexa等亚马逊新业务的开发。但其他工作也需要占用他的时间，包括他刚起步的慈善事业、他雄心勃勃的太空公司蓝色起源，以及他在2013年收购的著名的《华盛顿邮报》，这份报纸后来成了暴躁的美国总统特朗普经常攻击的目标。

贝佐斯的老朋友、摩根大通CEO杰米·戴蒙说："杰夫还是我认识的那个老杰夫。"但是，当他与贝佐斯在华盛顿商业委员会每年几次见面讨论政策，以及在Haven Healthcare（亚马逊、摩根大通和伯克希尔-哈撒韦三家公司为降低员工医疗保健成本联合创立的医保服务公司）这个项目中与之合作时，他开始改变看法，"杰夫就像进了糖果店的孩子，对他来说一切都是全新的。他长期专注于亚马逊，现在他正慢慢成为一个世界公民"。

在其他人看来，贝佐斯的变化意味着一些其他东西：难以置信的成功带来的狂妄自大。2017年秋天，他下令亚马逊举办一场名为HQ2的竞赛，在北美城市中选择一个作为亚马逊新总部的地址。前所未有的公开竞争创造了长达17个月的狂潮，共有238个地区跃跃欲试以吸引这家科技巨头前往。纽约市和北弗吉尼亚州被判定为获胜者，但是到那时，政治情绪发生了剧烈转向，亚马逊寻求更大的地方税收优惠政策等做法遭到了反对。皇后区的进步立法者，包括颇受欢迎的女议员亚历山大·奥卡西奥-科尔特斯及其工会盟友的反对声浪十分强大，亚马逊耻辱地收回了在纽约长岛市设立办公室的提议。

从那时开始，事情变得更加奇怪。2019年1月，贝佐斯在推特上宣布与结婚25年的妻子麦肯齐离婚，这个消息甚至震惊了很多熟悉他们的人。第二天，臭名昭著的街头小报《国民问询》发表了一篇长达11页的稿件详述贝佐斯与电视名人劳伦·桑切斯的婚外情，包括两人之间的色情短信。贝佐斯下令调查报纸是如何拿到他的短信和私密照片的。在接下来的一年里，这部闹剧牵出了一些跨国间谍案，似乎还和某个涉及沙特阿拉伯王储穆罕默德·本·萨勒曼的阴谋有关。这个世界上最自律的人，为什么会让自己陷入这样的窘境？当时，很多亚马逊高管私下里都想不明白。

一时间，在公众眼中，亚马逊的创始人是如此多面：一位发明家，可能是世界上最有成就的CEO，一位太空创业者，一家报纸的救世主和新闻自由的狂热拥护者，以及一个令人生畏的垄断者，小企业的敌人，仓库工人的剥削者，绯闻小报的主角。2021年2月，贝佐斯发表公告称他将把CEO的工作交给为他工作多年的副手安迪·贾西，自己将以执行董事主席的身份全身心投入亚马逊的新产品、新项目，以及他的一切其他兴趣上。人们对这个公告的反应，同样莫衷一是。

尽管他在亚马逊气候承诺新闻发布会上对解决全球变暖的方案持

乐观态度，但这种乐观显然与老杰夫的乐观不同。因此，我下定决心写作《一网打尽》的续集，并研究亚马逊如何在如此短的时间内成长为如此庞大的规模。我再次提出一个关键问题，即对于商业竞争、现代社会乃至我们的地球而言，亚马逊和杰夫·贝佐斯的存在是不是件好事。

这项工作是在亚马逊、《华盛顿邮报》和蓝色起源公司的帮助下完成的，它们的多位高管接受了我的采访。最终，尽管一再要求和请求，亚马逊还是没让贝佐斯亲自接受采访。我还采访了数百名现任和前任亚马逊员工、它的合作伙伴、竞争对手以及许多被卷进贝佐斯龙卷风、在他庞大企业及人生戏剧中扮演某种角色的人。

结果就是这本书。这是一个努力奋斗的CEO的故事，他创造了一种如此肥沃的企业文化，以至于规模庞大至此，它也能够一再冲破官僚体系束缚，创造令人兴奋的新产品。这也是一个关于一家领先的科技公司在短短十年间变得无所不能的故事，以至于许多人开始担心，最终整个竞争环境会变得让小企业无处求生。这个故事讲述了一个世界上最著名的商人是如何迷失方向，然后试图再次找到方向的——一场可怕的全球疫情，让他收获了更大的能力和更多的利润。

这个故事描述了一段商业历史，旧的规则似乎已不再适用于这家拥有全球最高统治权的公司。它探讨了当一个人和他的庞大帝国完全摆脱束缚时，接下来将会发生什么。

第一部分　发明

亚马逊，2010 年 12 月 31 日
年净销售额：342 亿美元
全职和兼职员工总数：33700
年终市值：804.6 亿美元
杰夫·贝佐斯年终净资产：158.6 亿美元

第 1 章
最高产品经理

亚马逊在 2010 年将公司迁入新兴的西雅图联合湖南部地区，那十几座低层建筑看上去毫无特别之处。从建筑学上来看，它们也平淡无奇。这位 CEO 坚持，楼内外不加任何明显的标牌，来炫耀这就是那家年销售额将近 350 亿美元的著名互联网公司。杰夫·贝佐斯曾对他的同事说，那种明显的自我标榜不会带来任何好处，与公司有业务往来的人自然知道亚马逊的总部在哪儿。

虽然聚集在特里北大街和哈里森街交叉口周围的这些办公楼大多没有标识物，但它们的内部却到处都是体现其独特企业文化的各种符号。员工的脖子上戴着的工牌，用不同的颜色区分他们在公司的资历（蓝色代表在职时间 5 年，黄色代表 10 年，红色则专属在这里工作长达 15 年的员工），办公室和电梯间的装饰海报上，印着贝佐斯那十四项神谕般的领导力原则。

身居其间的 46 岁的贝佐斯本人，常常用身体力行来强调这些独特的经营理念。例如，CEO 详细地向员工展示第十条原则——节俭：

用更少的投入实现更多的成果。克制可以带来智慧、自给和发明。没有必要增加员工编制、预算规模或固定支出。大多数情况下，他的妻子麦肯齐驾驶本田旅行轿车送他上班，当他与同事乘坐达索猎鹰900EX私人飞机出差时，他会经常说，是他而不是公司出钱支付这趟旅程的。

如果问哪一条是贝佐斯最看重的（也是将要定义亚马逊下一个五年的）原则，那就是第八条——大胆思考：不要只满足于实现个人成就。领导者创造并宣扬大方向来鼓励众人行动。他们打破常规，想尽一切办法来服务客户。2010 年，亚马逊已经是很成功的在线零售商，也引领了云计算服务和数字阅读市场的发展，但是贝佐斯想得更远。那一年，他在致股东的信中盛赞人工智能和机器学习等深奥的计算机科学，这些领域，亚马逊也是刚刚涉足。信的开头，就用了一系列晦涩难懂的术语，如贝叶斯估计、流言算法和数据分片。贝佐斯写道："发明是我们的基因，技术是我们用来发展和改善全方位客户体验的基本工具。"

贝佐斯不仅想象这些技术的可能性，还试图让亚马逊的下一代产品直接应用这些最前沿的技术。大约在这段时间里，他开始与亚马逊在硅谷的研发部门 Lab126 的工程师密切合作，后者开发了亚马逊首个电子产品 Kindle。在一系列头脑风暴会议中，他发起了几个项目来补充 Kindle 和后来的 Kindle Fire 平板。当时，这在亚马逊内部被称为 A 计划。

B 计划（后来失败的亚马逊 Fire Phone）将使用前置摄像头和红外灯来配置看似三维的智能手机显示屏。C 计划或称"微光"，是一种台灯形的设备，旨在将类似全息图的显示屏投影到桌子或天花板上。结果显示它的成本贵到无法接受，所以从未被发布。

贝佐斯对客户如何与这些设备进行交互有独特的想法。研发第三版 Kindle 的工程师在试图去掉计划用于该设备的麦克风时发现了这一点，因为不存在现实的使用场景，但是 CEO 坚持保留麦克风。当时的 Kindle 硬件主管山姆·鲍文说："我得到的答案是，杰夫认为未来人们会与设备对话。这感觉就像《星际迷航》一样不现实。"

设计师说服贝佐斯在之后的 Kindle 版本中去掉了麦克风，但他坚信语音对话的必然性以及人工智能技术在实现这种应用方面的潜力。这种人机对话存在于他所有喜爱的科幻作品中，从电视剧《星际迷航》到阿瑟·克拉克、艾萨克·阿西莫夫和罗伯特·海因莱因等人的小说，这些书和其他大量的书一起摆在他位于西雅图湖滨区的家中。别人读这些经典著作时，也许只是想象一下另一种可能的世界，但贝佐斯似乎是将这些看作现实的蓝图，描画着激动人心的未来。在接下来的十年里，他的这种想法在亚马逊对产品的定义方面，被发挥到了极致：圆柱形音箱引发了一大波模仿，挑战了隐私相关标准，并改变了人们对亚马逊的看法——不仅是电子商务巨头，也是一家不断拓展计算机科学边界的创新型科技公司。

该计划最初在 Lab126 内部被称为 D 计划，后来改名为亚马逊 Echo，他们还为其虚拟助手起了个名字——Alexa。

亚马逊 Echo 的起源

与亚马逊的其他几个项目一样，D 计划的起源可以追溯到贝佐斯和他的"技术顾问"或所谓 TA 之间的讨论，后者常常由前途光明的高层管理人员担任，是特意来学习和辅助 CEO 的。TA 的职责之一是在会议上做笔记，撰写年度致股东信函的初稿，以及与 CEO 密切互动至少一年来学习。2009—2011 年，扮演这个角色的高管是格雷格·哈特，他对该公司最早的零售（如图书、音乐、DVD 和视频游戏等品类）业务驾轻就熟。哈特来自西雅图，曾就读于马萨诸塞州西部的威廉姆斯学院，短暂从事广告行业之后，在西雅图的垃圾摇滚时代行将没落时，回到了家乡，留着山羊胡子，偏爱法兰绒衬衫。追随贝佐斯之后，剃掉胡子的哈特成了亚马逊冉冉升起的新星。哈特回忆自己担任贝佐斯 TA 时的情景说："那感觉就像是仰望着约翰·伍登的助理教练，你知道，伍登可能是有史以来最伟大的篮球教练。"

哈特还记得 2010 年底的某一天在西雅图的蓝月亮汉堡店与贝佐斯聊语音识别。吃完午餐，哈特展示了他对安卓手机上搭载的谷歌语音搜索的着迷，他对着屏幕说"我附近的比萨店"，随后，屏幕上就弹出了附近的比萨店的链接列表。哈特回忆说："杰夫对在手机上使用它有些怀疑，因为他认为这样做会带来社交尴尬。"但是他们认为该技术在听写和搜索方面确实已经做得很好了。

当时，贝佐斯对亚马逊不断发展的云业务也感到兴奋，他问所有高管："你正在做哪些事情来帮助 AWS？"受到与哈特等人关于语音计算的讨论的启发，他在 2011 年 1 月 4 日发了一封电子邮件给哈特和硬件设备副总裁伊恩·弗里德、高级副总裁史蒂夫·凯塞尔，将两件事联系在一起："我们应该想办法打造一款 20 美元的设备，它的处理器在云端，却可以完全由你的声音来操控。"老板又有了个新想法，而且似乎对这个想法满怀信心。

接下来的几天，贝佐斯和他的员工通过电子邮件探讨这个想法，但是没有采取进一步的行动，这件事可能就此结束了。几周后，哈特在亚马逊总部 6 楼"北第 1 日"会议室与贝佐斯见面，讨论他的职业选择。他作为 TA 的任期结束了，因此他们讨论了几个负责亚马逊新项目的机会，也包括在亚马逊视频流和广告部门的职位。贝佐斯在白板上写下这些选择，并补充了自己的一些想法，然后开始运用他通常的标准展开评估："如果这些新想法可行，它们能做大吗？如果公司现在不积极实施这些想法，会错过机会吗？"最终，贝佐斯和哈特划掉了清单上几乎所有的项目，只留下一个——落地贝佐斯关于声控云计算机的点子。

哈特回忆自己说道："杰夫，我没有任何硬件经验，而我领导过的最大软件团队只有大约 40 人。"

"你能做好的。"贝佐斯回答。

哈特感谢他的信任，并说："好吧，如果我们搞砸了，你要记得这句话。"

他们分开之前，贝佐斯在白板上展示了他对智能音箱的想法。至此，对 Alexa 设备的首次描述仅仅有：扬声器、麦克风和静音按钮。他们还确定了设备将使用无线网络，但如何让它接收语音命令，这是需要进一步解决的难题。哈特用手机拍下了白板上的草图。

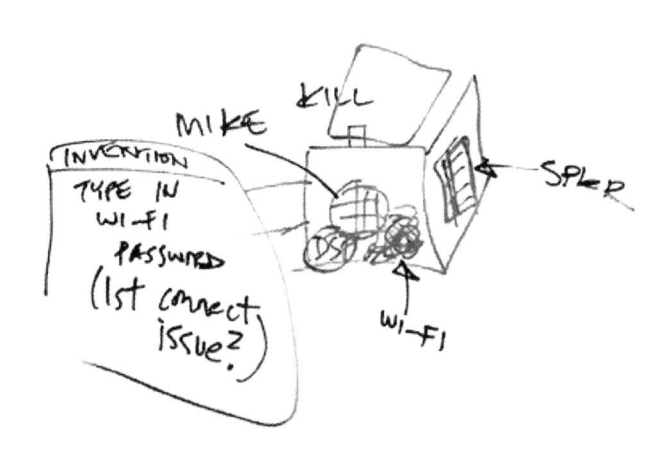

贝佐斯密切参与该项目，每隔一天就与团队开会，做出详细的产品决策，并授权在首款 Echo 发布之前对该项目进行数亿美元的投资。亚马逊员工借用德语单词 über（最高级），称他为亚马逊"über product manager"（最高产品经理）。

但是真正管理团队的人是格雷格·哈特，他的办公室位于 Kindle 部门所在的菲奥纳大楼，和贝佐斯的办公室一街之隔。在接下来的几个月中，哈特从公司内外招兵买马来搭建团队，他发邮件给看上的人，标题是"加入我的使命"，提出"你将如何为盲人设计 Kindle"之类的问题。和他的上司一样喜欢保持神秘，他拒绝向他们透露要做的产品到底是什么。一个面试者回忆，他当时猜是传闻中的亚马逊智能手机，但哈特回答说，"手机有别的团队在做，我们要做的产品更有意思"。

亚马逊工程师艾尔·林赛是最早加入的成员之一。他在上一份工作中曾为联邦西部电信公司的语音激活目录服务编写了一些原始代码。在他自己的加拿大度假屋里，林赛用三个星期写了六页报告，设想外部开发人员如何编写可在设备上运行的语音应用程序。另一位成员是从内部招聘的亚马逊经理约翰·蒂姆森，他被任命为工程总监，并为 D 计划起了一个正式的代号——多普勒。蒂姆森告诉我："说实话，开始时没人真的指望它能成功，但是因为哈特，我们都成了信徒。"

在老板的催促下，早期的 Alexa 团队工作充满紧迫感。贝佐斯不切实际地想在 6 到 12 月内发布该产品。他有充分的理由。2011 年 10 月 4 日，就在多普勒团队完成组建之时，苹果在 iPhone 4S 中加入了 Siri 虚拟助手，这是苹果联合创始人史蒂夫·乔布斯倾注激情投入的最后一个作品，第二天，他因癌症去世。东山再起的苹果对语音个人助理产品同样看好，这件事让哈特和他的团队既兴奋又沮丧，因为作为第一个面世的语音助理产品，Siri 收到的市场反馈毁誉参半。他们努力让自己相信，亚马逊的产品是独一无二的，因为它与智能手机无关。也许更重要的区别是，不幸的 Siri 没有乔布斯的积极支持，而 Alexa 将会得到贝佐斯的赞助和全公司的支持。

为了加快开发并完成贝佐斯的目标，哈特和他的团队开始物色可以收购的初创公司。多年来，这是一项艰巨的挑战，因为总部位于波士顿的语音巨头 Nuance（苹果公司 Siri 的技术授权方）就是通过大量收购美国顶级语音公司而发展起来的。多普勒项目的高管试图通过询问潜在收购目标，为 Kindle 电子书目录开发语音功能，并研究它们的方法和结果，以此了解剩下的初创公司哪些值得买。之后的两年里，亚马逊进行了多次火速收购，最终完成了 Alexa 中心处理器的设计，甚至为其打造了特别的音色。

亚马逊收购的第一家公司 Yap 是一家 20 人的创业企业。其总部位于北卡罗来纳州的夏洛特，该公司的技术能自动将语音邮件之类的人类语音转换为文本，而无须依靠低工资国家的那些神秘的人类转录员。尽管 Yap 的许多技术都将被丢弃，但它的工程师却可以帮助开发一项技术，将客户对多普勒所说的内容转换为计算机可读格式。在谈判期间，亚马逊高管拒绝透露他们将要开发的内容，这让 Yap 高管备受折磨。甚至在交易达成一周后，艾尔·林赛和 Yap 的工程师一起参加在意大利佛罗伦萨举行的一次行业会议时，他坚持让 Yap 的工程师假装不认识自己，这样就没人能猜到亚马逊对语音技术的新兴趣。

在以大约 2500 万美元的价格完成收购之后，亚马逊解雇了该公司的创始人，但将其位于马萨诸塞州剑桥市的语音科学小组保留了下来，成为其位于麻省理工学院附近肯德尔广场的新研发部门的种子团队。Yap 工程师飞到西雅图，走进菲奥纳一楼的一间房门紧闭、窗帘全被拉上的会议室。拥有20年经验的语音行业专家、Yap的研究副总裁杰夫·亚当斯回忆说:"格雷格·哈特终于开口向我们描述了这种只有可乐罐大小的小巧设备,'你可以把它放在桌子上用自然语言提问,它会是一个聪明的助手'。我的团队中有一半人听完就翻着白眼说,'天,我们给自己挖了一个什么坑'。"

会议结束后,亚当斯巧妙地告诉哈特和林赛,他们的目标是不现实的。大多数专家认为真正的"远场语音识别"(存在串扰和背景噪声的情况下,在32英尺[①]距离内理解人类语音)超出了当前计算机科学所能实现的范围,因为声音会被墙壁和天花板等表面反弹回来,产生使计算机困惑的回声。亚马逊高管通过传达贝佐斯的决心做出回应。"他们基本上是告诉我,'我们不在乎,雇更多人,花时间解决问题',"亚当斯回忆道,"他们坚定不移。"

多普勒拼图的另一块

收购Yap几个月后,格雷格·哈特和他的同事又得到了多普勒拼图的另一块:和Yap的技术——将语音转换为文本——相反,波兰的创业公司Ivona生成计算机合成的语音来模拟人类声音。

Ivona由格但斯克工业大学计算机科学专业的学生卢卡斯·奥索沃斯基在2001年创立。奥索沃斯基的想法是用所谓的文字转语音(TTS)技术,让自然声音大声朗读数字化文本,来帮助波兰的视力障碍者阅读。他与同学米克·卡苏克一起,录下演员声音和文字段(称为双音素),然后以不同的组合将它们混合或"连接"在一起,模

---

① 1英尺=30.48厘米。——编者注

拟自然语言造出的演员根本没有读过的单词或句子。

Ivona 的创始人很早就了解到他们的技术有多强大。在上学期间，他们就付钱给波兰著名演员亚采克·拉比亚克录制大量语音，创建声音数据库。他们的第一个产品 Spiker 迅速成为波兰最畅销的计算机语音产品。在接下来的几年中，它被广泛用于地铁、电梯和机器人电话广告。拉比亚克开始在各处听到自己的声音，并接到自己声音打来的电话，提醒他为选举投票。恶作剧者还用他的声音制作不雅内容发布到网上，被他的孩子们听到。他愤怒地要求从 Spiker 软件中删除自己的声音，导致 Ivona 的创始人不得不和他重新签订合同（今天，"亚采克"仍然是 AWS 波兰语服务所使用的语音库之一）。[1]

2006 年，Ivona 开始参加并多次赢得由卡内基·梅隆大学组织的年度暴雪挑战赛，该赛事比拼的是最自然的计算机语言。到 2012 年，Ivona 已扩展到其他 20 种语言，并拥有 40 多种声音。在了解了这家初创公司之后，格雷格·哈特和艾尔·林赛在前往欧洲寻找收购目标的旅程中改道，去了格但斯克。林赛说："走进他们办公室的那一刻起，我们就意识到他们的文化非常适合我们收购。"他说，Ivona 所在领域的研究人员经常被精深的学术研究吸引。"这种邋遢风格使他们能够将目光投向纯粹的学术界之外，而不会被纯科学蒙蔽。"

这项收购价格约为 3000 万美元，于 2012 年完成，但保密了一年。亚马逊为其新的格但斯克研发中心招募了更多的语音工程师，Ivona 团队和这些工程师一起，负责制作多普勒的声音。该计划事无巨细由贝佐斯亲自管理，满足了 CEO 一直以来的好奇心和奇思妙想。

* * *

一开始，贝佐斯说他希望设备可以发出数十种不同的声音，每种声音都与不同的目标或任务相关，例如，听音乐或预订航班。当事实证明这是不切实际的时，团队认为可以在一个人格上体现诸如值得信任、富有同理心和温暖感的性格特征，而这些特征通常更适合用女性声音来实现。

格雷格·哈特及其同事花了几个月的时间检查语音公司 GM Voices 录制的声音，并把最好的推荐给贝佐斯听。他们对声音进行排名，要求提供更多样品，最后做出选择。贝佐斯在协议上签了字。

亚马逊保持了它一贯的神秘作风，从未公开 Alexa 背后的语音艺术家的名字。在接触了专业配音社区后，我发现了她的身份：居住在博尔德的歌手兼配音演员尼娜·罗尔。她的职业网站上有一些传统收音机广告的链接，这些广告包含 Mott 苹果汁和大众帕萨特汽车之类的产品，而 Alexa 的温暖音质是属于她的，绝对不会错。2021 年 2 月，我打电话给她，她说，自己被要求不可以与我交谈。当我和亚马逊提出要求和她谈谈时，他们也拒绝了。

* * *

当多普勒团队在各处招兵买马并收购初创公司时，亚马逊西雅图办公室和硅谷 Lab126 则在该产品的各个方面进行激烈辩论。在最早的一次会议上，格雷格·哈特确定了语音命令播放音乐应该是最重要的选框功能之一。哈特说，贝佐斯"同意这一框架，但他强调音乐可能占 51%，但其他 49% 也很重要"。

在随后的几个月中，这种友好的共识演变成哈特和他的工程师之间漫长的拉锯战，后者认为播放音乐是一种实用且好卖的功能，而贝佐斯则想得更多。他开始谈论"星际迷航计算机"，这种人工智能可以处理任何问题并充当个人助理。团队内部用"全权代表"一词来描述他想要的东西：一位无所不能的助理，可以代表用户采取行动，例如，叫出租车或下订单。作为科幻小说迷，贝佐斯强迫他的团队大胆想象，突破既有技术的界限。但是在面对实际产品交付的压力时，哈特则提倡采用一套他所谓"神奇而平凡"的功能，着力突出那些更基本和可靠的功能，如为用户提供天气信息、设置时间和闹钟等。

这场争辩体现在一张冗长的"公关常见问题解答"草稿中，这是一种长达六页的亚马逊式说明文——新项目启动初期，为应对各种市场反应而准备的新闻稿。作为亚马逊关于创新的各种繁文缛节的重要部分，它要求对新产品能给客户创造的价值进行充分讨论。编写、演示、辩论、执着、重写和放弃，多普勒新闻稿常见问题解答先后写了几十个版本。只要新闻稿中强调音乐播放，"杰夫就会非常生气，他根本不喜欢这样"，一位早期的产品经理说。

另一位多普勒早期员工后来推测，贝佐斯缺乏细腻的音乐品位是出了名的，这可能是他会做出如此反应的重要原因。例如，当贝佐斯测试早期的多普勒设备时，要求它播放他最喜欢的一首歌曲——经典电视剧《太空堡垒卡拉狄加》的主题歌。[2] 格雷格·哈特的上司伊恩·弗里德说："杰夫非常努力地确保这种产品不仅仅和音乐有关，他坚持要把它变成一台更通用的计算机。"

另一个有关的讨论围绕是否使用"唤醒"（wake）一词而展开，即当多普勒"听"到这个词时，就会结束被动等待模式，而切换到主动监听用户语音，通过互联网连接和发送用户要求到亚马逊的服务器，并发回相应结果。语音科学团队希望用一些特殊词来代替"唤醒",并且至少为三个音节,这样正常对话就不会触发该设备。它也必须非常独特(如Siri),方便推向公众。哈特和他的团队为贝佐斯准备了数百个卡片,一张卡片一个词,在那些无休止的讨论中,他就把这些卡片铺在会议室的桌子上。

贝佐斯说,他希望这个词听起来要悦耳动听,而他母亲的名字杰奎琳听上去"太刺耳了"。他快速否定了"芬奇"(杰夫·万德米尔的一部奇幻侦探小说)、"星期五"(《鲁滨孙漂流记》中的人物角色),还有《家有仙妻》中无所不能的女巫"萨曼莎"。有一阵子,他还相信这个词应该是"亚马逊",这样,未来产品收获的任何好感都将如数共享给公司。

多普勒的高管们反驳说,人们不会希望在家里与一家公司交谈,这导致了另一场持续的争论。贝佐斯还提出了Alexa,以致敬"知识之都"亚历山大古图书馆。这也是20世纪90年代亚马逊收购的一家和它没什么业务关联的公司的名字,该公司出售网络流量数据,今天仍继续独立运营。经过无休止的辩论和实验室测试,"Alexa"和"Amazon"成为最终候选,2013年初,设备被放到亚马逊员工家中进行有限试用。

员工收到的设备和亚马逊不到两年后推出的第一版Echo的外观基本一致。Lab126的工业设计师将其称为"薯片桶",他们用一个拉长的圆柱体,把顶部的7个全向麦克风和底部的喇叭分开,并在桶壁上打出1400个孔来排出空气和发出声音。该设备的顶部有一个LED(发光二极管)灯环,这也是贝佐斯的点子,它会朝着讲话者的方向点亮,就像某人正与你交谈时看着你那样。虽然看起来不是很好看,但贝佐斯对设计师说功能决定外观。

在数百名亚马逊员工的家中进行测试的多普勒设备非常不好用，所用人都知道，它们运行缓慢且笨拙。一位名为尼尔·艾克曼的亚马逊经理签署了内部测试协议，在 2013 年初拿回家一台。他和妻子都必须签署几份保密协议，承诺如果有客人来，就要关闭设备并把它藏起来。他们每周都必须填写电子表格，回答问题，并列出他们对设备提出的要求以及设备的回应情况。艾克曼的妻子称它为"那个东西"。

他说："我们都不太相信它能成功。它几乎不可能给我正确答案，播放音乐也不连贯，也不是我们所喜欢的音乐。"莫名其妙的是，它倒似乎最能理解他们有语言障碍的儿子。

其他参与早期测试的人员也没给好评。最早参与 FireTV 的工程师帕拉格·加格领了一台测试设备，他说："屁用都没有，扔了我都不会觉得可惜。当时我想，这玩意儿肯定会失败。"亚马逊 Fire 电话部门的一位经理回忆说，他喜欢设备的外观，"但我想象不出它有什么用。我觉得它是一个愚蠢的产品"。

两名多普勒工程师记得一条更令人难受的评论来自贝佐斯本人。这位 CEO 显然是在西雅图的家中亲自测试了产品，被它糟糕的理解能力搞得非常沮丧。他对着 Alexa 喊："你去死吧。"一个工程师在审核与测试设备交互情况时听到了这句话，"我们都认为，项目可能到此就结束了，或者至少是我们几个人可以收拾东西走人了"。

Alexa 的变革

很明显，Alexa 需要进行一个大脑移植手术。亚马逊让产品更智能的努力，在多普勒团队内部引发了一场"教义之争"，并导致其面临有史以来的一个最大挑战。

第一步是整合收购的第三家初创公司的技术，这是一家位于英格兰剑桥的人工智能公司，名为 Evi，由英国创业者威廉·塔恩斯塔尔·佩多埃在 2005 年创立，最初只是一款名为"True Knowledge"的问答工具。佩多埃在上大学时就已经创建了多个像"变位词天才"（Anagram Genius）这样的网站，能够自动重新排列单词中的字母来产生另一个单词或短语。小说家丹·布朗后来使用这个网站在《达·芬奇密码》中创作字谜。

2012 年，受首次亮相的 Siri 启发，佩多埃改变方向，在苹果和安卓应用商店中发布了 Evi 应用软件。用户可以通过键入或讲话来提问。Evi 并不是像 Siri 那样在网络上搜索答案，或者像谷歌的语音搜索那样返回一组链接，而是评估问题并尝试直接回答。该应用在第一周就被下载了 25 万次，几乎让公司的服务器崩溃。[3] 苹果扬言要将其踢出 iOS 应用商店，因为它与 Siri 看上去"相似到难以分辨"，但在粉丝们提出反对后选择妥协。得益于所有这些关注，到 2012 年下半年亚马逊以传闻中的 2600 万美元成功收购它时，Evi 至少已经收到过至少两家公司的收购要约，以及来自风险投资者的投资许诺。[4]

Evi 使用了一种叫作知识图谱或大型本体数据库的编程技术，该技术将相关领域中的概念和类别联系在一起。例如，如果某个用户问 Evi："克利夫兰的人口是多少？"该软件会分析这个问题，并且知道转向相关的人口统计数据来源寻求答案。《连线》杂志将这项技术描述为与有用事实进行逻辑连接的"巨型树状结构"。[5]

将 Evi 的知识库放入 Alexa 有助于进行非正式，但文化上常见的闲聊对话。如果用户对设备说："Alexa，早上好，今天感觉怎么样？"Alexa 可以建立正确的连接并做出回应。佩多埃说，他需要说服其美国同事接受让 Alexa 回应社交对话这种奇怪的想法，他回忆说:"给机器编程来响应'你好',这样的想法让人们感到不舒服。"

集成 Evi 的技术有助于 Alexa 回答事实查询,例如,太阳系某些行星的名字,这样的问题会让人觉得 Alexa 很聪明。但事实上,支持用深度学习来实现自然语言理解的人认为,Evi 的知识图谱无法为 Alexa 提供真正的智能,来实现贝佐斯的梦想,即一个可以与用户交谈并回答任何问题的多功能助手。

深度学习向机器提供大量有关人们如何交流、如何提供令人满意的响应的数据,然后对它们进行编程来训练自己预测最佳答案。这种方法的主要支持者是印度裔工程师罗希特·普拉萨德。工程总监约翰·蒂姆森说:"他是项目的关键人员,该项目的成功大部分归功于他组建的团队以及他们在远场语音识别方面所做的研究。"

普拉萨德在印度东部贾坎德邦州首府兰契长大。他出身工程师家庭,很小就迷上了《星际迷航》。当时,个人计算机在印度并不常见,但他从小就在父亲工作的冶金和工程咨询公司学习在 PC(个人计算机)上编程。受到不良电信基础设施和高长途电话率的影响,印度的通信非常不好。于是,普拉萨德去美国读研究生时决定研究如何压缩通过无线网络传输的语音。

在 20 世纪 90 年代末毕业后,普拉萨德目睹了互联网泡沫,并为位于马萨诸塞州剑桥的国防承包商 BBN 科技公司(后来被雷神公司收购)工作,从事一些最早的语音识别和自然语言系统开发工作。在 BBN,他为通信公司开发了第一代车载语音识别系统和自动电话簿辅助服务系统。2000 年,他开发了另一个自动转录法庭诉讼过程的系统。它可以准确识别和记录来自法庭周围多个麦克风的对话录音,使他认识到了远场语音识别的挑战。他说,在项目开始时每 100 个字中有 80 个是不正确的,但不到一年,他们就将这个数字减少到 33。

多年后，当多普勒团队正在努力提高 Alexa 的理解能力时，负责亚马逊波士顿公司的比尔·巴顿把普拉萨德介绍给格雷格·哈特。普拉萨德对亚马逊一无所知（太不应该），也不知道亚马逊的十四项领导力原则是何物（更不应该），穿上西装，打好领带，参加了西雅图的面试。他对加入一家大型的科技公司有点犹豫，但是当他回到酒店房间时，哈特已经给他发了一封电子邮件跟进此事。邮件说："我们本质上是一家初创公司。即使作为一家大公司的一部分，我们的方式也不像一家大公司。"

在被说服之后，普拉萨德加入了亚马逊，专注远场语音识别问题的研究，并最终成为深度学习模型的拥趸。Evi 的知识图谱过于严谨，无法成为 Alexa 的基础反应模型。普拉萨德举例说，如果用户说"播放一首斯丁的音乐"（Play music by Sting），系统可能会认为他在向艺术家说"再见"（bye），而被搞糊涂。而通过使用深度学习的统计训练方法，如果用户说这句话，系统会快速知道，来一首《你的每一次呼吸》肯定不会错。

但是 Evi 的佩多埃认为，知识图谱才是更实际的解决方案，并且对深度学习方法非常不信任。他认为这样很容易出错，需要无休止地训练数据以塑造 Alexa 的学习模型。他解释说："机器学习科学家永远不会承认失败，因为他们的所有问题都可以用更多的数据来解决。"话里话外透露出一丝遗憾，因为对于亚马逊的"最高产品经理"贝佐斯本人而言，毫无疑问，时间的箭头已经指好方向——机器学习和深度神经网络。凭借其庞大而复杂的 AWS 数据中心，亚马逊能够利用大量高性能的计算机处理器来训练其语音模型，而几乎没有竞争对手具备同样的云计算能力。[6] 被击败的佩多埃最终于 2016 年离开亚马逊。

虽然深度学习方法胜出了，但普拉萨德和他的盟友仍然要解决所有开发人工智能的公司所面临的悖论：他们不想发布一个笨拙的、用户不想使用的系统，而没人使用就不会产生足够的数据来改善服务。但是亚马逊需要这些数据来训练系统以使其更智能。

谷歌和苹果通过从 Nuance 获得技术许可来解决这一悖论，利用其结果来训练自己的语音模型，再将其甩掉。多年以来，谷歌还从免费电话咨询服务热线 800-Goog-411 收集语音数据。亚马逊没有可以用来挖掘数据的此类服务，格雷格·哈特反对使用外部技术授权。他认为，从长远来看，这将影响该公司的自主性。但是与员工一起进行的早期测试所提供的培训数据很少，只有数百名白领，而且通常是在早晚嘈杂的家庭房间中来回走动时的对话。数据质量很糟糕，数量也不够。

与此同时，贝佐斯已经变得不耐烦了。"我们甚至不知道这个产品什么时候能做好？"他在 2013 年初一直在问。哈特、普拉萨德和他们的团队创建了图表，预测随着数据的持续收集，Alexa 将会如何改善。数学表明，他们需要将数据收集工作的规模扩大一倍左右，才能使 Alexa 的准确程度以 3% 的速度持续提升。

那年春天，罗希特·普拉萨德加入公司仅几周后，他们用六页报告向贝佐斯说明了这些事实，并提议将语音科学团队的规模扩大一倍，并计划将产品正式发布日期从夏天推迟到秋天。会议在贝佐斯的会议室举行，进展非常不顺利。

贝佐斯在读到推迟发布的内容后说："你们的做法是错的。首先，你们应该告诉我一款神奇的产品是什么样的。其次，你们应该告诉我如何把它做出来。"

随后，贝佐斯当时的"技术顾问"迪利普·库玛尔问公司是否有足够的数据。被从剑桥叫回来参会的普拉萨德回答说，他们需要成千上万小时的远场复杂语音指令。据一位在座的高管说，贝佐斯显然是在考虑增加语音科学家的人数，并于几秒钟内在大脑中完成了计算。"直接点，你是说这个产品要成功，我们只需要花20年，而不是40年？"

普拉萨德试图绕过这个问题："杰夫，我们不会那样算。"

"告诉我，我哪里算错了？"贝佐斯问。

哈特赶紧插话说："好的，杰夫，我们听到你的话了，我们明白了。"

普拉萨德和其他亚马逊高管不会忘记这次会议，以及Alexa开发期间他们与贝佐斯进行的其他艰难互动。但是据当时在场的高管说，CEO站起来说："你们并没有认真地开发这个产品。"会议戛然而止。

手机计划的败北

在位于加利福尼亚州西雅图桑尼维尔的同一座建筑里，在多普勒团队努力让Alexa变聪明的同时，亚马逊的智能手机打造计划正在快速冲向失败。

几年前，苹果、谷歌和三星已经基本分食了蓬勃发展的智能手机市场，但人们仍然认为，对于创新的产品，机会还是有的。通常，杰夫·贝佐斯不会将数字化经济的关键战略地位让给其他公司，尤其考虑到创新的途径在这个领域非常有效。在一次头脑风暴会议上，他提出发明一个可以帮忙找到随便乱扔的手机，并将它拖到无线充电器上的机器人（有些员工以为他是在开玩笑，但是后来亚马逊为这个想法注册了专利）。[7]还有一次，他提出开发一种具有高级3D显示屏的手机,该手机不仅能响应触屏操作,还能够响应空中手势。这种产品和亚马逊货架上的那些都不一样。贝佐斯所坚持的这个想法,成了 Fire Phone 项目的起点。

最初的设计师在手机面板的四个角上安装了四个红外摄像头,以追踪用户视线并呈现 3D 图像的视觉效果,第五个摄像头安装在手机背面[这样的手机两面都能"看",所以项目代号采用了一种猫头鹰的名字"Tyto"(草鸮)]。当时手机用的日本产相机价格为 5 美元一个,但贝佐斯想要为他的高端亚马逊手机定制一款顶级照相组件。

三年里,贝佐斯每隔几天就会与草鸮团队开会,与此同时,他也经常会见 Alexa 团队。他满脑子都是新技术和新业务,抛出各种想法并检查团队的进展。而且,虽然他关注亚马逊其他产品的用户反馈到了不正常的程度,但却不认为倾听这些意见能够带来戏剧性的伟大发明,只有天马行空的"乱想",才能实现颠覆性的突破。几年后,他在致股东的信中写道:"推动历史的东西,用户不需要知道。我们必须代表他们发明。我们必须靠自己的想象力来探索一切可能性。"[8]

但是,对于贝佐斯关于智能手机的看法,许多草鸮项目员工都有所怀疑。很多人觉得 3D 显示屏仅仅是个噱头和耗电的罪魁祸首。贝佐斯在智能手机方面的一些盲点也让人担忧。"真有人会用手机上的日历吗?"一次开会时他问。"是的,我们会用。"几个没有私人助理的人回答。

就像在多普勒项目中一样,贝佐斯给出的截止日期是不现实的,为了完成目标,团队只能招更多的工程师。但是,对于一个失败的技术项目,更多的工程师只能让损失更大。Kindle 在当时对亚马逊而言具有战略上的重要意义,因此草鸮小组不能用内部的硬件工程师,而只能从摩托罗拉、苹果和索尼等公司挖人。自然,他们不到最后一天是不会告诉这些人他们要开发的是什么项目。"只要你在科技圈有点名气,他们就会找上你。"一位 Fire Phone 项目经理说。

距离产品发布只有 6 个月了。他们的进度一直卡在 3D 显示器上。最早设计的顶级照相组件很快就过时了,所以他们决定升级处理器和摄像头,重新启动这个项目。它延续了用猫头鹰名字来命名的传统——Duke(公爵)[①]。⁹小组立即开始着手新的工作,并取消了另一个手机项目,这个代号为"Otus"(鸱鸺,也是一种猫头鹰)的项目计划由 HTC 来代工生产一款只拥有基本功能的低成本手机,它选用的安卓操作系统,也是亚马逊新型平板电脑 Fire 所使用的,这款平板电脑被看成是苹果 iPad 的有力的低成本替代品。

鸱鸺被叫停时,这个项目的员工感到非常失望,因为他们私下里认为,亚马逊在手机市场上的机会不是一个炫酷的 3D 显示器,而在于通过一款免费或低价智能手机来改变市场格局。团队士气开始变化。一个对整个项目抱有怀疑的小组,秘密买了一套印着"不同意,但服从"的军用标签,这句话是亚马逊领导力原则的第 13 条,决定一旦做出,持有不同意见的员工也必须服从并全力投入。

2014 年 4 月,贝佐斯在致股东的年度信函中写道:"发明的过程充满艰难,时间久了,遭遇一些大的失败也是必然的。"没想到一语成谶。团队正准备在当年夏天的一个大型活动中推出这款手机。贝佐斯的妻子麦肯齐还出现在彩排过程中,提供支持和建议。

2014 年 6 月 18 日,贝佐斯在西雅图弗里蒙特工作室推出了 Fire Phone,他努力再现已故史蒂夫·乔布斯的超凡魅力,并对手机的 3D

[①] 猫头鹰公爵的典故来自一个神话传说,传说中猫头鹰作为守护天使,成为智慧、魔法及希望的象征,被皇室封为公爵。——编者注

显示和手势跟踪功能表现出极大的热情。"我认为他确实相信这个产品会成功，"当时亚马逊公关副总裁克雷格·伯曼说，"如果不是，他肯定不会把这种信息传递给团队。"

人们对这款手机的评价非常尖刻。在亚马逊痛苦地开发 Fire Phone 的四年里，智能手机市场已经发生了巨大变化，并且越来越成熟，Fire Phone 自认为的创新之处，与现在用户的期望已经完全不是一码事。由于它运行的安卓系统并非谷歌的授权版本，所以没有 Gmail 和 YouTube 这些受欢迎的应用程序。虽然它比即将面世的 iPhone 6 便宜，但比亚洲制造商生产的大量廉价、简洁的手机贵，无线运营商大量补贴这些亚洲低价手机以换取两年合同。

负责该项目的副总裁伊恩·弗里德说："这款手机有很多特色，但客户并不在乎。""我和杰夫都犯了一个错误。我们并没有将 Fire Phone 的价值主张与亚马逊品牌保持一致，这是非常重要的。"弗里德接着说。贝佐斯事后告诉他："你不应该对 Fire Phone 感到哪怕一分钟难过。答应我，你不要为此难过。"[10]

那个夏天的晚些时候，亚马逊凤凰城一个配送中心的工作人员注意到，成千上万个未售出的 Fire Phone 原封不动地放在巨大的木货架上。10 月，亚马逊减记了 1.7 亿美元的存货并取消了该项目，这是该公司有史以来遭遇的最大的失败之一。"导致项目失败的原因，我们都早有所料，这是整件事情最疯狂的部分。"软件工程师艾萨克·诺布尔说，他是从一开始就对项目持怀疑态度的人之一。

讽刺的是，Fire Phone 的惨败给多普勒带来了好运气。在没有智能手机市场份额需要保护的情况下，亚马逊可以毫无顾忌地开拓新型智能扬声器市场。手机项目解散后，许多没有立即被谷歌和苹果收留的工程师，公司给了他们几周时间在亚马逊找新工作。有些去了多普勒，有些去了新的热门产品项目 Fire TV。最重要的是，贝佐斯没有惩罚伊恩·弗里德和其他 Fire Phone 产品经理，而是在亚马逊内部发出了一个强烈的信号，即冒险是有回报的，特别是当失败主要归咎于 CEO 时。

另外，这件事也揭示了亚马逊企业内部一个令人担忧的事实。许多 Fire Phone 团队成员怀疑过项目会失败，但似乎没有人有足够的勇气和智慧站出来与他们顽固的领袖争辩。

期待已久的发布

杰夫·贝佐斯安排好这些人之后，研究 Alexa 原型的多普勒高管带着受伤的骄傲退回到会议室，开始重新思考解决数据悖论的方法。他们的老板是对的。通过亚马逊员工进行的内部测试数据太有限了，他们需要大规模扩展 Alexa 的测试范围，同时想办法对外界保密。

2013 年春天，罗希特·普拉萨德和语音科学家珍妮特·斯利夫卡用了几天时间设计出的方案很快就得到格里格·哈特的批准。这个方案让多普勒程序的开发像打了鸡血，也回答了那个后来让语音专家困惑的问题——亚马逊到底是用什么办法超越不可战胜的谷歌和苹果，成功打造出语音控制的虚拟助手的。

在亚马逊内部，该方案被称为 AMPED。亚马逊与澳大利亚数据收集公司 Appen 签约，秘密地开始了 Alexa 的合作。Appen 租了一些房屋和公寓，最开始是在波士顿。亚马逊在这些房间内乱扔了各种"伪装"设备：基座麦克风、Xbox 游戏机、电视和平板电脑。在房间周围不同高度的墙壁上植入了大约 20 个 Alexa 设备，每个设备都用一些布包起来，使它们无法被看到，声音却可以通过。然后，Appen

与一个临时中介签约，让大量合同员工每周六天、每天八小时鱼贯而入这些房间，阅读 iPad 上的固定句子和开放式的问题，如"要求播放你喜欢的音乐"和"要求你想要助手做的任何事情"。

Alexa 的扬声器已关闭，所以不会发出声音，但每台设备上的 7 个麦克风捕获了所有内容，并将音频流传输到亚马逊的服务器。接着，另一批工作人员手动检查记录并对文字转录进行注释，将可能会困扰机器的要求进行分类，如"打开《饥饿游戏》"，这样，下次 Alexa 就可以知道这个要求其实是指播放詹妮弗·劳伦斯主演的电影《饥饿游戏》。[11]

波士顿测试带来了希望，亚马逊决定扩大该方案，在接下来的 7 个月中，该公司在西雅图和其他十个城市租用了更多的房屋和公寓，以捕捉成千上万名带薪志愿者的声音和讲话模式。设备放置、声学环境、背景噪声、方言口音以及说出一个简单请求如天气怎样或播放贾斯汀·汀布莱克的音乐时，人类可能采用的五花八门的谈话方式——种种因素杂糅起来，产生了一个巨大无比的海量数据库。

全天不断的随机测试人员涌入房屋和公寓，屡屡引发高度疑心的邻居报警。在一个实例中，波士顿一座公寓大楼的一位居民怀疑隔壁有一个贩毒交易或卖淫团伙，并打电话给警察，警察要求进入公寓。紧张的工作人员给了他们模棱两可的解释，并带他们看了一圈房间，然后匆忙关闭了该站点。有时，到达现场的临时工被奇怪的文本和整件事情的云谲波诡搞得莫名其妙，决定拒绝参加测试。一位负责注释转录文字的亚马逊员工后来回忆说，他听到一名临时工中途停下来，对他怀疑正在偷听的人说："这太愚蠢了。做这事的公司不觉得尴尬吗！"

但亚马逊并不觉得尴尬。到 2014 年，它的语音数据存储量增加了1万倍，并在很大程度上弥补了与苹果和谷歌等竞争对手之间的数据鸿沟。贝佐斯高兴坏了。哈特并未要求他批准AMPED方案，但在该计划开始前的几周，他用一份六页报告向贝佐斯汇报，描述了该项目的内容及其数百万美元的成本。贝佐斯读到这份文件时，脸上露出了灿烂的笑容，过去一段时间的烦恼似乎都消失了。"这次我看到了你的认真！接下来我们做什么？"

接下来是多普勒期待已久的发布。在发布前夕，员工每周工作80~90个小时，错过大量的家庭时间。贝佐斯没有丝毫松懈，他要确保一切细节都是对的，并不断提出新的要求。例如，在西雅图异常晴朗的一天，夕阳的余晖从他的会议室窗户流过，贝佐斯注意到那个灯环的光还不够明亮，于是他下令彻底重做。几乎只有他一个人主张使用一种名为"Voice Cast"的功能，该功能将Alexa设备连接到附近的Fire平板电脑，这样用户的口令就可以在平板电脑的屏幕上以卡片的形式显示出来。当工程师们试图偷偷放弃该功能时，他发现了，并告诉团队没有该功能，产品就不发布（最终很少有客户使用这个功能）。

但是他也在很多事情上做对了。随着发布会的临近，一队员工担心该设备在嘈杂的音乐或对话中听不到命令，建议配一个像Fire TV那样的遥控器。[12]贝佐斯对此表示反对，但同意与第一批音箱一起交付遥控器，以了解客户是否会使用它们（结果没有用户使用，后来的产品中就没有遥控器了）。

在决定产品到底用什么名字时，他也成功阻止了一场灾难。四年来，团队在这个问题上一直没有达成共识。他们无休止地争论虚拟助手和硬件本身是否应该使用一个名字。在决定分开命名后，他们为音箱想了无数个名字，最后决定叫它亚马逊Flash，新闻功能称为

"Flash 简报"，印有 Flash 品牌的包装箱也已准备就绪。

但是在推出之前不到一个月，贝佐斯在一次会议上说："我认为可以起个更好点儿的名字。"在寻找替代方案时，他们选择借用 Alexa 一个功能的名称——Echo，用户一般使用这个功能要求 Alexa 重复一个单词或短语（这个功能后来改名为"西蒙说"）。因为没有足够的时间印制新包装盒和用户手册，Echo 最早的一批购买者收到的是一个纯黑的盒子。哈特聘请来的负责产品发布的总监托尼·里德不得不在没有产品名称的情况下编写用户手册，她说："这是每个人都应该具备的技能。"

2014 年 11 月 6 日，亚马逊 Echo 正式推出，仅仅几个月前，Fire Phone 的失败还历历在目。这一次，贝佐斯没有举行新闻发布会或发表有远见的演说，完全放弃了对发明这种仪式的史蒂夫·乔布斯三心二意的致敬。贝佐斯用一种新的、低调的和让自己更自在的方法取而代之：他让团队发布了一则宣布 Echo 正式发布的新闻稿和 YouTube 上一段两分钟的视频，视频内容是一个家庭正与 Alexa 愉快地交谈。亚马逊的高管们并没有将新产品吹捧为一款全功能的计算机，而是认真强调了几个他们确信有用的功能，例如播报新闻和天气、设置闹钟、创建购物清单和播放音乐。

然后，他们要求用户排队预购 Echo，并仔细检查这些用户的列表，看他们是否已是亚马逊 Music 的用户和拥有 Kindle。考虑到这是一个未经测试的市场，他们的第一批订单只有 8 万台，并用几个月的时间逐步发布，相较之下，Fire Phone 的第一批订单就超过 30 万台。格雷格·哈特说："Fire Phone 无疑使我们变得更加谨慎了。它让我们重新审视一切细节。"

长达四年的研发过后，不止一位多普勒资深员工怀疑亚马逊

Echo可能会紧随Fire Phone之后，成为另一个失败的科技产品。在发布会那天，他们抱着笔记本电脑，挤在距离菲奥纳大楼只有几分钟步行路程的主楼新办公室的"作战指挥室"里，看着预购名单快速变长，甚至超过了他们所预测的最夸张的情况。

在心惊胆战中，有人意识到他们正在错过这个重大的成功时刻。艾尔·林赛说："我们成功了，却对这一刻毫无准备。"因此，大约100名员工前往附近的酒吧庆祝这个期待已久的时刻，而只有几位疲倦的高管和工程师参加了那晚的活动。

无边界的扩展

在接下来的几周内，19万名客户下单订购Echo。除了一些必然存在的怀疑之声，好评也出现了，诸如"我只是说给未来，而它在倾听"[13]"这是亚马逊多年来最具创新性的产品"。[14]员工发电子邮件给Alexa高管托尼·里德和格雷格·哈特，恳求为家人和朋友申请产品。

Echo发货后，团队可以看到设备被开启，人们真的在使用它们。贝佐斯的直觉是正确的：用户在家里不用触摸智能手机屏幕，就能召唤一台计算机，这种感觉非常神奇。而拥有一个能够回答你的问题（"1夸脱有几杯？"）、为你播放音乐，甚至可以与其开玩笑（"Alexa，你结婚了吗？"）的音箱，是有价值的。

许多多普勒员工觉得他们现在终于可以松口气，享受所有带薪假期了，但事实并非如此。一波未平，一波又起，贝佐斯决定趁热打铁。罗希特·普拉萨德说："我们连续取得了成功，这改变了我的生活。"他被提拔为副总裁，并最终加入广受吹捧的亚马逊领导委员会S-team。"我清楚Alexa和Echo的剧本，却对后来五年的剧情一无所知。"

在接下来的几个月中，亚马逊推出了 Alexa 技能套件，允许其他公司为 Echo 构建支持语音的应用程序；灯泡和闹钟等产品的制造商则可以通过 Alexa 语音服务软件将 Alexa 集成到它们自己的产品中。贝佐斯还告诉格雷格·哈特，项目团队需要每周发布一次新功能，由于没有办法发出更新信号，亚马逊还要每周向客户发送电子邮件，提醒他们其设备提供的新功能。

贝佐斯个人的愿望清单成了产品计划——他希望 Alexa 可以无处不在，无所不能。最初为了快速发布而暂时搁置一边的服务，如通过 Alexa 购物，现在已成为当务之急。贝佐斯向工厂订购了更小、更便宜的 Echo 版本，包括冰球大小的 Echo Dot 和使用电池的便携式版本 Amazon Tap。就虚拟助手和智能音箱之间的市场竞争，贝佐斯评论说："亚马逊不会愤怒于被人赶超。"贝佐斯的发言是 Alexa 推出后一年一度的夏末 OP1 计划会议的一部分。"但是，如果作为创造者我们不能成为这个领域的领导者，不是更让人生气吗？"

在亚马逊公司主楼以及 Alexa 团队在联合湖南区逐渐增加的办公室内，一切变得更加忙碌。他们不断推出新的功能，并收集用户反馈。硅谷的初创公司称这种产品开发方式为"最小可行性产品"（MVP）。而在亚马逊流行的叫法是杰夫·威尔克发明的"最小可爱产品"（MLP）。"什么样的产品会让我们感到自豪？"他问。很多功能（如语音通话）起初都不成熟，也很少被用到，但这并不重要。2015 年圣诞节期间，亚马逊售出了 100 万台 Echo 设备。[15]

Alexa 部门的口号是"快速变大"，与亚马逊早年使用的口号相同。历史总在重演。产品推出后的第一年，这个拥有几百名员工的团队规模膨胀到 1000 人，在接下来的五年中，又令人难以置信地膨胀到 10

万人。通过这一切，贝佐斯像一个火药狂人，不断在火上喷洒轻油，花了大约1000万美元在2016年1月投放了亚马逊有史以来第一个超级碗广告，邀请了亚历克·鲍德温、梅西·埃丽奥特和迈阿密海豚橄榄球队前四分卫丹·马里诺推广Alexa。

尽管有这些关注，但亚马逊内部仍感觉到Alexa组织的发展速度不够快。仅凭贝佐斯一封电子邮件和一张白板草图就开发出该产品的格雷格·哈特离开了这个部门，去帮助运营Prime Video项目。"多年以来，我每天起来最热爱做的事情就是创造Alexa，"多年后他仍然饱含热情地说道，但是随着Alexa团队的快速发展，"它可能更适合另一位领导者"。

一位长期受贝佐斯喜爱的人——迈克·乔治取代了他的位置。他是一个光头，富有个人魅力，喜欢穿牛仔靴、在脸上涂油彩，他总是喜欢吹着口哨、迈着亚马逊式昂扬的步伐走进会议室。

迈克·乔治拥有贝佐斯所谓的"可替代"能源。多年来，贝佐斯把他当作消防员，四处救火，并在人力资源、市场、支付等部门以及后来的贝佐斯私人慈善事业"第一日学院基金"建立秩序。同事们热心地称他为"蛮子""永远爱运动的高中男孩""杰夫的一根肋骨"。

迈克·乔治仅仅管理了Alexa一年，但他的影响一直持续到今天。Alexa部门的招聘速度无法满足其用人需求，所以亚马逊制定了一个全公司范围的选拔办法，为每名加入亚马逊其他业务群（如AWS和零售）的新员工，提供一个在Alexa部门的岗位机会。那些亚马逊经理被半路截胡，失去了他们为自己部门招募来的抢手工程师，这让他们很窝火。

乔治还对Alexa小组的结构进行了重大调整。它过去是一个单一功能的组织，按照中心化管理的方式设置工程、产品和营销团队，但这种架构的运转流畅性和效率都无法满足贝佐斯的喜好。乔治改而按照亚马逊理想高效的"两个比萨"团队重组了 Alexa，每个小团队都致力于 Alexa 某个特定的模块，如音乐、天气、照明、恒温器、视频设备等。

每个小团队都由一个所谓的"单线程领导者"[①] 全权负责，该人对整个小团队的成功或失败拥有最终控制权并担负全部责任。Alexa 和亚马逊本身一样，成了无数个 CEO 的领地，每个 CEO 都自主运作。为了约束这些 CEO，乔治统领创建了"北极星"文档，确立了一个全局性的、语音控制计算平台的战略。

同时，贝佐斯批准了所有这些调整并密切参与，参加产品评论，阅读每周五晚上所有"两个比萨"团队的工作进展汇编，指出各种细小的问题或故障，而团队必须利用周末来解决这些问题和故障。与亚马逊其他项目高管一样，Alexa 的高管也经常收到来自 CEO 的大量电子邮件，常常是转发一个客户投诉，加上一个简单的问号，并期望在 24 小时内得到答复。他还是公司内部 Alexa 的首席布道者。"你在为 Alexa 做什么？"他问其他高管，就像几年前的 AWS 时期一样。公司中的每个人都必须将 Alexa 包括在他们提交给 S-team 的 OP1 文档中，描述他们来年的计划。

2016 年底，在 800 万美国家庭购买了 Echo 或 Echo Dot 之后，负责该设备的总裁戴夫·利普在内部宣布，亚马逊已是全球最畅销的音箱公司。这场艰难的征战取得了胜利。当然，贝佐斯的目标是让亚马逊成为世界顶级的人工智能公司，在这方面，他面对的将是艰巨无比的竞争。

[①] "单线程"一词是计算机科学术语，单线程程序一次只执行一个命令。——编者注

那年秋天，谷歌推出了谷歌 Home 智能音箱。《连线》杂志评价，它看起来更加时尚，"感觉就像你可以在其中种植多肉植物一样"。[16] 它的声音也更加清晰，可以预见性地在网上搜索，提供沉着冷静的答案。Alexa 前高管查理·金德尔说："每当圣诞季来临，团队都在等着看苹果或谷歌这一次会发布什么，如果没有，我们就会额手称庆。"虽然这些公司对模仿别人很介意，但最终它们还是无法抗拒快速增长的智能音箱市场的巨大吸引力。

这给 Alexa 团队带来了更大的压力，他们必须加快速度并在硬件的功能和版本更新方面保持领先地位。2017 年初，一位瑞典客户发电子邮件给贝佐斯，询问亚马逊为何非得等着特定语言版本的 Alexa 开发好才能在欧洲推出 Echo，为什么不能先将英语版产品卖给这些国家。其实，这些都已经在产品日程上了，但不是优先事项。一位高管说，贝佐斯在西雅图时间凌晨 2 点收到了这封电子邮件，第二天早上，已经有六个独立的小组在紧锣密鼓地把 Alexa 放到 80 个新国家/地区的货架上。[17]

后来，Alexa 高管们说贝佐斯的密切参与使他们的日子更难过，但也产生了无法估量的结果。

托尼·里德说，杰夫"给了我们权力和许可去做一些我们需要做的事情，来实现更快、更大的目标。你可以非常自由地行事，考虑如何使用现有资源……有时，你没有任何边界。杰夫希望我们不受任何限制"。

* * *

但是疯狂的速度和增长存在诸多弊端。多年来，Alexa 智能手机应用程序看起来就像是一个设计专业的学生熬夜狂欢后想出的东西。在家里安装一个 Echo 或把它们连接在一起，操作非常复杂。用户用正确的语音方式触发第三方应用和功能也很困难和令人迷惑。

由单线程领导者领导的无数"两个比萨"团队的分散和混乱，体现在产品上，就是很多方面都变得过于复杂。2017 年接任迈克·乔治管理 Alexa 部门的高管汤姆·泰勒，风格尖刻、沉稳，他也同意，很多基本任务，如安装并将设备与其他智能家电相连等，都会"让用户感到痛苦，非常痛苦"。他着手"找出存在于我们自身组织架构上的、让用户苦不堪言的所有问题"。

泰勒和他的同事无法搞定所有的问题。2018 年 3 月，一个故障导致世界各地的 Alexa 随机发出疯狂、无提示的笑声。[18] 几个月后，Echo 在未接受指令的情况下录下了俄勒冈州波特兰市一对夫妇的私人谈话，然后莫名其妙地将录音通过存在通信录里的电话号码，发送给了丈夫在西雅图的一位员工。亚马逊表示，该设备认为自己听到了唤醒指令和一系列记录与转发对话的命令。这是"极为罕见的事件"，并且"尽管发生了这一系列事件，但我们正在评估减少这种情况发生的可能性"。[19] 这些事情发生后，亚马逊要求员工必须编写"错误更正"报告，该报告会详细分析事件，并通过包含一系列提问和回答（称为"五个为什么"）的程序来努力找出根本原因。这些报告都会被发给贝佐斯，详细汇报发生了什么故障，并提出解决方案。

有些错误是无法挽回的，在年轻用户心中，就有 Alexa 喜欢暗杀圣诞老人的倾向。有一件事就发生在 Alexa Prize 比赛期间（Alexa Prize 是亚马逊发起的大学生竞赛，参赛者创造可以进行复杂多主题对话的聊天机器人）。Alexa 用户只要说"Alexa，让我们聊天吧"，就可以和其中一个聊天机器人进行交谈，过后，用户将对其性能进行评分。在

2017年的第一场比赛中，华盛顿大学的聊天机器人从在线论坛Reddit（红迪网）上检索答案，并错误地告诉孩子圣诞老人只是一个传说。[20]随后，孩子的家长进行了投诉，这个聊天机器人随即暂时中止了比赛（但后来还是赢得了50万美元的大奖）。

Alexa迄今跌宕起伏的发展历程，展示了它的成功和它存在的问题。到2019年，亚马逊已售出超过1亿台Echo。在过去的十年间，贝佐斯对科幻小说和发明的痴迷催生了一款大受欢迎的产品，但其对传统隐私观念的冲撞和挑战也为媒体所关注。

但是，Alexa仍然没有像贝佐斯和罗希特·普拉萨德最初希望的那样与人类进行对话。尽管它催生了一个新的产业，其中有大量初创企业和其他公司寄希望于语音支持的服务和设备，但使用Alexa的第三方应用或"技能"的人并不多，而且与苹果和谷歌的应用商店相比，开发人员能够从开发Alexa应用上获得的收入仍然不算丰厚。

贝佐斯热切地相信一切都将在未来几年发生改变。敬畏的员工和目睹他将Alexa变为现实的亚马逊粉丝，都相信这位CEO可以预知未来。但是从至少一方面来看，他没有。

2016年，贝佐斯正在审核Echo Show，这是第一台具有视频屏幕的Alexa。负责该项目的高管回忆，在好几次演示产品原型的场合，贝佐斯一上来就要求Alexa播放嘲笑某位共和党总统候选人的视频。

他说："Alexa，给我看唐纳德·特朗普谈中国的那条视频。"或者，"Alexa，播放昨晚斯蒂芬·科尔伯特的独白"。然后，"他会不顾一切地大笑起来"，参加演示的一位副总裁说。

贝佐斯根本不能预知未来。

第 2 章
一个无聊到没人注意的名字

2012 年 11 月,唐纳德·特朗普仍在主持真人秀节目,Alexa 原型设备即将被搬到员工家里测试,电视台记者查理·罗斯向杰夫·贝佐斯提了一个问题,这个问题后来也成为新闻记者热衷提起的话题:"亚马逊会购买或开设实体店吗?"他回答说:"只有当我们想到一个真正与众不同的点子时,才会考虑这么做。我们想做一些独一无二的事。目前我们还没有找到这样的点子,但是如果我们找到了,我们将很乐意去做。"[1]

这个回答只有一部分是真话。因为在亚马逊内部,一个小团队已经在贝佐斯的领导下开发了一个连锁实体店的新概念。他们的这个计划,最终成了该公司历史上最花哨、最昂贵的赌注之一。

当时,贝佐斯不仅看到计算机处理能力的提高和计算成本的降低能够帮助计算机理解人类语音,他还发现了真实存在的计算机视觉能力,安装有摄像头的计算机能够帮助人们识别和理解图像与视频。那年早些时候,他把一篇《纽约时报》刊登的文章发给亚马逊的高级工程师，文章介绍了谷歌超级计算机如何用1000多万张图像来教自己识别猫的形象。² 当时亚马逊零售业务的首席技术官约瑟夫·西罗什说："杰夫相信这是我们应该关注的一个非常重要的趋势。他对计算机视觉感到非常兴奋，表现出对计算机语音识别一样的热情。"

计算机视觉的魅力，以及用亚马逊在云计算上的优势来推动人工智能前沿领域，再次激发了这位亚马逊创始人的丰富想象力。根据美国人口普查局的数据，超过 90% 的零售交易是在实体店进行的。也许可以利用计算机视觉和机器人等新兴科技，让这么大规模的销售在完全自助式实体商店中完成。

2012 年，贝佐斯在一次非正式会议上向 S-team 提出了这个宏大的想法。这个领导委员会的成员都是贝佐斯亲自挑选的，他们通常每年都会在公司附近的某处举行一些这样的头脑风暴会议，来激发新想法并重申"大胆思考"的重要性。贝佐斯会要求每个 S-team 成员提出一个帮助亚马逊扩展新业务的点子，并写成文件。

在这些被委以重任的高管看来，贝佐斯认为提供自助服务的实体零售业务的机会非常大。为此，他特意任命了 10 年前领导开辟了 Kindle 业务的史蒂夫·凯塞尔来主持这个项目。凯塞尔毕业于达特茅斯学院，是一名曲棍球爱好者，1999 年同家人在法国南部休假期间决定加入亚马逊，从那以后，一直在亚马逊工作。根据亚马逊的说法，他的新任务是"单线程专注于"创建一条创新型实体商店业务线。为了管理该项目，凯塞尔把多年来负责运营亚马逊首页和推荐业务的副总裁吉娜·普埃里尼也拉了进来。

普埃里尼是 S-team 成员布莱恩·瓦伦达的妻子。当时她正希望从公司退休，翻新和装修在西雅图的家，也没有家庭财务压力需要她重返工作岗位，但她被凯塞尔的提议说服了。普埃里尼说："当我问史蒂夫'为什么是我'时，他的回答中最重要的一点是，尽管我们有很多共同点，但他认为我们能够从不同的角度看待事情，并以不同的方式解决问题。我非常喜欢他承认观点和思维过程的多样性……那天晚上，我就给史蒂夫发了电子邮件说，'我加入！'"

贝佐斯当时的技术顾问迪利普·库玛尔是格雷格·哈特的继任者，担任贝佐斯令人垂涎的助手一职，到2013年初，他也加入凯塞尔和普埃里尼的团队，负责工程设计。贝佐斯认为传统零售商仍然在很多方面具备优势，因此亚马逊只有先设定很高的标准，才有机会成功。"杰夫非常特别，他不只是要建一家商店，他还希望这家商店具有颠覆性，这是以前没有人尝试过的事情，这将改变数百年来实体零售的方式。"作为第一批工程总监之一加入的巴里·拉加万说道。

该项目甚至对其他亚马逊员工也是保密的。为此，团队在湖西大道上一栋不起眼的六层建筑中一家体育用品商店的楼上开设了第一家商店。为了不让人注意到这个项目，普埃里尼的首要任务之一就是选择一个非常平淡无奇的代号。在接下来的几年中，团队干脆使用IHM作为代号，即没有特别意义的"库存健康管理"的缩写。朝着他们雄心勃勃的目标，又经过几年艰辛的努力后，项目的名字终于为人所知，也就是他们为亚马逊独创性的实体商店所起的名字——Amazon Go，他们将努力把它打入北美几乎每个大城市。

"拿起即走"的大胆设想

在头脑风暴会议的开始几周，IHM团队讨论到底是应该开发梅西百货风格的百货商店，还是专门的电子产品商店，或是沃尔玛式的超级市场。贝佐斯对商店应该出售什么商品没有特别意见，他唯一的想法就是颠覆传统零售。其中一个被放弃的想法是一个两层楼的商店，移动机器人载满商品在二层来来往往，传送带和其他机器人会将商品传送到一层客户已在等待的购物车中。

亚马逊高管喜欢强迫性地重复说，他们总是从客户的需求出发倒推。对比人们在常规商店的购物行为，普埃里尼的团队列出了自己的优势，例如，找到需要的商品即可离开。他们也列出了一系列痛点，其中最重要的是在收银台排队等候时的挫败感。人们"很忙，利用这些等待的时间，他们可以做自己想做的事"，普埃里尼说。

在对客户需求和可行技术进行了数月的研究之后，亚马逊的A型颠覆性技术团队认为，排队问题是可以使用技术解决的。当时的常见的公关问题解答（据看到草稿的人说，贝佐斯在页边上用笔写满了批注）为一个尚不存在的系统注册了一个商标——"拿起即走技术"。目标明晰之后，他们要做的，是努力发明这种系统，让购物者从货架上选择商品并自动完成付款，无须排队付款。

2013年，兴奋的贝佐斯批准了这个方法，但不知道为此要花上五年艰辛努力和昂贵的研发成本才能使其变成现实。亚马逊负责北美电子商务业务的高级副总裁道格·赫林顿表示："我认为一开始，甚至连科学家都对他们是否真的可以实现这一目标感到怀疑。"

Amazon Go的工程师们首先考虑在产品包装中使用RFID（射频识别）芯片来跟踪从货架上拿下的物品，或者要求客户使用智能手机扫描产品条形码，但是贝佐斯不想让他们走简单的路。他希望他们在计算机视觉领域进行创新，认为这对亚马逊的未来至关重要。因此，他们决定使用天花板上的摄像头和幕后的计算机算法，来努力识别客户选择的产品并计算和收取费用。隐藏在货架内的秤将变成另一个可靠的传感器，以确定产品何时被取出，以及是谁在买东西。

贝佐斯传

在接下来的几年中，迪利普·库玛尔招聘了外部专家如南加州大学著名的计算机视觉科学家杰拉德·梅迪奥尼，以及公司内部从事过亚马逊定价算法之类复杂技术的工程师。他们进入亚马逊最热的项目组，一个引起外界无限好奇和严苛的老板密切关注的项目，一个"杰夫的项目"。一般情况下，他们每周都要工作 70～80 个小时，来追赶迫在眉睫的项目进度，并突破科学的边界。晚上和周末被用来回复电子邮件，撰写六页报告，和那些同时在 Alexa 和 Fire Phone 项目中忙碌的同事一样，他们要不断准备与贝佐斯对项目进行汇报和讨论。"我们所有人都像生活在山洞中。"工程总监巴里·拉加万说。

接近 2013 年底的时候，他们决定将重点放在食品消费品上。美国人平均每年仅购买几次服装和电子产品。根据美国食品行销协会的数据，2013 年，人们平均每周购买食品和饮料 1.7 次，排队的情况更加严重了。Go 团队开始雇用具有食品店经验的高管，要求他们不要更改其领英个人资料，并为他们配了一次性手机和信用卡，但未连接到亚马逊。"在开始时，这工作就像 007，感觉很酷而且很重要。"曾在艾尔伯森百货公司和"超价"连锁商店任职的资深员工史蒂夫·拉蒙塔涅说，"不过，这是一种孤独的工作方式，尤其是无法利用你数十年来建立的人脉关系。"

Go 小组每几周向杰夫·贝佐斯进行一次展示，2014 年 6 月 24 日深夜的那一次非常著名。团队成员都记得，因为亚马逊当天发布的季度业绩下滑，股价也下跌了 10%，因为 Fire Phone 的失败和异常缓慢的销售增长，亚马逊遭遇了一年以来最大的股价跌幅，但是贝佐斯没有被影响。虽然他的严厉常常令那些达不到他高标准的员工心生恐惧，但对待公司中那些从事有挑战性的创新工作的人，他似乎具有非同寻常的耐心。拉蒙塔涅说："那一次，我们本以为他会发脾气。每次我和他在一起时,他都不会提'这要花掉我多少钱?'或'多久我们才能开始赚钱?'这样的问题,他会看着我们说,'我知道这真的很难,发明新事物会很累,但你们的方向是对的'。"

Go项目的高管开始设计的大型商店面积约3万平方英尺[①],大约相当于一个郊区超市的规模。几个月后,他们认为这样的超级市场过于雄心勃勃,于是把面积削减到一半。这样一家中型食品杂货店将提供多种服务,不仅有成排的货架摆满热销商品,还有出售乳酪、咖啡和肉类制品的柜台。团队营造让客人感到温暖和热情的氛围体验,并力推热餐和咖啡。普埃里尼的团队在一个会议室中设计出第一家商店的概念原型,使用儿童积木、标准尺寸的亚马逊书架和门台桌,来模拟客户在这种环境中的行为。

该项目计划于2015年中期推出。随着日子的临近,亚马逊匿名租用了西雅图富人聚集的国会山社区附近一栋全新豪华公寓楼的底层商铺。向政府申请的许可内容中,包括一个大的农产品部、乳制品冷藏室以及用于准备新鲜食品的现场厨房。Go小组随后找贝佐斯签了字。这是一场典型的"杰夫会议",文件不断被重写和打磨,一整天下来,只完成了几句话。每个人都非常紧张,希望不会失败。

为了炫耀这个概念,他们在西雅图南部星巴克总部附近租了一个仓库,并将一楼的一部分改建成了一个1.5万平方英尺的模拟超市。胶合板人造墙隔出各种空间,模块化的架子可以随意移动,旋转栅门则模拟了购物者进入时扫描智能手机的技术。贝佐斯和S-team的成员早早抵达仓库,坐在入口处的会议桌旁,仔细阅读六页报告。

通常在这个过程中,贝佐斯总是读得很慢,他似乎要认真琢磨每

[①] 1平方英尺≈0.09平方米。——编者注

句话。但是这次，他读到一半就放下文件，说："走，我们去逛逛。"说着带领 S-team 走进模拟商店。他们将购物车推到过道上，架子上摆满了罐头食品、塑料水果和蔬菜。假扮咖啡师、屠夫和奶酪售卖员的员工摆出接单和把物品添加到账单中的架势。

一切似乎都很顺利，但随后贝佐斯将小组召集到临时会议室中。他告诉他们，尽管他们做得很好，但过程还是太复杂了。顾客必须排队等候给肉、海鲜和水果称重，还要将这些货品添加到他们的账单中，这与商店的主要卖点完全相反：不用浪费时间排队。他认为，商店的撒手锏应该是拿起就走，不用等待（就像亚马逊网站著名的一键下单的线下版本），所有努力都应集中在这一点上，而且是更轻巧、简单的购物体验。"这是亚马逊的行事方式，'我们喜欢这种方式，让我们改变一切'。"Go 项目的品牌设计师克里斯蒂·库尔特回忆说。

史蒂夫·凯塞尔在其办公室重新召集了 Go 团队，传达一个消息：他们将放弃新鲜农产品、肉和奶酪，转向更小型的便利店形式。在接下来的五年中，他们会忘了这个位于国会山的中型超市，它将被遗弃在西雅图最繁忙社区之一的中心地带，橱窗都神秘地用牛皮纸严实地遮住。

坚持方向，细节灵活

2016 年初，Amazon Go 项目进入关键时刻：每向前走一步，都越来越艰难，而且成本昂贵。凯塞尔和 Go 项目的管理层再次开会，询问他们是否认为应该继续进行该项目，还是将项目搬回实验室，或干脆取消。尽管一些人表现出了疑虑，但最后人们还是同意把项目继续下去。

一些工程师松了一口气,他们不用再管那些重量和价格可变的物品(如牛排),工作复杂性大大降低。另外一些人则因为连续两年的不间断工作而精疲力竭,并被一个人的强大人格无情地推动着,甚至在项目开始变成一场艰苦的马拉松时,仍然能挺起精神朝着设定的最后期限冲刺。令人惊讶的是,这个人不是贝佐斯,而是和贝佐斯站在一起的迪利普·库玛尔,在他身上,展现出了很多成为一名成功亚马逊高管所需的典型特征。

库玛尔来自印度塞勒姆,是一位印度陆军将军的儿子。据他所说,他小时候在频繁搬家中度过,居无定所,"这儿住两年,那儿住两年"。长大后,库玛尔进入著名的印度理工学院读书,并于1994年移居美国,从宾州州立大学获得计算机科学和工程学硕士学位,从沃顿商学院获得MBA(工商管理硕士)学位。他于2003年加入亚马逊,那时这家公司正在互联网泡沫破灭的艰难时期蹒跚前行。多年以来,库玛尔通过将自己锁在会议室并教自己变戏法来缓解压力,后来又变成在夜间开放剧场表演脱口秀。

贝佐斯在其担任CEO那些年轻也更艰苦的岁月中所打造的亚马逊式领导模板,在库玛尔身上得到了体现:勤奋刻苦,对客户的狂热,智商超过情商,意志力胜过先天领导力。同事们说,库玛尔具有出色的记忆力,甚至能记起一些复杂的技术细节,还说他创造了一个只能成功不能失败的环境。像亚马逊的每个领导者一样,他可以轻松地背诵出公司的十四项领导力原则,并且像他的老板一样,相信做出正确决策的唯一方法就是对棘手的问题进行激烈的辩论。贝佐斯经常说:"如果我必须在妥协和冲突之间做出选择,那么我每次都会选择冲突,因为它总是产生更好的结果。"

但同事们说,与贝佐斯不同的是,库玛尔在办公室的行事风格非常粗犷。他们记得有一次他与吉娜·普埃里尼大声争吵，史蒂夫·凯塞尔不得不介入，他没有要求他们停止，而是让他们小声点。项目的一位资深科学家说："如果他对你很好，那就意味着你是个不重要的人。"巴里·拉加万补充说："他是一个暴躁的上司，常常把人气疯，但他也能让人发挥出最大的潜能。"当然，人们也常常这样评价贝佐斯。

当 Go 项目组的高管们决定向前迈进时，库玛尔更需要动用一切能量和才智。向贝佐斯和 S-team 展示模拟商店失败后，Go 小组将项目缩减为 7-11 便利店的规模，这样就可以只专注于技术功能的实现。库玛尔的工程师在一栋位于第五大道和贝尔街拐角处的亚马逊新楼"水獭"（Otter）底层建了一个秘密实验室。它的两道门紧锁，员工只能从大楼内部刷卡进入。架子上堆满了用黏土和泡沫塑料制成的假食品，以及绿色碎纸代表的生菜。

库玛尔要求 Go 项目的员工进入房间，尝试骗过安装在天花板上的摄像头和计算机视觉算法。他们穿着厚大的外套，拄着拐杖，或推着轮椅走进去。有一天，每个人都被要求带上雨伞，看看是否会遮挡相机的视线。另一天，所有员工又都穿着西雅图海鹰队球衣来迷惑部分使用服装颜色来区分购物者的算法。

挑战是，虽然这项技术不会被经常这样愚弄，但它总是犯错，如果推广使用，可能会造成大麻烦。光照条件的变化和阴影的飘移，产品在货架上的放置深度以及遮住产品特制标签的手和身体，都可以轻易让系统混淆。孩童的识别也是一个特殊的难点——他们体积小，计算机很难将他们与父母区别开来，而且他们总是在商店搞一些恶作剧。成人可能会将他们放在肩膀上，抱在怀中，或放在婴儿车里，这也让计算机算法无法确定到底从哪个人的账户收费。

第 2 章 / 一个无聊到没人注意的名字

当库玛尔和他的工程师努力解决这些问题时，贝佐斯和凯塞尔变得不耐烦起来。已经三年了，亚马逊仍未开出一家商店。因此，以亚马逊独特的发明创新方式，他们又成立了独立的团队，向着同样的目标迈进。贝佐斯喜欢说亚马逊要"坚持方向，细节灵活"，这就是一个例证：多个团队齐头并进，相互竞争，解决无收银台商店这个课题，实现"拿起即走"的理想。

库玛尔的小组继续开发将未来感十足的计算机视觉技术嵌入天花板和货架的商店。同时，凯塞尔邀请亚马逊波士顿公司技术总监杰里米·德博内特组建自己的内部工程师和计算机视觉科学家创业团队。他们最终将计算机视觉技术和传感器集成到购物车内部，而不是让它们分布在整个商店中。在某些方面，这样的方式难度更大。虽然 Go 商店可以部分根据商品在商店中的位置来推断商品是什么，但所谓的"智能手推车"将不得不考虑购物者从农产品柜上拿起一袋橘子，却走到其他商品区扫描的情况。

这个小组的工作用了数年时间才取得进展，最终他们将几种技术整合在一起，并配备了安有计算机视觉扫描仪和触摸屏的亚马逊 Dash Carts 智能购物车，这样，购物者可以在超市过道上边走边结账。

贝佐斯和凯塞尔组建了第三个团队，目标更为现实：以更传统的结账方式开设书店。书与食物相反，不易变质，定价统一，易于存放，当然，图书正是亚马逊在线上领先的品类。客户购买图书的频率低于购买食物，排队付款也不会那么让人懊恼。图书可能再次成为吸引购物者体验如 Fire TV、最新版的 Kindle 和 Echo 之类设备的诱饵。

2015 年秋天，随着该公司第一家亚马逊图书专卖店在西雅图的一家高档购物中心准备开业，引发了人们对其最终将以何种方式进入实体零售的大量猜测，西雅图当地科技博客 GeekWire 的记者把照相机绑在一根长杆子上，伸进店里偷拍。[3] 大约在同一时间，贝佐斯也从后门偷溜进去，这是他第一次见到亚马逊的实体店，他很高兴地说，他觉得亚马逊的业务已经形成完整的闭环。

数周后的 2015 年 11 月 2 日，书店开业。参与该项目的员工必须将自己喜欢的书贡献给"员工精选"书架。贝佐斯本人选择了三部作品，从某种意义上说，它们预示了即将发生的意外变化：他的妻子麦肯齐·贝佐斯写的小说《陷阱》；加里·查普曼写的《5 种爱情语言》，内容是关于保持浪漫关系的；还有他的朋友、著名的美国总统安全顾问加文·德·贝克尔写的《恐惧给你的礼物》。

一些 Go 项目老成员看着仅用了几个月就开业的亚马逊书店感到沮丧。但是到 2016 年初，团队终于开始准备最终的发布了。为了确定这家商店的正式名称，普埃里尼的团队进行了一系列品牌活动，集思广益，并写下了一些这个名字应该传达的理念。他们选了"Amazon Go"来传达速度。她说："就连这个名字本身也只有两个词。你真的可以拿起就走。"

在"水獭"实验室内部，假食物换成了真食物，Go 的员工被要求假装在各种场景下进行购物。例如，普埃里尼回忆道："你着急去开会，所以买一份沙拉和一杯饮料作为午餐，或你正急于去日托中心接孩子，顺路为明早买一些牛奶、草莓和谷类食品。"幼童的问题仍然没得到解决，他们请父母带孩子进入，放任这些不老实的顾客四处乱跑拿东西，进一步对系统进行压力测试。

员工对项目的进展感情复杂。许多人都喜欢这种便利，喜欢在下午开会前跑到"水獭"实验室，拿个三明治，然后回到办公室，体验他们曾经在常见公关问题解答中假设的"拿起就走"的"魔法"。但是在背后，这项技术并不完美，需要人类的支持。当系统对一个购买行为产生不确定时，即发生所谓的"低信任度事件"，就会有几组员工来审核录像。这些小组的工作，和那些在幕后协助审查和改进Alexa响应能力的临时工一样，导致一些员工质疑整个工作。设计师克里斯蒂·库尔特说："这件事的吊诡之处在于，如果我们需要一大堆人来看录像记录，这难道不成问题吗？"

人类员工还要完成另一个任务：开发半成品食物食谱并准备每日午餐，如羊肉三明治和意大利番茄沙拉。为了筹备即将在2016底开业的亚马逊西雅图办公区1800平方英尺的原型商店，该公司从工业厨房和连锁餐厅聘请了厨师和员工。在原型商店内部开设厨房的同时，在西雅图南部也开设了一家商业级的户外厨房，为亚马逊计划中的全国Go商店内的厨房打样。[4]亚马逊还一反常态地大手笔购置了一批价值数万美元的德国商用烤箱。

结果，厨房又给他们带来了又一系列出乎预料的挑战。商店厨房里出现了奇怪的气味，亚马逊聘请了两位专业的气味师来解决这个问题，发现罪魁祸首是腌萝卜。一名员工回忆说，由于食品安全是重中之重，因此商用厨房要保持特别低的室温，时薪员工要求在冰冷的混凝土地面上安装垫子，亚马逊最初拒绝了，但在一位总部的高级经理观察了一天厨房的工作之后，亚马逊给员工发了帽衫和其他保暖装备，并在地上铺了垫子。事实证明，食品服务行业的从业人员与库玛尔的算法一样难管理。

最早的那间亚马逊Go商店于2016年12月对所有员工开放。对公众开放原定于几周后，但由于一系列新问题浮出水面，这个日子最终又被推迟了一年。[5]根据《华尔街日报》的报道，当同时有20个以上的购物者在商店中时，系统就可能发生死机，而当购物者将商品拿起后放在另一个货架上时，系统就会失去对商品的跟踪。员工必须往原来的货架上补货。即使在最好的情况下，该系统也不能做到完全准确，亚马逊高管不敢承担识别错误、错误计费和伤害顾客信任的风险。

购物者也常常被这种创新形式搞得晕头转向。普埃里尼后来说："我们注意到许多顾客在出口处犹豫，询问入口处的工作人员他们是否真的可以离开。在测试中，我们张贴了一张大海报，上面写着'对，是真的，你可以拿起就走'。"第一家原型商店中至今仍然有一个这样的标示牌。

当第一家亚马逊 Go 商店终于在 2018 年 1 月向公众开放时，它真的给人一种未来感。（"整个过程非常快并且顺畅，我几乎忘记了物品不是免费的。"CNET 的报道中写道。[6]）但是由于规模太小，物品选择有限，加上巨大的人员薪酬和运营支出，项目的财务数字非常难看。有人告诉我，第一家 Go 商店的配套厨房和数据中心所消耗的成本超过 1000 万美元。

"如果你是风投，根本不会考虑投资。"另一位负责决策的高管表示。但是贝佐斯想赶在前面。这位高管说："杰夫非常擅长'超前一步'，只要用户喜欢，他就能找到足够的钱来砸。"2017 年，亚马逊在研发方面的支出为 226 亿美元，[7] 相比之下，Alphabet 是 166 亿美元，英特尔为 131 亿美元，微软是 123 亿美元。这位精于财务的 CEO 非常清楚，Go 商店和 Alexa 等项目的大量研发费用不仅能确保亚马逊业务的领先性，而且可以产生税收抵免或被冲销，从而减少亚马逊的整体税费支出。

在接下来的几年中，亚马逊 Go 商店开遍了西雅图、旧金山、纽约和芝加哥。亚马逊取消了商店里的厨房，变为从星巴克和 7-11 的沙拉和三明治供应商处进货。昂贵的德国烤箱闲置在第一家商店中，厨房员工都被解雇了。

这些被解雇的员工心怀不满，不断对外讲述商店的食品质量下降，还将未售出的饭菜分发给食物银行和流浪者收容所。一位前员工抱怨道："现在唯一新鲜的是蔬菜。看到项目变得这么糟糕，我很心痛。"

贝佐斯曾计划在全美各地城市开设数千家亚马逊 Go。[8] 但经过 7 年之后，仅开了 26 家，根本达不到他当时预想的业绩目标。这些商店还因取消收银员岗位，而使亚马逊遭到了强烈的政治抵制。根据美国劳工统计局的数据，收银员是美国规模第二大的职业。亚马逊 Go 还将那些手机没有支付功能的低收入和高龄购物者排除在外。纽约、费城和旧金山等城市议会通过立法，要求这类商店接受现金。

2019 年，在库玛尔升职负责所有实体零售业务之后，我和他进行了一次交谈。最初的 IHM 三人组，现在仅剩下库玛尔。史蒂夫·凯塞尔和吉娜·普埃里尼都已经退休。库玛尔坚持认为 Go 项目刚刚开始，并指出"客户喜欢不用停下来付款就直接离开的购物体验"。库玛尔说，这给了项目"很多自由度和空间，可以尝试其他东西"。

其中之一就是将成熟的技术再次应用到中型城市杂货店。到 2020 年，新冠肺炎疫情暴发之前，亚马逊开启了它在西雅图国会山附近那个等待了很久的商店，店名是 Amazon Go 食品超市。奶酪、肉类和海鲜再次出现在货架上，库玛尔暗示，亚马逊非现金支付的系统在更大一些的商店也可以使用了。他告诉《华尔街日报》："我们学到了很多东西。没有真正的上限，它可以用在大 5 倍甚至 10 倍的店面里。"[9]

Amazon Go 仍然是一个亏本生意，但是贝佐斯仍然将其视为对计算机视觉和人工智能的一种押注，这种周期长、高风险的试验对于大公司而言，非常有意义，必不可少。正如他在 2015 年致股东的信中所写的那样：

我们都知道，如果用力挥棒，可能出现各种结果，也可能打出一个本垒打。然而，棒球与商业之间的区别在于，棒球的比分分布是有限的。用力一击过后，你最多可以得到 4 分。但在商场上，你不断主动出击，就有可能收获 1000 分的惊喜。这种长尾的收益分配使勇气变得非常关键。[10]

Amazon Go 的概念提出近十年后，人们仍不确定它是否能给亚马逊带来 1000 分的收益，但它确实引领了一些有趣的创新方向。亚马逊开始将"拿起就走"系统许可给其他一些零售商，包括便利店和机场售货亭。图书方面，亚马逊则发展出了数十家四星级实体书店，利用和人们购买习惯相关的大量数据，来设计受欢迎的本地商品组合。从 2020 年开始，亚马逊开设大型的生鲜杂货店，这些商店使用的不是 Amazon Go 的技术，而是久经考验的亚马逊 Dash Carts 智能购物车，购物者可以在购物过程中扫描结账，而不必排队等待。[11]

另一个重大成果是，亚马逊在 2016 年初意识到，要想在每年 7000 亿美元的美国食品杂货市场与沃尔玛、克罗格这样的巨头竞争，就必须对实体零售了解得更通透。大约在那个时候，史蒂夫·凯塞尔和高级副总裁道格·赫林顿、Go 小组和亚马逊并购部门成员一起，共同讨论一个重大问题：亚马逊是否应该收购一家连锁超市。

他们考察了当地的杂货店、区域级连锁店和大型全国性公司。在他们拨出的电话中，有一家是总部位于奥斯汀的全食超市，这家有机食品连锁店正深陷困境，同店销售额狂跌，客户觉得价格太贵，股价也下跌到 5 年来的最低水平。但是，其特立独行的创始人约翰·麦基仍然对恢复计划充满信心，尚不想出售公司。

第 3 章
牛仔与杀手

　　杰夫·贝佐斯除了通过支持 Go 商店、Alexa 和 Fire Phone 等雄心勃勃的技术创新项目来实现亚马逊的下一波增长，还在印度开设了一家在线购物网站。在这个拥有 13 亿人口的国家，大城市居民正在迅速拥抱智能手机和宽带互联网。仅仅几年，亚马逊就向印度投入了数十亿美元。他打赌在那里，亚马逊将获得重大新生——不仅无所不卖，而且要卖给全世界。

　　贝佐斯曾错过更早在印度投资的机会。2004 年，亚马逊就在班加罗尔开设了最早的一批海外软件开发中心之一，办公室很小，位于一家汽车经销店的楼上。员工正在研发进展缓慢的搜索引擎 A9 和新生的 AWS 云服务，他们多次提出开设本地在线商店的计划。但是，随着亚马逊从互联网泡沫破灭中恢复过来，并将精力集中在中国市场上，印度业务实际上被放在了最后来考虑。

　　结果，亚马逊在印度的一些早期雇员辞职创办了自己的公司。2007 年，工程师萨钦·班萨尔和比尼·班萨尔（两人并非亲戚，而是朋友和印度理工学院的同班同学）离开亚马逊后创立了 Flipkart，试图复制贝佐斯当初在线书店的成功。如果亚马逊不为印度日益富裕和拥抱互联网的上层人群提供服务，他们就自己做。

曾帮助启动和运营班加罗尔开发中心的亚马逊高管是一位名叫阿米特·阿加瓦尔的贝佐斯信徒和工作狂，他也是印度理工学院的毕业生。2007—2009 年，阿加瓦尔返回西雅图并成为贝佐斯的技术顾问，在格雷格·哈特和迪利普·库玛尔之前，跟随 CEO 参与所有会议。任期结束时，他和贝佐斯就他下一步的工作内容进行了认真的讨论。阿加瓦尔请求加入国际部门，并撰写了一项商业计划，旨在帮亚马逊进入他出生并长大的国家。

当时负责亚马逊国际客户的高级副总裁迭戈·皮亚森蒂尼对进入印度还拿不定主意。虽然 IBM 和微软等大企业已经在印度市场取得成功，但该国制定了复杂的法律来保护其数量庞大的分散式零售店。这些针对"外国直接投资"的法规禁止海外公司拥有或直接经营零售业务。意大利人皮亚森蒂尼于 2000 年初离开苹果加入亚马逊，他也认为这种 GDP（国内生产总值）较高的大国应优先考虑。2010 年，在阿加瓦尔的帮助下，皮亚森蒂尼把亚马逊的生意做到了自己的祖国意大利。一年后，他们上线了亚马逊的西班牙版本。阿加瓦尔说，这些成功的海外发展使他们对"重启全球扩张"充满信心。

2012 年，亚马逊终于决定进入印度市场并开始筹备，高管们仔细复盘了他们从中国市场上获得的一些教训。亚马逊于 2004 年进入中国，以大约 7500 万美元的价格收购了图书销售初创公司卓越网（Joyo.com），坚信在这个世界人口最多的国家也可以复制它在其他地方的成功路径。亚马逊计划耐心地进行投资，以丰富的产品、低廉的价格和可靠的服务来赢得客户。

但是经过几年不温不火的发展，亚马逊在中国的业务突然遇到了困境。资本雄厚的电子商务竞争对手阿里巴巴，在有了类似易贝的网站淘宝之后，上线了专为知名品牌开设的固定价格电商平台天猫，大受欢迎。几年后，阿里巴巴推出数字支付工具支付宝时，亚马逊的用户仍选择在收到货物时支付现金。阿里巴巴和另一个强有力的对手京东的网站非常吸引用户，这些网站的设计迎合了中国互联网用户的整体品位。而亚马逊中国的网站主页看上去和它在其他任何地方的没有区别。亚马逊中国员工要依靠西雅图团队提供技术和其他支持，对诸如此类明显的市场信号反应迟钝。

2010年，亚马逊为其中国业务首开特例，允许第三方卖家在其网站上出售商品。这是实现业务飞轮的关键：通过增加外部商家来吸引更多新的消费者，并向卖家收取费用获利，再将这份收入用于降低价格，进而吸引更多买家。但是，亚马逊又一次未能号准中国互联网的脉搏：中国卖家习惯将销售额的2%~5%付给阿里巴巴来做广告，让自己的商品更容易被看到。亚马逊高管不喜欢这种广告模式，而收取10%~15%的广告佣金，这对卖家而言实在太贵了。结果，阿里巴巴又胜一筹。

之后，中国媒体报道了亚马逊第三方商家售卖包括名牌化妆品在内的假冒商品，[1]好不容易取得的进展都白费了。当时的亚马逊中国高管表示，贝佐斯对了解中国政府的行事方式、与重要人士建立联系或像埃隆·马斯克（在上海开设特斯拉超级工厂）那样，利用个人影响力来支持亚马逊在中国的业务发展，完全不感兴趣。

因为忽视与中国政府搞好关系，亚马逊最终失去了更大的市场。2014年，国际团队在一份提交给S-team的报告中，对中国业务陷入困境进行了分析，他们估计自收购卓越网以来的10年中，该公司共亏损了 10 亿美元。为了降低财务损失，贝佐斯决定收缩亚马逊在中国的投资，并着手制订一项计划来实现盈利，不再通过继续输血的手段以保持在中国市场的竞争优势。

一位亚马逊财务高管后来将其描述为对中国业务的"致命一枪"。2011—2016 年，亚马逊在中国的市场份额从 15% 降至不到 1%。[2] 多年后，皮亚森蒂尼解释说："一直以来，公司都担心如果我们在中国市场大举投资，就会被拖住，浪费大量的资金。我们没有足够的胆量直面竞争，我们一直是个怯懦的跟随者。"

等到亚马逊终于决定进军印度的时候，贝佐斯认真吸取了这些深刻的教训：亚马逊在中国的投资和创新不够，没有与政府建立互动，也没有建立独立团队开展业务。他的前助手阿米特·阿加瓦尔热切渴望将亚马逊引进他的国家，并相信不会再犯同样的错误。

狂野地开拓疆土

亚马逊在印度的第一个行动，就是试图吸引其两位著名的校友回来。独立山头四年后，比尼·班萨尔和萨钦·班萨尔已将 Flipkart 打造成印度著名的电商品牌，不仅销售图书，还销售手机、CD 和 DVD。阿米特·阿加瓦尔在德里市中心的孔雀王朝豪华酒店见了他的两位前同事，讨论了收购事宜。他俩对自己取得的成功非常自信，要价 10 亿美元。[3] 阿加瓦尔对这个价格嗤之以鼻，谈判失败。

在班萨尔等人拒绝了亚马逊的橄榄枝后，阿加瓦尔开始招兵买马与之竞争。他回到亚马逊总部，热心宣传这个"千载难逢的机会"，并称他们将"改变印度民主的进程"。他的目标是那些印度裔亚马逊员工，他们既了解公司，又了解广大印度市场的文化特点和多种语言。

到2012年，一支由几十名工程师组成的亚马逊印度团队在宏伟的"世界贸易中心"（位于班加罗尔北部的一座弧形玻璃高层建筑）租下了一间办公室。起初，他们不确定下一步该干什么。根据印度的外国直接投资法规，他们似乎不可能开设一个标准的亚马逊网上商店，以批发价从制造商购买产品，再出售给在线购物者。

因此，他们发挥亚马逊式的聪明才智，于2012年2月推出了一个名为"Junglee.com"的比价网站。亚马逊通过搜寻和罗列其他网站的商品和价格，来收集数据并赚取推荐费，从而避免进行实际交易和违犯印度法律。但在Flipkart看来，亚马逊这个危险的巨头正在试图蚕食它的蛋糕，并拒绝让Junglee抓取自己的网站数据。仅仅在一开始吸引了一些关注后，Junglee就没吸引到什么流量。

到2013年，阿加瓦尔和他的团队决定另辟蹊径。他们绕过公司的业务手册，而将亚马逊印度单纯作为一个第三方市场来运营。他们让外部供应商在重新命名的Amazon.in上出售其商品，由亚马逊代理交易并从中抽取费用，但不拥有实际库存。这种做法有个明显的缺点，亚马逊无法决定价格，也无法保证热销产品的库存和品质。

经过一再推迟，Amazon.in于2013年6月5日上线。一个用手持摄像设备拍摄的摇摇晃晃的视频被放在YouTube上，显示一个会议室里挤满了年轻的印度人。[4] 网站在凌晨2点正式上线那一刻，会议室里爆发出热烈的掌声。新站点大声宣告，"自信地购物吧"。

几周之内，亚马逊印度从销售图书和DVD等媒体产品扩展到销售智能手机和数码相机，紧接着是美容化妆品、厨房小工具，以及亚马逊的Kindle Fire平板电脑。阿加瓦尔希望每周推出一个新类别，就像他在西雅图的老板一样，他喜欢树立很高的预期。他后来回忆说："如果有一周没有上线新品类，我们就会坐立不安，失落至极。"

尽管离美国总部有8000英里①，但阿加瓦尔还是设法把亚马逊企业文化的核心元素搬到印度公司。他让人把他在1999年作为亚马逊新员工为自己打造的门桌搬了过来，他说，这样做部分是因为他自己家并没有那么多家具让搬家公司搬，这让他觉得不划算。他还引入亚马逊的很多传统做法，包括六页报告和错误更正报告，以系统解决季风季节快递延误等问题。和贝佐斯一样，阿加瓦尔还会定期转发客户电子邮件并附上一个问号，给他的员工（同事称这些邮件为"阿米特急件"来代替"杰夫急件"），表明这些都是需要立即被解决的问题。

几个月后的2013年秋天，阿加瓦尔和他的管理团队回到西雅图，参加年度OP1计划会议，向贝佐斯和S-team汇报在印度的年度发展计划。他们准备的六页报告提供了一系列从保守到激进的投资选项，来谋求公司在印度市场的拓展，并在市场份额以及其他关键指标上赶上已有6岁的Flipkart。这份报告还简要介绍了一项试验性广告活动，目的是测试什么东西能够引发印度消费者的共鸣。

那时，亚马逊在中国的业务已经开始恶化，因此贝佐斯不想错过在这个世界第二大市场上的任何机会。在大多数OP1会议中，他通常都会最后发言，这样团队不会因他的个人意见而受到影响。但是这一次，他在阿加瓦尔的展示过程中就插话说，"你们这样做会失败"。他直截了当地告诉他的印度员工，"在印度，我不需要计算机科学家，我需要牛仔"。[5]

"不要给我个方案说我只需要投一些钱过去。"据两位在场高管回忆，贝佐斯继续说道，"告诉我如何获胜。然后告诉我要花多少钱。"另一位参加了会议的印度高管阿米特·德什潘德说，贝佐斯的意思就

---

① 1英里≈1.6公里。——编者注

是"大胆放手干吧,把事做成,有我支持你们"。

拥有印度理工学院和斯坦福大学学位的计算机科学家阿加瓦尔当时非常意外。但是,当他返回印度时,他将这样的指示变成了集结号。贝佐斯的命令成为亚马逊印度公司文化内核的一部分,高管们甚至偶尔会在全体会议上穿上牛仔服装。他们调整了中规中矩的OP1营销计划,成了印度最大的广告主。他们在《印度时报》头版推广Amazon.in,并在印度板球超级联赛中投放吸睛广告。据亚马逊印度高管描述,他们新团队的目标之一就是用极快的发展速度,迫使贝佐斯不得不亲自来印度看看。

接下来的几个月非常忙乱。团队成员整日工作,经常出差,早上乘第一班飞机,晚上则选最后一班飞机。除了全国各地飞行,他们还去中国参观那里的亚马逊、阿里巴巴和京东,了解它们在一个和印度竞争环境类似的市场中各自所采用的战术。"我的房间和办公室里各有一个行李箱,"负责在全印度建立亚马逊仓库的运营经理维诺特·普瓦林格姆说,"有人曾开玩笑说,'老兄,我们像是在劳教所工作'。"

亚马逊在印度采用独特的经营方式。由于缺少发达国家多车道高速公路和信用卡网络这样的关键基础设施,高管们不得不为印度设计特殊的物流和支付策略,例如,雇用自行车送货员和接受货到付款等。通常全世界的亚马逊网站都共用统一的代码库,而在印度,亚马逊的工程师需要开发一套新的代码,并开发更节省内存的智能手机应用版本,因为印度顾客主要是通过手机和缓慢的无线网络访问亚马逊的网站。为了提高灵活性,所有部门都向阿加瓦尔而不是西雅图总部的高管汇报。亚马逊印度公司的一位高管说:"我们会从根本上质疑原有的一切做法,不断地问,'在印度应该这样做吗?'"

阿加瓦尔和亚马逊国际业务负责人迭戈·皮亚森蒂尼、亚马逊公司发展负责人彼得·克拉维克找到了一种解决方案，可以在不能自己定价和管理库存的情况下，作为一个纯粹的第三方交易平台实现高效运营。2014年年中，亚马逊与印度外包巨头印孚瑟斯的联合创始人、亿万富翁纳拉亚纳·穆西合资组建了Prione商业服务公司，亚马逊占股49%。然后，Prione通过Cloudtail公司来销售新款智能手机和热门消费电子产品等。Cloudtail立即成为Amazon.in上最大的供应商，约占销售额的40%。[6]

Prione直接破解了印度模棱两可的外国直接投资法规（路透社后来报道，亚马逊当时的一份内部幻灯片上写着"试探法律允许的边界"）。[7]通过这样的安排，亚马逊能够为用户提供三星和中国的一加科技等公司最火爆的新款智能手机的独家优惠。Flipkart在外国资本的帮助下在印度建立了自己的代理商网络，名为"WS零售"，专卖摩托罗拉、小米和华为的手机产品。两家公司将这个游戏玩了数年之久，以打折和独家销售的方式各自割据一方，遍布印度全国的各种家庭式杂货店根本无法与它们竞争。

到2014年中，亚马逊和Flipkart的网站流量双双超过它们自己最乐观的预期目标。7月29日，在收购时尚类产品竞争对手Myntra几个月后，Flipkart宣布再次获得10亿美元的风险投资，[8]使该公司的市值达到70亿美元，超过当时所有其他印度互联网初创公司的市值总和。一天后，刚刚上线一年的亚马逊印度宣布网站总销售额达到10亿美元，并发布了一条针锋相对的新闻，高调宣布再向亚马逊印度注资20亿美元。印度电子商务领域的巨大机会，提醒着贝佐斯此前在中国市场上遇到的问题，他下定决心这次一定要赢。

那年9月，他兑现了对阿加瓦尔的承诺来到印度，利用他不断上升的影响力来推动亚马逊在印度的发展。作为给贝佐斯的见面礼，Flipkart在班加罗尔机场外和亚马逊办公室周围的广告牌上大肆推广他们为迎接印度排灯节而新造的在线购物节——十亿日（Big Billion Day）。

贝佐斯对自己的出场方式另有计划，他希望把动静搞大些，让Flipkart的投资者也能听到。他希望骑着一头大象，把一张20亿美元的巨额支票交给阿加瓦尔。在印度，大象代表着智慧和力量。但是当时所有大象都被用于庆祝当地的一个宗教节日，贝佐斯坚持让他的同事们找一头来，无果后，他同意换成在一个布满装饰的塔塔平板卡车上进行。贝佐斯身着正式的米黄色印度传统套装和栗色杜帕塔围巾，展示了用纸板制作的模拟支票，阿加瓦尔则在一旁努力配合。

当地媒体铺天盖地全是亚马逊和Flipkart的相互炫技和全国竞争。在这一点上，贝佐斯却希望低调一些，虽然他努力在竞争中打败Flipkart。他对印度杂志《今日商业》说："我认为，大多数公司花太多时间思考竞争问题，它们应该多想想用户。"[9]

同时，贝佐斯构思了一个促销日来回击Flipkart的"十亿日"，他将主题定为庆祝印度成功发射火星太空探测器，这也符合他对太空探索的热情。亚马逊引燃了新一波促销活动热潮，大量流量涌入亚马逊和Flipkart的网站。

在密集的行程间歇，贝佐斯在附近的一家酒店与印度公司的高管进行了交谈。他重申，他希望他们能像牛仔一样思考，因为印度就是电商的狂野西部。据在场的三位高管回忆，贝佐斯说："开疆拓土的方式有两种，很多时候，你要先瞄准，瞄准，瞄准，再射击。另一种方式是，先射击，射击，射击，然后再瞄得准一点。在这里你们就应该这样做。不要在分析和瞄准上浪费大量时间，要不断尝试。"

贝佐斯、皮亚森蒂尼、阿加瓦尔三人还与他们的新公司合伙人纳拉亚纳·穆西共进午餐，这位68岁的印孚瑟斯联合创始人，给他们讲了自己在大学毕业后徒步穿越欧洲旅行的故事，以及有关印孚瑟斯大学的信息。印孚瑟斯大学是印孚瑟斯公司的大规模内部培训计划，旨在为刚毕业的大学生提供实用技能。贝佐斯专心地听着。皮亚森蒂尼回忆说，贝佐斯和年长的穆西产生了"直接的化学反应"。

随后，贝佐斯和阿加瓦尔飞往德里，会见了真正决定亚马逊在印度前途命运的人物——印度总理纳伦德拉·莫迪。在这次会面之前，贝佐斯曾在采访中赞扬印度的企业家精神，称正在考虑将AWS数据中心设在印度的可能性，关于印度刚刚上任的这位领袖，他则说："我完全尊敬并认同他，他在国际上享有很高的声誉。"[10]

但是，莫迪对此并未公开发表任何讲话。作为他执政联盟的关键构成的印度商人正忧心忡忡地盯着亚马逊。只要莫迪决定收紧外国投资相关规定来巩固这种支持，亚马逊和印孚瑟斯的合资公司的光明前景就会立刻化为泡影。

亚马逊在墨西哥

亚马逊在印度的进展让西雅图倍受鼓舞。贝佐斯和S-team认为，如果电商在印度都能够蓬勃发展，那么其他发展中国家也一定大有机会。2014年，他们将开发下一个海外市场的重任交给了法裔加拿大人高管亚历山大·加农。加农曾担任S-team成员皮亚森蒂尼的技术顾问，协助了亚马逊在意大利和西班牙的发布，并将亚马逊的业务拓展至加拿大。在加拿大业务中，亚马逊最大的优势是其位于边境附近的仓库，可以存放很多销量不大因而不适合大规模存放在加拿大本地仓库的货物。在GDP排名世界第15位的墨西哥，也缺少一条统一、四通八达的大陆供应链。亚马逊在其第二年进行的海外拓展中，进行了一场最奇特的商业试验，写下了其历史上最不光彩的一笔。

当时，沃尔玛是墨西哥市场上最大的实体零售商，电商业务的市场占有率也是首屈一指。同在这个市场上的，还有阿根廷初创公司MercadoLibre，但从整个拉丁美洲来看，这个国家的整个销售额还占不到7%。[11]墨西哥和印度一样，电子商务的发展同样受制于互联网使用率低下、无线网络不畅以及信用卡普及率低等因素。但对于现在的亚马逊而言，这些都已经不是问题。

加农在2014年3月向S-team提交了他的墨西哥发展计划。他在六页报告里将墨西哥市场与印度相提并论。他还指出，许多墨西哥有钱人已经在亚马逊美国网站上购买商品，并支付额外的费用给跨境物流。加农的一位同事后来表示，因为得知贝佐斯当天情绪特别恶劣，所以开会前每个人都非常紧张。但是原定为90分钟的会议只持续了45分钟——这通常是一个好兆头。加农说："总体而言，他的看法是我们的时间不算早了，但还来得及。他认为我们的计划很好，应该尽快启动。"

墨西哥项目获得的投资，仅仅是印度数十亿美元规模投资的一小部分。为了表明对印度的重视，贝佐斯亲自做出了大部分有关这个市场的投资决策。但加农的汇报对象，却是亚马逊全球消费者业务负责人杰夫·威尔克，后者负责"与I-5有关的一切事务"，I-5是贯穿整个美国西海岸的州际公路的名字。

亚马逊在墨西哥的首要任务之一是招募一位来自本地的首席执行官，负责整个项目的推出，并担任亚马逊在该国的形象代表。经过一个月的寻找，亚马逊招聘负责人苏珊·哈克与墨西哥沃尔玛电子商务主管胡安·卡洛斯·加西亚取得了联系。当时，加西亚正准备离开沃尔玛，一桩著名贿赂丑闻已经迫使他的几位同事辞职，并严重影响了沃尔玛的士气。加西亚之前曾创立并出售过几家电子商务初创公司。

10月，加西亚来到亚马逊总部，接受了长达两天的背对背面试。他被要求撰写一份六页报告，解释"我曾经做过的最具创新性的事情"和"我职业生涯中做过的最受客户欢迎的事情"。艰难的面试结束后，他被带入一个令他意外的日程外会议：与贝佐斯本人会面。贝佐斯喜欢说自己"对创业者无计可施"，[12] 但这场计划十分钟的谈话最后变成了一个小时。贝佐斯亲自向他透露了亚马逊要在墨西哥开展业务的事情，在此之前，还没有人明确告诉过加西亚。

加西亚得到了这份工作，并接管了小小的亚马逊墨西哥团队，他们把办公室搬到了墨西哥城富人区波兰科附近的一个雷格斯共享办公空间。他们开始撰写计划。加西亚最初为该项目撰写的六页建议书因为过于保守而被贝佐斯否决了。这个以墨西哥画家迭戈·里维拉命名的"迭戈项目"参考了意大利和西班牙相对稳妥的启动方式，先引入少量商品类别，再通过第三方交易平台逐渐推出其他品类。但是贝佐斯根据他在中国和印度的经验，希望在墨西哥快速赶上沃尔玛和美客多。加西亚重写了计划，"把所有东西都装了进去"。

次年3月，亚马逊墨西哥网站发布在即，正在温哥华北部惠斯勒山滑雪的加西亚被召到西雅图参加紧急会议。杰夫·威尔克厌倦了每年向谷歌支付3亿～40亿美元的搜索广告费用，来确保亚马逊的产品出现在这个垄断搜索引擎巨头页面的顶部。[13] 当时，谷歌已将自己的Express购物服务扩展到很多城市，并投资了许多电子商务初创企业，挑战世界各地的亚马逊网站。威尔克想知道，是否有可能在完全不使用搜索广告的情况下推出亚马逊的海外网站——他想把墨西哥作为小白鼠，测试一下亚马逊是否可以摆脱对这个嚣张的竞争对手的危险依赖。

加西亚参加了会议，仔细阅读了写着计划概要的文件。他记得一小时后，贝佐斯走了进来，要求反对的人举手。加西亚后来告诉我，他是唯一一个举手的。谷歌是墨西哥的首要搜索引擎，每月约有2400万独立访问者。根据我在后来拿到的这份会议文件，亚马逊估计，如果拒绝付费给谷歌搜索引擎，亚马逊墨西哥网站可能会失去20%的潜在访问流量。该文件还估计，切断谷歌广告将使习惯点击免费链接的访问者的总体比例从14%降至11%。

文件的结论是，为了挽回失去的流量，他们必须加大折扣，提供免费送货服务，并加大品牌广告的宣传力度，以使客户直接在亚马逊而不是谷歌上进行购物搜索。后来，杰夫·威尔克解释了他支持这一举动的原因，他说："我们在所有开展业务的国家都不同程度地依赖谷歌。我总是想问一个问题，'我们做这些广告值得吗？'"

加西亚回忆说，在会议上，贝佐斯很谨慎。他似乎和加西亚一样反对这项计划。但是后来威尔克说服了他，说这是一个"双向门"。这是贝佐斯的提法，意思是可以撤销的做法。与其相对，"单向门"则指不可改变的决定。他同意尝试一下。根据亚马逊的十四项领导力原则，加西亚只能"不同意，但服从"。

Amazon.com.mx 于2015年6月30日上线，成为亚马逊在拉丁美洲的第一个大型在线购物网站。整个网站都使用西班牙语，承诺"我们的在线商店有数百万种商品"。亚马逊墨西哥团队飞往西雅图观看上线，因为当地雷格斯办公室的 Wi-Fi 通信质量无法保证。那天晚上，他们在第一日北楼的休息室里举行了一个小型聚会，威尔克在那里将加西亚介绍给国际业务主管迭戈·皮亚森蒂尼，后者让加西亚"尽情享受这五分钟的成名时刻"。几周后，亚马逊墨西哥团队的高管们在墨西哥城的瑞吉酒店进行了更隆重的庆祝，加西亚请了墨西哥有名的摩托头乐队到场演出。

在接下来的几个季度里，亚马逊墨西哥没有购买谷歌广告，并尝试通过广告牌、广播和电视广告以及快递费折扣来吸引流量。但正如加西亚担心的那样，网站遇到了麻烦。非互联网广告价格更高，效果更差。谷歌每年能赚700亿美元的广告收入，正是因为搜索广告有效，网站吸引访问者的成本更低。威尔克后来说："我想看看网站的发布能否不借助谷歌吸引顾客，结果证明，这是行不通的……我们没有触达足够的用户。"

加西亚和他的同事随后结束了试验，使用了亚马逊用来管理其大规模谷歌广告购买活动的内部系统Hydra（一种多头海洋生物，但亚马逊员工都私下里笑着说，它其实还是漫威漫画里一个恐怖组织的名字）。一年后的2016年，亚马逊墨西哥的营收恢复了正常并开始出现赚钱的迹象。

然而，在西雅图，加西亚的名声却在变差。一些高管抱怨说他"不了解亚马逊文化"，据几份报道说，他与杰夫·威尔克和他的直接上司亚历山大·加农关系不太好。一些亚马逊墨西哥员工说加西亚是一位平易近人的领导者，经常熬夜工作，在媒体上的形象也不错，但一位同事回忆起临近2015年圣诞促销日的时候，加西亚发了一次非常大的火，显露了他个性中不为人知的一面。他要求将一款60英寸的电视机的折扣定得和一家小电商网站的一样低，负责该品类的经理认为，这么大的折扣竞争对手一定是搞错了，这样卖一定会大亏。二人吵得越来越凶，最后，加西亚生气地拍着桌子说："我是CEO！照我说的做！"亚马逊调低了价格，很快就卖出了数千台电视，但也亏了很多钱。

加西亚后来回忆说，2016年末，他与西雅图老板们的紧张关系达到了顶点。一位董事会成员从他的蓬塔米塔度假屋订购了一批鞋子，但只收到了其中一部分。他把这件事告诉了杰夫·威尔克，并建议看看墨西哥那边是否还有更大的问题。威尔克将邮件转发给了加西亚，还在会上询问他。他们发生了激烈的争论，加西亚后来说当时的情形让他感到不被尊重。不久，2017年2月，他就被公司解雇了。

2019年9月，加西亚主动和我联系，我们在咖啡馆里聊了很多他在亚马逊的故事，有时我们是在旧金山市区散步的时候边走边谈。他说，他调查了那位董事会成员购买的鞋子，发现其实是从美国网站而非墨西哥网站订购的。他说，在被解雇之前，他曾向威尔克指出了这一点，但从未得到回复。

加西亚离开后，亚历山大·加农抽出更多时间来管理墨西哥的业务，最终，他将这个职位移交给了他的一位美国副手。在他们的管理下，充分使用谷歌广告的亚马逊墨西哥发展得很快。到那年年底，已成为该国71亿美元电商市场的领导者，略微领先于美客多和沃尔玛。[14]

但是这个故事有一个惊人的后续。谈话之后，我和加西亚都同意保持联系。我发了一些电子邮件给他，但好几个星期都没有收到他的回复。然后，2019年11月，我看到一则新闻报道：亚马逊墨西哥前CEO胡安·卡洛斯·加西亚因涉嫌谋杀妻子阿布里欧·佩雷斯·萨加翁而被通缉。

这个恐怖的故事始于上一年1月，也就是我与加西亚见面的八个月前。据称他和妻子发生了争吵，他用棒球棍殴打了妻子，并用刀子割伤了她的脸。他们15岁的儿子目睹了这一过程，十几岁的女儿用可怕的照片记录了母亲的伤情。阿布里欧康复后向法院要求了对加西亚的限制令，加西亚被判处十个月的审前拘留。有关他何时被拘留的新闻报道有所不同，但不知何故他被允许去旧金山旅行。我对早些时候发生的这些事情一无所知，因为当时并没有相关的新闻报道。

短短几周后，2019年11月25日，阿布里欧飞往墨西哥城接受对三个孩子的监护评估。在她完成评估去机场的途中，她坐在由律师驾驶的汽车的副驾驶座位上，两个孩子坐在后排，一个骑摩托车的杀手出现在汽车侧面，朝她开了两枪，她当晚就去世了。

刺杀在墨西哥和国外引发了轩然大波。一份报纸在头条写道，"妻子神秘被杀后，亚马逊墨西哥前CEO逃往美国"。[15]抗议活动在墨西哥全国各地爆发，活动人士指责政府未能保护被家暴的女性，并纵容谋杀妇女的罪行。讽刺的是，一名亚马逊墨西哥员工告诉我，该公司不得不暂时中止其谷歌广告投放，以避免用户搜索犯罪新闻会弹出亚马逊的广告。

2020年3月，两名男子被捕并被控谋杀。但是警察甚至加西亚的孩子都确信是他买凶杀人，他仍然是主要嫌疑人。据墨西哥警方称，他在谋杀事件发生几天后在蒂华纳附近步行进入美国，直到今天，再没人见过他。

寸土必争的火拼

回到2015年的印度，亚马逊和Flipkart进行了寸土必争的火拼。它们抢着与智能手机厂商达成独家合作，在假日期间大打促销战，并以让人眼花缭乱的速度在全国各地建立仓库。亚马逊的洗脑广告（内容是印度顾客对着小商贩说："Aur Dikhao"或"Show Me More"，意思是"还不够""要更多"）充斥于所有电视频道。为了帮助印度小商贩学习如何在线买卖，亚马逊雇三轮车队，进入印度花花绿绿的当地市场，免费送茶水和柠檬汁给他们。[16] 员工向卖家介绍电子邮件和应用程序之类的工具，叫他们在 Amazon.in 上注册账号并上传商品。

那个秋天，阿加瓦尔和他的高管团队回到西雅图参加年度 OP1 计划会议。两年前，他们被贝佐斯要求修改保守的预测，而现在，阿加瓦尔已将这种大胆内化为团队的行动原则，把谨慎和讨厌的营业利润指标放在一边。下一年的计划中出现了巨额投资，以及快速的销售增长和亏损。被印度企业家精神折服的贝佐斯大受鼓舞。据一位同事说，他曾多次听到贝佐斯说"美国、中国和印度将决定未来"，"要使亚马逊成为真正的世界一流公司，我们必须在三个市场中占据两个"。讨论结束时，阿加瓦尔和印度团队高管们受到了 S-team 的热烈称赞，在一种通常沉闷得可怕的环境中，这是一种非同寻常的认可。

但在印度国内，没有这样的掌声，只有复杂的问题需要解决。阿加瓦尔早就意识到，他不能仅仅依靠物流合作伙伴，例如，联邦邮政运营商印度邮政公司。因此，亚马逊像 Flipkart 一样，创建了自己的运货卡车、摩托车、自行车甚至运输船网络，这样才能把货物送达该国最偏远的地区。为了使印度人更愿意使用数字支付，它允许用户将交易中的零钱留在其亚马逊账户中赚取利息。

所有这些举动都带来了希望。到 2016 年夏天，亚马逊准备在印度引入保证两天送达的 Prime 会员服务。而且，随着亚马逊快速成为市场领导者，它的销量注定会超过 Flipkart。志得意满的贝佐斯于 6 月在华盛顿特区的美印商会再次见到了印度总理莫迪，并宣布亚马逊将继续向亚马逊印度投资 30 亿美元。在这次目的为结交外国投资者的友好之旅中，莫迪似乎对贝佐斯的盛情给予了热情的回应。他与商业领袖们合影留念，并称印度"不仅仅是市场"，[17] 还是"可靠的合作伙伴",[18]将为企业在印度的业务开展提供更多便利。

随着亚马逊的强势进攻,其竞争对手的堡垒开始松动。33岁的Flipkart CEO萨钦·班萨尔,同样正苦于谷歌搜索广告的钳制。通过研究谷歌的广告费用和印度国民的个人计算机拥有率,班萨尔决定将Flipkart及其收购的时尚网站Myntra的精力和投资集中在智能手机应用上,完全放弃了台式机和移动端的网站。随后,他解雇了反对此举的绝大部分管理团队成员。

该策略造成了糟糕的后果。客户因嫌麻烦不愿下载应用程序而弃用Flipkart。另一边,亚马逊发布整版报纸广告,内容是杰夫·贝佐斯的一封亲笔信,感谢印度用户让亚马逊成为该国访问量最大的电子商务网站。[19]Flipkart的销售放缓,不断裁员,却没有失去私人投资者的支持。次年,中国科技巨头腾讯和易贝、微软再次组团投资了14亿美元给Flipkart,但后者必须将估值相较前一轮降低116亿美元。Flipkart董事会成员说:"我们当时已经山穷水尽,什么条件都得接受。"不久之后,萨钦·班萨尔CEO的角色被他的创业伙伴比尼·班萨尔取代,尽管他仍然担任执行董事长,但已没有实权,仅仅承担一些仪式性的职责。

Flipkart开始走下坡路,也给2017年的杰夫·贝佐斯所面对的复杂竞争环境带来了更大的变数。投资者以为Flipkart的估值会一路走高,但亚马逊和Flipkart每年双双亏损超过10亿美元。而在CEO道格·麦克米伦领导下的零售巨头沃尔玛,正在重新考察全球电商市场,并试图阻止亚马逊四处扩张的步伐,也曾考虑过投资Flipkart。

同时,莫迪虽然做了承诺,但为了寻求连任,他并没有为亚马逊在印度广开便利之门,恰恰相反,执政党印度人民党推出新政策,禁止亚马逊等外资电商平台上的单个卖家销售额超过平台总销售额的 25%。[20] 这其实直接针对的是亚马逊和 Flipkart 的独立子公司 Cloudtail 和 WS Retail，也是莫迪用于巩固自己强大的小型零售商支持者阵营的手段，这些小型零售商对电商热潮越来越感到不安。

这期间发生了另一件有趣的事情，萨钦·班萨尔在科罗拉多阿斯彭精英会议"周末"（The Weekend）上与杰夫·贝佐斯会面，这次会议由美国最大的娱乐经纪公司 Endeavor CEO 阿里·伊曼纽尔和谷歌董事长埃里克·施密特主持。萨钦·班萨尔提出了一项由亚马逊收购 Flipkart 的方案，既可以结束两家公司之间的烧钱战争，又能保持两个网站的独立性。亚马逊只经营日用品如杂货和图书，而 Flipkart 只出售高端商品，使之能够拥有与智能手机厂商更大的议价空间。在错误押宝移动 App（应用程序）失败而惨痛出局之后，班萨尔希望借此拿回公司的领导权。

虽然贝佐斯对提议很感兴趣，但向来"搞不定"年轻创业者的他指派并购负责人彼得·克拉维克来进行谈判。

克拉维克的报价很低，理由是数据表明亚马逊印度的规模已超过 Flipkart。Flipkart 不赞成这些数据分析。虽然双方都公开宣称不关心竞争，但是都坚称自己是获胜者。他们甚至无法就一个事实达成共识，也就不奇怪在接下来的几个月，谈判进展得非常缓慢。

10 月，一些沃尔玛的高管受到高盛投资专家的影响，对印度的发展潜力坚信不疑，他们担心在这个重要市场上输给亚马逊，于是果断加入竞争。当月，Flipkart 高管前往位于阿肯色州本顿维尔的沃尔玛总部"朝圣"。亚马逊听闻此事，也开始变得认真起来。

Flipkart 的投资者和董事会成员根据支持的策略不同，分成三个阵营：支持出售给亚马逊，支持出售给沃尔玛，以及独立发展。萨钦·班萨尔为了让自己重掌公司，与亚马逊达成了一项交易。

但是大多数 Flipkart 投资者对印度反托拉斯官员能否批准这桩交易表示怀疑，如果两家公司合并，将控制印度 80% 的电子商务市场。贝佐斯似乎对他与莫迪的深切情谊充满信心，也自信能够完成这次收购。据几位同事说，他志在必得，甚至忽略了阿米特·阿加瓦尔提出的所有顾虑，后者将不得不面对整合两个完全不同的品牌和亏损的供应链的艰巨任务。

2018 年 3 月，贝佐斯在他家后面华盛顿湖上的一艘船屋里接待了萨钦·班萨尔和 Flipkart CEO 卡拉扬·克里希那穆提。几周后，他和 Flipkart 两位最有影响力的支持者——老虎基金合伙人李·菲克赛尔和软银董事长孙正义——通了电话，后者特别赞成由亚马逊而不是沃尔玛来收购 Flipkart，并且似乎决心让贝佐斯成为一个长期的盟友。

亚马逊和 Flipkart 谈判的症结在于中止协议补偿金。Flipkart 的投资者担心监管审查的不确定性，而且他们了解亚马逊的底细，这家公司最擅长在谈判中拖延时间，或者利用对手的迫切心情抬高价格。因此，Flipkart 要求亚马逊用现金预先支付 40 亿美元的中止协议补偿金，这样，就算 18 个月的漫长并购审查没有通过，亚马逊也不会因为阻止竞争对手而受益。亚马逊拒绝这种安排，这等于直接给竞争对手送钱。尽管孙正义直到最后一刻还希望促成这桩收购，但 Flipkart 董事会拒绝了亚马逊。

同时，沃尔玛这边的进展却很顺利。CEO 道格·麦克米伦、沃尔玛国际 CEO 朱迪思·麦肯纳和董事会成员格雷格·彭纳与 Flipkart 高管团队建立了融洽的关系，他们从未在谈判中增加排他性条款（这将让孙正义与贝佐斯结盟的梦想落空），也没有否定 Flipkart 继续独立运营的可能性。

Flipkart 董事会花了六个月的时间，开了无数个电话会议，最终同意将股份出售给沃尔玛。最初，交易谈判要求沃尔玛只占少数股份，但经历了漫长的等待，Flipkart疲惫的投资者大多数都想快点出售股票套现。而且，最后关头仍免不了节外生枝，萨钦·班萨尔坚持要求沃尔玛承诺他在未来公司管理层中的控制权，这差点让交易毁于一旦。被惹恼的Flipkart董事会最后把他驱逐出了公司。

2018年5月，两家公司宣布沃尔玛将以160亿美元的价格收购Flipkart 77%的股份。交易宣布后，沃尔玛CEO道格·麦克米伦前往印度，对Flipkart员工说："我们的目的只是帮助你们更快地发展，要快，要果断。"

虽然经历了风雨如磐的几个月，但萨钦·班萨尔和比尼·班萨尔现在都已是亿万富翁，并被誉为印度历史上最成功的两位企业家。其实，丑闻也正在等着这两位步入中年的富豪名流。2018年，比尼·班萨尔被指控与前雇员发生婚外情并试图掩盖，沃尔玛对此事展开调查并在年底迅速罢免了他的CEO职位。[21] 2020年，萨钦·班萨尔和妻子之间丑陋的离婚官司也被公之于众。[22]

努力争取的收购失败后，亚马逊印度的高管被更现实的事情淹没。尽管他们在印度多了一个强大的竞争对手，但他们相信，沃尔玛很快就会发现它的前路就像印度的公路一样难走。"我们都清楚，沃尔玛根本不知道它买到的是什么，"亚马逊印度公司的一位高管说，"它至少要花上七八年才能真正了解这里的环境有多乱、多复杂。"

* * *

2018年秋季的一个星期六中午，班加罗尔电子产品批发市场SP街满眼的破败荒凉，一排排的小商店几乎都是空的，店员正在整理柜台上的货物。随着网购的猛增，这些线下商店都陷入困境。

其中一个招牌上写着"日出通信"，老板贾格迪什·拉吉·普罗希特坐在收银台后面一个逼仄的空间里，他的生意非常不好。他的一侧摆满了几百个装有各种智能手机模型的盒子，另一侧则是各种低端和中等价位手机，以及来自中国的高端机型 vivo V11，售价为 26000 卢比。

普罗希特知道自己卖不出多少手机。每当有人客套地用印地语问："生意如何？"他就会抱怨道："所有手机都拿到网上去卖了。Flipkart 和亚马逊上的手机经常打折，谁会来这儿买呢？"他正尝试卖手机配件之类的商品以弥补收入损失。

同一条街上的"三兄弟科技"商店，马亨德拉·库玛尔和他的两个兄弟销售计算机和配件已有十几年了。在最近几年，生意一直"有点冷清"，原因并不复杂。库玛尔说，"人们来买笔记本电脑，都会直接报上 Flipkart 和亚马逊的价格"，还有些人则是"来这里试试耳机的声音，然后就走出去说他们稍后再回来。我们知道他们不会再回来了"。和这里其他的商店老板一样，库玛尔不愿成为亚马逊或 Flipkart 的卖家，因为利润微薄，退货也很令人头疼。

印度制定了各种竞争法规来保住这些小商贩。亚马逊和沃尔玛对决之下，业务已经扩展到服装、生鲜和日用杂货，两家公司每年的亏损分别超过 10 亿美元。成千上万印度小企业的活路，皆系于这些全球资本巨头的一举一动。

2019 年，印度经历了数年来最严重的经济放缓，莫迪也成功赢得连任。这时，钟摆开始朝另一个方向摆动。莫迪政府依照此前所声称的，收紧了外国投资准入：[23] 亚马逊和 Flipkart 必须出售其附属子公司的控股权，并禁止它们与厂商达成独家销售协议或提供大幅折扣。

试图抵御美国巨头侵略的，并非只有小型零售企业和它们的贸易协会等组织。印度首富穆克什·安巴尼也在游说政府加强对外国投资的监管，来保护自己的利益。2019年，他的公司信实工业——拥有印度最大的超市连锁——也加入了电商的竞争。它的网站JioMart不受与亚马逊和Flipkart相同的限制。作为莫迪的政治盟友，安巴尼利用越来越强烈的印度民族主义情绪，呼吁他的同胞"共同发起反对数据殖民化的新运动"。[24]

为了消除新的障碍，贝佐斯在印度进行了多元化投资，设定了更大的目标，投资了一家数字支付公司，推广Kindle和Alexa，还将宝莱坞电影和各种印度语电视节目添加到当地的Prime Video服务中。阿米特·阿加瓦尔不承认亚马逊在印度的冒险已经偏离方向。他对我说："杰夫会说'我们还在第一日'，但我认为，现在甚至连我们在印度的第一日的第一分钟都不算。"

采取了很多方法，亚马逊在印度取得了重要进展。用户不仅来自印度大都市，全国各地的人都开始使用网购，数字支付取代了现金付款，向往着杰夫·贝佐斯为他们描绘的科技的明天。小型企业开始学习如何在网上销售商品，并把目标扩大到街市之外，寻找那些一个世纪以来都坚持着传统购物方式的买家。但在可预见的未来，亚马逊在印度仍然无法实现盈利，它与Flipkart的激烈竞争，也导致了一系列社会分歧，助长了民族主义和分裂民粹主义。整个传奇故事都在预示着贝佐斯接下来在美国即将面对的政治性争议。

第 4 章
突飞猛进的一年

2014 年 10 月,即杰夫·贝佐斯首次访问印度几周后,微软前 CEO 史蒂夫·鲍尔默出现在查理·罗斯的脱口秀节目中,对他的全球竞争对手表示了严重不屑:"我不知道该怎么说。我喜欢亚马逊,它是家不错的公司,但是它不赚钱,查理。在我的世界里,只有赚钱,那才是真正的生意。"[1]

以亚马逊当时的情况来看,鲍尔默的话不假。亚马逊在当年亏损了 2.41 亿美元,圣诞节期间,它的销售增长达到网络泡沫破灭以来的最低点。到 2014 年 12 月 31 日,亚马逊的市值比 2013 年下降 20%,仅为 1430 亿美元。

因为这个原因,不管是对亚马逊还是贝佐斯,2015 年都是至关重要的一年:它是亚马逊跨越万亿美元市值这个艰巨目标的真正开端。

鲍尔默和其他亚马逊怀疑论者,都在盯着亚马逊财报中的亏损数字和新的巨额投资项目。包括对冲基金投资人戴维·爱因霍恩,他将亚马逊加入他的年度看跌股票名单。这些人估计亚马逊秘而不宣的传统业务的真实数据也好看不到哪儿去。亚马逊还是赚钱的，尤其是美国和英国的图书和电子产品在线零售等成熟的业务。但是，贝佐斯无法像微软和苹果公司那样，通过销售这些产品实现庞大而稳定的现金流。贝佐斯的方式就像一个在拉斯维加斯掷色子的疯狂赌徒，结果全凭运气。

几年以前他就已经意识到零售业的不确定性。顾客很善变，哪里便宜，他们就去哪里。亚马逊只有不断发明新技术并提高服务水平，才能领先于竞争对手。正如我们所看到的，贝佐斯狂热地追求这一目标，将数十亿美元投到Alexa、Fire Phone和Go商店等项目上，并大举布局印度和墨西哥甚至一些公众不知道的秘密项目。

这些投入都还没有结出果实。但是在2015年，一个更早的赌注终于开始见到回报。亚马逊在其4月发布的财报中，首次披露了已经开展10年的云业务AWS的收入情况，并以其潜在的销售增长和盈利能力震惊了华尔街。6月，亚马逊利用其两日达服务推出并持续增长十周年之际，仿效其竞争对手，在中国推出了首个"Prime会员日"。华尔街和媒体都开始对亚马逊表现出新的兴趣。而且，在成立20周年的时候，随着其规模的日益膨胀，亚马逊要面对的还有不断扩大的全新审视。那年8月，《纽约时报》的一篇重磅文章，将亚马逊好斗的企业文化变成全球热点话题。

结果，经过不安静的一年，到2015年底，亚马逊的股价翻了一番多。根据彭博亿万富翁榜单，贝佐斯因为拥有约18%的亚马逊股份而跻身世界最富有的5个人之列。事实证明，与史蒂夫·鲍尔默对亚马逊直言不讳的评价恰恰相反，亚马逊和贝佐斯的公司价值与个人财富从此开启了资本主义历史上最富戏剧性的增长。

* * *

显然，鲍尔默忽略了亚马逊最大的盈利引擎 AWS，而这正是杰夫·贝佐斯想要的。在最初的十年中，AWS 的收入和利润一直被严格保密。该部门在 2014 年创造了 46 亿美元的销售额，并且以每年 50% 的速度增长。但是，亚马逊将这些数字和新的广告收入放在财务报表上不引人注目的"其他收入"中，所以像微软和谷歌这样的潜在竞争对手才不会意识到商业云计算的真正吸引力。对于这个被巧妙地藏在电子商务背后的 AWS 服务，观察人士与分析师只能大致猜测其财务规模。

自 2006 年推出首款产品之后数年，AWS 的主要使用者是那些需要额外处理能力的初创公司和大学实验室，而且是用信用卡支付的方式，通过互联网在亚马逊的服务器上运行其软件。当公司和政府内部的工程师希望通过 AWS 进行计算试验时，他们通常会悄悄地绕过组织的严格采购流程。像许多其他技术革命一样，云计算的第一批用户来自极客圈，之后才向外传播。

最早使用 AWS 的公司助其完成了原始时期的测试和布道。优步、爱彼迎、多宝箱和照片共享网站 SmugMug 之类的硅谷初创公司都在 AWS 上运营业务，并且随着各自业务以前所未有的速度增长，迅速向亚马逊订购了更多服务器。它可能是萧条时期结束后科技繁荣的最大推动力之一。尽管外界对此知之甚少，但它甚至比 iPhone 还重要。美国国家航空航天局（NASA）位于加利福尼亚州帕萨迪纳的喷气推进实验室于 2009 年和亚马逊签了协议，使用 AWS 存储好奇号火星车从火星表面传回的图像。该实验室 CEO 汤姆·索德斯特伦说："我仍然保留着当时给同事的展示资料。当我说云计算时，他们还以为我在和他们讨论地球科学。"

甚至一些最早负责 AWS 的亚马逊高管也对云计算的巨大潜力毫无概念。产品经理马特·加曼曾在 2006 年和刚刚加入亚马逊的马特·彼得森一起吃午餐，他们以前是商学院同学。加曼说："这项业务的规模未来可能会很大，甚至达到 10 亿美元。"彼得森回应："怎么可能，你知道 10 亿美元是什么概念吗？"加曼现在是 AWS 项目的副总裁兼 S-team 成员，彼得森是亚马逊企业发展总监。到 2020 年，AWS 的销售额已达 454 亿美元。

亚马逊最早的云计算产品是杰夫·贝佐斯与其他技术高管在 2004—2006 年共同构思的。简单存储服务（S3）和弹性计算云（EC2）能够提供大部分传统机房的功能，不同的是，这些计算资源存储于亚马逊在世界各地建造的大规模的有空调的数据中心，可以通过远程访问的方式使用和操控。这些数据中心正是 21 世纪信息大爆炸的"服务器"。2007 年，亚马逊推出了一个名为 SimpleDB 的原始数据库，用户可以存储和检索其经过组织的或所谓"结构化的"数据集。

数据库业务上看上去枯燥，实际上却是一个 460 亿美元规模的行业，前景广阔，竞争激烈。它将成为 AWS 最重要的成功途径之一。亚马逊本身使用甲骨文的关系型数据库来管理 Amazon.com，然而，不断增长的流量让软件不堪重负，每隔一段时间就会威胁网站的稳定性，贝佐斯对此感到沮丧。不管是在它的物流网络还是在线商店，贝佐斯一直希望尽量减少亚马逊对其他公司的依赖，但亚马逊自己的原始数据库根本无法胜任这项任务。当 SimpleDB 也被证明过于笨重且不好使用时，AWS 工程师开始开发一种名为 DynamoDB 的数据库版本，[2] 它比 SimpleDB 更快、更灵活，能够应对互联网特有的超大流量。

另一个早期的 AWS 用户还很开心地使用 SimpleDB 来存储其节目的标题和缩略图，这个用户就是网飞。里德·哈斯廷斯创建的这家 DVD 邮购公司希望将其他技术功能移到云上，成为一家流媒体公司。为了满足这种要求，亚马逊需要开发关系型数据库的云版本和一个名为数据仓库的工具。2010 年，AWS 部门负责人安迪·贾西和一位名叫拉贾·古拉班尼的副总裁开始负责该项目，并向 S-team 汇报进展。

在会上，古拉班尼预测亚马逊要用十年时间才能在关系型数据库上取得成功。贝佐斯说："我打赌你需要不止十年。"在场的 AWS 团队一时间都感到胆战心惊。"所以，你最好现在就开始。"贝佐斯认识到强大的数据库将是云计算的最大机会之一，因此大大提高了给贾西的预算。

古拉班尼从甲骨文挖了另一名印度裔高管阿努拉格·古普塔，并在硅谷设立了办公室。在接下来的几年中，古普塔组建团队，基于免费和日益流行的开源软件工具（如 MySQL 和 Postgres）开发了多个 AWS 数据库。2012 年，AWS 发布数据仓库"红移"（Redshift），使用这个工具的公司可以分析它们存储在云中的数据。2015 年，它又发布了关系型数据库"极光"（Aurora）。一看就是亚马逊的命名风格：古怪，晦涩，并且在 AWS 内部经过无数轮的讨论。据一位 AWS 早期高管称，贝佐斯曾沉思着念叨："你知道，名字的重要性可能仅仅占 3%。但是有时候，3% 就能决定输赢。"

"红移"这个名字是由参与过 NASA 航天飞船项目的波音前工程师、后来负责 AWS 运营的高级副总裁查理·贝尔建议的。这是一个天文学术语，表示天文学家从光线（宇宙中速度最快的存在）的光谱中看到的变化，通常发生在天体（如恒星）远离观察者的过程中。然而，当时的甲骨文（标识是红色的）CEO 拉里·埃里森认为这个词是在暗讽甲骨文。不过确实从那时开始，他和甲骨文的日子就不那么好过了。贾西说："我们从来都没有这么想。当别人告诉我们，甲骨文认为这个名字是在针对它时，我们都觉得非常好笑。"随着亚马逊进入数据库业务，它和甲骨文之间的一场恶战已经在所难免。

在 S3 和 EC2 等经典产品的基础上，AWS 的云数据库产品吸引了大大小小的公司开始使用云计算服务，并从此一发不可收。一旦将数据转移到亚马逊的服务器上，再将数据转移到他处的不便，几乎没有公司能够忍受。反而，它们会被更多的能给它们带来收益的 AWS 应用程序吸引。在接下来的几年中，AWS 的销售额和利润率开始猛增。"我们提供的所有服务中，数据库产品成了 AWS 的最大卖点。"AWS 前经理泰穆尔·拉希德表示。

AWS 在 21 世纪最初的 5 年迅速发展成一门非常赚钱的生意，同样引人注意的是，它在组织上也开始从亚马逊巨大的企业冰山中分离出来。2011 年，该部门从亚马逊位于联合湖南区的总部搬到位于半英里外第八大道 1918 号的一座 500 英尺高的被称为"黑脚"的玻璃摩天大楼。贾西，作为贝佐斯的门徒，倾向于把那些批评性的报道贴在墙上，包括 2006 年《商业周刊》的一篇，副标题位置写着："亚马逊 CEO 希望把他的网站的后台技术卖给你，但华尔街提醒他别忘了网站上的那些商店。"[3]

AWS 的文化是亚马逊企业文化的缩影：坚韧，坚持不懈，聚焦不可能实现的高标准。贾西和他的同事对下属提出严厉的问题，答不上来或推卸责任的人就会受到重罚。六页报告和对客户需求的无止境讨好驱动着日常业务的开展。当员工表现出色，注意力就会转移到思考如何做得更好上。一位 AWS 前高管这样描述这种心态："我们真的很擅长一边接受金牌，一边抱怨它还不够耀眼。"

为了应对随时都可能发生的系统中断问题,工程师被分配了寻呼机,轮流值班待命。在 AWS,如果员工在开会期间将寻呼机调成静音,而恰好这时发生了严重的技术问题,那么亚马逊的寻呼机程序就会自动解除静音模式,用刺耳的电音摇滚旋律打断会议。

在许多方面,贾西的管理理念都和贝佐斯一脉相承。在 1997 年从哈佛商学院毕业加入亚马逊几年后,贾西躲过了亚马逊市场部早期的一次大清洗。根据 S-team 前成员迭戈·皮亚森蒂尼的说法,贝佐斯留下了他,称他为"我们最有潜力的一个员工"。他曾是贝佐斯的第一位专职助手,或者说技术顾问,并在那个岗位上做了 18 个月。同事们会开玩笑地说这个新角色几乎就是 CEO 的"奴隶"。

贾西完整体现了节俭和谦卑之类的亚马逊价值观。他通常穿着廉价的运动外套,毫不掩饰自己对体育、鸡翅和戴夫·马修斯乐队的热爱。虽然他的个人财富随着 AWS 市值的飙升而飞速增加(仅在 2016 年他就获得了价值 3500 万美元的股票),但他并没有滑入挥霍无度的成功陷阱,如乘坐私人飞机旅行。他把自己在西雅图的房子的地下室改造成体育酒吧的样子,每年在那儿开一场超级碗派对,贝佐斯每年都会参加。直到 2019 年,在另一场重大变化即将发生前夕,他出现在实际比赛现场,坐在了比赛委员会的委员席上。

贝佐斯喜欢说"只有好意图是不够的,还要有相应的机制"。[4] 在 AWS 内部,贾西将这一格言贯彻得非常到位。AWS 每周的工作都围绕着几个正式"机制"或完善的流程或仪式有条不紊地展开。有关新服务的想法、名称、价格调整和营销计划等,都会被精心编写成六页报告,并在贾西的 20 楼会议室"Chop"(这个名字是贾西和他的哈佛室友为他们的宿舍起的名字,源于欧洲文学课的一部必读小说《巴马修道院》,作者是司汤达)中呈现给他,高管们提出棘手的技术问题，而贾西通常会在最后发言。同事们说，他表现出超乎常人的纪律性，每天坐在会议室开会十个小时，并且在不做记录的情况下消化各种密集而复杂的文件。

AWS每周的亮点是周三上午的两个会议。贾西会用90分钟对上半周的工作进行回顾，200名高级经理会对用户、市场竞争情况以及每个产品部门的财务状况的所有细节进行讨论。然而，每周真正的精华还不是这个会，而是它前面的讨论：两个小时的运营回顾，对每个Web服务的技术性能进行评估。它在三楼的大会议室举行，由令人敬畏的前航天飞机工程师查理·贝尔主持。

AWS高管和工程师通常会带着敬畏和创伤后的焦虑来描述这一重要会议。会议室中间的大桌子旁坐着40多位副总裁和总监，其他的几百个人（几乎都是男性）站立在两边，或从世界各地通过电话接入会议。房间的一侧是一个彩色的轮盘赌轮，上面是亚马逊各个Web服务，如EC2、Redshift和Aurora。每次开会，这个轮子就会旋转起来（直到2014年服务和软件多到轮子已经放不下）。按照贾西的话说，这样做的目的是确保经理们"每个星期都花足够的时间在服务的关键指标上，因为知道每个人都可能被问到非常细微的问题"。

一旦被选中，经理们在AWS的职业生涯就可能从此改变。

如果他们的演讲全面且充满自信，前途就会非常光明。但如果他们语言含糊，数据错误，甚至胡说八道，查理·贝尔就会毫不留情地驳斥，甚至大发雷霆。对于经理而言，如果不能深刻理解和交流自己负责的业务运营状态，就可能面对被辞退的后果。

然而，随着营收和利润的大幅增长，成立快十年的AWS成了亚马逊技术精英趋之若鹜的部门，就像亚马逊的"常春藤联盟"。能够在一众天才和各种恶魔般的仪式中成功生存下来，并取得高分，就等于赢得了荣誉勋章。

* * *

早些年，贝佐斯自己也会过问 AWS 的经营细节，修改首批产品的网页，并阅读 EC2 的收入报告，偶尔还会露出微笑。随着时间的流逝，他开始专注于 Alexa 和 Go 商店之类的新项目，就把 AWS 更多地交给贾西独立负责。除了审查重要的投资决策和监督年度 OP1 和 OP2 会议，他通常不会再参与具体业务，涉及 AWS 与其他业务相关联的工作，也主要在年度 OP1 和 OP2 会议上解决。"杰夫几乎是作为 AWS 的投资者参与其中的，"AWS 前高管乔·德帕洛说，"他会提出问题，偶尔看看，跟进一下结果，但日常工作都是贾西独立负责的。"

贝佐斯还扮演着贾西及其领导团队的战略导师的角色。当谷歌和微软意识到云计算的潜力并开始大举投资加入竞争时，他敦促贾西思考保护亚马逊优势的方法。一位 AWS 前高管称他听到贝佐斯说："你建造了这座可爱的城堡，现在所有的野蛮人都骑着马来攻击它。你需要一条护城河，你的城堡的护城河是什么？"（亚马逊否认贝佐斯说过此话。）

2015 年 1 月，贾西给出的一个答案，是以 4 亿美元收购以色列芯片制造商 Annapurna Labs，来为亚马逊的服务器制造低成本、高性能的微处理器，取得竞争对手无法匹敌的数据中心成本优势。

贝佐斯对 AWS 产生的另一个重要影响是：贝佐斯和贾西都主张不对公众公开这个业务部门的财务细节，虽然是在 2014 年外界对亚马逊业绩及其股票价格普遍不看好的情况下。但是在 2015 年，亚马逊财务部门提出 AWS 贡献的收入已接近亚马逊总销售额的 10%，根据联邦法律到了必须披露的程度。贾西承认："披露我们的财务数据不会让我兴奋，因为这相当于暴露了重要的商业情报。"

不过，当年1月，亚马逊表示将首次在其季度报告中公布AWS的财务业绩，投资者对此充满了期待。许多分析家预测，AWS将仅仅是亚马逊的另一个"科研项目"而已，一个糟糕的、没什么利润的业务，需要不断从亚马逊赚钱的零售业务吸收补给。

实际上，情况恰恰相反。那一年，AWS的增长率达到70%，营业利润率为19.2%，[5]而亚马逊北美零售集团的增长率为25%，营业利润率仅为2.2%。即使它迅速消耗了大部分资金以建立更多的计算能力，还要跟上堆积在其服务器上Snapchat（阅后即焚）之类的快速增长的互联网公司，AWS也赚得盆满钵满。

这份季报对于一直盯着亚马逊的分析师和投资者来说是一个巨大的惊喜，对于微软、谷歌以及企业计算领域的其他玩家而言，造成的震动甚至更大。分析师本·汤普森嘲笑地说，2015年4月的亚马逊业绩报告是"科技行业最大、最重要的一次IPO"。[6]消息披露后，亚马逊的市值一天就上涨了近15%，首次突破2000亿美元大关，结束了亚马逊永不赚钱的历史。

首个亚马逊会员日

在该财报发布前的几个月，S-team一直在分析其在中国不断落败以及阿里巴巴双十一购物节成功的原因。在过去的五年中，马云的电子商务王国将每年的11月11日这一天变成了黑色星期五和情人节的混合体，一场交易的狂欢在2014年造就了超过90亿美元的销售额，以及铺天盖地的免费媒体报道。[7]

亚马逊国际业务负责人迭戈·皮亚森蒂尼在他对中国市场的分析报告中提出，亚马逊可以设计自己的购物日。杰夫·贝佐斯认为这是个好主意，但当时他习惯将所有事情都和亚马逊招徕顾客的 Prime 会员服务打通。他建议亚马逊在全球推出购物日活动，并以此帮助 Prime 吸引新的会员。

这项工作被交给了负责 Prime 的副总裁格雷格·格里利，后者又将其交给了自己的一个副手、亚马逊的资深高管克里斯·鲁普。鲁普知道，亚马逊的客户习惯于在黑色星期五和剁手星期一放肆消费，而另一场促销活动可能仅仅使他们提前几周消费而已。她还知道，亚马逊没有充分利用所谓"返校季"的夏季购物窗口期，而百货连锁巨头诺德斯特龙却将其打造成标志性的"周年大促销"活动。

鲁普随后提出的举办盛夏促销活动的建议在亚马逊内部引起了争论。她认为，这样的话，顾客在夏天也可以花钱了，亚马逊还可以利用为旺季建造的冗余仓库空间。亚马逊的供应链高管们都希望有一个安静的夏天用来休假，不想投入精力来应对一波年中的业务高峰。鲁普说："人们提出了各种反对意见，但我有充分的理由来做这件事情。"

格里利和鲁普于 2015 年 1 月向 S-team 演示了方案，并获得了贝佐斯的批准。"不用那么复杂。会员日只能意味着一件事，那就是必须做成功。"[8] 他对他们说。在附件里，他重点强调了"会员日"要推出一万种促销商品，比黑色星期五的选品还要多。[9] 为此，他们必须说服亚马逊的销售团队为了这个目标团结一致，去和供应商进行艰难的讨价还价。

3 月初，该任务落到鲁普团队一名 30 岁的产品经理梅根·沃尔夫的肩上。沃尔夫成了会员日的"单线程领导者"，她将倾注全部精力在此次活动（以及努力消除周遭那些典型的亚马逊偏执狂的偏见，即她很快就会把事情搞砸然后卷铺盖走人）。因为这是一个全球性的活动，并且要给人们带来无限惊喜，所以沃尔夫和一位同事将其命名为"皮纳塔项目"（Project Piñata），他们每次在文档或电子邮件中写下该名字时都需要在键盘上费力地操作一番。沃尔夫开玩笑说："我这辈子都不会在项目名里加个'ñ'了。"

沃尔夫现在必须在一个不可能的截止日期之前打造一个全新的购物季。亚马逊希望在 7 月 15 日上线，纪念 Amazon.com 第一笔生意成交 20 周年。5 月，她开始了旋风之旅，前往东京、伦敦、巴黎和慕尼黑，试图联合亚马逊的卖家、营销商和供应链高管携手支持这个几乎所有人都不看好的项目。亚马逊的零售和广告团队没有理由停下手中的一切来说服供应商支持一个虚无缥缈的"会员日"。沃尔夫说："我感觉自己正在做一场庞氏骗局。"没有贝佐斯的批示，亚马逊的高管就会冷漠地拒绝配合。

随着日期的临近，沃尔夫和鲁普开始意识到，会员日的命运可能比他们想象的要更加多舛。贝佐斯想参与到项目细节并检查广告物料。《早安美国》节目有兴趣对活动进行预告。"起初我们觉得'这真是太棒了'，但马上，'嗯，等等，这可能比我们想象的要复杂'。"鲁普说。

2015 年，亚马逊以一种连它自己都没有预料到的方式变成全球舆论焦点。从日本开始，亚马逊的网站被汹涌而来的流量冲到崩溃，然后是欧洲，最后是美国。在美国，社交媒体上的负面反应迅速而不留情面。网购用户无视亚马逊提议的标签 # HappyPrimeDay，直接在特推上批评商品售罄、打折的大多是洗涤灵之类的小商品，以及过多没意思的平庸商品。一篇典型的特推帖子说："我不断去看亚马逊的 #HappyPrimeDay 促销活动，就像一个不甘放弃相信对方总会好起来的女朋友。""截至目前,我看到的最大优惠是一盒打八五折的夹心饼干。"另一篇帖子写道。

鲁普和沃尔夫及其团队已将亚马逊位于亚利桑那州大厦的西雅图会议室变成专用的作战指挥室。他们花了两天两夜的时间来监控流量并宣传任何他们能给到的折扣。沃尔夫记得,她总是回家睡几个小时,然后返回。混乱之中,杰夫·威尔克顺路过来说了一些话鼓舞士气。这次活动最终成了亚马逊历史上规模最大的购物日,但沃尔夫一想到她最初要花多大力气拉商家参加活动,对社交媒体上的这些负面评价就不感到惊讶了。

然而在后台,对于这些网络上的批评,"杰夫已经气疯了",高级公关副总裁克雷格·伯曼说。事情发生时,贝佐斯正在俄勒冈观看儿子的游泳比赛。"他朝着我和我的团队大喊,必须弄清楚是不是有人在搞鬼。他有些失去理智,说,'把问题解决!你必须证明给他们看这是一场成功的活动'。"

伯曼和一位公关部的同事朱莉·劳开始仔细研究销售数字,并尽量发布他们所能找到的能证明打折商品种类繁多和销售火爆的数据。它虽然不能令愤怒的社交媒体用户满意,但媒体对首个会员日的报道终于平衡了一些。伯曼说:"用杰夫的话说,你只有一次机会给人第一印象。他有权这么说。"

几天后,会员日项目团队聚在他们亚利桑那大楼办公室的茶水间,庆祝这段令人筋疲力尽的旅程的结束,并轮流狠揍了一个真正的皮纳塔①。然而他们没有太多时间来庆祝。鲁普和沃尔夫被要求撰写六页

---

① 皮纳塔是古代中国人庆祝春节时用的道具,被制作成牛的形状。这一习俗被马可·波罗传至西方,后成为天主教文化中一个罪恶的象征。——编者注

总结报告。会员日的结果喜忧参半：销售出 3440 万件商品，包括 2.4 万个七合一可编程即热压力锅，并且在全球新增了 120 万个 Prime 会员。这份内部文件还强调：“我们的伙伴和媒体的声音很明确，尤其是在美国，他们称交易混乱，体验很差，整个活动令人失望。”

多年后，沃夫夫对此进行了认真思考，并认为这是一条亚马逊领导力原则的例证：自我批评。"从那时起，我认识到，不管你是不是刚刚实现了公司史上收入最高的一天，你的第一句话都得是'我们搞砸了'。"

* * *

会员日总结过后，克里斯·鲁普感到极度疲惫。她请了假休息，休假期间，她接受邀请，加入微软的 Xbox 业务部门。对于亚马逊的第一次会员日活动，她说："难，难，实在太难了。"

作为整个活动的单线程领导者，满世界跑的梅根·沃尔夫同样累得不行。她说："我的身体和精神感觉都被掏空了，足足花了几个星期来恢复和思考。"当格雷格·格里利和高管团队开始为次年的活动做准备时，沃尔夫拒绝再次负责这件事，而是在公司找了份其他的工作来做。那之后的几年中，她轮了很多岗位，包括担任新来的人力资源高级副总裁贝丝·加莱蒂的技术顾问。

2019 年，沃尔夫休了个长假去北卡罗来纳州探望家人。她成长于一个贫穷的家庭，有四个兄弟。有一次，她在和她令人尊敬的母亲交流时，不经意地使用了亚马逊那种批评的语气，后者安静地说："请停止在我们的关系中使用领导力原则。"

沃尔夫突然感到某种困惑，她开始重新思考在亚马逊的时光。这段经历对她而言很重要，这让她很矛盾。她喜欢亚马逊这台"美丽的协作机器"，她养成了强大的职业素质，并收获了持久的友谊。同时，她也感到自己"付出的比得到的更多"，而且她并不喜欢现在的自己和所扮演的领导者角色。

沃尔夫开始自问：亚马逊出于对服务用户的坚持所导致的对其他企业、环境和仓库工人的影响是否值得？为什么 S-team 中女性和少数族裔这么少？为什么工作环境对员工这么苛刻？她为什么要长期忍受这种环境？作为亚马逊人，她工作的每一天都必须努力赢得同事和上级的信任，而杰夫·贝佐斯赢得她的信任了吗？

现在，沃尔夫已经加入另一个庞大群体：从亚马逊离职的员工。"在某个时刻，那些令人尊敬的使命开始变味，因为我意识到，杰夫·贝佐斯所做的很多决定都谈不上令人尊敬，这种感觉很不舒服。"她说，"他继续聚敛无尽的财富，却很少做一些服务公众利益的事情。"

她甚至对自己一手打造的年度打折狂欢活动表示质疑。《快公司》杂志一篇文章认为亚马逊的会员日活动见利忘义地诱导消费者购买不需要的东西，引起了她的共鸣。[10] "我们造出这样的购物节，"沃尔夫冷漠地说，"说服人们购买即热锅并成为会员，以便之后从他们身上赚更多的钱。"

沃尔夫于 2019 年离开亚马逊，加入西雅图一家在线房地产公司 Zillow。此后不久，她就停止为 Prime 会员续费，让亚马逊回收了自己所有的 Echo 音箱，并永久注销了她的亚马逊账户。

被环境撞伤的宏伟构想

首个"会员日"一周后，亚马逊于 2015 年 7 月 23 日发布了第二季度财务报告，再一次用惊人的业绩数字震动了市场，不仅利润大增，AWS 也呈现出极出色的发展态势。亚马逊股票价格在一夜之间飙升了 18%，彻底改变了行业的竞争格局。亚马逊市值首次超过沃尔玛，[11] 它现在是地球上最有价值的零售商了。为了庆祝公司首笔订单成交 20 周年，也庆祝亚马逊取得的新的巨大成功，员工们在报告发布第二天涌入西雅图的世纪互联体育场，欣赏西雅图当地嘻哈二人组瑞恩·路易斯和麦克默的亚马逊专场音乐会。[12]

扫兴的事情很快就发生了。AWS 的高速增长和会员日的快速落地证明了亚马逊的高执行力与创新文化的同时，负面效应也充分暴露出来。对效率的残酷追逐和不留情面的自我批评文化，虽然贡献了企业利润率的直线上升，但却伤害了很多员工。那年 8 月，随着《纽约时报》一篇题为"直击亚马逊：那些被工作环境撞伤的宏伟构想"的 5800 字重磅文章的发表，不满情绪开始公开蔓延。[13]

记者朱迪·坎托尔和戴维·斯特莱特菲尔德写到了亚马逊互相攻评的开会方式、不合理的高标准、每周 80 小时的工作时长，以及经常坐在工位上哭泣的员工。报道说，一些得了重病、流产或个人生活遇到困难的员工会受到公司的惩罚。他们描写了亚马逊的"等级排序"或定期针对员工工作效率进行"末位淘汰"的做法，即"有目的的达尔文主义"，这造成了一种令人恐惧的工作环境。

作为回应，亚马逊好战的新任政策与传播高级副总裁杰伊·卡尼打破了亚马逊对与舆论公开作战的厌恶情结，在媒体上发表了一篇文章，指控该报道"歪曲了亚马逊"。[14] 当年早些时候，卡尼高调受雇亚马逊，他曾是美国前总统巴拉克·奥巴马的白宫新闻秘书，以及时任副总统乔·拜登的公关总监。他声称记者违反了新闻原则，并攻击报道的一个关键信息提供者，称他因不当行为被亚马逊解雇，并因此心怀怨恨。这位采访对象私下记录了他在亚马逊工作时的大量细节。自此开始，亚马逊面对媒体时的风格变得激进强势，常常直面批评，主动出击。高管们也不再满足于告诉自己只是"被误解了"。

卡尼的文章发出之后，杰夫·贝佐斯紧接着给 22 万名全职员工发出了一封内部邮件，鼓励他们去读读《纽约时报》的文章，但断言其"描述的不是我所知道的亚马逊，和每天与我一同工作、替别人着想的亚马逊人"。[15] 贝佐斯要求员工将任何类似的有关亚马逊粗暴管理行为的报道发给人力资源部门，或者直接发到他那个著名的信箱地址：jeff@amazon.com。有几百个员工真的发了，大部分邮件都直接发给了亚马逊资深人力资源主管——戴维·尼耶克。

尼耶克是西点军校毕业生和美国陆军老兵，对于他过往的从军生涯，他选择避而不谈。《纽约时报》报道发表时，他正在巴西，为亚马逊巴西网站的上线做准备。和许多其他亚马逊员工相同，他对报道的反应是防御性的：他认为文章过于情绪化，根据站不住脚的负面逸闻，得出了不公正的结论。"在亚马逊工作就像在奥林匹克训练营一样，"几年后尼耶克对我说，"标准非常高，并要求尽量把每件事情解决好，一直都是这样。"同时，他也目睹了许多管理不善的例子，承认《纽约时报》的描述中有些事情是他所熟悉的。

贝佐斯本人是亚马逊文化的架构师，并对许多公司采用的陈旧的人力资源管理方式不屑一顾。硅谷的其他 CEO 不同程度地对参与企业人力资源和文化建设不感兴趣。例如，史蒂夫·乔布斯在 1997 年回归苹果公司时，曾对总部的人力资源员工发表讲话，他直白地表示："在我看来，你们就是一群甩不掉的废物。"[16]

然而，贝佐斯深入研究了人力资源的烦琐细节，努力用机制代替温情脉脉。他是组织、文化和创新的拥趸。早期，他一直想聘请最聪明的人来管理最优秀的领导者，并告诉人力资源主管，他们有责任训练人们成为优秀的经理。

贝佐斯还提倡采用等级排名的做法，即由经理对员工工作绩效进行评分，绩效最低的被淘汰。尼耶克回忆说，贝佐斯参考了布拉德福德·斯玛特的"顶级评级法"，这是后者帮助传奇 CEO 杰克·韦尔奇在通用电气建立的一套招聘系统，将求职者分为 A、B、C 三级。贝佐斯不仅希望把这套原则应用在招聘中，还希望用它来管理企业内部员工。

他曾经对尼耶克说："令所有领导者最痛苦的事情，就是职位空着，这意味着他们在解雇员工的时候，总是很犹豫。"贝佐斯认为不能指望经理人自愿承担更多的招聘工作，并担心对平庸绩效者的宽容会在公司中蔓延，侵蚀到亚马逊的"第一日理念"。等级排名可以迫使经理人员提升团队人才的素质。尼耶克说："人们认为这是一个刻薄的机制，在某种程度上，确实是这样。但总的来说，它让亚马逊保持了活力和创新。"

但是随着亚马逊的扩张，仅靠剔除表现不佳的人是不够的。贝佐斯似乎相信，过分舒适或富裕的劳动力也会耽误亚马逊的前途。员工对工作还充满热情吗？还是为了更多的收入在公司混日子？这些等待暴发和退休的人，将榨干公司？贝佐斯拒绝任何能让员工占到便宜的财务安排，如稳步增加股票赠送等，这样他们就不会赖在公司却不干活儿。

这些考虑都反映在亚马逊典型的薪酬方案上：15 万美元的基本年薪标准，一份合同奖金，以及按 5%、15%、20% 和 40% 的比例分四年赠送的股份。员工的总薪酬取决于工资和赠予股份的组合。

如果员工在最初的几年业绩不好被裁掉，将无法获得全部约定股份，也不会获得按比例分配的合同奖金的剩余部分。而且，如果亚马逊的股价在一年内上涨超过 15%，则员工的年度总薪酬便超出了其目标，他们当年收到的股份会相应少发，放到未来发放，甚至可能就没了。

这意味着，在亚马逊的股价持续多年上涨超过 15% 之后，许多员工却遭遇到总薪酬的"断崖"式缩水。他们超额完成业绩目标，收到的股份数量却急剧减少。这也是像克里斯·鲁普这样有价值、经验丰富的亚马逊高管离开亚马逊另谋高就的原因之一（贝佐斯每年的收入接近 8.2 万美元，除了最初获得的大量原始股外，没有任何其他基于股票的报酬，他的财富完全来自亚马逊不断增长的股价）。

贝佐斯知道这样的安排可能使亚马逊成为不受欢迎的雇主，但他仍然认为，媒体调查中所宣扬的那些帮助企业成为最佳雇主的重要福利因素，如大方的薪酬、不加限制的假期天数、免费的工作餐和按摩等，与员工的工作热情和目标并没有多大关系。尼耶克说："他曾经告诉我，'如果我们出现在美国 100 个最佳雇主的名单上，就意味着公司被你搞垮了'。"（遗憾的是，亚马逊很快就成了这类榜单上最重要的一员。）[17]

尼耶克本打算在 2015 年退休，亚马逊却还是为这位老兵安排了另一项任务。当《纽约时报》的文章和贝佐斯的公开信发表后，大约有 250 名亚马逊员工将他们的恐怖故事直接发送给了 CEO 和人力资源部，这些邮件最后全部被转发给了尼耶克。在接下来的四个月中，他整理并审查了这些故事，完成了一份报告，向公司提出了十项建议来解决已出现的问题。例如，他建议要求每位领导者参加一门名为"如何生活"的课程，学习如何敏感地管理那些可能因个人生活而影响工作的员工。

尼耶克回忆说，读过他的报告的同事说，这是他们所见过的关于应对企业文化挑战的最佳分析之一，而这些文化挑战显然正在困扰成立整 20 年的亚马逊。

然而这份建议没有被采纳，而是被亚马逊的律师扼杀在襁褓当中。他们断言，员工在贝佐斯的敦促下，自愿提供的故事只是未经证实的一面之词。律师说，这些建议是"从一棵毒树上结出的果实"。尼耶克不久后就从亚马逊退休，他的报告也从未到达 S-team 那里。

然而，在《纽约时报》报道之后，亚马逊对其文化进行了几项改变，据称（不太可信）在文章发表之前，这些变革就已经开始。虽然贝佐斯在公开场合不承认这些指责，他私下里似乎也承认批评存在有益的一面，当初的企业文化虽然有力地支撑了初创时期的亚马逊保持快节奏的步伐，但显然已经不足以支持一家已经拥有 23 万名员工的成熟公司的进一步发展。

例如，亚马逊在很大程度上抛弃了对员工进行等级排名和为每个团队设置淘汰目标的做法。管理人员不用再被迫开会争论该解雇谁。允许新入职的员工随时更换工作，而不用继续忍受一个糟糕的上司。这迫使经理们开始关心团队成员的感受。亚马逊还建立了内部上诉机制，处理员工对绩效打分或被解雇有异议的情况。[18] 还推出了一项特别的产假方案，允许员工在 12 个月内分几次休，或者与公司没有这种福利的配偶分享产假。一些小的改变还包括允许新妈妈使用 Milk Stork 公司的母乳运送服务，在外工作或出差时，把冷藏的母乳快递回家。一位女主管说，在《纽约时报》的报道出来之后，"我们有更大的自由度来做出更人性化的决定"。

最大的变化可能是亚马逊使用了十年的绩效评估系统。以前的系统要求对于每个员工，其所有同事都要写冗长的评价，发送给该员工的直接上司，直接上司会将这些评价整合在一起，再亲自和该员工进行一对一谈话，这种方法往往导致这些谈话最终会聚焦在员工的缺点上。人力资源主管贝丝·加莱蒂说："我们在调查时发现，90%的亚马逊员工在经历绩效评估之后都会感到更加挫败，即使是那些最优秀的人。"《纽约时报》的报道发表几个月后，她接任了人力资源部门负责人的职位。

经过改进的绩效评估系统，要求同事和管理人员用60个单词描述员工的"超能力"，再用60个单词描述下一年的"成长想法"。加莱蒂说："这些评价都是从前瞻而积极的角度做出的。"

贝佐斯也承认原来的系统太消极了，在一次私人会议上，他向一群亚马逊大投资者解释他对这些瑕疵的突然发现："想象一下，如果你每年与妻子谈这么一次，你先告诉她你有多爱她，包括她身上一切美好的东西，最后你跟她说，'多说一句，你只是有点胖'。那么整个一年，她就只会记得这一句！"

参加会议的一位投资者说，贝佐斯抖完了包袱，自己大笑起来："我们需要一个不会告诉员工他们很胖的绩效评估系统。"

* * *

到2015年底，几乎没有人再怀疑亚马逊的崛起。该公司连续三个季度实现盈利，而安迪·贾西带领下长势喜人的AWS业务的销售额增长了69%。亚马逊的市值在一年的时间里翻了一番，达到3150亿美元。对于史蒂夫·鲍尔默和怀疑者而言，这真是打脸的一年。同时，亚马逊也用有史以来最快的速度实现了年销售收入过千亿美元，完成了贝佐斯和S-team设定的长期目标。

次年4月，贝佐斯在致投资者的年度信件中着重夸耀了这一里程碑的实现，并努力为亚马逊的企业文化论战争取最后的胜利。"你提出自己的企业文化，但实际上你只是发现和展示者，并不是它的创造者。"他写道，"它是在漫长的时间里，由所有人和事情共同创造出来的，是由所有成功和失败的故事构成的，是企业自身最为根深蒂固的一部分。"

2015年所发生的也将变成这些财富故事的一部分。这是非常关键的12个月，能够与亚马逊在全球的这种突飞猛进相提并论的，只有其创始人个人形象的颠覆性改变。现在，他被称为亚马逊的"教父"，一手造就了绝对高效的亚马逊文化。他是Kindle和Alexa背后的天才发明家，也是一位多面手CEO，缔造了利润滚滚的企业云计算服务平台。他仍然不认同媒体对亚马逊的大多数报道。然而与此同时，虽然听上去不可能，杰夫·贝佐斯确实在接下来的故事里，成了一位新闻自由的坚决捍卫者。

第 5 章
挺身而战

  谁也说不清唐纳德·特朗普为什么要对《华盛顿邮报》宣战。也许是因为这份美国第三大报纸对他的总统竞选进行了持续数月的批评报道。也许是因为格伦·凯斯勒在 2015 年 12 月 7 日的"事实检查"栏目文章。那天早上，这位记者仔细核实了这位共和党人说他在"9·11"之前就预见到本·拉登可能发动袭击的荒谬说法。"我预言了本·拉登，"特朗普在田纳西州诺克斯维尔的一场竞选活动中宣称，"我预见到会发生恐怖主义袭击。我能感觉到，就像我做房地产生意时对好的地段的那种直觉。"[1] 对于特朗普的此番发言，凯斯勒给了最高的谎言评级："四个匹诺曹"。

  美国东部标准时间当天早上 7 点过后，特朗普在推特上做了一系列回应，目标直指亚马逊公司、《华盛顿邮报》及其拥有者杰夫·贝佐斯。

  杰夫·贝佐斯买了亏本的《华盛顿邮报》，就是为了给他不赚钱的公司亚马逊避税。

《华盛顿邮报》亏本运营，帮助杰夫·贝佐斯在亚马逊公司的税收上愚弄公众！避税大王！

如果亚马逊正常纳税，它的股价就会跌成狗。垃圾《华盛顿邮报》拯救了它！

这些推文内容和他关于本·拉登的吹嘘一样口说无凭。《华盛顿邮报》的收入情况和亚马逊公司的纳税没有半毛钱关系。贝佐斯于2013年8月个人出资2.5亿美元现金收购了这份陷入困境的报纸，将它与亚马逊分得一清二楚。现在，这位机会主义共和党候选人正在践踏贝佐斯的一片苦心。

当天早晨晚些时候，贝佐斯给他在西雅图城市另一头、负责全球公司事务的高级副总裁杰伊·卡尼发了一封电子邮件。邮件的内容不仅显示了贝佐斯对表情符号出奇偏爱，还是一场有意思的对话，几年后，我读到了这些来往邮件。

发件人：杰夫·贝佐斯
收件人：杰伊·卡尼
主题：特朗普鬼话

特朗普刚刚给亚马逊、我和《华盛顿邮报》泼了一盆脏水。我觉得应该聪明地反击一下，不想当作没看见。这是一个好机会，让我尽一份（爱国）义务来灭灭这个阴险小人的威风。打嘴仗我没什么经验，但我愿意学习。有什么好建

> 议吗？
>
> 同样，战术上，我正准备接受一些老牌德国媒体的采访，它们很可能会问到此事。

对于亚马逊"不喜欢"的那些媒体报道（大多数），卡尼的态度极为强硬。此前贝佐斯认为回应媒体批评，只会让后者更加来劲。但卡尼劝说贝佐斯对诸如《纽约时报》曝光亚马逊企业文化这样的报道予以还击。但在特朗普这件事上，精于政治的卡尼建议不要去蹚浑水：

> 发件人：杰伊·卡尼
>
> 收件人：杰夫·贝佐斯
>
> 回复：主题：特朗普鬼话
>
> 我们一直在讨论，并决定要确保记者们清楚一件事，那就是《华盛顿邮报》和亚马逊是没有任何关系的。他发推特攻击媒体和大公司，是为了取悦那些对他不满的选民。作为一个政客，他根本不在乎事实是什么。我和你一样希望打败他，但我认为，你的回应只会助长他的气焰。他挑起的每一场战争，都会变成帮助他竞选成功的燃料。
>
> 对于德国媒体的采访，如果他们问到这件事，我建议只要回答："你知道亚马逊和《华盛顿邮报》是两家完全独立的公司。我不知道他在说什么。"

从过去几年的经验来看，贝佐斯应该会非常同意卡尼的建议，保持沉默，但现在他们的立场反过来了。特朗普当时的目标包括他在共和党候选人中的主要竞争对手、名人记者，以及巴里·迪勒这样的重要商业人物。

贝佐斯似乎很渴望加入这个名人俱乐部，与特朗普过过招，揭穿他的大话，为自己的报纸辩护。

> 发件人：杰夫·贝佐斯
> 收件人：杰伊·卡尼
> 回复：主题：特朗普鬼话
> 　　这一次我可能没法采纳你的好建议了！你们想几个好的回应方式，我们来看下细节。

在接下来的几个小时中，卡尼通过电子邮件和电话与亚马逊公关副手德鲁·赫登纳、克雷格·伯曼和泰·罗杰斯进行了头脑风暴。他们放弃了把亚马逊和《华盛顿邮报》说成"与特朗普两边的头发一样截然分明"的想法。伯曼建议为特朗普预订一张蓝色起源公司的太空飞船船票，把他送上太空。这样说，还巧妙地提到了贝佐斯的第三家公司的名字。卡尼喜欢这个主意，并将其建议转发给贝佐斯，贝佐斯要求话说得好像他一直置身事外，直到最近才被卷入特朗普的嘴炮射程之内。

他们就如何精准措辞和是否要加入一个蓝色起源火箭发射的视频争论了一个下午，最后，泰·罗杰斯用贝佐斯推特账号发表了回复特朗普的推文：

> 终于被唐纳德·特朗普喷了。不过还是会在蓝色起源火箭上为他留一个座位。送特朗普去太空 http://bit.ly/1OpyW5N

唯恐天下不乱的特朗普热情地进行了回应，在电视采访中指控贝佐斯是为了攫取政治影响力而收购《华盛顿邮政》，如果他当选总统，一定会让亚马逊如愿惹上"这样的麻烦"。² 为了更精准攻击报纸的合法性，他还在推特上直接使用"#亚马逊华盛顿邮报"这样的标签。

杰夫·贝佐斯正式进入这场政治角力。

"不救这份报纸，我会疯"

"我怎么可能会成为收购《华盛顿邮报》的人？我对报纸行业一无所知。"

贝佐斯对《华盛顿邮报》的股东表达了自己的不感兴趣，从此拉开了他事业中最辉煌的一个篇章的大幕。《华盛顿邮报》给贝佐斯带来了更多的声誉，也再一次证明了他是这个时代最成功的商人、一个组织管理大师，他的方法的适用范围远远不止于快速发展的科技公司。³

这份报纸由著名的格雷厄姆家族所有，由传奇老板凯瑟琳·格雷厄姆的儿子唐纳德·格雷厄姆掌管，多年来财务状况一直不稳定。当时，本地广告都转到线上，分类广告业务也被克雷格列表之类的网站抢去，但《华盛顿邮报》仍然是服务华盛顿特区的本地报纸，以政治类报道见长。2008 年的金融危机更加剧了这种衰退。唐纳德·格雷厄姆喜欢说，连续 7 年的收入下降要求《华盛顿邮报》"打起精神来"。⁴

格雷厄姆在《华盛顿邮报》的编辑部非常受欢迎，他平易近人，而且对新闻事业满怀热忱。但是细心的他也发现《华盛顿邮报》已经走进一条死胡同。格雷厄姆在 2005 年与脸书创始人马克·扎克伯格签署协议，计划投资这家刚刚起步的社交网络公司。但随后扎克伯格退出交易，因为硅谷风险投资公司 Accel 给出了更高的估值。格雷厄姆失去了一次史无前例的赚大钱机会之后，成了脸书的董事会成员。在接下来的几年中，他被扎克伯格洗脑，认为网络提供的内容应该是免费的。当竞争对手《纽约时报》这样的大型媒体机构在2011年开始增加付费专区时，《华盛顿邮报》没有及时跟上。它的"付费墙"非常松垮，很容易被读者绕开。

到2013年，衰退导致的忧郁情绪笼罩着《华盛顿邮报》位于华盛顿市区第15街西北1150号的总部办公楼，那是一座半世纪前那种方方正正的水泥建筑。它旗下一度营收贡献最高的教育机构卡普兰，也因根据教育监管要求进行的重组而遭受亏损。几轮裁员之后，1000多名新闻员工仅剩下大约600人。报社内部士气低落，经营部门和编辑部门彼此极度不信任。该公司既没有资源投资全国和国际性新闻报道和发行，也无法摆脱作为一份区域性报纸不断恶化的经济状况。因此，格雷厄姆同意卖掉《华盛顿邮报》。

报社的高管希望寻找一位富有、懂科技，而且关心新闻使命的买主。很好地满足这些条件的人，包括杰夫·贝佐斯、易贝创始人皮埃尔·奥米迪亚和其他几位互联网亿万富翁。从贝佐斯对前来游说他购买《华盛顿邮报》的投行人员的第一反应，以及与老朋友格雷厄姆的零星对话来看，他似乎兴趣不大。直到2013年7月的艾伦公司太阳谷峰会期间，贝佐斯邀请格雷厄姆私下见面，后者才意识到贝佐斯已经认真研究了这一机会，并且比他想象的要更感兴趣。在随后的简短会谈中，贝佐斯很快就答应了格雷厄姆2.5亿美元的要价并支付了现金。亚马逊的创始人不是通过亚马逊，而是自己买下了这家报纸。

对于《华盛顿邮报》来说，贝佐斯是一位非常理想的老板——拥有无限的资源，在数字科技创新领域声名远播，无论是哪个领域，他的涉足就意味着成功。他坚决承诺会保持报纸的编辑独立性，也不会利用它实现任何政治目的。评论版的主编弗雷德·希亚特随即提出辞职，[5]认为"报纸的所有者拥有一个反映他世界观的报纸版面是完全合情合法的"，但贝佐斯干脆地拒绝了。[6]

贝佐斯拥有非常正统的媒体观念。9月，他对邮报总部的员工发表了收购以来的第一次讲话，表达了对"综合内容"的信念，即《华盛顿邮报》是新闻、文化和娱乐报道的集合体。他还对所谓的"聚合内容"的兴起感到遗憾，如《赫芬顿邮报》，只是简单收集其他媒体出版的内容。[7]但是他同意必须放弃只报道地方新闻的做法，应该降低印刷版发行量，发力在线业务。他告诉他的新雇员："你们必须承认纸质印刷行业正在经历结构性衰退。你们必须接受这一点，并向前看。无论丧钟听上去多么悦耳，都只为过去的光荣而鸣，特别是对于《华盛顿邮报》这样的报纸而言。"[8]

他们的新主人已经准备好打破过去的老教条。贝佐斯于当年秋天邀请报纸的管理团队到西雅图与他一起过周末，他希望报纸的大脑、执行编辑马蒂·巴隆一同参加，后者曾担任《波士顿环球报》主编，后来的电影《聚光灯》也对他有过刻画。贝佐斯说："要改变一家餐厅，就必须请位新主厨。"

于是，巴隆和报纸的出版人兼CEO凯瑟琳·韦茅斯、总裁史蒂夫·希尔斯、首席信息官谢利什·普拉卡什一起飞往西雅图。第一个晚上，他们在可以欣赏联合湖壮丽景色的高档餐厅Canlis和贝佐斯共进了晚餐。用餐期间，他们看到一条完美的双彩虹出现在湖面上（后来，《华盛顿邮报》的iPad版应用就叫彩虹，这个App的界面看上去很像一份杂志）。第二天早上，他们在贝佐斯位于华盛顿湖岸边2.9万平方英尺的家中遇见了麦肯齐和他们的四个孩子。早餐贝佐斯请每个人吃了煎饼（此后，报纸的领导团队就自称"煎饼小组"）。接下来

第5章/挺身而战

的一整天，他们对《华盛顿邮报》的编辑和商业策略进行了总结和评估，中间贝佐斯没看过一眼手机，其他事情都被他搁在一边。

在接下来的几年中，朋友偶尔会嘲笑他买了《华盛顿邮报》这件事。"人们把这件事编成了笑话，'杰夫，麦肯齐让你把报纸捡回来，但她没让你捡报社'。"贝佐斯的高中朋友约书亚·温斯坦说。但记者和同事们最经常问的一个问题是："他为什么要在数字时代去买一份古董报纸？"

一个可能的原因是，随着亚马逊股价的飙升，贝佐斯也积累了巨额的个人财富，他明白可以将自己的资源用于他珍视的事情，如帮助一家媒体维持强大而独立。挽救《华盛顿邮报》不仅是在帮助他的朋友格雷厄姆，也是在帮助美国的传媒业，是在为整个美国和民主做出象征性的贡献。但是他对这个问题的公开回答显得更简单和真诚："这是西方世界最重要的首府的最重要的报纸，不救它，我会疯。"几年后，贝佐斯与斯普林格集团 CEO 在电视对话中说："到 80 岁时，我会为当初做出这样的决定感到高兴。"[9]

收购完成一年后，美国政治新闻网站 Politico 联合创始人弗雷德·瑞安在亚马逊的办公楼和贝佐斯共进早餐时，问了同样的问题。这次对话导致了后来贝佐斯聘请瑞安取代了韦茅斯，担任《华盛顿邮报》的 CEO 和发行人。瑞安曾担任美国前总统罗纳德·里根的助手，他直接发邮件给贝佐斯，表示对《华盛顿邮报》的尊敬，之后被邀请到西雅图。他后来回忆，自己当时想的是"富人有的是想法和玩具，但有时，他们可能也会想拥有一家媒体来影响世界。"

贝佐斯的回答令他感到惊讶。"我记得他的回答，因为他确实一直是这样做的，"瑞安说，"他说，他认为强大而独立的媒体的存在，对我们社会和民主的健康至关重要。"

拥抱科技，快速试错

"煎饼小组"曾幻想着贝佐斯会不惜一切代价拯救报纸，但很快就发现自己想错了。2015年初，他们再次飞到西雅图，向他提交了一项长达数年的经营计划。按照这项计划，这家报社将在未来四年内损失超过1亿美元。贝佐斯立即否定了他们的计划。"是的，我对那不感兴趣"，一位参与者回忆起他轻描淡写的反应。会议结束后，贝佐斯和弗雷德·瑞安一起制订了一项计划，将《华盛顿邮报》作为一家纪律严明的独立公司来经营，而不是某个富豪的个人爱好。在接下来的几年中，公司平面广告部门进行了一系列有针对性的裁员，并大张旗鼓地招募了少量数字媒体专业人士加入。

除了希望报纸依靠自身力量独立发展，贝佐斯还把他精心设计的管理理念部分地运用到报纸的运营上。他要求《华盛顿邮报》全面拥抱科技，快速试错，并且用乐观而不是绝望的态度面对互联网提供的机会。贝佐斯告诉他的新员工："你们遭受了互联网的折磨，但还没有充分享受它的馈赠。那就是免费的渠道和海量的受众。"

他的第一个想法是让其他报纸的订阅者免费访问《华盛顿邮报》的线上内容。[10] 约250份报纸包括《托莱多刀锋报》和《达拉斯晨报》，都和《华盛顿邮报》签署了合作协议。该计划并没有带来新订户的激增，但因为有了贝佐斯的科技炫酷光环，《华盛顿邮报》吸引了很多人的眼球。

贝佐斯的另一个原则带来了更切实的结果。一直以来，他都在想办法"编织一条绳索"把他旗下不同的生意联系起来。他谨慎而温和地将报社高管介绍给了亚马逊的高管，建议他们互相聊聊没什么坏处。2014年秋天，亚马逊的Fire平板电脑用户通过预先安装在设备上的《华盛顿邮报》应用获得了为期六个月的美国版数字内容免费订阅。一年后，成千上万的 Prime 会员获得了相同的福利。

2014—2015 年，《华盛顿邮报》的网站和移动端应用的单一地址访问用户数增长了 56%。2015 年 10 月，报纸的月访客数短暂超过《纽约时报》。贝佐斯乘胜追击，在哥伦比亚广播公司《今晨》节目中宣布《华盛顿邮报》"正成为一家全新的报纸"。[11]《华盛顿邮报》也用自家报纸发布广告，向读者喊话："感谢你让《华盛顿邮报》获得新生。"[12]

尽管广告部门被削减了，但贝佐斯同意逐步增加编辑室和技术部门的人员规模。在被收购后的两年中，马蒂·巴隆新招了 140 名全职记者，让采编人员规模增加到 700 名左右，而《纽约时报》当时大约有 1300 名记者和编辑。新增记者主要负责全国新闻、政治和新闻调查，以及商业和科技报道。本地新闻虽然是此前报纸的核心版面，但由于无利可图，投入的资源基本维持不变。

对于新闻流程的简化，贝佐斯也有一些奇怪的想法。他非常想知道，如果只雇用优秀的作者，报纸是否还需要那么多编辑。巴隆回答说，报纸需要的是更多的编辑。但贝佐斯坚持认为应该减少编辑，以至一些编辑干脆将大记者们的初稿寄给他。亚马逊公司表示，贝佐斯从未收到或阅读过任何此类电子邮件，但他最终同意了巴隆的看法。

马蒂·巴隆回忆说，贝佐斯每次都会推翻他对这位老板的预期。例如，他曾认为贝佐斯会希望为每个读者呈现不同的网站首页内容，但贝佐斯注意到，读者之所以订阅报纸，部分原因是他们相信编辑的判断。巴隆说，贝佐斯"没有试图重新发明这份报纸，而是努力发现它与众不同的地方"。

但是贝佐斯确实尝试使用大量亚马逊式的方法来重塑报纸背后的

系统。"煎饼小组"偶尔会和财务以及用户开发部门的高管一起，在每个隔周星期三，美国东部时间下午1点与贝佐斯交流一个小时。贝佐斯要求报纸管理团队成员"给我带来新东西"。他希望他们以亚马逊六页报告的形式来汇报工作，包括定价变化以及如何扩大报纸的受众和收入等，贝佐斯会看得非常仔细，提出各种细节问题。

这种贝佐斯风格的重复性流程和强制性机制，目的是推动团队进行创造性思考和创新。报纸高管说，贝佐斯会为没事先读完每条备忘录而道歉，并在会议开始时用一些时间默默读完。他还源源不断地让他们体验到各种"杰夫主义"：单向门和双向门；加倍试验等于加倍创新；"数据否决等级"以及"通往YES的多重路径"——一种亚马逊式的理念，支持有新想法却遭到上司拒绝的员工，可以自由把想法兜售给其他主管，避免好想法被扼杀。

贝佐斯只犯过一个明显的失误，至少在许多现任和前任报纸员工看来是这样。2014年底，出于对他在收购前的尽职调查中表达的担忧，他冻结了报纸的退休金计划，[13] 削减了长期雇员的退休福利，并将新雇员的福利计划转换为政府的401（k）退休账户，和报纸自己提供的福利相比，要差得多。

政府的养老金计划基础稳固，部分归功于该基金投资了沃伦·巴菲特的伯克希尔-哈撒韦公司的股票。尽管如此，这些改变减轻了报纸对其老员工承担的义务，也弱化了现任员工长期服务公司的物质激励。贝佐斯对企业养老金的做法，以及对《华盛顿邮报》工会怀有的敌意，与他在亚马逊的处理方式如出一辙，也与他长期以来对工会和傲慢员工的厌恶相吻合。《华盛顿邮报》的一位记者称："所有人得到的唯一解释是，他不认为公司应对那些已经离职的员工承担任何义务。"（亚马逊表示，这种说法不能准确代表贝佐斯的观点。）

第5章 / 挺身而战

此事造成了贝佐斯和工会之间关系的冷淡。在每隔几年一次的艰难谈判中，少量员工会在《华盛顿邮报》大厦外集结抗议公司对合同的更改，但他们仍然是少数。许多员工出于感激，一直支持贝佐斯。只有唐纳德·特朗普，手持推特这个武器站在远处，希望利用这一不和谐因素兴风作浪一番：

《华盛顿邮报》员工想罢工，因为贝佐斯没有给够钱。我认为他们应该长期罢工。这样他们才能拿到更多的钱，我们才能少看到一些假新闻！《华盛顿邮报》找到合适的说客了吗？

贝佐斯对报纸的产品和技术最感兴趣，这肯定不奇怪。他与报纸的首席信息官、印度理工学院的毕业生沙雷斯·普拉卡什合作，并宣称该报纸的工程师比许多硅谷初创公司的工程师都好。[14]他痴迷于把报纸网站加载页面和复杂图形的时间缩短几个毫秒，还要求设计专门指标来衡量读者对故事真正感兴趣的内容，以及文章是否真的"吸引人"。[15]

在贝佐斯收购《华盛顿邮报》时，普拉卡什一直在开发一个名为Arc Publishing 的内容系统，用于管理在线出版、博客、播客和广告等功能。很自然地，贝佐斯认为将技术提供给其他报纸的想法非常好，并鼓励普拉卡什将其授权给广播电视公司和任何需要内容发布软件的公司。到 2021 年，Arc 已经服务于 1400 个网站，并有望带来 1 亿美元的年收入。[16]

贝佐斯和普拉卡什的团队还花了八个月的时间开发了类似杂志的平板电脑应用程序 Rainbow。作为报纸的数字端内容版本，Rainbow每天更新两次，没有主页。它用杂志式的布局展示文章，用户还可以滚动浏览包含两篇文章的页面，放大阅读自己感兴趣的故事。普拉卡什称贝佐斯是"首席产品官"。他回忆说，老板提出了一个目标需求，那就是让读者可以"鸟瞰"当天发生的大事，就像滑翔机在空中滑过，通过这种方式解决读者"认知信息过载"的问题。《华盛顿邮报》于2015年7月发布了该应用，并使其成为亚马逊Fire平板电脑的标准配置。

普拉卡什和贝佐斯非常默契，几乎对所有事情的看法都不谋而合，除了一件事。当苹果公司（亚马逊的竞争对手）邀请《华盛顿邮报》加入一项名为"Apple News +"的媒体服务时，普拉卡什和其他"煎饼小组"成员看到了15亿部iPhone和iPad的巨大机会，并撰写了六页报告，概述分析了加入的利弊。但贝佐斯认为这将破坏报纸订阅产品的定价一致性，因此强烈反对。《华盛顿邮报》的高管们只得放弃。

当《华尔街日报》在2017年初试图邀请普拉卡什出任首席技术官时，贝佐斯说服他留了下来，让他在自己的航天公司蓝色起源咨询委员会中担任了另一个角色。偶尔，普拉卡什会在星期六飞往华盛顿肯特郡，帮助该公司改善其供应链系统。"杰夫带给我们的最重要的东西是一种试验文化，"普拉卡什说，"我们不会担心花钱搞砸了而被问责。我们不怕失败。"

贝佐斯的大胆不仅仅在于让《华盛顿邮报》勇于承担更大的风险。在广告方面，这位全世界最著名的商人，也充分发挥了自己的名人效应。在广告团队开发的一个销售平台的第二页上，堂而皇之地写着"贝佐斯效应"，旁边是一个光头技术开发人员微笑的头像。《华盛顿邮报》的广告主管说，贝佐斯帮报纸吸引了很多赞助商，即便我们一再解释，报纸不属于亚马逊公司。一位业务主管说："这个故事对我们的帮助比什么都重要。这是杰夫·贝佐斯的一种魔力，魔力就在

第5章/挺身而战

于他是杰夫·贝佐斯。"

《华盛顿邮报》现在是一家私人公司,因此不再发布财报。但据一位执行高管透露,2015—2018年,《华盛顿邮报》的广告收入从4000万美元跃升至1.4亿美元,数字用户增长了300%以上,首次超过150万(到2021年1月马蒂·巴隆退休时,这一数字达到300万)。[17] 尽管这份报纸在2015年亏损了约1000万美元,但在此后的三年中,它赚的钱超过1亿美元,和当初被贝佐斯拒绝的方案所预期的亏损相比,简直天差地别。在目睹如此大的转变之后,他对"煎饼小组"说:"我不敢相信一切会发生得这么快。"

运气当然发挥了作用:唐纳德·特朗普的混乱任期引起了人们对政治新闻的空前兴趣。但是,贝佐斯,他的管理方法以及对新闻业发生的变化的敏锐感知,也为这家拥有140年历史的传媒公司指明了清晰的战略道路。

崇高的新闻使命

在贝佐斯收购《华盛顿邮政》一年后,其驻德黑兰的记者杰森·雷扎安被伊朗政府关押,并被指控犯有间谍罪。根据雷扎安在2019年出版的回忆录《囚徒》,他在监狱里度过了18个月,大多数时间被单独关押在"我称之为家的城市"中。他刚被捕后,《华盛顿邮报》高管认为,拘留不会持续很久。随着数周甚至数月过去,他们意识到情况的危险,雷扎安可能会被该国强硬的宗教领袖审判并处决。

在美国,雷扎安的家人与马蒂·巴隆、弗雷德·瑞安以及许多其他《华盛顿邮报》代表一起,与美国各级政府官员进行了接触。外国领导人访问华盛顿时,瑞安要求进行私人会面,并请求他们代表雷扎安的家人对伊朗政府施加影响。贝佐斯身在西雅图,也对事件持续关注,要求下属及时汇报进展,并曾短暂考虑过在2015年超级碗中投放"释放杰森"的广告。那年晚些时候,美国政府似乎与伊朗政府达成一项复杂而又有争议性的财政协议,其中包括释放雷扎安和其他三名囚犯,当时,贝佐斯计划亲自飞往伊朗接他回国。

2016年1月21日,贝佐斯驾驶着价值6500万美元的湾流G650ER新型私人飞机,[18] 去美国陆军在德国的兰施图尔医疗中心会见康复中的雷扎安及其家人。[19] 他用彩带、印着"#释放杰森"的标示牌装饰飞机,还带上了墨西哥卷饼和啤酒,因为在被囚禁之前,雷扎安告诉电视节目主持人安东尼·波登,这是他在国外最想念的食物。雷扎安一家飞往缅因州的班戈,一个飞机航线很少到达的入境点。在那里,虽然雷扎安和妻子已经失去了他们的护照和其他证件,但一位移民局官员把他们带了过来,还说,那些伊朗人需要知道,"你与我们其中的一个人过不去,就是和我们所有人过不去"。之后,贝佐斯亲自将雷扎安和他的妻子送往佛罗里达州,在基韦斯特短暂休假。

几天后,他们又回到华盛顿,与《华盛顿邮报》的高管共进晚餐。1月28日,他们参加了报纸在K街的气派的新总部的启动仪式,在那里可以俯瞰历史悠久的富兰克林广场。这些办公室非常时髦,配备了新的工作站,开发人员和设计师有了自己的专用空间。现在他们可以与记者坐在一起,还有视频工作室,记者可以很容易出现在电视上。雷扎安在开幕式上发表了动人的讲话,贝佐斯也戴着那个"#释放杰森"的胸牌向员工致辞。他说:"像《华盛顿邮报》这样的重要机构的本质在于,它有一颗心,一个内核,马蒂称之为灵魂。如果你想改变这一点,你一定是疯了。这就是这个地方的一部分,是让它如此特别的一部分。"

第5章 / 挺身而战

贝佐斯拯救了《华盛顿邮报》。但从某种意义上说，他也从其崇高的新闻使命焕发出的光辉中受益。2016年，《财富》杂志将贝佐斯列在了它发布的"全球50位最伟大领导者"的名单之首，这个名单上的其他人包括默克尔、方济各和蒂姆·库克。随附的文章中，关于《华盛顿邮报》起死回生的内容篇幅和写亚马逊的部分差不多。"我们曾经开玩笑说，杰夫彻底改变了零售业，制造了万年钟，将火箭送入太空，但直到他救了一家报纸，才被称为世界上最伟大的领导者。"一位《华盛顿邮报》前高管告诉我。

华盛顿特区似乎也很感激贝佐斯，他也没有辜负这份情意。那年秋天，他花了2300万美元买下了这座城市中最大的房子，位于时尚的Kalorama街区的前纺织博物馆和毗邻的一栋豪宅。他的新邻居是奥巴马夫妇，以及自己对手的女儿伊万卡·特朗普和她的丈夫贾里德·库什纳。贝佐斯将在接下来的三年里花费1200万美元，对这座占地27000平方英尺的建筑进行翻新，包括11间卧室和25间浴室。[20] 他计划花更多的时间待在这座城市，并利用这座大宅子为那些有钱有势和有趣的人举办盛大的晚宴，这曾经是《华盛顿邮报》的老板凯瑟琳·格雷厄姆的标志做派。

"现在我明白了。"贝佐斯在《华盛顿邮报》前著名编辑本·布拉德利的葬礼上告诉他的遗孀莎莉·奎因。《华盛顿邮报》不只是一家需要借助亚马逊的方式来重塑，并将自身与Kindle设备以及Prime会员生态系统整合在一起的公司，它还是一个需要保护的使命，一个欢迎他、尊敬他的社区。而且，如果它受到攻击，哪怕对方是美国总统候选人，贝佐斯也会挺身迎战。

在总统竞选期间，贝佐斯要求"煎饼小组"想一句独特的爱国宣传口号，以巧妙地体现这一使命。"如果这是一个俱乐部，你想加入吗?"弗雷德·瑞安回忆起贝佐斯所说的话,他这样描述他想在口号里体现的东西,"如果这是一件T恤,你想穿吗?"最后,他只给了一个建议——"民主在黑暗中死亡"。这是他在水门事件记者鲍勃·伍德沃德的演讲中听到的,而伍德沃德又是在很久以前的一桩法院判决中读到的。

《华盛顿邮报》的高管花了一年时间也没能提出更好的建议。他们雇用了外部品牌代理机构,再沮丧地将他们解雇。最终,他们围在一张桌子旁,花了几个小时进行头脑风暴。他们想要一种乐观而充满希望的东西,但是在想了几百个诸如"自由在光明中前行"这样的句子后,没有一个具备同样的诗意和共鸣力量,特别是在唐纳德·特朗普取得令人震惊的胜利之后。所以,他们还是决定接受贝佐斯最开始的建议,并把那句话印在T恤上寄给了他。

在接下来的几年中,《华盛顿邮报》持续对动荡不安的特朗普政坛进行透彻的报道,这让他非常火大。特朗普在推特上继续发泄对贝佐斯和这份报纸的敌意。他会通过更严厉的法律对其进行监管威胁亚马逊,并指责它与美国邮政服务的关系。该报纸对侵犯人权行为的大量报道,也触及各国政府(从俄罗斯到沙特阿拉伯王国)的权威。它们努力表达对亚马逊及贝佐斯的不满。显然,贝佐斯想要轻而易举地将《华盛顿邮报》与他的商业帝国中的其他部分划清界限,已经不可能了。

毫无疑问,贝佐斯及其独特的管理手段和对技术的乐观态度对《华盛顿邮报》是有好处的。但最终《华盛顿邮报》给亚马逊和贝佐斯造成的损失将超出他的想象。

第 6 章

轰炸好莱坞

唐纳德·特朗普在2016年底出人意料的当选，让《华盛顿邮报》的记者和编辑长时间都缓不过神来。亚马逊电视和电影业务部门的公关人员又被另一个困难难住了：如何为其奥斯卡级大片《海边的曼彻斯特》做一场有轰动效应的宣传活动。在他们为此头脑风暴时，当中一位提议问问他们的老板，是否考虑亲自在洛杉矶举办一场聚会。他们后来回忆，老板异乎寻常地快速回复了他们的邮件："好！就在我家做吧。"

12月3日是一个星期六，这天晚上凉爽无云，名人们驾临贝佐斯位于比弗利山庄那座占地12000平方英尺的西班牙风格大宅，这是他九年前以2400万美元买下的。后院的游泳池边上，有一个贴满瓷砖的室外露台，上面架着一个造型夸张的帐篷式顶棚。电影的制片人之一马特·达蒙和主角凯西·阿弗莱克的出现成了众人瞩目的焦点，到场的还有一众演员、导演和经纪人。

来的基本上都是好莱坞的顶级人物，[1]他们要么是与亚马逊的影视制作公司"亚马逊影业"有合作，要么是电影艺术与科学学院的成员：米歇尔·威廉姆斯（也在该部电影中扮演了角色）、盖尔·加西亚·伯纳尔、约瑟夫·戈登·列维特、安迪·加西亚和梅根·穆拉利；导演乔尔·科恩和肯尼思·洛纳根（《海边的曼彻斯特》导演兼编剧）；好莱坞传奇人物费·唐纳薇、黛安·基顿、约翰·利思戈和本·金斯利；音乐家T.本恩·伯纳特和贝克；玛丽亚·施赖弗和她的女儿们；还有很多人。

贝佐斯当晚穿着朴素的炭灰色西装，搭配白衬衫，领口扣子解开——那时的他还是那个行事谨慎的技术咖。麦肯齐没有参加当晚的那场盛事。"杰夫和我完全相反，"她在一次罕见的采访中告诉《时尚》杂志，"他喜欢见不同的人，喜欢社交。"[2]

的确，贝佐斯整晚笑容满面，非常开心。一屋子星光熠熠，但吸引了所有人注意的却是他，这场聚会的主人和付钱给在场摄影师的公司的CEO。当晚拍摄的照片中，有一张将被精心挑选出来，进行重印。照片上，贝佐斯自然地站在中间，两边是好莱坞体育娱乐巨头Endeavor公司强势的执行董事长帕特里克·怀特塞尔和他的妻子、前电视新闻主播劳伦·桑切斯，三人愉快合影。

贝佐斯的助手试图确保他尽可能和更多的客人交谈。他们不得不打断他与女演员凯特·贝金赛尔和滑雪运动员林赛·沃恩的对话，后者穿着一件醒目的奶油色连身裤。时而走在他旁边的是副手杰夫·布莱克本，一位身高6英尺4英寸（约1.93米）的前大学橄榄球运动员，负责亚马逊的流媒体视频业务Prime Video。另一位在场同事是亚马逊影业负责人罗伊·普莱斯，他穿着牛仔裤和黑色机车夹克，夹克里面是白色V领T恤，但他提前离开了。

这次聚会非常成功地实现了它的目标，造成了轰动，并扩大了亚马逊在好莱坞的影响力。报纸和杂志刊登了多张照片，并写成一个名利场式的报道。好莱坞新闻网站 Deadline 的娱乐专栏作者彼得·巴特写道："贝佐斯这个周末的意图很明确，他希望自己和他的公司在好莱坞获得更大的影响力。"[3]

在接下来的几周内，贝佐斯的名字传遍好莱坞。吉米·法伦在主持金球奖开幕式时拿他开玩笑（"他实际上是昨天到达的，但没找到人给他签名"）。那天晚上，到处都是晚宴，但贝佐斯在比弗利山庄希尔顿酒店的星尘宴会厅举办的晚会，绝对是当晚最热闹的一场。凯西·阿弗莱克凭借一部剧情片获得了金球奖最佳男主角奖。次月，尽管身背前同事的性骚扰指控，他还是在奥斯卡拿到了同样的奖项。

如今，亚马逊已经是与网飞齐名的另一个好莱坞新秀，为整个娱乐产业带来了光明的未来。但是在这样的魅力光环背后，亚马逊影业内部的紧张氛围正在不断升温。独立电影如《海边的曼彻斯特》和热门小众剧集《透明家庭》，讲述了一个犹太家庭在洛杉矶遭遇的性别认同问题，虽然赢得口碑，但却没有好票房。它们不是那种能够吸引全球观众的主流制作，也无法反哺亚马逊电商王国的其他业务。

因此，贝佐斯向罗伊·普莱斯和早已焦头烂额的亚马逊影业高管们下了死命令，就像在他们头上悬了一把达摩克利斯剑，并导致了一连串意外事件的发生，不仅破坏了亚马逊在好莱坞努力制造的光芒，还一度将其卷入争议之中。他的命令是："我要一部我的《权力的游戏》"。

全新的视频订阅服务

和往常一样，贝佐斯做出的各种反直觉的决定，开始总会令他的同事无法理解，但随着时间的推移，事实会证明贝佐斯的睿智。2010年底，亚马逊是少数让观众花钱在线看电影和电视节目的公司之一。人们可以花几美元看一次，也可以多花点钱"拥有"这些内容，无限回看。

当时，网飞已经推出每月 8 美元的包月服务，完全独立于其最初的 DVD 邮寄业务。订阅者可以随时在该公司的网站上观看以前的电视节目和电影。尽管网飞的节目库一般不会有新发行的内容，而且该公司当时还没有出品自制内容，但它的用户以及投资者都很喜欢这种更方便、更友好的家庭娱乐方式。

多年来，亚马逊高管一直考虑收购网飞，但认为价格太高，所以并未付诸行动。现在看来，他们已经错过了机会——这家位于硅谷洛斯加托斯小镇的公司已经发展成一个真正的竞争对手。按照贝佐斯的风格，他当然不愿意将巨大的机会拱手让给竞争对手。他要求负责数字音乐和视频的副总裁比尔·卡尔想一个办法，来竞争全新的视频订阅（SVOD）业务。在接下来的几个月中，他们经常会面，然后有一天，贝佐斯自己给出了答案：免费向亚马逊的 Prime 会员提供视频订阅服务。

对于卡尔和其他高管来说，这个想法根本无法理解。Prime 最初的价格为每年 79 美元，它向亚马逊用户保证，他们购买的商品将在两天内被送达，而无须支付额外的运费。贝佐斯现在想将 Prime 变成一种更独特也更方便用户的东西：通向数字内容库的无障碍入口。"一开始我没明白，"比尔·卡尔说，"但是我在亚马逊学到的是，当杰夫提出一个新主意时，你要仔细听，问很多问题，来弄清楚他到底想要什么，然后，你要做的是补充和优化细节。"

回想起来，这个办法真的是太妙了。网飞的服务已经很完善了，亚马逊的用户不可能再花钱去买比网飞产品逊色的产品。将数字内容"免费"（人们确实喜欢"免费"），会让一些亚马逊会员觉得会员费很划算，哪怕他们每年只从亚马逊买几次东西（这之后，亚马逊两次提高了 Prime 的价格：2014 年从 79 美元提高到 99 美元，2018 年再次提高到 119 美元）。

当时的亚马逊还没那么有钱。所以卡尔得到了他认为是一笔相当可观的预算，约为 3000 万美元，用于启动这项名为 Prime Video 的服务。他不知道四年后，亚马逊高管会聚在一起，考虑支付 2.4 亿美元，来购买 20 世纪福克斯的内容版权，其中包括《24》这样的热门节目。在亚马逊 20 年的历史上，从没有这样大手笔买过东西，包括它位于西雅图丹尼三角区附近的新总部大楼，与联合湖南区就隔着几条街。

合作达成，但这只是开始。亚马逊买了索尼影业每集长一小时的电视剧《火线警探》、美国公共电视网的《唐顿庄园》、BBC（英国广播公司）美国的《黑色孤儿》，以及其他无数热门节目的版权。网飞与迪士尼就其漫威和皮克斯的电影和经典动画内容达成广泛合作，并购买了美国广播公司的《丑闻》和 CW 电视台的《绯闻女孩》等剧集版权。2014 年，亚马逊的视频库中已经有 4 万个节目，网飞的数字是 6 万。里德·哈斯廷斯和网飞一直领先于亚马逊。"网飞在很大程度上驱动了我们的战略，"卡尔说，"坦诚地说，我们从它那里学到了很多。"

此时，杰夫·威尔克已将数字视频业务移交给 S-team 中更有艺术气质的同事杰夫·布莱克本。曾经是一位主持人的布莱克本，说话斯文，现在已是亚马逊的核心人物，并担任并购和业务发展负责人。除了负责版权购买，布莱克本还要将亚马逊 Prime Video 安装到各种机顶盒、视频游戏机和智能电视等终端设备上。2015 年底，他的团队开始与有线电视巨头康卡斯特进行谈判，在新的 Xfinity X1 型号电视机顶盒上预安装亚马逊的这个应用，意味着成千上万的美国家庭用户。但是据几位参与了这次难产的合作的高管说，布莱克本手下一个非常情绪化的经理，名叫吉姆·弗里曼，对康卡斯特的电视屏幕上 Prime Video 的视觉形象很不满意，称："网飞永远不会接受这样的合作！"

合作无法继续。几周后，康卡斯特与网飞达成协议，[4] 尽管里德·哈斯廷斯也没和康卡斯特结下什么深厚的友情，因为在 2014 年康卡斯特提出与时代华纳有线合并时，哈斯廷斯提出反对，声称这是不正当竞争。[5] 康卡斯特在其所有营销活动中推广网飞。亚马逊不得不收起它的傲慢，几年后，终于与康卡斯特达成合作。

亚马逊和网飞针对优质节目的制作和分发而进行的争夺，费钱又费力，而且最终也没有改变竞争格局。两家公司都吸取了宝贵的经验教训，意识到正在重走上一代电视频道如 HBO 和 Showtime 走过的弯路：通过竞相支付高价来购买各种同质化的电影和节目，仅仅是塞鼓了好莱坞电影制片厂和其他娱乐公司的钱包，自己的现金流却被榨干了。

想用真正独特的视频产品吸引观众，自己制作热门电视节目和电影似乎更有意义。

科学的影视工作室

两家公司在竞争视频播放服务的过程中比较早地意识到这一点。在亚马逊，比尔·卡尔派遣他的一个副手罗伊·普莱斯在洛杉矶设立了分支机构，了解原创内容制作的可行性等。

普莱斯在比弗利山庄长大，实际上是根正苗红的好莱坞贵族后代。他的外祖父罗伊·哈金斯是著名的影视编剧，在20世纪50年代被贴上共产党标签，列入黑名单，并被迫到众议院的非美活动调查委员会面前做证。随后，他创作了大量热播作品，包括《亡命天涯》和《洛克福德档案》。普莱斯的父亲弗兰克·普莱斯也是好莱坞大佬：他在20世纪70年代末和80年代初经营哥伦比亚影业，发行了《甘地》和《捉鬼敢死队》等经典作品，还管理过环球影业，推出《早餐俱乐部》、《回到未来》和水准糟糕的《天降奇兵》。年幼的普莱斯在一群名人的簇拥下长大，他与西德尼·波蒂埃一起在巴哈马度假，《无敌金刚》的男主角李·梅杰斯则教他游泳。

普莱斯曾在迪士尼和麦肯锡公司工作，然后于2004年加入亚马逊，为其制定数字视频战略。多年来，他一直主张自制节目和电影来实现亚马逊视频业务的差异化。用"亚马逊语言"来说，他坚守了"大胆思考"的领导力原则，能够在六页报告中有说服力地阐明他的想法。贝佐斯也被自制内容的想法吸引，但按照他一贯的思维方式，他更希望重构整个好莱坞的产业。他对那些所谓的"业内人士"不屑一顾，他们依靠主观随意地判断和决定人们喜爱阅读或观看的内容，但大量糟糕的作品证明，他们的判断绝大多数都是错的。

贝佐斯提出了一种全新的方法，他称之为"科学的影视工作室"。任何人都可以写脚本给他们，不仅仅局限于洛杉矶和纽约的精英。用户和第三方人士都可以评判这些剧本的内容和形式。他们反馈的客观数据，将作为亚马逊的行动依据。普莱斯后来谈到亚马逊影业发展战略的源头："这很大程度上是杰夫的主意。有了足够的数据，我们就能把命中率从10%提高到40%。"

从2010年开始，亚马逊向公众公开征集剧本，并提供数十万美元现金奖励最佳剧本。[7] 当然这起不到什么作用。成功作家都没有参加，总体而言，收到的剧本质量不高。八年后，亚马逊淘汰了这个征稿体系（靠这种方式仅仅做出了一个儿童节目《高迪莫·吉本的平凡街生活》，以及另一部试播剧《废柴教师》，后者后来由华纳媒体旗下的 truTV 制作成系列剧集）。贝佐斯平静地承认，他们确实需要依靠专业人士来发现和开发好题材。

2012 年，普莱斯开始定期从西雅图前往洛杉矶，并聘请内容开发高管监督喜剧和儿童节目的开发和策略。当时，为了规避加利福尼亚州的营业税，亚马逊成立了一家名为"人民制作公司"的独立子公司，员工必须使用特别印制的名片，且不可以使用亚马逊的电子邮箱地址。他们与亚马逊子公司 IMDb 共用一个办公室，该公司位于舍曼橡树区的一家发得客汉堡店的楼上，提供非常受欢迎的电影和电视内容流媒体服务，之后又搬到了圣莫尼卡一座名为"华特花园"的其貌不扬的高层办公楼。

那年，普莱斯和贝佐斯调整了先前的设计。亚马逊影业的高管们开始与代理商和作家会面，审查脚本，筛选试播内容。但随后，他们又让观众投票来帮助他们决定将哪些试播节目拍成完整系列。2013 年 4 月，就在网飞通过旗下制作公司 Media Rights Capital 发布首个政治题材剧《纸牌屋》并大获成功的两个月后，亚马逊启动了它的第一个"试播季"的序幕。

用户可以试看 14 部作品。其中，政治喜剧《α 屋》（主题与 HBO 后来播出的《副总统》类似，但后者更轻松）和以互联网泡沫为题材的《β》（类似 HBO 的《硅谷》）相对优秀。但是试播季在秋天开始时，关注者更多的是媒体，而不是观众。这些作品的编剧收到了亚马逊的正面反馈，但很快就失望了，因为这些线上播出的内容没有获得尼尔森评级，也没有得到任何推广支持。

普莱斯让下属们负责监督剧情、喜剧和儿童节目的制作，自己则从中敏锐地意识到亚马逊影业应该制作高质量的情景剧集，与单部电影相比，它更类似于系列影片。他们以高品质的独立电影为灵感，努力为已有大量选择的用户打造独特而精致的电视剧，提供不一样的娱乐内容。这些节目呈现的是他们不熟悉的生活方式和世界。他们所做的，是喜欢推出《海军罪案调查处》这样的主流作品的制作人永远不会触碰的内容。普莱斯说，亚马逊"是个大零售商品牌，我们必须给人们带来惊喜，并专注于品质"。

这种方法很快见效。2014年初，Prime会员可以看的试播节目中，有《丛林中的莫扎特》（讲述虚构的"纽约交响乐团"的幕后故事）、《博斯》（讲述一位顽强的洛杉矶警探）和《透明家庭》（讲述一位变性女主人莫拉·普费弗曼的故事）。3月，贝佐斯让亚马逊影业团队回到西雅图，讨论选哪部试播剧来继续开发。《透明家庭》获得了最多的用户评论，观众喜欢它大胆的主题和开放式的结尾，但它并不是观看量最多的一部。尽管如此，贝佐斯还是径直走进会议室，宣布"好，我们就选《透明家庭》"。

他们做到了，该节目让亚马逊影业成了先锋作者和冷门题材的支持者。2015年1月，《透明家庭》成为第一个获得金球奖的网络作品，一举摘得最佳音乐、最佳喜剧剧集，杰弗里·坦博尔也捧走了最佳男主角奖。[8]

如果普莱斯曾想过将功劳都揽在自己身上，他的希望肯定落空了。贝佐斯也希望参加这场颁奖典礼。他带着麦肯齐出席了金球奖，同坐一张桌子的有普莱斯，还有他的喜剧制作团队负责人乔·刘易斯、编剧乔伊·索洛韦和该剧的主要演员。

仪式之后，他们参加了由HBO和网飞主持的派对。

贝佐斯传

在妻子的陪伴下，贝佐斯沉浸在好莱坞赋予他的荣耀之中。一位亚马逊影业高管回忆起这对夫妇时说："当晚她看起来还算愉快，而他是真的非常开心。"

几周后，贝佐斯与坦博尔和索洛韦一起出现在《今晨》节目上，再次接受对《透明家庭》的赞美。他说，亚马逊支持这个节目，是因为它非凡的故事讲述方式。他说："每次我们做一件事，都不想把它做成和别人的一样。我们希望有所作为，有所改进，让用户能够和我们互动。《透明家庭》是一个很好的例子。"

* * *

电影爱好者贝佐斯现在对制作原创内容的想法非常兴奋，它已经成为和 Alexa、亚马逊 Go 商店、亚马逊在印度和墨西哥的扩张，以及 AWS 同等重要的长期项目。令亚马逊影业高管惊讶的是，这位市值 1000 亿美元企业的掌门人是不是没有更好的事情做，才会经常把他们叫到西雅图讨论该做哪个节目。"这个作品最好的地方就在于它只有半个小时。"2015 年初，他们在讨论要不要做为康泰纳仕集团符号性的《纽约客》杂志专门打造的纪录片《纽约客再现》时，贝佐斯这样说。

贝佐斯提的问题总是很尖锐，但会屈从普莱斯的判断，哪怕他有不同意见。对于这个纪录片，他说："你可以按你的想法做，但如果我是你，我就不会选它。"第二个星期，普莱斯和他的剧情片团队负责人摩根·旺德尔，选了根据菲利普·迪克的小说改编的反乌托邦剧集《高堡奇人》，其他几个系列和成本相对便宜的《纽约客再现》。参加那次会议的一位亚马逊影业高管表示，她当时怀疑普莱斯是否故意无视贝佐斯的命令。

那时,普莱斯在洛杉矶全职工作,非常喜欢自己的好莱坞新生活。他与妻子分居,住在市中心的一间公寓里。亚马逊影业的员工很快就注意到他的变化。在西雅图时,他偏爱运动外套、卡其布裤子,偶尔才会戴上领结。而在洛杉矶时,他瘦了,开始穿华伦天奴的鞋子和皮夹克,右肩文了元老级洛杉矶朋克乐队黑旗的标志,还买了一辆彪悍的道奇挑战者跑车。一位员工说:"看上去他正在经历一场中年危机。"

但是亚马逊风华正茂。《丛林中的莫扎特》经过了严格的审查,并让亚马逊影业成为史上首个连续几年摘走金球奖最佳喜剧奖的制作公司。贝佐斯和普莱斯的策略得到了验证,因此普莱斯被授权做更大的投资并更迅速地执行。他雇了自己的一位朋友,《幸存者》制片人马克·伯内特的前合伙人康拉德·里格斯,为亚马逊开发真人秀节目。在 2015 年 6 月的一次伦敦之行中,里格斯与 BBC 前真人秀电视节目主持人杰里米·克拉克森一起参加了一场谁人乐队的演唱会,他在主持汽车真人秀《巅峰拍档》期间因与一名 BBC 编导发生口头和肢体冲突而被逐出该节目。在里格斯眼里,克拉克森甚至比当晚经典摇滚乐队的明星更重要。亚马逊随后以超越苹果和网飞的阔绰与他和他的搭档主持人签下了一份为期三年、价值 2.5 亿美元的协议,开发类似的节目《伟大的旅程》。[9] 这是电视真人秀节目历史上价格最高的一份协议。里格斯回忆说,贝佐斯用了大约不到 15 秒就回邮件批准了这笔开支。

罗伊·普莱斯貌似没有做错。接下来的那个月,他参加了在圣迭戈举行的国际动漫展,在这场科幻迷的年度盛会上,亚马逊放映了《高堡奇人》的前两集。对于亚马逊影业而言,展映意味着可以吸引越来越多的观众接受高成本节目类型，而它在国际动漫展的首秀赢得了粉丝的热烈回应。影业的高管们开心极了。

那天晚上，普莱斯与同事和节目的创作者一起参加庆祝晚宴，喝了很多瓶香槟。然后，普莱斯与亚马逊同事迈克尔·保尔以及初次见面的节目执行制片人、传奇的科幻小说作家菲利普·迪克的女儿伊莎·哈克特，共乘一辆优步去了第二场。[10]

在那辆车上和之后的聚会上发生的故事有几个版本，对某些事实的描述有所不同。不过，所有人都同意，喜欢随性并偶尔开开玩笑的普莱斯喝了几杯酒，对哈克特讲了几个黄段子，发表了一番性别相关的评论，而且他知道哈克特是一个已婚的同性恋。哈克特认为这些话很粗俗无礼。

下车之后，普莱斯坚持要求和哈克特合影，并解释说，让人们觉得自己正在约会有助于节目的推广。哈克特很不高兴。在聚会中，她要再次面对普莱斯，据称他还是不断地讲一些黄色笑话。

普莱斯完全没意识到自己已经得罪了哈克特，第二天还在脸书上加她为好友，但是她很生气。她将此事告诉了亚马逊影业的一位高管，后者又将此事转交给了亚马逊的法务部门。然后，亚马逊又委托一家专业从事工作场所不当行为调查的洛杉矶公司，彻查此事。这家公司的一位资深调查员开始采访亚马逊的好莱坞员工有关他们上司的事情。他们还和哈克特进行了交谈，后者告诉他们，她希望这起可悲的事件能够推动亚马逊影业进行一次重大变革。

调查结果总体来说不太好看。普莱斯的几位女员工意见尤其大，说普莱斯有在工作场所开玩笑的不当行为。她们描述了他一些令人讨厌的习惯，例如，开会的时候蹲在椅子上，闭着眼睛，前后摇晃。他们还批评他是一个糟糕的上司，把大部分职责推给下属，自己则常常跑去与名人吃饭，并把照片发在 Instagram 上显摆。

亚马逊本来可以利用这次机会悄悄地将普莱斯撤换掉，就可以避免日后的大麻烦，然而它没有。他在设计和搭建整个影业公司的过程中帮了忙，而且业务发展似乎正顺风顺水。贝佐斯和其他亚马逊高管，包括杰夫·布莱克本，似乎对这一类开创者总是特别包容。普莱斯也感到后悔，希望向哈克特道歉，尽管亚马逊的律师要求他不要再和她联系。他们让他停止在公司聚会上喝酒，接受工作场所行为培训，并学习如何成为一名更好的管理者。公司随后在一份声明中表示，"在应对这一事件时采取了适当的行动，包括雇用了一名外部调查员"。

当一名亚马逊影业的女员工问在法务部门工作的朋友，调查结果如何，以及为什么没有给普莱斯重大纪律处分时，他告诉她公司已经对指控做出结论："我们认识的罗伊不那样。"

在未来占据一席之地

罗伊·普莱斯保住了工作，但马上面临一个更大的威胁：杰夫·贝佐斯充分意识到成功发展影视业务所面临的机遇和挑战。一件事情一旦被亚马逊 CEO 盯上了，就意味着一切都要做得更大、更好、更出色。亚马逊 2016 年在 Prime Video 上的支出估计为 32 亿美元，[11] 2017 年为近 45 亿美元。[12] 通常不提反对意见的董事会也对这样的支出增长感到担忧，问了很尖锐的问题。前董事会成员兼风险投资家宾·戈登这样说："我们理解不了杰夫关于内容与 Prime 之间关系的想法。"

贝佐斯认为，媒体业务增强了亚马逊 Prime 会员的吸引力和黏性，反过来又促使人们在亚马逊上花更多的钱。"我们赢得金球奖，可以帮助我们卖出更多鞋子。"[13]他在2016年的一场技术大会上发言时说。

他的一些好莱坞员工好像不认同这种关联。他们并不认为自己是鞋商,尽管每个人都很感激能有这样一家有钱的电商公司资助他们的创意。他们跟踪每个节目的数据,分析有多少人是从Prime会员试看转为正式付费会员或续费的,然而几乎没有证据表明试看和购买行为之间存在必然联系,更无法证明在视频上的巨大支出是合理的。Prime会员规模自身的快速增长也模糊了任何相关性。

事情的真相是,贝佐斯希望亚马逊制作电视节目和电影。他看到电视节目和电影延续了几十年的制作和发行方式已经发生改变,所以希望亚马逊在这个行业的未来占据一席之地。就像Alexa、Go商店和亚马逊印度业务的例子,今天可能不赚钱,但明天总会出现机会。

当时,亚马逊正准备在242个国家和地区推出Prime Video,并单独收费。这个代号为"麦哲伦"的项目将成为亚马逊对尚未启动电商业务的那些市场的敲门砖。视频就像以前的书籍一样,是一个新市场的入门产品。但是《透明家庭》第三季的故事核心是主人公对变性手术的探索,在贝佐斯看来,这样的故事并不适合用来和科威特、尼泊尔和白俄罗斯等国的用户打招呼。

所以,2016年下半年和2017年一整年,贝佐斯与亚马逊影业团队一直在密集开会。现在,他们迫切希望找到能与HBO大片《权力的游戏》比肩的鸿篇巨制。但是普莱斯仍在推出一些不好不坏的作品,例如,《密西西比》《好女孩的反抗》和《疯狂之旅》。他曾经帮亚马逊买了《海边的曼彻斯特》的剧本并收获大奖,因而也才有了在贝佐斯洛杉矶家中那场令人难忘的聚会,虽然这场聚会也让亚马逊深陷和明星凯西·阿弗莱克有关的性骚扰丑闻。普莱斯还斥8000万美元巨资投资了伍迪·艾伦的第一部电视剧《六场危事》(普莱斯是艾伦的忠实拥趸,与艾伦的长期经纪人约翰·伯纳姆有着长期的合作关系,同事们说,这部电视剧是普莱斯的"梦想项目")。普莱斯不仅和一个电影导演合作了一部充满争议的电视作品,在贝佐斯想要彻底改变方向并将 Prime Video 变成一个有吸引力的全球生意时,他仍在为获奖而制作美国观众喜欢看的节目。

普莱斯理解贝佐斯的指示,但认为这类节目需要花费数年时间才能开发出来。2017 年 1 月,他聘请以色列裔的电视内容高管莎朗·塔尔·伊瓜多,后者曾参与出品在全世界都很受欢迎的僵尸系列《行尸走肉》。普莱斯没有提前告知就公开宣布了这一聘任,在亚马逊影业内部制造了新的矛盾。尽管如此,伊瓜多与贝佐斯倒是站到了一边,因为他们都是《文明》和《环形世界》这类科幻文学作品的迷弟。那年晚些时候,伊瓜多帮助亚马逊签了一份据说价值 2.5 亿美元的合同,得到托尔金的《指环王》小说中未开发素材的全球版权。[14]

但是对于贝佐斯来说,改变的速度还不够快。在唇枪舌战的各种会议上,他不耐烦地要求普莱斯做出一部《权力的游戏》。普莱斯试图解释,不会再有这样一部爆款了。他要求贝佐斯多给些时间,说有潜力的作品已经在制作中了,包括一部以汤姆·克兰西小说中的角色杰克·瑞安为主角的新剧集。

贝佐斯还质询普莱斯是否与一个由早期观看者组成的线上焦点小组充分测试了节目的名字和主题概念,亚马逊把这个小组称为"预演工具"。这个工具的成果之一,是帮助把比利·鲍伯·松顿主演的《世纪审判》的名字改为《律界巨人》,并大获成功。但是普莱斯向贝佐斯报告说,该工具是不可靠的——你无法用电商网站用户对厨房用具的评价方式评判一个故事创意的价值。为了和对手竞争,负责内容开发的高管常常不得不匆忙地与热门电视和电影制片人签订协议。有时他们不得不绕过数据而仅凭直觉做事。普莱斯也不是很同意众包创意概念的做法：毕竟像《宋飞正传》和《绝命毒师》之类的节目起初并不受欢迎。你相信讲故事的人还是数据？相信艺术家的才华还是普通群众的智慧？

贝佐斯在《华盛顿邮报》上遇到同样的问题，他敦促报纸用更多方法衡量文章的受欢迎程度，但最终还是依靠编辑的判断。在亚马逊他自己的专业地盘上，他能够坚决地用计算机科学、试验和大量数据改变行业，对速度的要求越来越高。他想把某种科学的方式用于产生创意的决策，并希望快速看到结果。在这一点上，贝佐斯和普莱斯越来越无法达成一致。

* * *

2017年初，亚马逊搬进装饰着深色玻璃幕墙的37层新办公大楼，也叫"第一日"，和其在半英里之外的前总部大楼一个名字。贝佐斯此前不希望显山露水的观念，对于亚马逊现在的知名度而言已经不现实。建筑的侧翼是第一家亚马逊Go商店，朝东对着公园的墙壁上，挂着一个巨大的黄灯标示牌，上面写着那句计算机科学世界的古老名言"Hello World"（世界你好）。

贝佐斯的新办公室和会议室位于第六层——和之前一样——这样他就可以利用上下楼梯多做些运动。那年三月，亚马逊影业公司的高管前往西雅图与他开会。在他们的周围，另一座繁忙、喧闹的摩天大楼隔街相望，还有三个相互连接的亚马逊"生态球"——主要用于各种会议，建成后将有两个自然保护区那么大。

在其中一间会议室中，亚马逊的CEO被《高堡奇人》平淡的故事弄得非常沮丧。他抱怨说:"执行得太糟糕了,你们为什么不停下?为什么不重拍?"

贝佐斯继续指责普莱斯。"我俩没有团结一致。"他说,"总有方法来测试这些故事的概念。我们要花1亿美元,却没有时间评估这是不是个好的投资?我们肯定能找到方法来判断什么行得通、什么行不通,这样就不用拍脑袋做决定了。"

他们又争论了一阵,贝佐斯总结说:"看,我知道好的节目是什么样的。这不难。所有成功作品都有一些共同点。"然后他熟练地展示了他极为擅长的、每天都要表演多次的跨学科才能,将复杂问题简化为最本质的命题,开始对好故事的构成要素进行提炼总结:

- 经历成长和蜕变的英雄主人公
- 强大的对手
- 愿望实现(例如,主人公具有隐藏的能力——超能力或魔法),
- 道德选择
- 世界的多样性(不同的地理环境)
- 想了解未知情节的迫切(悬念)
- 文明的重大危机(对人类的威胁,如外星人入侵或毁灭性大灾难),
- 幽默
- 背叛
- 积极情绪(爱,喜悦,希望)
- 消极情绪(失落,悲伤)
- 暴力

普莱斯帮忙简单打磨了一下这个列表，并尽职尽责地把它记下来。之后，亚马逊影业的高管需要向贝佐斯定期汇报所有项目的开发进展，附件中的表格要清晰描述每个节目对上述故事元素的使用情况。如果缺少某个元素，他们就必须解释原因。但是普莱斯也告诉同事，不要让外界知道这份清单的存在。亚马逊不应告诉一个成功作者什么才是好故事。出色的作品应该打破这样的规则，而不是照本宣科。

普莱斯开始做出更多这样的冒险决定：他为世界顶级男子网球选手诺瓦克·德约科维奇制作了纪录片，然而，在已经拍摄数百个小时后，这位塞尔维亚明星运动员因受伤退出了该项目。[15] 他还与丹麦导演尼古拉斯·温丁·雷芬达成交易，制作一部充满暴力和沉重的犯罪系列《老无所惧》；马修·韦纳执导的复杂曲折的《罗曼诺夫后裔》；还有导演戴维·罗素未及开拍的一部作品，原计划由罗伯特·德尼罗和朱利安·摩尔出演，讲述一个在纽约州北部经营酒庄的家庭。前两部作品在播出一季后就没有继续了，后一部因导演哈维·温斯坦性侵丑闻的曝光而胎死腹中。

根据几位前员工的说法，温斯坦与贝佐斯、杰夫·布莱克本、罗伊·普莱斯都是朋友，亚马逊刚进入好莱坞时，他经常前往西雅图帮忙出谋划策。后来，所有人都避谈这段关系。但是 Prime Video 的员工表示，这个臭名昭著的导演曾与亚马逊合作开发了一项名为"Prime Movies"服务，为 Prime 会员提供一定数量的免费电影票去电影院观影。这项服务的模式和后来失败的创业公司 MoviePass 类似，两者都没成功。

普莱斯与伍迪·艾伦、哈维·温斯坦的合作，反映了他糟糕的判断力。他的一些其他行为也令人产生怀疑。2017 年，普莱斯与女演员兼作家莉拉·费恩伯格订婚，并试图让员工买下她的电视剧本

《十二个聚会》。同事们指出这存在利益上的冲突。后来温斯坦的公司买下了这个剧本。他们还抱怨说，普莱斯正在开发自己的剧本《上海雪》，该剧充满了种族偏见以及性、暴力元素，读过的人都评价极低。

2017年，亚马逊影业的许多女性员工仍然对她们的老板和工作环境感到不满。有人描述亚马逊影业办公室的一间会议室，墙上挂着杰弗里·坦博尔、伍迪·艾伦和凯文·史派西（亚马逊电影《猫王与尼克松》的主角扮演者）的照片。这三者后来都身陷反对性侵的大规模抗议运动#MeToo。高管们自认为已经摆平的那桩丑闻，将罗伊·普莱斯和亚马逊也卷入了这场旋涡。

丑闻缠身

2017年10月，几百位名人、思想领袖、作家、音乐家、演员、编剧、导演以及他们的家人，被请上一队私人飞机，从洛杉矶范纳伊斯机场起飞，降落在圣巴巴拉。在那里，他们被另一个黑色轿车车队接到附近的四季度假酒店。那个周末，这家五星级酒店不再对公众开放，对面的海滩俱乐部Coral Casino Beach & Cabana Club也是。工作人员热情欢迎每个家庭、每个孩子。在酒店房间等待客人的是价值数千美元的礼物和用来装礼物的高级行李箱。

这个名为"篝火"的聚会，是亚马逊专为名流雅士准备的。从2010年开始，亚马逊每年都会在新墨西哥州圣达菲组织该活动，成为作家及其家人的周末沙龙。2016年，因为邀请的人太多，原来的活动场地已经容纳不下，亚马逊将其移至圣巴巴拉。贝佐斯喜欢称它为"我的年度亮点"，他更希望别人也这么说。巧的是，活动地点搬到南加州那年，亚马逊也从卖书开始向更广阔的娱乐业大举扩张。

那个周末的全部花费均由亚马逊支付，活动包括讲座、豪华大餐、密谈和远足等。贝佐斯把一些世界上最有趣的人聚在一起，并很高兴与他们为伍。每场对话，他通常都会坐在前排，成为所有人关注的焦点，双臂搭在妻子和四个孩子的肩膀上，笑得比任何人都开心。亚马逊要求客人签署保密协议，绝不要与媒体提及或讨论"篝火"聚会。

那年的嘉宾名单包括奥普拉·温弗瑞、珊达·莱梅斯、贝特·米德勒、布莱恩·格雷泽和朱莉安·摩尔，以及独立女演员和音乐家凯莉·布朗斯坦、小说家迈克尔·坎宁安、《华盛顿邮报》执行主编马蒂·巴隆和音乐家杰夫·特威迪。纽伦堡审判最后一位在世的主法官本杰明·贝雷尔·费伦茨发表了演讲。几位亚马逊影业高管也应邀参加了活动，包括普莱斯，他还带了未婚妻莉拉·费恩伯格。

"篝火"聚会之前，普莱斯在亚马逊的位置已经很危险。前一个月，Hulu 和 HBO 在艾美奖斩获颇丰，亚马逊却铩羽而归。《华尔街日报》在一篇批评报道中明确了这一事实，称亚马逊影业错过了《使女的故事》和《大小谎言》这些好剧本。文章引用了《大小谎言》和《律界巨人》的制作者戴维·凯利的观点，认为整个"篝火"聚会"有点像猴戏"，[16] 而对于亚马逊影业，他则说："他们的好日子到头了。"[17]

但对于普莱斯来说，这还不是最棘手的。在过去的几个月中，洛杉矶记者金·马斯特斯一直在锲而不舍地深挖普莱斯在 2015 年动漫展期间对伊莎·哈克特发表不当评论的事情，以及亚马逊针对此事所做的内部调查。包括《纽约时报》、BuzzFeed（嗡嗡喂）和《好莱坞报道》在内的众多媒体都在追 #MeToo 的其他报道，而忽略了此事。普莱斯为自己聘请了曾为哈维·温斯坦辩护的一些代理律师。但在 8 月，科技新闻网站 The Information 发表了马斯特斯稿子的简短版本。

哈克特拒绝置评，只是称自己遇到普莱斯是件"麻烦事"。

"篝火"聚会开始时，#MeToo的火苗正在愈演愈烈。罗南·法罗刚刚在《纽约客》上发表了关于哈维·温斯坦行为的调查报道（温斯坦曾参加之前的"篝火"聚会，并做过演讲，现在成了不受欢迎的角色）。聚会活动前一天的下午，温斯坦性侵受害者、女演员罗斯·麦克高恩在推特上发帖并艾特贝佐斯，说她已经将温斯坦的罪行告诉了罗伊·普莱斯，并敦促亚马逊营业"停止资助这个强奸犯、恋童嫌犯和性骚扰者"。普莱斯让她去和警察说。尽管如此，亚马逊还是与温斯坦公司以及许多其他被指控性骚扰和其他非法行为的好莱坞名人维持了生意往来。在紧张的社会氛围中，这是一个不容忽视的事实，而对于马上要在周末启动聚会的亚马逊而言，尤其感到尴尬。

然后，《好莱坞报道》（马斯特斯担任总编辑）改变了立场，发表了完整报道。[18]这次，伊莎·哈克特仍在报道中，并证实两年多前在动漫展之后，在那辆优步车里，自己遭遇的"可怕而超现实"的经历，以及普莱斯对她说的那些不当言论。亚马逊影业的高管被要求在"篝火"正式开始的前一天就到，所以故事传开后，普莱斯当时就在他的酒店套房。他的未婚妻费恩伯格与其他影业高管在楼下，她看到手机上的新闻后哭了起来。

这是一个非常尴尬的时刻。普莱斯和费恩伯格立即被要求返回洛杉矶。"这个时候发生这样的事情，能不烦人和丢脸吗？"普莱斯后来说。其他亚马逊影业高管赶紧与杰夫·布莱克本召开紧急电话会议，后者告诉他们留下来继续参加活动。

在幕后，亚马逊继续想办法应对麻烦。布莱克本让普莱斯暂时休假，并重申了对后者的忠诚，因为普莱斯是那个帮助亚马逊进军原创内容领域，组建和管理了一支帮亚马逊拿了很多大奖的团队的人。罗伊·普莱斯为杰夫·贝佐斯开辟了一条通往好莱坞的道路。根据亚马逊崇高的领导力原则，领导者"总是对的"。

在以往，对于贝佐斯而言，这些确实已经足够。但现在，一切突然又不值得一提了。普莱斯仍然没有制作出亚马逊版的《权力的游戏》，也失去了团队很多人的信任。他的社交糗事和偶尔的不当行为令人反感，在哈克特的事情上则是令人厌恶。亚马逊高管在知道他这样的情况下，当作什么都没发生。但面对着不断升级的抗议，他们真的会继续支持一个麻烦缠身的高管吗？到星期二的时候，普莱斯已经同意辞职。

在过程中，布莱克本打电话给伊莎·哈克特试图做出赔偿。现在一切都很清楚了，亚马逊的管理层及其以男性为主的 S-team 没有认真对待她的指控。哈克特曾通过比较私密的方式向亚马逊请来的调查人员讲述创伤经历，被弄得精疲力竭，仍然不成功后，她不得不把这些事情告诉媒体，此刻她再也控制不住情绪，在电话中哭了起来："我试图告诉你们。几个月以来，你们有很多机会为此做点什么。我今天的处境都是你们造成的，我和我的家人都承受了巨大的痛苦。"布莱克本听着她发泄完，并答应他会努力利用亚马逊的资源来解决好莱坞和美国商界普遍存在的性别歧视问题。

几天后，布莱克本在圣莫尼卡与亚马逊影业不同部门的员工进行了谈话。有人质疑为什么普莱斯在 2015 年没有被解雇，其他人则想知道亚马逊是否会解雇普莱斯来撇清与哈维·温斯坦等其他 #MeToo 主角的关系。普莱斯的少数支持者认为他是替罪羊，并强调在他的领导下，亚马逊支持的女性创作者比其他任何公司都要多。根据当时参加会议的几位人士，布莱克本承认应该早日解决这个问题，但他又说后来是因为有新的信息曝光。对一部分雇员来说，这些解释是无力的。

第 6 章 / 轰炸好莱坞

到周末的时候，布莱克本试图使这段不光彩的剧情告一段落。他在给影业员工的内部电子邮件中写道："最近，亚马逊影业因为错误的原因上了新闻。我们应该因正在为用户创作的出色内容和明年的计划而被关注。"

普莱斯后来希望公开道歉，并从好莱坞的谴责名单抹去自己的名字，但收效甚微。"2015 年，因为我的轻浮失态，对伊莎·哈克特造成困扰，我感到非常抱歉。"他在给我的一封电子邮件中写道，"我希望亚马逊当时允许我向她道歉，我拼命想要道歉，但他们不允许我这样做……无论如何，我当时真的只是因为无聊想逗大家笑，因为我们要坐在那辆车里经过好几个街区。"

普莱斯的未婚妻在丑闻起底后迅速离开了他，再过几周就是他们计划结婚的日子。他被逐出了娱乐圈，名字也和温斯坦、莱斯·穆恩斯和马特·劳厄这些性侵犯者的名字列在一起。回想起他的祖父在半世纪前臭名昭著的迫害共产主义信仰者时期所经历的，普莱斯似乎看到了历史某种令人痛苦的相似之处。

他没想到会听到贝佐斯的消息，也从未指望过。毕竟，这就是亚马逊，你在那里只是完成工作而不是交朋友。普莱斯被罢免后，亚马逊任命他的副总裁、亚马逊影业首席运营官阿尔伯特·程暂时接替他的职位。程撤换掉许多原来的高管，包括协助开发了《透明家庭》和《了不起的麦瑟尔夫人》等重要节目的乔伊·罗伊斯（他和亚马逊签了两年的协议用于创作《伦敦生活》，成为亚马逊另一部获奖剧集）。不久之后，亚马逊聘请了 NBC 高管詹妮弗·萨尔克正式接任该职位，并宣布计划把办公室从风格单调的圣莫尼卡搬到卡尔弗城一座历史悠久的电影大楼——曾拍摄电影《飘》的那栋豪宅。

新管理层接管了亚马逊影业。具有讽刺意味的是，丑闻缠身的普莱斯在任时投入制作的许多作品，包括《黑袍纠察队》和《杰克·莱恩》，后来都成了全球热门。贝佐斯继续在视频上投入大量金钱。Prime Video 在 2018 年和 2019 年分别花掉了 50 亿美元和 70 亿美元。尽管亚马逊董事会和投资者的反对并不那么激烈，但关于这些投资的实际回报仍存在争议。随着沃尔玛和塔吉特等竞争对手也纷纷推出两天到货的服务，免费内容成了 Prime 会员服务中更重要的一部分。亚马逊的原创剧集和电影还巩固了其娱乐产业大佬的地位，仅次于网飞，与迪士尼、苹果、派拉蒙、HBO 和其他公司一道，决定整个家庭娱乐产业的未来格局。

Prime Video 是杰夫·贝佐斯在硕果累累的过去十年里做的又一次大赌注。他不断为员工指明道路，密切关注他们的工作，并利用自己的赫赫威名帮他们提升影响力，贝佐斯开辟了一条通往新技术和新行业的特别路径。Alexa、Go 商店、亚马逊印度、Prime Video 等，相对于巨额投入，这些项目的回报可能仍不尽如人意，但它们或许可以给亚马逊带来意外的新收益。

但是，由于贝佐斯对创新的全身心投入，他对亚马逊的其他部门的管理就不那么仔细了，如产品的采购、销售、库存和物流。当然，这是亚马逊最原始和最大的业务。随着公司公众知名度和影响力的不断提升，这台高效机器的齿轮开始转得越来越快。

第二部分 杠杆

亚马逊，2016 年 12 月 31 日
年净销售额：1359.87 亿美元
全职和兼职员工总数：341400
年终市值：3554.4 亿美元
杰夫·贝佐斯年终净资产：654 亿美元

第 7 章
零售机器

2016年10月一个星期天的早晨，下着雨，一位名叫维克多·韦德梅德的迈阿密刑事辩护律师正在他的车库里修修补补，突然有人敲门。韦德梅德的妻子和两个孩子此时都穿着睡衣在客厅看电视，所以他擦了擦手，穿过房子打开房门。蒙蒙细雨中，站着两个中年男人和一个十几岁的男孩。门前没有停车。其中一个男子说自己是约书亚·温斯坦，以前住在这个社区，正要介绍他的同伴时，韦德梅德一下子认出了对方，脱口而出："我认识你！"

杰夫·贝佐斯向韦德梅德打招呼，承认他没认错，人们经常能认出他。他解释说，35年前，自己就是在韦德梅德现在住的这所房子里，度过了高中时光。他和二儿子这几天来到帕尔梅托湾探望温斯坦一家，温斯坦是贝佐斯的童年伙伴，父亲刚刚去世，三人在雨中经过这里时，他希望进来看看这所曾经住过的房子。

韦德梅德傻在那里。他从不知道自己家这栋只有3000平方英尺的简陋平房，竟然住过全球首富。2009年买下这座房子时，前房主对他说的唯一一句话是，"这房子给人一种好运的感觉"。然而，他的妻子埃丽卡仍然坐在客厅沙发上，根本没有认出这位访客。熟悉商业或者经常看新闻的人，怎么可能不知道贝佐斯，但对于普通公众来说就不一定了。她还以为丈夫让一个地方公职候选人进了自己的家，瞪了他们一眼。事情发生得十分突然，让韦德梅德不知所措，忘了介绍客人，甚至没和妻子和孩子解释发生了什么。

此时他们站在门厅。右边是厨房和车库，车库的天花板很高，有两个车位，贝佐斯和朋友曾经在那里为他们的科学俱乐部做了一个巡游花车。走廊的左边，是贝佐斯和父母以及两个弟弟妹妹——马克和克里斯蒂娜——的四间卧室。在这里，贝佐斯和他们一起长大。对着门厅的客厅另一边，是一间浴室，那里有一扇门通向后院。一天深夜，十几岁的贝佐斯与父亲争吵后，偷偷从这扇门溜了出去，让他的母亲非常担心。四间卧室当中，面向房前的一间是贝佐斯的，他在那里写下了高中告别演说。在那篇演说里，他提出一个大胆的梦想，就是把制造污染的工厂都搬到绕地球轨道的空间站上去，把整个地球变成一个自然保护区。

贝佐斯继续环顾四周，惊叹于这里的变化，和那些维持原样的东西。透过通向后院的玻璃拉门，他注意到游泳池的玻璃屏障不见了，这种屏障在南佛罗里达州的居民家中很常见，用来防止昆虫进入。韦德梅德告诉他，他们搬进来的时候就没有了。

几分钟后，客人们要离开了。埃丽卡终于站了起来，依然没有搞清楚发生了什么，她问贝佐斯的二儿子乔治是否在贝佐斯的母校迈阿密帕尔梅托高中上过学。乔治礼貌地回答没有，他们住在西雅图，他在那里上学。

一行人合影，纪念这次相遇，然后道别。事后，韦德梅德回忆，贝佐斯待人亲切热情。但他每次回想那不可思议的15分钟，都觉得自己的应对不够体面。

"我想说，当人们处于如此悬殊的位置时，交流是很难的。"几年后韦德梅德说，"不知道他是谁反而会更好。"他说的是名人身上的那种所谓"气场"，会影响周围的人的行为。随着杰夫·贝佐斯越来越富有，这种情况变得更严重了。

亚马逊飞轮

要充分了解贝佐斯万亿美元帝国的崛起，以及随之而来的他的个人财富的增长，我们需要回过头去研究亚马逊电子商务业务的加速发展以及由此产生的一些意想不到的后果。2015年，亚马逊国内零售额增长速度达到惊人的25%；[1]到2017年，速度更快了，达到33%。销售额和利润冲到亚马逊史上最高。虽然仅北美地区的年零售收入就超过1000亿美元，但这家公司看上去仍然生机勃勃，潜力无限。

亚马逊高管将此解释为"亚马逊飞轮"——一个贯穿其业务的良性闭环——的胜利。正如前文介绍，亚马逊用低价和Prime会员服务吸引更多用户访问，反过来又促使更多的第三方卖家使用亚马逊的网站零售商品。更多商品则吸引了更多顾客。卖家向亚马逊支付佣金，后者于是可以进一步降价和改善物流效率，从而使Prime会员更具吸引力。这样，传说中的"飞轮"就自动飞转起来，越来越快。

亚马逊已经这么大了，却还能实现如此迅猛的增长，还有另一种解释，那就是它成功地运用了经营杠杆，让收入增长的速度超过不断投入的成本。运用杠杆有点像在帆船加速时调整风帆，贝佐斯和他的S-team成员以及亚马逊更成熟的传统业务线的高管都始终关注以下三个问题：如何在保持销售增长的同时降低运营成本，如何最大限度地提高员工每小时的工作产出，哪些工作可以由机器和算法来部分或完全替代人工。

每年，亚马逊都会想尽办法提高效率，提升杠杆率，哪怕只是一点点。由此带来的变化让员工的日子更难了。一个例子发生在2013年夏天，动画电影《神偷奶爸2》上映后，亚马逊玩具部门的一名员工显然是这部影片的狂热粉丝，采购了一大批电影的授权商品，包括各种夹心奶油蛋糕似的小黄人形象的毛绒玩具，当时零售部门的库存经理是手动方式下订单。

这部电影的票房表现还算不错，但不幸的是，这些玩具怎么都卖不出去，最终留在亚马逊仓库的货架上，落满灰尘。"这些东西一文不值，"玩具部前库存经理杰森·威尔基回忆道，"甚至打折都没人要。"亚马逊零售部门的高管对这次的错误进行分析后得出结论，由于不可靠的人类情绪影响了对可用数据的客观评估，导致了这样盲目的采购决策。

亚马逊开始推出一个叫作"把手从飞轮上拿下来"的计划。在接下来的几年里，整个零售部门的库存经理纷纷被调到别的岗位或被解雇，换成自动化系统。负责数据分析和采购下单的由人变成软件。算法可能无法完美地衡量顾客对电影授权玩具的需求，却可以预测人们会在7月4日烟花秀前购买安抚狗狗焦虑的夹克，中西部地区的顾客则会在冬季风暴到来之前对雪铲兴趣激增。

贝佐斯和他的高管们相信算法可以比人类做得更好更快，它们甚至可以预测需求，决定把商品存放在哪个位置的仓库效率更高。亚马逊还开发了与供应商讨价还价的自动系统，以及品牌自助促销工具，不用亚马逊员工提供任何帮助。

构建这样的系统需要大量的前期投资，也增加了亚马逊的固定成本。但没过几年，这些投资就得到了回报，因为它们取代了规模更大的可变成本。这就是杠杆的意义所在：将亚马逊的零售网站变成以自助服务为主的技术平台，把人工干预减至最低，但依然赚钱。

在亚马逊第三方商城和支撑这部分业务的亚马逊物流系统（FBA），这种杠杆被广泛使用。亚马逊物流系统的运作方式，听上去有些违反常理，卖家将商品发送到亚马逊仓库，由后者负责存储并将商品运送到顾客手里。库存仍是卖家的，价格也由卖家自己设定，但这些库存可以享受亚马逊为其会员提供的两日送达服务。让独立第三方卖家进驻自己的网站，使用自己的物流，亚马逊借此增加了运送的商品规模，并大幅提升了收入，成本却是相对固定的。

2002年亚马逊首次推出"自助订单配送"服务时，卖家曾担心无法控制库存。但最终，许多人意识到存储和运送商品给用户并不是自己的强项，而使用FBA能够保证良好的用户体验，商品也出现在亚马逊网站上更显眼的位置。几年后，各种尺寸的商品，包括保龄球和白板等不好存储的物品，都开始涌入亚马逊的仓库。2006—2013年担任亚马逊全球运营高级副总裁的是通用电气前高管马克·奥内托，他回忆起当时的情形："那对我来说真是一场噩梦。这些人把他们的仓库搬空，货物都堆到我这里。当然，我知道我们必须让这项服务运转起来。"

贝佐斯在20世纪00年代后期亲自管理FBA，检查每个细节，包括给卖家的价目表。他要求一切从简，直到服务发展到一定规模，哪怕一直赔钱。每次FBA团队的高管提出对某类商品涨价，以期逐步实现盈利，他都会说："我觉得现在可能还不是时候。"

2008年10月的一个总结会议令人难忘，贝佐斯看完一份描述

FBA 海外经营情况的六页报告，指着附表中的一项数据，大声质问准备这份文件的 FBA 业务高管："这是什么？"当时的贝佐斯作为 CEO 风格尚未定型，相比之下，后来的他已经能够偶尔克制喜怒无常的管理风格和直接严厉指出下属不足的坏习惯。撰写报告的财务总监辛西娅·威廉姆斯之前就怀疑自己的分析哪里不太对，但没有找出问题所在。"我朝他指的地方看过去，果然，错得太明显了，"多年后她依然记得很清楚，"我的心一下子沉到谷底。"

贝佐斯接着说："如果这个数字是错误的，我也没办法相信其他数字是对的。你浪费了我一个小时。"他把文件撕成两半，扔到威廉姆斯面前的桌子上，在众人目瞪口呆的沉默中走出会议室。

"啊，这跟我们计划的可不一样。"负责 FBA 头十年运营工作的高管汤姆·泰勒打破沉默，追着贝佐斯出了房间。

那天下午，威廉姆斯给贝佐斯发了一封电子邮件，道歉并修改了数据，然后回家，打开了一瓶酒。贝佐斯在晚上 8 点回复了邮件。他没有提自己发火的事情，但感谢她的更新，并写道，尽管大家都一样勤奋，但没人能避免犯这样的错误。威廉姆斯在亚马逊又待了十年，一直做到副总裁，之后加入微软。她说这封电子邮件让她觉得舒服了很多，并在几周后再次向贝佐斯提交了修改后的报告。

这件事从此在亚马逊内部经常被提起和宣扬，重点不是喜怒无常的上司，而是作为亚马逊领导者的高标准和员工的毅力与韧性的例证，两者都是执行 FBA 这样的复杂服务所必需的。

贝佐斯认为，FBA 有机会取得成功，并对公司产生更为巨大的影响。据汤姆·泰勒回忆，贝佐斯曾说，"我需要你成功，这样我们才有钱发展其他同样有巨大潜力的业务"，他指示 FBA 团队，他们的行动速度要比其他部门快三倍。

FBA 团队与贝佐斯开年度 OP1 规划会议时，还记录下了其他一些"杰夫主义"，这些言辞影响了他们的视角。这些伟大金句的记录，后来我也拿到了一份。

- 专注于降低成本结构。先降低成本，然后收钱来最大化你的价值而不是弥补你的成本。
- 愚蠢的定价导致愚蠢的后果，价格必须基于价值。
- 成本降不下来，就不涨价。所有创新都是为了降低成本。
- 我们能够 100% 完成 3P 业务。我不知道有什么好争论的，是的，我们必须快递低价商品，这很关键。
- 平均值不是好的衡量标准。我想看实际值、高点、低点以及原因，唯独不是平均值。平均值代表懒惰。

到 2014 年，经过十多年这样粗暴的指导，该服务首次实现盈利，使用 FBA 的卖家数量快速增长。"这不归功于项目中任何一个能人，事实上，杰夫才是那个能人，他不断挑战每个人去降低费用，而不是盯着收入。"前 FBA 高管尼尔·阿克曼说，"他让我们把注意力放在增加卖家和商品上，他知道这才是能让我们扩大规模和实现盈利的方法。杰夫总是说，当你专注于投入时，就自然会带来收入和利润。"

在贝佐斯塑造 FBA 的同时，他也在培育其不可分割的共生业务亚马逊商城，这是提供给第三方卖家展示和出售新产品以及二手物品的地方。2007 年，这个业务已经发展了好几年，但结果是大量的旧书积压在货架上，收入也仅占整个亚马逊网站销售额的 13%。贝佐斯对其进展缓慢感到沮丧，他在 OP1 会议上撕毁了该团队的报告，要求他们更进取一些。他问来面试接管这个业务部门的一众高管："你用什么办法把这个商城的卖家做到100万？"

最终，他找到了对的人。2009年初，距离推出Prime Video服务还有几年，正在快速发展的亚马逊音乐和电影业务负责人彼得·法里西邀请演员汤姆·克鲁斯在西雅图市中心贝纳罗亚大厅举行的全公司会议上做一次演讲。在后台，贝佐斯和克鲁斯就飞机和太空旅行话题聊得火热，连回到台上回答员工提问的事情都忘了。之后，为了感谢他的出色工作，贝佐斯邀请法里西与S-team共进午餐。一个月后，干脆让他接管了他口中全公司表现最烂的一个团队。

法里西明白，对于贝佐斯的面试问题，只有一个答案——你不可能一个个找100万个卖家去谈，而必须搭建一台能够自己运转的"机器"，而且，要让这些卖家除了来亚马逊上卖东西，别无选择。

在接下来的几年里，法里西和他的团队重建了亚马逊商城的卖家中心，让商家能够很轻松地在亚马逊网站上展示商品、设定价格和开展促销活动，整个过程把员工的干预程度降到最低。与FBA一样，贝佐斯起初亲力亲为，紧密跟进项目的进展。"在我开始工作的前两周，收到了7封带着'杰夫问号'的邮件，"法里西回忆道，"一起步就水深火热，而且是那种一生只有一次的学习经历。"

这个时期，亚马逊的竞争对手易贝开始涨价，并在政策上明显偏向大零售商，疏远了自己那些不愿接受涨价的卖家群体，这样的策略反倒帮了亚马逊的忙。2010年，亚马逊在西雅图–塔科马国际机场附近的万豪酒店举行了首届亚马逊卖家大会，会上法里西向在场的"主要在易贝上销售的商家"喊话，他说，亚马逊致力于为所有卖家提供公平的市场和公平的竞争环境，并邀请他们扩大与亚马逊的业务往来。倍受感动的卖家起立鼓掌。但法里西赚来的这些好感储备很快就用完了。

与其他亚马逊高管一样，法里西似乎也在模仿贝佐斯严厉的企业管理方式。他来自底特律，加入亚马逊之前，曾在麦肯锡公司和博德斯连锁书店工作过，但他很快就适应了他的新公司。如果下属们迟交了每周指标报告，法里西就会漫不经心地暗示，他们不应该拿这么多工资，或不适合这份工作。他与零售团队同事也不和，他认为后者的首要任务是选择优质商品以保证良好的客户体验，而不是伴随着平台的开放，任何人都可以注册并开始销售廉价、质次的商品。

在亚马逊内部，人们对到底是选择商品数量还是质量，长期争论不休。每次争吵，最后常常要由法里西的老板、亚马逊高级副总裁康宁汉或贝佐斯亲自出面定夺。二人都非常倾向于尽快扩大选品的范围。"杰夫和康宁汉的观点是，所有的选择都是好的选择，"长期担任市场部高管的阿德里安·阿戈斯蒂尼说，"他们的原则就是，只要不犯法、不杀人、没有毒品就可以。除此之外，有什么卖什么，让顾客自己选择。"

在20世纪10年代的头几年，在亚马逊的主要市场美国和欧洲，细心的企业家们看到了一个赚钱的新机会。他们可以开发一种独特的产品，找到一家制造商（通常在中国）生产出来，然后卖给成千上万的网购用户。法里西和他的团队把卖家视为客户，通过亚马逊独家销售等计划来培养它们，大力推广这些独特的商品，并推出亚马逊借贷服务，卖家可以抵押它们在FBA中的库存，从亚马逊贷款发展业务。他们定期召集焦点小组开会，找出卖家需要解决的问题，以及需要哪些新的工具。

"当时的亚马逊实际上很在意对品牌的扶持，"斯蒂芬·阿尔斯托尔说，他的公司开发的一系列站立式冲浪板在亚马逊上卖得很火，还因此出现在一集《创智赢家》节目中。到2015年，阿尔斯托尔在圣迭戈雇了 10 名员工，公司年收入超过 400 万美元，成为依托亚马逊快速发展的平台致富的无数小企业之一。但后来，他对亚马逊的看法逐渐有了变化。

贝佐斯对这样的进展很满意。那一年，亚马逊商城的销售额首次超过亚马逊自营的零售业务。最重要的是，由于这部分业务主要是自助服务，收入的增长速度远快于员工人数的增加。贝佐斯在那年该团队的 OP1 计划会议上大声喊道："终于，这块业务有起色之后，也能提供一些杠杆了。"他将该团队的六页报告贴在胸口说："我要把这份文件带回家和它一起睡觉。"

贝佐斯随后告诉法里西，他不用在年度 OP1 会议上单独检查亚马逊商城的经营情况了，只想花时间在亚马逊借贷等新业务上。CEO 将更多的注意力投到新项目后，法里西的工作内容变得复杂无比，他觉得自己根本顾不过来。

他有样学样地和 FBA 团队说了同样的话。他会继续监管部门的业务，裁决纠纷，并发送'问号'邮件给他们。但他没必要再继续如此紧密地参与每项工作的计划全程。

这让贝佐斯很难了解到即将发生的混乱。

* * *

随着亚马逊商城和亚马逊物流的发展，这两项业务的高管注意到一个潜在的颠覆性竞争对手。2010 年，波兰裔加拿大人、前谷歌员工彼得·舒尔泽斯基与人共同创立了一家名为 ContextLogic 的初创公司，主营在线广告业务。[2] 当它默默无闻时，舒尔泽斯基巧妙地依靠地域间存在的套利机会，把公司转向了电子商务。既然大多数网络卖家都是从中国的制造商那里采购产品，批量运至西方后，贴上自己的标牌，再快速交付给相对有钱的网购顾客，为什么不让中国的商家直接向西方顾客销售廉价的无品牌商品，他们可能并不在意要等上几周才能收到货物。

舒尔泽斯基将他的公司更名为 Wish.com，并于 2012 年底开始聘请中国员工来招徕卖家和从事客户服务。[3] 他的时机恰到好处。阿里巴巴已经培养了一个充满活力的中国电商卖家群体，这些卖家手握丰富资源，正急于在海外寻找新的客户。事实上，阿里巴巴也同样想到了这一点，并着手开发一个名为全球速卖通的跨境电商网站，该网站早期已经在墨西哥和欧洲市场上积聚了大量人气。

Wish.com 和全球速卖通上堆满了五花八门的商品，网购新手在这样的网站上会晕头转向。但顾客似乎很喜欢这种寻宝般的购物体验，他们的目标往往是一次性服饰，如 12 美元的人造革运动鞋。2014 年，Wish 拿到了 6900 万美元的风险投资，并登上《华尔街日报》。[4] 在一次关于这家创业公司的对话中，贝佐斯看着康宁汉说："你已经注意到了，对吧？"康宁汉后来指出："Wish 启发了我们。它触动了我们的神经。"

亚马逊对付此类颠覆性初创公司的策略，通常是与它们建立关系来看可以采取什么行动——常常是犹豫要不要收购它们。那一年，舒尔泽斯基和他的联合创始人丹尼·张被邀请到西雅图，他们花了一天时间与十几位亚马逊商城的高管交谈。他们的感觉是，亚马逊高管非常怀疑他们的商业模式能成功。[5]

但在接下来的两年里，Wish 继续筹集资金并发展壮大。2016 年，亚马逊再次发出邀请，请舒尔泽斯基与贝佐斯会面。这一次，这位 Wish 的 CEO 对亚马逊的意图起了疑心，并表示他只会与贝佐斯一对一会面。当注意到邀请日历上还有其他亚马逊高管时,他说他取消了这次会面,之后再也没去过。[6]

马可·波罗计划

直到这时,亚马逊才开始匆忙适应已经变化的电商格局。大量涌入互联网的中国卖家意味着一个全新的廉价消费品大爆炸时代。这些没有品牌的商品不是所有人都感兴趣,但它们可以吸引那些年轻或低收入的买家上网购物,之后,他们就可能会购买贵一些的商品,甚至注册亚马逊 Prime 会员。

亚马逊显然没能成功在中国为中国卖家搭建一个网上商城,但这个世界上人口最多的国家给了它另一个业务机遇。亚马逊启动了一个以 13 世纪意大利探险家马可·波罗的名字命名的新计划"马可·波罗",作为该计划的一部分,亚马逊组建了一个北京团队,与中国卖家签约,把"卖家中心"翻译成汉字,并为他们提供实时客户支持。为了降低运费并简化海外运输流程,亚马逊还开发了一项名为"龙舟"的服务,将上海和深圳等沿海枢纽港口的商品整合起来,批量报关和运输,然后将它们装进亚马逊以批发价从马士基等航运公司预订的集装箱。[7]

亚马逊要求加入新的全球销售团队的新员工行动要快——以"快速变大"为目标。一位前员工分享给我的内部文件描述了团队那时开始设立的目标,例如,扩编中国团队人数,来招募当地卖家并教它们使用 FBA。尽管全球速卖通在美国的访问流量不大,但高管们指出,阿里巴巴的收费低于亚马逊,并担心特别喜欢竞争的阿里巴巴 CEO 马云可能会将全部服务免费,以确保在西方市场站稳脚跟。"在抓住中国卖家方面,我们做得够吗?"一份亚马逊文件提出这样的问题,"我们是否应该放宽发布的标准来加速品类的增长,让中国卖家的上线流程更加顺滑?"

虽然我们不清楚亚马逊是否真的放宽了这些标准,但显而易见的是,一开始这些标准就不高。2015—2016年,每天都有数千个中国卖家在亚马逊平台上注册成功。"这简直是天文数字,没有人见过这么大的量。"康宁汉说。不难预料,这些商家的商品品质参差不齐。"一件外套在美国畅销了,不出几个小时,中国卖家的店铺也会销售类似的外套,顾客下单,穿了一段时间,他们会在评论里反馈问题。"康宁汉说。

康宁汉是 S-team 的成员,负责全球营销、FBA 以及亚马逊商城。他在阿根廷的一个牧场长大,在斯坦福大学获得数学科学学位,曾分别在甲骨文和苹果公司,与拉里·埃里森和史蒂夫·乔布斯一起工作,然后加入亚马逊,与杰夫·贝佐斯一起表演科技帽子戏法。同事们说他很有创造力并且善解人意,在亚马逊的名录里,他是一位出色的思想者。

康宁汉很快意识到,中国商品的爆发式增长会在西方卖家中引起争议,他们打不赢价格战。起初,他想到的一个办法是公开且有点不诚实地淡化这种转变。他在给 S-team 成员的一封电子邮件中写道:"这样做的风险在于,美国和欧盟的卖家不会乐见中国卖家的涌入。"这封邮件后来被作为证词提交给国会反垄断听证会并公开。他在邮件中还说:"我曾指导团队在中国积极宣传将商品销往全球,但在进口这些商品的那些国家则不要声张。"[8]

低成本商品也在亚马逊内部造成分歧,因此康宁汉设计了象征性的方式来说明好处和挑战。有一天,他戴上一条俗气的不锈钢项链,价格是 80 美分，上面挂着一个猫头鹰吊坠。亚马逊每月销售数以万计的商品，中国卖家从运费中收回微薄的利润。他的观点是，亚马逊不应该忽视这种低价商品。"每个人都认为网站上会充斥很多价值有限的东西，但只是一部分人这样看，"康宁汉说，"对于很多人来说，很多商品都时尚得不得了。"

康宁汉还在网站上购买了数十件不同尺寸和款式的宴会小黑裙，并将它们挂在他会议室的架子上进行展示。亚马逊上有数千种这样的服装，都是中国制造的。有的长，有的短；有些要几百美元，有些则便宜到只需要 20 美元；有些看起来很耐用，而另一些看起来不太结实。同事们回忆说，那架衣服在那里放了几个月。他认为，他的团队需要更好地对不同的衣服进行分类分级，让客户能够客观看待每件衣服的区别，这样亚马逊非常完善的评价系统就可以约束那些质量不太高的商品的卖家。他观察到，这些裙子"显示了绝大多数中国出产的商品存在的问题"。

尽管做了这些努力，中国商品的涌入仍是亚马逊内部、亚马逊与其合作伙伴之间持续矛盾的根源。在亚马逊的美国和中国卖家之间、亚马逊自营（或 1P）零售部门和第三方（或 3P）商城部门之间已经很紧张的关系上喷洒助燃剂的，还是那个问题，到底是要质量，还是要数量。亚马逊需要的是一个只有知名品牌和大品牌的和平、有序的市场，还是一个可以接受各种产品和价格的喧嚣、热闹的市场？

高管不用猜测客户更喜欢哪个：在无数次测试和实验中，他们的选择都很明确。例如，亚马逊德国网站允许第三方商家列出和销售各种品牌和无品牌鞋子，而亚马逊的英国网站则更像一家精品鞋城，只出售更贵的名牌鞋子。由于货品种类更多、更便宜，德国网站的业绩明显更好。

这一发现意义重大，因为亚马逊的企业罗盘只指向一个方向：客户想要什么，就给什么。事实证明，很多人会在互联网上购买非常便宜的运动鞋，即使他们知道这些鞋子不耐穿。

尽管如此，亚马逊零售部门的个别高管还是担心中国商品的增长，而且这种争执已经到了 S-team 的层级。一次会议上，S-team 要求杰夫·贝佐斯回答几个问题：亚马逊在服饰品类上应该采取什么总体战略？公司是应该优先考虑高端品牌，通常是来自西方的大品牌，帮助它们打造精致、好用的网店，还是应该更偏爱亚马逊网站和亚马逊商城上那些低端服装和亚马逊自有品牌商品？

会议室一片寂静，所有人都在等待贝佐斯给一个确定的回答。

"我认为我们的目标应该是所有穿衣服的人，过去几天我没见到多少人是裸体的。"他终于大笑着说，"而且我相信人们在很长一段时期还会继续穿衣服。"

* * *

在贝佐斯看来，这个问题没什么好回答的，没什么是亚马逊不该做的。但不回答，就意味着他也给商城里的低价商品投了一张赞成票——这个选择的影响是巨大的。

中国的初创公司，有些已经相当强大，几乎是从无到有在亚马逊网站上一步步生长起来的。2011 年，一位名叫阳萌的谷歌前工程师从硅谷辞职，搬到深圳创办了一家名为安克的电子产品公司，销售电子产品配件，如更换笔记本电脑电池。[9] 在接下来的几年里，他的产品线扩展到你能想到的各种设备用电源线、充电器和电池，许多产品占据了令人垂涎的亚马逊畅销榜榜首。

阳萌与中国工厂建立了紧密的联系，让安克可以根据市场趋势和客户反馈快速调整并改进产品线。安克支付给员工的工资，只是西方卖家企业员工工资的一小部分，而且由于总部设在中国，该公司不必缴纳美国和欧洲同行要缴的所得税和增值税。借助中美邮政之间的合作关系，它也享受了货物运输到西方国家的大量运费补贴，商品从中国送到美国的成本甚至比美国国内的还要低。[10]

　　换句话说，在亚马逊商城这样高度竞争的市场上，安克和类似的中国卖家拥有非常明显的竞争优势。阳萌与西雅图的 Plugable Technologies 公司的创始人伯尼·汤普森是好朋友，该公司也销售类似的计算机配件产品。两人都认识到，面向全球受众的中国品牌将从根本上改变电子商务的竞争格局。"伯尼，我很抱歉，我要碾轧你了。"汤普森回忆，阳萌在一次行业会议上这样对他说（尽管阳萌不记得说过这句话）。

　　许多像安克这样的中国卖家提供高质量的产品，价格也极具吸引力。但在中国的市场环境中，也有个别问题卖家。阿里巴巴和京东等本地电子商务企业为了保护自己的网站并提高欺诈成本，要求新商家提供安全押金，有时会在商品卖出后数月才将款项汇到卖家账户。它们还定期清除网站上那些信誉不好的卖家。亚马逊将美国市场系统移植到中国，起初几乎没有这样的保护措施，也几乎没有能力区分好卖家和问题卖家。结果，它成为销售假冒伪劣商品卖家最理想的目标。

　　贝佐斯从不想在质量上妥协，这一点在亚马逊没有任何商量余地。质量和数量，他两者都想要，他希望亚马逊的工程师能够开发新的工具来阻止危险品和假冒产品出现在亚马逊的网站上，但计划赶不上变化。

　　各种不安全产品和盗版书开始出现在这个大杂烩网站的页面上。

2015年圣诞季的一款热门产品"悬浮滑板"存在质量缺陷,因此,亚马逊于当年12月12日从网站上撤下了该产品,并向买家发送电子邮件,提及"产品安全问题的新闻报道",并承诺退款。《华尔街日报》的一项调查后来得出结论,由于悬浮滑板的锂离子电池发生故障,导致火灾,造成财产损失。这些出现问题的产品,大约一半是在亚马逊上售出的,比任何其他零售商都多,进而引发了对该公司的一系列诉讼。[11]

在接下来的几个月里,用户从亚马逊购买的手机、笔记本电脑和电子烟也发生电池故障,引发诉讼和媒体报道。[12] 同事们说,贝佐斯被这些问题和负面报道气疯了,尽管这种局面的出现,在某种程度上也是因为他不停地追求品类和影响力的扩张。"杰夫的语气像是在说'你们为什么没有预见到这一点',"市场副总裁阿德里安·阿戈斯蒂尼说,"这件事让我们吸取了惨痛的教训。"为了应对,亚马逊高管迅速扩大信任和安全团队,开发网站监控和识别欺诈、违规行为的工具。但在开始的时候,这个方法不太管用,因为只有发现违规行为,才能对违规者进行处罚,但这时,这些违规行为已经发生并对用户造成了不良影响。

西方卖家了解亚马逊的规则。但由于亚马逊监管不到位,规则不明晰,个别中国卖家不知道红线在哪儿并且可能会花钱买好评,而在亚马逊推出付费广告搜索之前,这是让产品出现在页面顶部的唯一途径。如果账号被关,他们只好去开一个新的账号。

亚马逊高管看在眼里,却找不到有效方法来控制这种局面。亚马逊商城的团队将卖家视为客户,除非有充分的证据证明他们违规,否则就不能拿他们怎么样。"我们都非常理想主义,"一位曾驻北京的亚马逊高管表示,"我认为当初我们应该采取更快、更有力的行动。但那时我们的理念是，卖家都是没问题的。"

2016年，法里西和他的副手们前往中国，试图更好地了解其卖家生态。他们前往香港和上海，然后兵分两路分别研究电子产品和服饰类卖家。一组去了深圳，另一组去了广州和北京等城市。最后在上海会合，交换彼此的发现。

他们发现中国各地的工厂绕过传统商店，直接面向网上购物者，为他们提供巨大的价值。换言之，零售业正在经历一场颠覆性巨变。"我们所看到的令人难以置信，"法里西说，"我们意识到，人们凭借品牌将价格定为产品实际成本10至50倍的做法行将终结，而消费者将成为赢家。"

混乱的亚马逊商城

2016年5月31日，100多位服饰卖家齐聚西雅图，参加亚马逊首届时装卖家大会。大会在公司位于第七大道的新会议中心举行，距离新的第一日大楼只隔一条街，一天半的议程，包括各种演讲、研讨会和会议。康宁汉以炉边谈话的形式为整个活动开头。

康宁汉曾预测，中国卖家的快速发展会让美国卖家对亚马逊感到不满。不出他所料，在问答环节，卖家一个接着一个站起来，拿起话筒，抛给他一大堆尖锐的问题和指责：为什么亚马逊不保护品牌和经销商，不驱除侵权者？为什么搜索结果总是有利于我们的竞争对手？

康宁汉耐心地站在舞台上，面对这些控诉，并承诺尽己所能解决问题。但不可阻挡的跨境贸易和全球化是问题的一部分，这些是他无法改变的。"当时的气氛非常紧张，"在线零售商 Trend Nation CEO 布拉德·霍华德说，"这是在他们的地盘上，对亚马逊的一次集体反抗，以他们的方式责问我们。"亚马逊高管和时尚大会的与会者在几年后仍在谈论这次"叛变"。

许多服装品牌与商家都表达了同样的失望。2016年7月，凉鞋制造商Birkenstock高调地从亚马逊撤下自己的商品，并禁止其授权的所有第三方经销商在亚马逊上销售其产品。[13]耐克和宜家等公司也纷纷效仿，引发外界猜测，认为亚马逊没有能力阻止假冒产品损害其与品牌的关系。

在亚马逊内部，负责时尚零售业务（从知名品牌到批发商品）的员工也进退两难，他们被夹在愤怒的供应商和肆无忌惮扩张的亚马逊商城之间。2009年，杰夫·威尔克高调地聘请了盖璞高级主管凯茜·博杜恩，并委托她将高端时尚带到亚马逊，当时几乎没有人会想去亚马逊买衣服。博杜恩在布鲁克林的威廉斯堡开了一家占地4万平方英尺的工厂，聘请摄影师和模特在那里为亚马逊拍摄精致的图片。她还邀请贝佐斯夫妇参加了2012年的Met Gala（纽约大都会艺术博物馆慈善舞会，被誉为"时尚界奥斯卡"），这是他们第一次高调公开参与名流聚会。在舞会上，他们谈笑风生，与米克·贾格尔和斯嘉丽·约翰逊坐在一张桌子上。

现在，混乱的亚马逊商城正在破坏这些精心建立的关系。杂牌手提包、牛仔裤和晚礼服与很多知名品牌、设计惊人地相似，导致无休止的紧张对话。同事们回忆说，博杜恩在各会议上炮轰亚马逊商城上糟糕的客户体验。她认为第三方商品不仅拉低了网站的格调，也得罪了亚马逊的合作伙伴。她于2017年离开亚马逊，当时亚马逊已经凭借其丰富的低价商品成为美国最大的服饰零售商之一。[14]

尽管取得了成功，亚马逊仍然面临巨大的难题。假冒商品、不安全和过期商品，以及劣质产品都在损害亚马逊的声誉，并破坏其与客户建立的信任。2017 年，亚马逊推出了"品牌备案"计划，[15]允许品牌在亚马逊备案自己的标识和设计，并向亚马逊报告潜在的违规行为。亚马逊高管坚称，早在卖家在时尚大会上"叛变"之前，这个项目就已经启动。但在"叛变"发生后的几个月里，他们聘请了一位高级经理专门负责这项工作，扩大员工团队审查投诉，并在改进欺诈检测工具方面不惜任何代价。在接下来的几年里，有 35 万个品牌在亚马逊上做了备案。[16]

那只是一个开始。"品牌备案"推出以后，引发了更多对亚马逊处理索赔时间太长的新投诉，它仍然没有解决中国卖家的违规问题，账户被封，他们只要再注册新账户就可以了。"品牌备案起到一些作用，但太有限了。"亚马逊前高管拉里·普卢默说，他离开亚马逊后，创办了一家数字零售咨询公司，专门帮助品牌解决这类问题。

从那时开始，亚马逊商城业务部门开始逐渐失去对 S-team 的影响力。2016 年，亚马逊进行了全公司范围内的调整，威尔克和安迪·贾西分别被提升为零售和 AWS 部门 CEO，多年来直接向贝佐斯汇报的康宁汉成了曾经同级别的杰夫·威尔克的下属。2018 年，康宁汉离开亚马逊，不再服务亚马逊最有远见的科技领袖贝佐斯，加入命运多舛的共享办公创业公司 WeWork。

随着康宁汉的离开，第三方卖家业务团队失去了直接面对贝佐斯和威尔克的通道，彼得·法里西和他的团队转而向道格·赫林顿和零售团队汇报——正是在自营和第三方零售、质量和数量的长期争论中，贝佐斯让两个部门分别发展了十几年。现在他想合并二者，由零售业务来统领商城业务。

那年秋天，跟随法里西和康宁汉多年的许多老部下都离开了亚马逊。在他们的描述中，工作环境变得没有以前有趣了；太多时间花在了商城的规范而不是发展上，以及为无限制扩张导致的诉讼案件提供证词上。这个团队还要面对贝佐斯雪花般不停发来的"电子急件"，上面是商城的各种问题，并且必须立即回复。"我记得每周都会收到杰夫的'问号'。"负责处理卖家违规问题的团队总经理艾拉·欧文说。

亚马逊高管的处境非常尴尬。他们想吹嘘商城的成就，和亚马逊对数十万小创业者的支持。在 2019 年 4 月的致股东的信中，杰夫·贝佐斯写道，独立商家现在贡献了亚马逊全网站销售额的 58%，"第三方卖家完胜我们的自营零售部门"。[17]

但高管们也不得不经常为商城辩护。"事实上，绝大多数商品都很棒，只有一小部分卖家在玩弄系统或以某种方式进行欺诈，"杰夫·威尔克告诉我，"我们的工作仍然是保护用户并尽快彻底根除欺诈行为。看，我们的声誉建立在用户信任的基础上，这是我们每天都必须非常努力的原因，因为失去它太容易了。"

2019 年，亚马逊在预防欺诈方面投入 5 亿美元。它表示已阻止不良行为者开设 250 万个账户。[18] 它还推出了一种新的防伪工具，称为"零容忍计划"，允许已注册的品牌直接清除涉嫌侵权者，无须经过审批程序。亚马逊还在测试一个旨在通过视频通话逐个验证卖家的系统。[19] 这家公司似乎正在悄悄地放弃建立一个完全不用人为干预的自助式销售平台的想法。

研究公司 Marketplace Pulse 通过监测亚马逊网站发现，亚马逊排名前 10000 的最大卖家中，有 49% 位于中国。但亚马逊的高管们仍然不愿承认这一点，尤其是在两国贸易和政治关系敏感的时期。[20] 2020 年 4 月，美国贸易代表办公室将五个国家的亚马逊网站列为"恶名市场"，假冒和盗版产品数量达到危险水平。亚马逊称该报告是"纯粹的政治行为"，是唐纳德·特朗普政府报复行动的一部分。[21]

尽管经历了所有这些磨难，零售机器还是帮助杰夫·贝佐斯实现了他的宏伟目标，并将亚马逊置于快速全球化的零售产业前沿。来自第三方市场的利润率至少是亚马逊自营业务的两倍，这些钱将继续供养亚马逊其他的商业帝国板块，如 Prime Video 和新物流中心的建设，这正是贝佐斯一直想要的。

它还为亚马逊那些多年来不见效益的项目提供资金，并最终打破了每年 7000 亿美元规模的美国超市行业的平衡。事实证明，你可以利用杠杆做很多事情，即使获得它的过程很艰辛，社会成本也极高。

第 8 章
亚马逊的未来

约翰·麦基遇到了麻烦。到 2017 年春天的时候，他拥有的 460 家全食超市同店销售额连续两年下滑，股价也从 2013 年以来下跌了一半。对于这位可能是对推广健康饮食理念贡献最大的企业家来说，情况实在不容乐观。

我曾在几年前见过反传统的麦基，当时他带我参观了毗邻得克萨斯州奥斯汀全食超市总部的那间 80000 平方英尺的旗舰店。甚至早在那个时候，这位创始人兼 CEO，头发习惯乱糟糟的素食主义者，就已经对事情的进展感到头疼，尤其是当我提到人们戏称他的连锁超市是"全薪光"时。他说，记者们"总是想拍我们 400 美元一瓶的葡萄酒，而不是 2.99 美元的那些"。他带着我穿过超市的货架，步伐微跛，这是多年来坚持慢跑和打篮球导致的骨关节炎的症状。[1] "我们提供各种价位的商品，但他们的报道只想关注高价的部分。那好像成了对我们的定论，全食要玩完了。"

几十年来，麦基既不是拒绝销售酒精和白糖的纯天然食品主义者，也不同于不在乎胡萝卜是否有机的超市实用主义者。他偶尔会破坏作为一个 CEO 的礼数，例如，多年来一直在网络社区使用昵称，发布数百条攻击竞争对手和批评者的信息。[2] 但他也有自己坚持的原则：全食永远不会出售健怡可乐、奥利奥饼干、多力多滋农场味玉米片或其他不健康的流行食品。一路走来，他在巅峰时期建立了一家市值 210 亿美元的公司，将曾经前卫小众的健康食品概念推广给大众。

但是对于停滞不前的上市公司而言，华尔街并不是一个宽容的地方，哪怕这些公司正如麦基在他于 2013 年出版的《自觉资本主义》中所描述的，是"基于为所有利益相关者创造价值的道德体系"。[3] 一个问题是全食不再是独一无二的：沃尔玛、开市客和克罗格正在增加有机和天然产品供应。另一个原因是，该公司多年来通过收购区域连锁店而发展壮大，也因此导致了后端技术系统的杂乱无章。由于麦基拒绝实施常客计划，全食甚至对其最忠实的客户也几乎一无所知。恰恰在公司需要快速发展以满足不断变化的口味以及引入送货上门和新的数字支付方式的时候，去中心化的运营结构却限制了公司的灵活性。

全食还采用了一种奇特的双 CEO 管理架构，麦基当时与联合 CEO 沃尔特·罗伯一起管理公司，后者负责管理日常运营。他们认识到迫在眉睫的挑战，并在奥斯汀聘请了一组数据科学家团队，还与总部位于旧金山的生鲜杂货配送初创公司 Instacart 合作。但事情进展得太慢了，最后，一切都来不及了。

2016 年，纽约投资管理公司路博迈开始致信全食的管理层和其他股东，批评其自满的管理层、非常规的 CEO 架构，并强调缺乏奖励计划等缺陷。直到那年 11 月，麦基担任唯一的 CEO 来应对压力——与公司想要的完全相反。

此举激起了对冲基金 Jana Partners 的兴趣，后者是所谓的"激进投资者"，其管理合伙人巴里·罗森斯坦认为全食已经"迷失方向"。Jana 购买受困公司的股票，鼓动变革，通常是迫使公司削减成本，或找到愿意出高价的收购方，来赚取投资收益。

2017 年 4 月，Jana 悄悄购入大量全食股票，成为其第二大股东，它要求改换管理层和董事会。罗森斯坦后来表示，Jana 准备接管公司，"亲自解决问题"。但全食的高管们担心，Jana 的计划是将这家有机超市与它投资的另一家食品巨头艾伯森合并，后者旗下的西夫韦和冯氏等传统连锁超市品牌，也是先后合并而来的。如果是这样，艾伯森将得到全食的优质品牌和非常健康的资产负债表。它还可能会踢走不好对付的约翰·麦基，并出售健怡可乐、多力多滋和其他让人开心的零食。

沮丧的麦基和他的高管团队发起了防御。他们招募了五名新的独立董事来取代平均任期超过 15 年的长期董事会成员。[4] 据一位前董事会成员称，他们还寻找了一名白衣骑士，联系了私募股权公司和亿万富翁沃伦·巴菲特。但由于利润增长不够快，而且超市当时的现金流情况也借不到钱，无法实现杠杆收购。

还有一个选择，但几乎全食超市的每个人都认为这是天方夜谭。多年来，他们与亚马逊进行了几次没有结果的对话。不过，约翰·麦基是亚马逊的崇拜者，前一年他还生动地梦到，自己的食品超市被这家电子商务巨头收购了。（"那是不可能的。"他的妻子黛博拉对他说。）当彭博新闻社报道亚马逊高管最近曾讨论过收购全食时，[5] 麦基让他的一位顾问打电话给亚马逊，做最后的尝试以挽救公司。

重塑零售业务

杰夫·贝佐斯将潜在的商业机会分成两类。一类是唯快不破，时机成熟，竞争对手已在周围盘旋，亚马逊必须迅速采取行动，否则就会失败。其他的都属于另一类，亚马逊可以忍受长时间的等待，耐心地进行实验。

亚马逊在第三方商城、Kindle 和 Alexa 项目上的尝试都是前一种。贝佐斯催着员工快速行动，战斗的伤亡在所难免。但多年来，他在食品送货上门服务方面则相对被动，直到他看到出现强大的竞争对手，并突然改变主意。由此产生的战略转变，将对庞大的超市行业产生重大影响，也永远地改变了客户、竞争对手和监管机构看待这家电子商务巨头的方式。

在亚马逊的高管中，长期对超市业务深思熟虑并提倡采取更激进做法的人，是消费品部门的高级副总裁道格·赫林顿。赫林顿在办公室里经常穿着格子衬衫和巴塔哥尼亚背心，开会时说话的声音非常低，员工们常常不得不前倾才能听清他说什么。在职业生涯的早期，他曾在第一代杂货配送服务商 Webvan 工作，该公司在互联网泡沫期间通过私募和上市筹集了近 10 亿美元投资，于 2001 年破产倒闭。

互联网历史学家将 Webvan 视为一个终极典型，代表着硅谷总是一厢情愿地急于创造未来，但这种未来人们并不想要。据在 Webvan 负责产品开发和营销的普林斯顿大学和哈佛商学院校友赫林顿说，真实的故事要复杂得多。Webvan 的 CEO 路易斯·博德斯——也是博德斯连锁书店的联合创始人——和他的团队犯了错误，建立的仓储网络运营成本极高，每笔订单都赔钱。在 21 世纪初的经济衰退期间，华尔街不等他们纠正错误，甚至不等他们在已有设施的城市开展业务，就停止了为这家不赚钱的初创公司提供资金。虽然销售额和客户群正在增长，但它无法按期偿还债务，只能宣布破产。"我离开时说，'理论上这个模式是可行的'，"赫林顿说，"虽然我们做了一些错误的选择，做了一些低效的事情，但客户喜欢它。"

在2005年加入亚马逊负责快消品后，赫林顿召集了一队员工在晚上开会，讨论一个超出他们日常职责范围的雄心勃勃的项目，目标是为亚马逊制订一项开展全国杂货服务的计划。他想解决食品送货上门的问题，最终治愈Webvan破产的痛苦回忆。大约一年后，也就是2006年底，当亚马逊的总部还在原来的太平洋医疗中心时，杰夫·贝佐斯听了他们的计划。计划要求先期投资6000万美元，被贝佐斯拒绝了。"他给我们的反馈是'喜欢这个愿景，但讨厌那些数字'。"赫林顿回忆道。最后，他得到700万美元在西雅图对这个服务进行有限测试。当时的首席财务官汤姆·斯库达克要求他尽量不要让这个项目分散公司其他员工的注意力。

亚马逊生鲜服务Amazon Fresh于2007年8月推出。在西雅图东部的贝尔维尤，赫林顿的团队租用了一个旧的西夫韦配送中心，当地房地产市场崩溃期间，这个配送中心处于闲置状态，据Fresh的首任总经理伊恩·克拉克森说，这个配送中心阴森得像恐怖电影。这里的一切都绝非亚马逊风格：仓库里有老式的步入式冷库，网站每个页面显示多个产品而不是一个，并允许客户选择当天的交货时间段。贝佐斯经常查看Fresh的进展，有一次，他仔细检查了不断膨胀的送货成本，建议亚马逊提供黎明前配送服务。就像垃圾收集车一样，利用清晨交通流量稀少的时间段作业。

西雅图的顾客很高兴早上一觉醒来看到放在家门口的杂货，但Fresh还面临更艰巨的挑战。与立即覆盖全国甚至全球范围的其他亚马逊服务不同，Fresh 的潜力受到其司机车队可以送货的区域限制。Fresh 团队还必须解决一系列棘手的问题，如处理过期食品，管理复杂的香蕉成熟过程，以及在客户抱怨晚餐中发现奇怪的东西时做出回应。尽管如此，在六年的时间里，他们取得了缓慢但稳定的进展，逐渐走向盈利。

在那段时间，赫林顿定期向 S-team 提出在其他城市复制 Fresh 的计划。但当时亚马逊的规模较小，而且那些"唯快不破"的项目，例如，在中国注定失败的扩张和 Fire Phone，才是优先处理事项。贝佐斯认为，消费者使用家庭杂货配送服务将是一个相对渐进的过程。被迫在本地发展的赫林顿对这种久拖不决的做法感到抓狂。

2012 年 4 月，贝佐斯召集 S-team 来到西雅图东北约半小时车程的华盛顿州伍丁维尔的威洛斯洛奇酒店，参加他们的年度封闭静修。每位高管都要准备一份一两页的备忘录，为公司思考一个重大的新业务方向。赫林顿一年前就加入这个备受吹捧的 S-team，他直言不讳的备忘录在 S-team 成员中间引发了持续多年的共鸣，甚至它的标题也很有挑衅意味："亚马逊的未来是废物"。

在亚马逊的话术里，"废物"（CRaP）代表"无法带来利润"，有多重含义。CRaP 包括梯子和白板之类的物品，这些物品无法放入盒子，或高效地运送给客户。但在赫林顿的备忘录中，他主要是指超市库存中的廉价、大件物品，例如瓶装水、健怡可乐，甚至一袋苹果。在 Webvan 惨败之后，当时大多数在线零售商都认为这些品类令人头疼。为了销售这些商品，亚马逊制订了一项"附加"计划，以尽量减少其对收入的不利影响。客户只有在同时购买其他大量物品（如图书或电子产品）时才能在他们的订单中包含 CRaP。

赫林顿的备忘录指出，沃尔玛、家乐福、乐购、麦德龙和克罗格

贝佐斯传

是当时全球最大的五家零售商。"它们都靠杂货来巩固客户关系。"他写道。如果亚马逊的零售部门要将商品销售总额增长到4000亿美元，就需要将用户少量低频购买高价商品为主的模式转变为高频低价消费的模式。换句话说，如果公司要加入最大的零售商行列，S-team必须想出一种方法来销售超市商品。否则，亚马逊将很容易受到已经享受杂货模式购物频率和成本优势的竞争对手的攻击。

备忘录的结尾，他巧妙地刺激了一下他的同事，包括自认为果敢的贝佐斯。赫林顿写道："我们在投资这个未来时不应该这么胆怯。只要我们想，就有能力押上更大的赌注。"

贝佐斯通常很喜欢这种批判式的自省，尤其是与积极扩张的提议相结合时。这样的想法反映了他的心态。在S-team安静地坐着并花几个小时阅读彼此的文件后，CEO拿起赫林顿的文件说："这个真的能让我思考。"几个月后，赫林顿获准将Fresh有限地扩展到洛杉矶和旧金山。

他赢得了这场战争。问题是他还没有弄清楚如何发动一场战争。亚马逊的杂货服务于2013年6月在加利福尼亚推出，最初受到媒体的热烈欢迎。但它并没有完全奏效，至少没有达到赫林顿希望的规模。为了支付运输成本，亚马逊每年向客户收取299美元的高昂Fresh订阅费。为了打造新的易腐杂货供应链，它在加州圣贝纳迪诺和特雷西的亚马逊配送中心创建了冷藏室，这些仓库都位于所在城市以东一小时左右车程的地方。然后亚马逊每天两次将拖车开到每个地区的集结区，在那里，订单商品被转移到亮绿色的Fresh货车上，完成最后一英里，将商品送到客户家中。[6]

在加州的亚马逊杂货服务物流员工表示，这种中心辐射模式的效率低下且不稳定。有人说亚马逊"基本上是往每个订单上贴上10美元或20美元的钞票"。Fresh团队还跟踪了一个名为"完美交付"的指标——订单中的所有商品要求实现一次性、及时交付——发现该指标完成率不到70%。

杂货行业的资深人士也不看好这项服务。"Amazon Fresh是他们的滑铁卢，"约翰·麦基在2014年和我聊天时说，"人们想要什么？方便。用配送中心和卡车做不到这一点。"

一年后，他们悄然进入布鲁克林的部分地区，除此之外，在加州扩张之后，Fresh进入新市场的速度大大放缓。在线杂货配送的成功依赖高效的物流体系和足够的订单，这样司机往居民区送货才能有利可图。亚马逊的仓库位置离客户太远，司机接单的成本太高，每次交付后还会给车装上笨重的包装袋和一袋袋干冰。贝佐斯最终同意道格·赫林顿的观点，即亚马逊需要重塑其零售业务，但必须找到全新的方法来实现这一点。

当日送达服务

这时，正如亚马逊历史上反复上演的，竞争对手的出现迫使贝佐斯和S-team下定决心。杂货电商和快递的竞赛变成他们必然会投入巨大注意力和资金的一项"唯快不破"的角逐。

两个竞争对手使用类似的商业模式推出了当日送达服务。旧金山初创公司Instacart由阿普瓦·麦赫塔创立，他曾是亚马逊物流部门的5级高级工程师（换句话说，从1级仓库工人到12级的贝佐斯，5级算是这个体系里层级较低的员工）。

Instacart从原来支持Webvan的包括红杉在内的风险投资公司筹集了数百万美元投资，并与全食超市、开市客和西夫韦等食品连锁超市建立了合作伙伴关系。然后，它与携带智能手机的拣货员签订合同，从超市帮客户取走订单商品，并与司机用自己的汽车将商品送到客户家中。没有库存风险或昂贵的雇用合同，因为工人都是独立的承包商。由于几乎没有固定成本，这家初创公司拥有巨大的杠杆。

在 Instacart 于 2012 年崭露头角并开始疯狂扩张到新城市之后，亚马逊的并购团队试图联系它以了解更多关于该公司的信息。聪明的阿普瓦·麦赫塔清楚亚马逊的伎俩，没有回电话。

第二个挑战者在当时看起来更加危险。亚马逊的主要竞争对手谷歌推出了一项名为"谷歌购物快递"[7]的服务（后更名为"谷歌快递"），为客户提供来自开市客、塔吉特和 Smart&Final 等零售商的无限制当日送货服务，年费 95 美元。2014 年，该服务扩展到芝加哥、波士顿、华盛顿特区，很快就来到贝佐斯的大本营西雅图。对于这家搜索巨头的真实意图，当年秋天，谷歌董事长埃里克·施密特在柏林的一次演讲中明确说："很多人认为我们的主要竞争对手是必应或雅虎，但真的不是它们，我们最大的搜索业务竞争对手是亚马逊。人们不把亚马逊视为搜索引擎，但当你想买东西时，你往往会去亚马逊上找。"[8]

对于哪个竞争对手的威胁更大，亚马逊高管和员工各持己见。杰夫·威尔克承认，谷歌快递的服务覆盖普通商店和大型超市的各种商品，"表明客户更喜欢更快的送货方式"。但其实两者都很危险。过去，亚马逊只是收购了美捷步和 Quidsi 等竞争对手，这些公司专注在某个细分品类，提供卓越的产品品质和交付速度。但现在的 Instacart 和谷歌，是它无法收购也不能回避的直接挑战者。

随着贝佐斯将时间花在 Alexa 等新项目上，他将亚马逊消费品业务的日常运营交给了零售部门主管。那年 9 月，面对谷歌快递的攻城略地，威尔克与亚马逊 Prime 团队进行季度业务总结，并要求他的高级副手们提出应对威胁的建议。后者提议扩大针对Prime会员的当天送达商品范围，但额外收取一些费用。威尔克认为这还不足以和对手的服务竞争，拒绝了这个建议，并如他后来所说，"在会上直接大发脾气"。

威尔克宣布他想从一个完全不同的角度来解决这个问题。他们将组建独立团队来构建一个独立于亚马逊网站的服务，专门致力于提供超快速交付。他宣称，目标是在100天内推出该服务。亚马逊的运营主管戴夫·克拉克将与赫林顿一起负责这项工作。

在会议上坐在威尔克旁边并做笔记的是他的技术顾问，一位在亚马逊工作了十年的资深员工，名叫斯蒂芬妮·兰德里。当她尽职尽责地打字时，她的屏幕上弹出了一个聊天窗口，来自坐在房间对面的克拉克，问她是否想牵头负责这个新项目。事实上，她想。

兰德里是一位冉冉升起的新星，身上具备很多贝佐斯领导力模型所倡导的管理人才特质——注重细节，顽强的决心，对下属的无情驱动。她来自纽约市，曾就读于韦尔斯利学院，主修女性理论研究。毕业后，她得到了学校的资助，花了一年时间建造各种木船。之后，她在互联网泡沫破灭期间加入了一家陷入困境的互联网公司，获得了密歇根大学的MBA学位，于2003年加入亚马逊运营部门，研究如何改造其仓库以容纳书籍、DVD和小型消费电子产品以外的商品。在她的第一张员工证件照上，她的打扮像个莫霍克人。

兰德里加入了西雅图最初的Fresh团队，管理赫林顿为破解CRaP问题而启动的另一个项目Prime Pantry（Prime货柜），当时该项目正卡在半路，苦无进展。这项服务永远无利可图，它用大箱子快递给会员比较重的家庭必需品，如谷物、意大利面和瓶装水，只收取极低的费用。

在她的新工作中，兰德里的第一项任务是撰写公关常见问题解答，一个初拟的新闻稿，让人对威尔克想要的那种服务有一个初步印象。该文件及其后续修订版描述了一项基于智能手机应用程序的服务，兰德里开始的时候称之为 Amazon Magic，后来改为 Amazon ASAP。她提议组建三个独立的小组，每个小组都有一个以魔法为主题的名字，各自采取不同的方法来实现超快速交付这个目标。

一个小组开发一种代号为"胡迪尼"的零售服务，该服务选择亚马逊上最受欢迎的产品，存储于占据战略性位置的城市仓库并进行销售。这将使亚马逊能够在几个小时内将经常购买的商品交付给客户。

另一个小组采用第三方商城模式的方案，代号为"科波菲尔"，寻求与零售店和杂货店建立合作伙伴关系，并在新的亚马逊智能手机应用程序上列出它们货架上的产品，就像谷歌快递和 Instacart 那样。

最后成立的第三个小组，负责实践一个代号为"变！"的创意。它将选品的范围局限在更少数的畅销产品，用卡车或面包车把它们在不到十分钟的时间内送至周围社区。事实证明，这种方法很复杂，而且有与其他方法重叠的风险，造成混乱，很快就被搁置了。

贝佐斯批准了这些计划，但并没有像沉浸于 Alexa 等新技术项目那样关注它们的开发。他查看兰德里通过电子邮件发送给 S-team 的每周更新，并偶尔回复邮件，提出一些问题。不过，他也确实做了一个重大贡献：在 2014 年 11 月的一次会议上，他推翻了 Amazon ASAP 这个名字，将这个项目重新命名为 Prime Now 服务，将它与亚马逊不断扩大的会员俱乐部更紧密地联系起来。兰德里和她的团队不得不在最后一刻手忙脚乱地修改品牌内容。

那时，他们所有人每天工作 18 小时，每周工作 7 天，向他们的 100 天目标冲刺。在西雅图，工程师们上线了新的 Prime Now 应用程序，和相应提供给司机使用的智能手机工具——"兔子"（Rabbit），为送货路线提供导航。亚马逊计划聘用全职司机来推出业务，然后再过渡到由优步和 Instacart 推广的那种自由承包商模式。

在曼哈顿中城，亚马逊决定推出 Prime Now 的"胡迪尼"部分。员工开始往帝国大厦对面亚马逊自己办公楼内的一个 5 万平方英尺的仓库储存流行商品，如 Beats 耳机、咖啡研磨机、卫生纸和瓶装苏打水。圣诞节来临前几周，他们分散在中城附近，在"胡迪尼"覆盖的服务范围内测试订单。兰德里和她的伴侣以及他们两岁的儿子甚至搬到布鲁克林的一间爱彼迎民宿，边做足疗边下单了一双哈唯纳人字拖，足疗还没做完，鞋就送到了。

亚马逊于 2014 年 12 月 18 日推出了 Prime Now，但放弃了将整个帝国大厦用礼品纸包裹起来的推广计划。由于最后一刻某些细节的延误，兰德里和她的团队比最后期限迟了 11 天。虽然晚了，但还不算太严重。威尔克很满意。该服务为曼哈顿部分地区的 Prime 会员提供两小时免费送货服务，如果希望一小时收到货物，只需额外付费 7.99 美元。之后，服务范围逐渐向外扩展。发布会后，贝佐斯被拍到在他位于中央公园西区的公寓外面拿着一个牛皮纸 Prime Now 包装袋，旁边是一个不起眼的送货员。

但"胡迪尼"还是相对容易的部分。相比之下，为零售店提供在线食品销售的"科波菲尔"项目更重要。人们不介意为 Beats 耳机或一双拖鞋等几天，但他们通常会想立即拿到订购的食品。为了寻求合作，Prime Now 的高管和亚马逊业务发展团队负责支持该项目的同事，参观了位于辛辛那提的克罗格总部、位于加利福尼亚州普莱森顿的西夫韦超市和位于洛杉矶的格尔森超市。杂货超市都惧怕亚马逊，对 Prime Now 无动于衷，却担心 Amazon Fresh，尽管它只在少数几个城市运营。

贝佐斯特别热衷于签约另一家连锁店——乔氏超市。同事们说，他对这家商店及其各种独特、高品质的自营品牌产品着迷。亚马逊在德国的负责人拉尔夫·克雷柏被派往位于德国西部的城市埃森会见该连锁店的所有者，拥有欧洲连锁超市巨头阿尔迪集团的深居简出的阿尔布莱希特家族。他报告说，会面很快就结束了，阿尔布莱希特夫妇不想与亚马逊合作。

最后，"科波菲尔"小组的高管们飞往奥斯汀，向全食超市推销 Prime Now 服务。约翰·麦基没有参加会议，但他的副手迅速拒绝了。全食超市已经与 Instacart 建立了独家合作关系。此外，他们还要求了解更多有关 Amazon Fresh 的信息，并表示对于 Fresh 送货卡车停在全食超市停车场的消息感到不高兴，认为这是一个低级的促销噱头。合作没谈成，亚马逊高管离开了。他们永远搞不明白为什么这么多公司将亚马逊视为有害的威胁，即使它颠覆了每一个它进入的行业。但会议也不是完全没用，在准备过程中，亚马逊的业务开发人员研究了全食超市的店面投资情况，发现它与 Prime 会员的地理分布完全一致。

"科波菲尔"服务原定于 2015 年 3 月在纽约推出，作为"胡迪尼"的补充。但由于缺少大型合作伙伴，以及从超市货架上拣货的复杂性，让推出延迟了几个月。最后上线时，只有少数当地商店和亚马逊合作，全国性品牌只有一个，也是全食超市的竞争对手——加州田园超市。即便如此，Prime Now 服务还是覆盖了整个纽约市，并扩展到伦敦、洛杉矶、旧金山、亚特兰大、达拉斯和迈阿密等城市。

Prime Now 的员工后来承认，服务的推出非常仓促。开始的时候，它缺乏一些关键功能，例如，处理客户退货。当客户遇到问题时，亚马逊会毫不犹豫地退钱给他们，承担损失。快速配送的成本也很高，在房租很贵的都市区租赁和运营仓库更是如此。因此，多年来，Prime Now 都是一个巨亏的业务。

但该计划堵住了亚马逊城墙上的漏洞，解决了 Instacart 和谷歌快递构成的竞争威胁。在亚马逊内部看来，在艰难的条件下，整个 Prime Now 的努力取得了成功，斯蒂芬妮·兰德里被要求在西雅图钥匙球馆举行的年度全员大会上发表讲话。与不友好的零售商的合作失败也启发了亚马逊。由于合作机会有限，如果亚马逊想要在竞争激烈的行业中取得成功，它就必须亲自在日用品和杂货的供应链上进一步深入。

自营品牌产品的开发

在 Prime Now 大举进军新城市的过程中，道格·赫林顿向杰夫·贝佐斯介绍了他正在推进的杂货项目的新进展。2015 年秋季，赫林顿和他的副手在第一日北楼贝佐斯的会议室和他开会，项目员工在三个街区外的 Roxanne 大楼的办公室里通过电话收听。他们讨论了重要的日用品自营品牌 Bloom Street，计划将其贴在各种杂货和家庭护理用品上，如咖啡、零食、葡萄酒和剃须刀，来打造一个类似开市客享誉全球的科克兰的主打品牌，科克兰当时的年销售额达到惊人的 300 亿美元。

与贝佐斯要参加的此类亚马逊评估会议一样，赫林顿的团队已经为之准备了几个月。他们构思产品，找到制造它们的工厂，协商价格并设计标识。赫林顿甚至带来了首款 Bloom Street 咖啡，让贝佐斯品尝。据参加会议的两名员工透露，贝佐斯品尝了一番，然后走进会议室，宣布自己非常喜欢咖啡。但随后，他说他一点都不喜欢这个品牌的概念。

亚马逊后来在一份声明中表示，"杰夫只是认为 Bloom Street 不够惊艳，认为我们可以找到更有趣和更有创意的东西"。但参与该项目的几名员工听到了更复杂的解释。Bloom Street 与亚马逊的联系太显露了，产品包装上带有亚马逊的微笑标识和其他商标。这些员工得知，贝佐斯不想在相对缺乏创意的食品品牌上搭上亚马逊的名声和声誉。他要求彻底重做，并要求团队测试各种日用品品牌，无论名字里是否有"亚马逊"。由于这是一个非常容易引起关注的创新领域，他现在希望非常密切地了解团队的后续工作。"杰夫果断地踩了刹车。"该项目的一名员工 J.T. Meng 回忆道。

会议将亚马逊消费品团队推出自营品牌产品的时间推迟了六个月。但他们有充分的理由继续推动：零售商自营品牌约占美国零售市场总额的 20%，在英国、德国、西班牙和瑞士等欧洲国家更是占 40% 以上。[9]通过直接与制造商合作，零售商可以大幅降低价格，提高利润率，并通过独家产品培养顾客忠诚度。"我们进来得已经有点晚了，"赫林顿说，"与我交谈过的供应商总是问我，'你们什么时候开始做自营品牌？其他人几乎都有了'。"

亚马逊已经拥有自营品牌商品，主要是在其硬线和软线部门。迄今为止，业绩记录喜忧参半。有一些比较成功，比如电池、HDMI（高清多媒体接口）电源线和一系列以"亚马逊倍思"为品牌的电子配件商品，另外一些则失败了。据一位在品牌部门工作的员工称，亚马逊的 Pinzon 床单曾被召回，因为标签不规范。一条户外家具生产线因质量问题停产。很多产品被退回后，只能扔掉处理。最著名的是，亚马逊于 2014 年 12 月大张旗鼓地推出了尿布和婴儿湿巾，品牌的名字是"亚马逊元素"。尿布的评论区很快就被父母们抱怨不合身和漏尿的一星评价淹没了。几周后,亚马逊丢人地将尿布从网站上撤下来,一些员工认为,这一系列公关灾难导致贝佐斯对推出单一、惹眼的快消品牌持保留态度。

Bloom Street 团队与贝佐斯会面之后,赫林顿和团队重新调整了他们的自营品牌战略,创建了几个品牌,包括一些与亚马逊没有明显联系的品牌。[10] 2016 年夏天,这些商品开始出现在网站上,名字多少有点奇怪。有"快乐肚皮"咖啡,零食,香料,"变!"家用清洁产品,以及"妈妈熊"孕婴用品,包括重新推出的尿布,由消费品巨头金佰利负责制造。

顽皮 Prime(Wickedly Prime)是贝佐斯和赫林顿及他的一名副手桑尼·杰恩共同开发的美食品牌,于 2016 年底推出了各种奇特零食,如椰子太妃糖烤腰果、车前草片和辣杧果口味的混合零食。几个月后,"亚马逊元素"重新推出并保留了该品牌在成分透明度方面的创新。维生素、补充剂和蛋白粉的包装上有"真伪代码",用户可以使用智能手机应用程序扫描代码,查看产品成分和产地信息,但很少有客户会用。

尽管如此,贝佐斯和其他亚马逊高管希望整个业务能够发展得再快些。他们设定了"S-team 目标",例如,要求团队增加一定数量的产品种类。亚马逊内部此类目标大约有 500 个,在每个自然年年底得到 S-team 批准后,成为每个业务部门最重要的指标。如果完不成,团队就需要经常汇报进度并做出解释。这是 S-team 管理这个由松散业务部门组成的庞大企业的主要方法。

在激进的目标之下,自营品牌团队成了全公司瞩目的焦点。他们必须用源源不断的新产品来填补亚马逊目录中的空白,保持高品质,不能犯任何损害公司声誉的错误。当时的员工描述了充满高压的工作环境，各个品牌团队相互竞争，每个人都要对自己产品的利润表负责。与此同时，贝佐斯会亲自监督所有新产品的研发，不断要求加快进度。

许多自营品牌业务的员工后来承认，他们为了摆脱这种困境走了一条捷径：他们利用了亚马逊庞大的数据宝库。多年后，这个事实成了美国和欧洲监管机构关注的焦点。他们要求亚马逊回答：公司是否利用其作为零售商可支配的独特工具和专有信息，来实现其自营品牌的不正当竞争优势？亚马逊是否实际上在与自己的供应商和卖家的直接竞争中作弊了？

一个叫"心跳"（Heartbeat）的亚马逊数据库，存储亚马逊网站上的所有用户评论。员工通过这些数据就能发现优化已有产品以提升用户满意度的有效模式。例如，在狗便便袋这一非常重要的品类中，用户评论表明，人们经常不知道应该从哪一端打开袋子。因此，"亚马逊倍思"牌子的狗便便袋子就加上了一个蓝色箭头和"从这边打开"的字样。另一个有价值的工具是亚马逊的 Vine 程序，[11] 这个程序邀请有影响力的评论用户试用免费样品，然后把评价写下来，从而促使产生更多积极热情的评论。

几位不愿透露姓名的亚马逊自营品牌经理承认，他们还借助了一种比产品评论更宝贵的资源——在亚马逊搜索结果中排名靠前的位置。当他们推出一个新品牌比如"妈妈熊"尿布时，会通过"搜索种子"的方法，将新产品的初始相关性分数与已有知名产品（如帮宝适）的分数联系起来，至少在最初几天。这样的"妈妈熊"就会出现在搜索结果的顶部，而不是和其他新品牌一起，出现在用户很难发现的搜索结果最后一页。

当我问道格·赫林顿亚马逊是否改变了其自营品牌产品的搜索结果时，他断然否认了这种做法。"我们根本不会操纵搜索结果。"他说。

第 8 章 / 亚马逊的未来

他还补充，亚马逊自营品牌有时会在搜索结果中位于显眼的广告位，是因为它们"对客户来说很划算"，如果客户没有反应，产品就会很快从这些位置消失。他还将亚马逊的策略与竞争对手实体零售商的策略进行了比较，后者将止痛药等一般品牌产品放在泰诺和布洛芬旁边，占用有限的货架空间，而亚马逊拥有"无限的货架"，赫林顿说，客户有各种各样的选择。

但亚马逊的品牌经理表示，这些做法确实发生过，而且影响是巨大的。前自营品牌员工 J. T. Meng 回忆说，Amazon Essential 婴儿湿巾一款商品的销售额就超过整个网站该品类销售额的 20%，为了不破坏与宝洁、金佰利等公司的关系，他们取消了这款商品的"搜索种子"。一位与自营品牌团队合作的亚马逊经济学家补充说："亚马逊给品牌经理设立的目标非常高，他们就像斗牛犬一样。他们想尽各种办法把他们的东西展示出来。这就是亚马逊的方式。"

批评者和一些它自己的卖家指责亚马逊利用了另一个重要优势。亚马逊的自营品牌经理可以查看公司第三方商城的销售数据，快速识别新的消费趋势，发现哪些产品卖得好，然后进行复制。亚马逊高管声称他们采取了保护措施来防止这种数据窥探的发生。"我们不会使用独立卖家的数据来决定为自营品牌提供哪些商品。"杰夫·威尔克对我说。该公司在 2019 年的国会证词中仍坚持否认。"我们不会直接使用独立卖家数据进行竞争。"亚马逊律师内特·萨顿做证时说。

但三位负责推动自营品牌的经理表示，事实并非如此。

一位曾经参与新生活方式品牌 Solimo 工作的员工说，她在 2016 年加入公司时认为第三方数据的使用是不受限制的。工作一年后，她的老板向她展示了如何访问销售数据，并让她在需要的时候去找亚马逊的数据分析师帮忙。这个要求匿名的员工后来查看了第三方销售情况，找出销售速度最快的维生素补充剂、销售量以及每种产品的平均价格和盈利水平。

作为证据，她分享了她在亚马逊期间保存的一份第三方卖家销售的益生菌电子表格。它显示了各个市场卖家及其产品，包括过去 12 个月的销售额和每个产品的平均价格。"我们会看看竞争对手在做什么，有时会完全复制它们的产品，或者半定制，再贴上亚马逊的标签，"她说，"一直有人强调这样做是犯规的，但后来我发现这已经成了一个'公开的秘密'。"

《华尔街日报》2020 年的一篇文章报道了亚马逊前自营品牌员工的类似指控，他们称这种做法为"越界"。[12] 报道讲述了一个布鲁克林的四人公司 Fortem 的遭遇，他们出售一种可折叠的行李箱整理器。亚马逊发现这个产品成功了，于是以 Amazon Basics 为品牌，推出了一款竞争产品。"我们严格禁止员工使用非公开的、专属卖家的数据来确定推出哪些自营品牌产品。"亚马逊告诉《华尔街日报》。这些披露进一步推动了美国和欧洲对亚马逊的反垄断调查。

对监管机构而言，最本质的问题是这一切是否给亚马逊带来了不公平的竞争优势。早在 2017 年，当道格·赫林顿领导下的自营品牌业务扩张如火如荼时，数据和内部工具几乎肯定有助于团队发展业务，完成 S-team 设定的高目标。但他们收集的大部分数据，竞争对手也很容易得到，要么通过抓取亚马逊网站数据，要么通过尼尔森等收集消费者趋势数据的研究公司。至少在消费品方面，当时的许多自营品牌产品——从快乐肚皮花生、格兰诺拉麦片棒到顽皮 Prime 烤杏仁——似乎并没有伤害竞争对手的品牌，至少与其他大型零售商的做法没有区别。亚马逊在一份声明中补充说："所有零售商都拥有店中最受欢迎或客户经常询问的品牌和产品信息，并使用这些信息来决定提供哪些自营品牌产品。"

新产品并没有为亚马逊的家庭日用品牌 Prime Now 和 Amazon Fresh 带来更高的欢迎度和盈利能力。和大型日用品连锁超市如全食超市的自营品牌相比，亚马逊的自营品牌几乎没有产生任何吸引力和有价值的财务贡献。全食的 365 Everyday Value 品牌覆盖了从牛奶到肉类再到枫糖浆的所有产品，传达出一种经济而健康的感觉，占整个超市销售额的很大比例。可是亚马逊在很大程度上仍然是工程师、MBA 和一位自诩传奇发明家的 CEO 的领地，还是不擅长日用品零售。

* * *

但贝佐斯打算继续尝试。他还有两个点子，目标是与杂货店顾客建立联系并解决 CRaP 的困境。它们至今仍是亚马逊历史上最奇怪的项目，在这样的项目上，外人也可以一窥亚马逊那些古怪的公司仪式。

第一个是贝佐斯在 2014 年一个天马行空的头脑风暴会议上提出的，最开始的时候，他把这个概念称为"牛排卡车"。道格·赫林顿回忆说，就类似一个"成人版冰激凌车"，把牛排装在一辆面包车或卡车上，开到灯火通明的热闹街区，卖给居民。这对顾客来说很方便，也很划算，因为肉是批量出售的。最终，亚马逊甚至可以预测需求，消除超市的低效和食物浪费。

这个想法看上去非常有吸引力，一位高管甚至被指派编写公关常见问题解答，亚马逊通过模仿产品发布时的新闻稿，来启动新项目的开发。这份文件给了这个想法一个正式的名字——宝藏卡车。车上会装饰以泡泡机和数字显示器，来传达一种狂欢般的氛围，卡车还会向附近顾客的智能手机发送提醒信息，告知当天出售的商品。

2014年秋季，赫林顿组建了一个"两个比萨"团队来开发这个项目，同时推进 Prime Now 和自营品牌业务。尽管这个想法本身很异想天开，但其背后的技术问题却很有挑战性，例如，卡车如何只向附近的顾客告知它的存在，如何冷藏肉类和海鲜。

到 2015 年春天，团队已经申请了两项专利，但该项目仍未启动。员工开始日夜工作。他们从芝加哥的一家定制汽车制造商那里购买了一辆原型卡车。它看起来像一个巨大的纸板箱，可以像变形金刚机器人一样展开，露出巨大的屏幕、闪烁的灯光和一个装饰着塑料鲑鱼的旋转轮子。参与该项目的员工表示，这个原型卡车的成本约为 25 万美元。他们把它藏在南联合湖的一个停车场里，并准备在 6 月推出这项服务，但卖的不是牛排这种容易腐坏的东西，而是 99 美元一个的立式滑板。

然而在服务正式推出的前一天晚上，在媒体已经获悉消息后，内部测试却发现了一个软件错误，它会错误地通知购买该产品的客户说产品已售罄。发布被推迟了，遇到麻烦的项目成员不得不用星期六加班来分析问题的原因。亚马逊还派出了"首席工程师"们——亚马逊内部由十几名技术奇才组成的精英团队，他们就像跳伞队员一样，帮助项目诊断问题，解决麻烦。

首席工程师们花了两周时间"审问"宝藏卡车的员工，撰写了"错误更正"报告（COE），这是亚马逊内部在出现问题时撰写的绝密文件。在痛苦的自我反省中，灾难再次降临：一名初级员工意外向所有注册宝藏卡车的用户发送了一个短信，错误地宣布促销即将推出，以及价值 99 美元的滑板的销售。曾大力报道整个事件的西雅图科技博客 GeekWire 称这个项目"迅速成了亚马逊历史上最糟糕的产品发布"。[13]

七个月后，随着原来的项目经理离开和一群新项目经理的到来，宝藏卡车终于行驶在了西雅图随山势起伏的街道上，以64%的折扣兜售GoPro摄像机。在接下来的几个月里，这辆卡车陆续推出宫城县至极牡蛎、野生帝王鲑鱼、感恩节火鸡、新款的亚马逊Echo，以及《哈利·波特与被诅咒的孩子》。该团队定制了新卡车，不像原来那样花哨和昂贵，并把它扩展到美国25个主要城市。

但这项服务从来没有像杰夫·贝佐斯和道格·赫林顿所希望的那样，做到遍地都是和受人欢迎。互联网评论家看不明白这个项目，对一些莫名其妙的商品和定价也是嗤之以鼻（"坐浴盆喷雾器售价19.99美元，打六折"）。一辆停在西费城停车场的宝藏卡车在凌晨1点30分起火。[14] 贝佐斯在2017年的致股东的信中简短地吹捧了这一服务，但财务团队的一位高管告诉我，它的收入情况一直非常糟糕，从来没看到盈利的希望。亚马逊刚起步的杂货服务想要赢得用户的兴奋和忠诚，它需要的是完全不同的东西，比如客户热衷的特色产品。

好吧，贝佐斯在这方面也有一个想法，同样奇怪。2015年8月，《华盛顿邮报》发表了一篇看完令人反胃的报道，提到一个汉堡包可能用了来自100头牛的肉。一位肉类经销商告诉该报，汉堡肉饼如果只用一头牛身上出产的肉理论上会味道极佳，但这"既难又贵"。[15]

这个报道引起了贝佐斯的注意。他似乎越来越喜欢冒险，一个例子是，他在纽约市探险家俱乐部的一次聚会上品尝了一只鬣蜥。[16] 在与赫林顿开的另一次头脑风暴会议上，他建议找一个牧场来生产"单牛汉堡"，把它变成亚马逊独家特色产品。"我真的认为你应该试试这个。"贝佐斯告诉赫林顿，后者回想起刚刚听到这话时，还以为是个笑话。贝佐斯接着说："它能有多难？"

该项目被分配给Amazon Fresh内部的一个新的烹饪创新团队，

并立即被确立为一个 S-team 目标——贝佐斯和他的领导委员会密切监控的高优先级任务。一位名叫梅根·罗塞特的产品经理负责寻找实际实现方法。开始的时候，她联系的肉类供应商告诉她，这根本不切实际，还会伤害他们的生意。她说："我觉得我总是在实现几乎不可能实现的疯狂而艰巨的目标。"

不管怎样，罗塞特和她的同事在靠近墨西哥边境的圣迭戈县找到了一个可以生产这种汉堡的牧场。那年春天，他们与牧场合作，设计出冷冻肉类运输的方法，并设计出解冻时不会泄漏的包装。2016 年 6 月，亚马逊在 Fresh 网站和智能手机应用程序上大肆促销"单牛汉堡"，宣传含半磅和牛牛肉的汉堡，含有 80% 的瘦肉和 20% 的脂肪。该公司还为 Alexa 准备了一个答案，以备有人问它单牛汉堡是什么——"用来自一头牛的肉制成的牛肉汉堡"。

客户的初步反馈不错。一个评论者在亚马逊网站上写道："这些汉堡个大、多汁又好吃！"但几个月后，贝佐斯向 Fresh 的高管们发送了一封电子邮件。他觉得包装太难打开了，而且汉堡太肥了，滴下的脂肪让他的烤架着火了。

罗塞特认为优质和牛牛肉应该用铁锅煎，而不是在烤架上烤。但她不打算主动向 CEO 提出烹饪建议。她也惊讶于贝佐斯竟表现得如此关心。"这绝对是我生命中一个'不敢相信竟会发生的时刻'。"她说。

于是，罗塞特回到她的供应商那里，后者将工作转包给佐治亚州的另一个牧场，该牧场可以生产瘦肉和脂肪比例大约 9∶1 的亚伯丁安格斯牛肉汉堡。在反复测试各种口味后，罗塞特制作了第二个单牛汉堡，包装很好拆，并准备在 2017 年 1 月之前推出。Fresh 团队给贝佐斯的办公室发送了样品，几天后消息传来——他很满意。

该项目再次体现了亚马逊内部不同的创新风格。员工不会从他们理想化的客户那里"倒推",客户从来没有要求这样的发明。他们的创新全可追溯至贝佐斯的直觉,迎合了他时常不拘一格的"口味"。贝佐斯的想法常常很准确,尤其是在尖端技术方面。但最终,Amazon Fresh 推出的单牛汉堡和其他烹饪创新几乎没有引起关注,或增加收入。

罗塞特坚持了几个月,但觉得她的努力没有得到认可。她称工作环境"有压力,不快乐",所以她准备离开 Amazon Fresh。这就像一颗炸弹落下。

收购全食

2017 年 4 月 21 日,马特·耶鲁——为全食超市出谋划策抵御激进投资者的风投机构 Tusk Ventures 的监管事务主管——打电话给在奥巴马政府供职的熟人杰伊·卡尼,询问亚马逊是否有兴趣与这家有机食品超市会面,讨论一桩战略交易。卡尼将这位联系人转给了贝佐斯和杰夫·威尔克,后者又转给了亚马逊全球企业发展副总裁彼得·克拉维茨。4 月 27 日,两家公司在严格保密协议的掩护下开始谈判。

亚马逊决定对抛过来的橄榄枝做出积极回应时,似乎并没有表现得含糊其词。Prime Now 已经扩展到美国 33 个城市和少数海外城市;[17] Amazon Fresh 在 14 个大都市区以及伦敦和德国也开始运营。然而,这两个业务仍然赚不到钱,既没有实现杠杆作用,也没有实现规模,产品价格高,选择也很少。虽然亚马逊电子和时尚部门的自营品牌已经取得成效,部分归功于员工使用亚马逊独特但有争议的搜索和数据工具,但那些名字奇怪的消费品品牌却失败了。很少有顾客吵着要买顽皮 Prime 辣杜果混合零食。宝藏卡车和单牛汉堡也没有激起多大水花。

除了 Instacart 和谷歌快递之外，另一个令人担忧的新兴竞争对手也出现了。2016 年，沃尔玛以 33 亿美元收购了电子商务初创公司 Jet.com。它的创始人马克·洛尔现在负责沃尔玛的国内电子商务业务，但仍然耿耿于怀于亚马逊战胜并收购他以前经营 Diapers.com 的公司 Quidsi。他聪明地专注于在线杂货电商机会，利用这家零售巨头在美国的 4500 多家商店作为送货中心和取货点，并在亚马逊未触达的地方取得了真正的进展。

于是，在 2017 年 4 月 30 日这个星期日，约翰·麦基和三名副手从奥斯汀飞往西雅图，来到贝佐斯位于华盛顿湖的家的船库，与贝佐斯、克拉维茨、史蒂夫·凯瑟尔和道格·赫林顿会面。麦基讲述了全食超市悠久而让人自豪的历史，指出这家杂货店几乎是单枪匹马地普及了羽衣甘蓝的消费。但现在他家门口出现了贪婪的激进投资者。"我爱这家公司。我想保持独立，但看起来没有希望了。"根据道格·赫林顿的回忆，麦基说，"如果我只能被收购，我非常尊重和钦佩一家公司，那就是亚马逊。"

麦基后来形容这次谈话"就像坠入爱河。……第一次会议，我们就感到彼此默契无比"。[18] 当然，贝佐斯对创业者都情有独钟。他和麦基在某些方面很相似：注重细节，对自己的愿景固执坚持，对公众的批评不甘示弱。但麦基并不像贝佐斯那样精通技术，锐意创新。全食超市几十年来没有太大改变，这也是他的品牌和理想主义面临威胁的主要原因。

整个 5 月，全食超市继续收到艾伯森的合并提议，同时保持与亚马逊的秘密谈判，回应后者源源不断的索取更多信息的要求。5 月

23 日，亚马逊提出以每股 41 美元的价格收购全食，比其股价溢价近 27%。亚马逊补充说，它不会进一步谈判，并威胁说如果报价泄露，将撤回报价。全食超市回应要价 45 美元；亚马逊勉强提高到每股 42 美元，并表示这是其最后的报价。

两家公司于 2017 年 6 月 16 日宣布了这桩 137 亿美元的交易，震惊世界。最著名的电子商务公司正在收购最具标志性的杂货连锁店之一。杰夫·威尔克那天早上飞往奥斯汀，在那里他与全食超市的高管一起参加了在公司礼堂举行的全体会议。麦基得意扬扬地宣布，在与亚马逊联姻后，他将继续担任 CEO 一职——"直到死亡将我们分开"。他还无情地嘲笑威尔克把藜麦称为蔬菜。

华尔街对贝佐斯的一举一动充满信心的一个显著迹象是，该交易当天推动亚马逊股价飙升，市值增加了 156 亿美元，超过 4750 亿美元（这也暂时导致竞争对手的库存呈螺旋式下降。这对 Instacart 来说是一个福音，随着亚马逊的竞争对手恐慌地争相转向网上并应对亚马逊的威胁，Instacart 很快成了最大的受益者）。路博迈的董事总经理查尔斯·坎特，可以说是因他的一封信启动了整个事件的链条，他告诉路透社，由于股票升值，"有一种说法是亚马逊免费收购了全食超市"。[19]

但亚马逊仍要付出代价，尽管在很大程度上外人看不到。亚马逊现在不得不调整十年来相互交叠的杂货项目，将它们与 465 家实体店及其配套供应链和过时的技术系统结合起来。贝佐斯和威尔克的下一次讨论，转向应该由哪位高管来负责这项巨大的工程，并监督麦基和他的团队，讨论的结果是史蒂夫·凯瑟尔，后者负责 Amazon Go 和书店的运营，而且团队规模全公司最小。

联邦贸易委员会于 8 月批准了此次合并，认为这两家公司不是主要竞争对手，而且此次收购并未大幅减少竞争。之后，凯瑟尔实施了一系列快速变革。Prime 会员折扣、亚马逊储物柜、Kindle 和 Alexa 设备都进驻了全食超市。在亚马逊的网站和智能手机应用程序上，全食超市 365 Everyday Value 无所不包的产品快速丰富了陷入困境的亚马逊自营品牌。可能是这家杂货连锁店史上的第一次降价也带来大量好评——这成了约翰·麦基永远的烦恼。亚马逊还为全食的供应商规定了统一的标准和更严格的财务条款。[20]

亚马逊没有替换全食的管理团队。激进投资者曾开玩笑说贝佐斯需要多少天才能解雇约翰·麦基。但贝佐斯经常放手被收购的公司由其古怪的 CEO 自主经营，就像他多年前对待谢家华和 Zappos 一样。[21] 他更愿意从他们的经验中学习，并从中汲取数据和商业经验。

现在，贝佐斯必须对其五花八门的产品类别进行整合和规范，亚马逊此前没有遇到过这样棘手的问题。因此，他还授权给史蒂夫·凯瑟尔管理 Prime Now 和 Amazon Fresh。[22] 在接下来的几年里，凯瑟尔将这两种服务合成一个奇怪的混合体：Amazon Fresh 的网站、智能手机应用程序和品牌名称在很大程度上取代了 Prime Now（尽管为 Prime Now 的粉丝保留了应用程序）。Prime Now 位于市中心的城市仓库和灵活的合同司机车队供应链，变成 Fresh 提供的新体验的一部分。全食超市和仓库中的产品开始提供 Fresh 服务，这是亚马逊多年前为"科波菲尔"项目设定的目标。这也再次证明，对于亚马逊这样规模和体量的公司而言，收购比合作更可行。凯瑟尔还将分散的、经常打架的杂货业务团队统一由一个经理——成功推出 Prime Now 服务的斯蒂芬妮·兰德里来管理。

早在 2012 年，道格·赫林顿就曾预测亚马逊的未来在于人们每天购买低价且几乎没有利润的商品。"以今天的商业模式，我们无法实现4000亿美元的目标,而且我非常担心我们不会进行必要的转型。"他在报告文件中郑重警告。但事实证明,这种恐惧是没有根据的。五年后,亚马逊已在出售种类繁多的CRaP。亚马逊迎来真正艰苦的工作:通过一个全世界最大的低薪工人和司机大军群体,把CRaP运到仓库储存起来,再送到客户家门口。

第 9 章
最后一英里

要了解亚马逊是如何运转一个世界上最大、最复杂的物流和运输网络的，我们必须再次回到过去，甚至追溯到更早时期这家公司在互联网繁荣和萧条时期那些在生死边缘挣扎的日子。1999 年，26 岁、戴着眼镜的前中学乐队教师戴夫·克拉克刚刚加入亚马逊，那时，该公司只有美国的 7 个仓库和欧洲的 3 个仓库，完全无法应对疯狂的假期销售高峰。到 2012 年他接任全球运营负责人时，亚马逊运营着大约 40 座配送建筑，大部分位于偏远地区，[1] 这种策略的目标是尽量降低亚马逊的人工费用和税收负担，而不是为客户提供最好的服务。他们还要依靠低薪员工每天平均行走 12 英里从货架上寻找和挑选正确的商品。

到 2017 年 8 月，当亚马逊已经同意在美国大多数州缴纳销售税，并完成了对全食超市的收购时，它的供应链看上去全然不同了。其供应链由位于美国的大约 140 个物流中心和国外的数十个物流中心组成，许多坐落在城市中，内部全是矮墩墩的橙色机器人，在人类员工之间来回穿梭，载着层层叠叠的黄色货架，上面堆满了商品。亚马逊还有数百座新的小型设施：按邮政编码组织打包的分拣中心；杂货类商品Prime Now 中心、配送站，合同司机从那里取包裹并运送到客户家中；以及为新的货运机队设立的机场枢纽，机场中闪闪发光的全新白色喷气式飞机的侧面印着蓝色的"Prime Air"字样。

随着物流设施数量的迅速增长，亚马逊仓库工人的待遇也受到越来越多的关注。媒体将亚马逊描述为一个冷酷无情的雇主，将利润置于安全之上，并逃避对其配送业务造成的伤害甚至死亡应承担的责任。克拉克当时是 S-team 中为数不多的与亚马逊的批评者开玩笑并在网上挑战批评的高管之一，他对每一项指责都做出了积极回应，宣称安全是亚马逊的重中之重。2019 年 9 月，克拉克发推特艾特康涅狄格州参议员理查德·布卢门撒尔称："参议员，你被误导了。"[2] 后者曾在此前指责亚马逊在对待公共安全上，采取了"无情"和"不道德"的手段。

戴夫·克拉克在佐治亚州道尔顿镇长大，这个地方聚集着大量地毯工厂，因而自称为"世界地毯之都"。据克拉克说，他的父亲是一名修补匠和自由企业家，曾研究无线电技术，建造九洞高尔夫球场和房子，并经常征召他唯一的孩子为地基墙挖地基。在他 9 岁的时候，他的父母把地毯装在一辆 53 英尺长的卡车拖车里，搬到佛罗里达州杰克逊维尔的郊区，开了一家地毯店。

克拉克的母亲在他高中时得了癌症，为了"少让父母烦心"，他先是在一个 Publix 超市找到了一份为顾客打包的工作，后来又去了今天已经倒闭的连锁超市瑟维斯商店。这些经验在克拉克接手管理另一家实体零售商全食超市时派上了很大用场。他作为奥本大学音乐系的设备经理，半工半读，获得该校的音乐教育学位后，在他以前上的初中做了一年初级军乐队指挥。"教 250 名从未演奏过乐器的七年级学生，可以让你为生活中的许多挑战做好准备。"他后来告诉我。

当克拉克在诺克斯维尔的田纳西大学就读商学院时，他遇到了吉米·怀特，他是一位富有魅力的沃尔玛前高管，杰夫·贝佐斯在 20 世纪 90 年代后期曾短暂雇用他尝试建立一种新的亚马逊配送中心。在怀特的提示下，克拉克和几个同学去了西雅图面试，但当时公司的其他人认为亚马逊是工程师而不是 MBA 的天堂。"我们知道你为什么来这里，"一名招聘人员对在大厅等候的克拉克说，"我们不喜欢你这种人才，所以别抱期望。"

尽管如此，克拉克毕业后还是在亚马逊运营部门获得了一份入门级分析师的工作。他的首要任务之一是研究小时工的报酬。然后他被派往东京，协助在那里建立亚马逊的第一个仓库。为这次旅行，他还办了人生中第一本护照。之后，克拉克被安排到肯塔基州坎贝尔斯维尔的一个物流中心，这对他的影响更大。他在那里建立的关系网最终影响了他的个人生活和亚马逊运营的未来。

该中心的总经理是亚瑟·瓦尔迪兹，他的母亲和贝佐斯的父亲迈克·贝佐斯一样，在同一次大规模移民行动"佩德罗·潘行动"中从古巴前往美国。他在科罗拉多斯普林斯长大，周遭全是物流的世界。他的父母都为 UPS 开车，这家人同时还经营着药品配送业务。

但是，即便这样，瓦尔迪兹还是无法应对每个假日季疯狂涌入亚马逊仓库的大量订单。瓦尔迪兹回忆说，他面临各种各样的问题，包括付钱给为亚马逊提供季节性劳动力的临时机构，贝佐斯不得不将钱汇入他的个人账户，让他可以开出支票。每当物流中心发货迟了，他都必须给贝佐斯和威尔克发邮件，解释原因以及他将如何解决。有一次，绝望的瓦尔迪兹给西雅图发了一封只有标题的邮件，标题栏只有

第 9 章 / 最后一英里

一个词——"投降"。

作为回应，威尔克派出增援部队。戴夫·克拉克负责监控从坎贝尔斯维尔物流中心流出的包裹。为了管理供应商的商品入库流程，威尔克还调动了来自亚马逊莱比锡子公司的德国物流主管麦克·罗斯。两人都向瓦尔迪兹报告。

从此，三人共同应对艰巨的挑战。2000 年，亚马逊同意为零售连锁商玩具反斗城处理在线销售业务，并将所有商品发送到坎贝尔斯维尔，以巩固其脆弱的资产负债表。第二年，它与塔吉特签了同样的协议。过多的库存使这座 77 万平方英尺的建筑不堪重负。为了满足新的需求，瓦尔迪兹、克拉克和罗斯租了大约 600 辆拖车，装满货物，停在这座人口只有 9000 人的小镇周围。"这纯粹是为了生存。"瓦尔迪兹说。

2002 年，在圣诞节前的关键日子里，暴风雪袭击了美国中西部地区。亚马逊与一家长途货运公司签订了合同，将订单从物流中心运送到 90 英里外路易斯维尔的 UPS 枢纽。风暴来袭，焦急的司机提早出发，留下了大量箱子未装载。亚马逊员工将剩余的箱子装进租来的莱德货车。克拉克驾驶着这辆货车在结冰的道路上行驶，而瓦尔迪兹则坐在副驾驶座位上。一路上，他们只在一家汉堡王得来速餐厅停了一次。

在路易斯维尔，他们在 UPS 的设施前吃了闭门羹。该枢纽由国际卡车司机兄弟会经营，只有工会成员才能卸下包裹。亚马逊反对工会，坚称他们插在公司与员工之间，增加了服务神圣客户的难度。瓦尔迪兹的唯一目标是及时卸下这些包裹以备圣诞节派送，他与该设施的经理通了电话，说服了他允许他们进去。

但经理也警告亚马逊高管，他们最好动作快点。克拉克将莱德货车开进装货码头，不属于工会的UPS经理们卸下了箱子，这时卡车司机们怒不可遏地冲了过来。他们跳上货车，敲打车窗和引擎盖，朝着克拉克和瓦尔迪兹大喊，赶他们离开。克拉克后来向员工讲述了这个故事。他说，这是亚马逊"客户至上"理念的一个例证，但它也恰巧揭示了亚马逊对工会工人极度反感的一个原因：工会工人似乎经常条件反射般地反对亚马逊为履行对客户的承诺所必须做出的许多临时调整。

总的来说，坎贝尔斯维尔物流中心的经历对瓦尔迪兹、克拉克和罗斯来说都是影响深远的。他们与贝佐斯、威尔克共度了大量时间，他俩每年秋天都会巡视亚马逊仓库的旧据点，这里是重要一站。有一次，他们向到访的贝佐斯介绍了雪茄和波旁威士忌。克拉克还在镇上遇到了他未来的妻子莉安妮。她是当地高尔夫俱乐部餐厅老板的女儿。

在坎贝尔斯维尔之后，瓦尔迪兹、克拉克和罗斯各自在亚马逊担任了一系列显要的职务。他们成长为高级领导者的历程，也是亚马逊运营成长的故事——富有人情味，也充满艰难险阻，却总能巧妙化解，他们中间一些小积怨和根深蒂固的观念，日后也对公司和社会产生了影响。这个故事的精髓是一份持续了15年的友谊。2008年5月，克拉克和莉安妮在西雅图市中心的费尔蒙奥林匹克酒店举行婚礼，麦克·罗斯担任司仪，而亚瑟·瓦尔迪兹则是伴郎。

严厉的家长式作风

完成坎贝尔斯维尔的任务后，罗斯转到英国解决那里的物流网络问题，而瓦尔迪兹则搬到达拉斯管理不可分拣商品的物流中心，这些设施存储和运输家具、平板显示器等大件与笨重物品。在瓦尔迪兹的大力支持下，戴夫·克拉克被提拔为特拉华州纽卡斯尔市一个物流中心的总经理，位于费城以南约 45 分钟车程的地方。

同事们说，克拉克的管理方式很原始，当员工不认真遵守他的指示时，他就会发火。他获得了一个"狙击手"的绰号，因为他喜欢安静地潜伏在场边，寻找和解雇偷懒的下属。他对员工也缺乏重视。在全体会议上，他总是会用"我会尽快回复你"来回避问题，但很少会真的回复。最后，在一次会议上，无法继续忍受的员工穿着印有"我会尽快回复你"字样的 T 恤挤满前几排。克拉克后来坚称他很欣赏这个反馈，甚至保留了一件 T 恤。

尽管如此，特拉华州物流中心的成果还是不错的，克拉克给当时唯一重要的人——运营主管杰夫·威尔克留下了深刻的印象。威尔克说："他向我证明，凭借真正的领导力，他可以吸引一大群人，包括非常有经验和固执己见的员工。"

在接下来的几年里，克拉克对亚马逊东海岸业务的权限逐渐扩大，直到 2008 年他被提拔到西雅图总部，担任一个名为"亚马逊客户卓越系统"（ACES）的项目负责人。这个系统要求他倡导丰田的精益生产模式，最大限度地减少浪费，同时最大限度地提高生产率，赋能员工。这个角色让他在一场哲学式的辩论中坐在前排，这场辩论最终影响到的是那些在亚马逊快速发展的物流中心工作的员工。

克拉克的新老板和精益生产的主要传播者是马克·奥内托，他曾是通用电气一位敢讲话的法国高管，当贝佐斯提升威尔克负责全部国内零售业务时，他接替了威尔克运营主管的职位。奥内托是精益生产的狂热崇拜者。他在物流中心设置了像"水蜘蛛"这样的角色，帮工人取来他们需要的东西，比如额外的打包带。他还推动了"防错"的概念，即防止人为错误的设计，例如，把自助餐厅垃圾桶的开口设计得非常小，这样人们就无法随意乱扔餐盘。

奥内托的目标之一是提升同理心和团队合作，总部的管理者担心亚马逊的运营正变得无情和苛刻。当时，亚马逊正在想尽办法评估员工的生产力，并积极推进"等级排名"，每年解雇表现最差的员工。另外，丰田的精益生产倾向让员工为同一家公司终身工作，但杰夫·贝佐斯强烈反对这种做法，他和奥内托在理念和方法上的明显差异导致了一系列重大冲突。

2009 年，奥内托的人力资源副手戴维·尼耶克撰写了一篇题为"尊重人"的报告，并在一次 S-team 会议上做了展示。该报告借鉴了丰田久经考验的精益思想，主张"公平待人"，建立"经理和员工之间的相互信任"，并赋予领导者以激励员工的权力，而不是充当维持纪律者。

贝佐斯讨厌这份报告。他不仅在会议上明确反对，还在第二天早上打电话继续责骂尼耶克。他说，亚马逊永远不应暗示它不尊重嵌入其运营方式的人。贝佐斯还郑重宣布，公司面临的最大威胁之一是心怀不满和保守顽固的小时工，比如工会工人，正是他们用罢工和复杂的合同谈判损害了美国汽车制造商的利益。（亚马逊后来否认贝佐斯说过这话）。他鼓励尼耶克和奥内托专注于确保那些无法在亚马逊内部得到晋升的物流中心员工最多在亚马逊待三年。

亚马逊随后对其仓库进行了几项改革，以防止这种危险。以前工人有资格在五年内每六个月得到小幅加薪，现在过了三年，就不再有加薪，除非员工升职或整个工厂的薪酬计划向上调整。亚马逊还制订了一项名为"给钱走人"的计划，其灵感来自它最近收购的 Zappos 的一个类似计划，为不再努力工作并想离开公司的员工提供数千美元。

贝佐斯也以其他方式表现出这种严厉的家长式作风。奥内托和尼耶克曾提出一项广泛的员工教育计划，为物流中心员工提供高达5500美元的四年制大学学费资助，贝佐斯则回应说："我不明白你为什么如此坚定地把我们的员工推向失败。"然后他解释说，对于绝大多数美国人来说，艺术和人文等专业的标准大学学位不会直接带来比仓库岗位更好的机会和薪水。这个计划后来变成了"职业选择"，为员工提供IT、医疗保健和交通等有需求专业的现场课程和学费报销。

经过这一系列斗争，马克·奥内托在亚马逊的位置也越来越不稳定。在S-team的会议上，他喜欢谈论他在通用电气为著名的CEO杰克·韦尔奇工作的时光。但是领导层的这些会议应该是用来反思一个人过去的经历和自我的。最终，奥内托与贝佐斯的关系变得糟糕到他的团队要求他保持沉默，甚至在他们汇报时不要出席。

奥内托的最后一根稻草，是2011年9月发表在宾夕法尼亚州阿伦敦的《早间电讯》报上的一篇报道。该报道称，那年夏天，亚马逊在利哈伊谷的仓库温度太高，导致工人晕倒并被亚马逊等在外面的救护车运送到附近医院。[3] 一名急诊医生甚至致电联邦监管机构举报亚马逊的工作环境不安全。

这是一场本应避免的灾难。在事件发生之前，奥内托向S-team提交了一份白皮书，其中有几个段落提议在亚马逊的设施中安装屋顶空调。但根据尼耶克的说法，贝佐斯以成本为由直截了当地驳回了这一要求。因《早间电讯》报的文章致使亚马逊遭到广泛谴责后，贝佐斯批准了5200万美元的费用，建立了一种看到媒体负面报道才会做出改变的模式，但他也批评奥内托没有预见到危机。

怒火中烧的奥内托准备提醒贝佐斯他最初的提议。同事们求他算了，但他不能。不出他们所料，会议进行得并不顺利。贝佐斯说，事实上，他确实记得那篇报告，但它写得太糟糕，而且内容模棱两可，所以没有人能理解奥内托建议的行动的目的。其他 S-team 成员对此畏缩不敢发言，贝佐斯宣布，整个事件证明了将无法清晰表达并用数据支持自己想法的人安排在领导岗位时会发生什么。

多年后，奥内托还是那样彬彬有礼，回忆起与贝佐斯的紧张关系，他表现得非常大度，并很自豪于他在亚马逊的那段时光。"做运营总会有艰难的时刻，因为你是一个成本中心，你总是把事情搞砸。"奥内托说，他后来宣布打算在 2012 年退休，"客气点说，贝佐斯有些时候对我的建议不是很高兴，但我不想过多批评。很多时候，他是对的。"

那时，戴夫·克拉克已被提升为负责所有北美物流中心的副总裁，极有可能成为奥内托的接任者，这将彻底改变亚马逊仓库的所有工作的本质。

强势而不妥协的运营者

贝佐斯不希望取代奥内托担任亚马逊运营负责人的，还是一个善解人意的商业哲学家。他在物色一个强势不妥协的运营者，可以通过减缓物流中心的成本增长（相对于亚马逊飙升的销售额）来发挥运营的杠杆作用。亚马逊的配送费用在 2011 年和 2012 年分别增长了 58% 和 40%。仅在 2012 年假期，亚马逊国内的物流中心就招聘了 5 万名临时工。这个数字不断上升，以满足预期的销售额增长。新的运营负责人必须对整个供应链进行严格管理，并弄清楚如何使用技术来提高效率。

克拉克是这个职位的主要竞争者。一个重要的竞争筹码，是他能否成功收购 Kiva Systems。这家位于马萨诸塞州雷丁市的机器人初创公司，制造类似 Roomba 的移动机器人。不需要人类员工每天步行十几英里从巨大仓库各处的货架上挑选商品，遍布在设施里的 Kiva 机器人操纵着微型商品集装箱，在看不见的软件之手的指挥下，演奏着一曲和谐的机器交响乐。

Kiva 背后的想法同样源于激发道格·赫林顿提出 Amazon Fresh 的 Webvan 的破产。Webvan 的一位高管米克·蒙兹在公司失败后意识到，电商公司实际上是付钱给工人让他们把 2/3 的时间用来走路。他设计了一种机器人系统，可以将货架上的商品运送给工人，提高他们的生产效率并消除仓库内部的物流管理瓶颈。几年后，他的初创公司 Disrobot Systems 更名为 Kiva，在霍皮语中，这个词与蚁群有关。

在接下来的几年里，蒙兹和他的同事开发出了产品原型，筹集了风险投资，并将他们的机器人卖给史泰博、戴尔和沃尔格林等公司。他们几次向亚马逊推销都没有成功，甚至还为赫林顿和 Amazon Fresh 进行了试用。亚马逊随后在 2009 年和 2010 年分别收购了 Kiva 的两个客户 Zappos 和 Quidsi，却将 Kiva 的机器人封存起来。蒙兹认为亚马逊是想煽动人们对这家科技初创公司的怀疑。随后，亚马逊在 2011 年春季提出以低价收购 Kiva 的要约，蒙兹拒绝了。

与此同时，亚马逊开始悄悄评估其他机器人公司，并要求它们设计一款仓库移动机器人。然而，这些努力都失败了，亚马逊提高了对 Kiva 的报价。一位代表 Kiva 的投行人士表示，随后的谈判"是我经历过的最痛苦的谈判"，亚马逊的特点是在每一点上都争论不休。交易在 2012 年初以 7.75 亿美元的价格完成后，Kiva 的高管们访问了西雅图，看到一个失败的机器人原型停在亚马逊的会议室里。

对 Kiva Systems 的收购是戴夫·克拉克的宝贝——他心底很清楚

它将如何改变亚马逊的物流中心，将不断飙升的可变劳动力成本转变为更可控的机器人和软件固定投资。根据彭博社多年后对克拉克的介绍，在一次讨论收购的会议上，他做出将假想的一堆筹码推到桌上的动作，说："我玩扑克只会一招，那就是全力押注。"[4]

与亚马逊的交易结束之前，蒙兹要求继续向其他零售商销售Kiva机器人来维持业务的增长。克拉克说没问题。"我不在乎你是否卖给沃尔玛，如果你愿意，它可以为我们的增长提供资金。"他告诉蒙兹。蒙兹向Kiva的客户传达了这样的保证，但他没有得到克拉克的书面承诺。收购两年后，克拉克和威尔克认为机器人提供的技术优势太宝贵了，遂逐一停止了对其他公司的Kiva机器人供应。

蒙兹很失望。"我在破坏于这个行业中建立的关系，"他说，"整件事情让我感到很难过。"他尝试直接求助于贝佐斯，但无济于事。

相比而言，蒙兹回忆说，贝佐斯最关注的是机械臂在物流中心的应用空间。为了满足CEO的兴趣并激发该领域的研究，他的Kiva联合创始人皮特·沃尔曼提出发起大学生"亚马逊拣货挑战赛"，题目是发明一种机器人取代人类把货物从货架上搬下来。[5]比赛的最高奖金为20000美元，持续举办了三年。现在看来，这个比赛没有推动多少机器人技术的实际进步，倒是导致了媒体对机器人可能窃取人类工作的进一步担忧。

在接下来的几年里，亚马逊稳步地重新设计了Kiva机器人，并将Kiva的软件迁移到AWS上。在新建的亚马逊物流中心中，这些机器人的采用取得了良好的效果。正如克拉克所希望的那样，他们提高了工人的生产力，并降低了亚马逊季节性劳动力需求相对于其销售额的增长速度。亚马逊因此可以建设更密集的物流中心，地面和夹层上满是托着货架来往穿梭的机器人。在2014年的一次电视采访中，克拉克估计亚马逊新物流中心每平方英尺可存储的货物量比以往多了50%。[6]

机器人还将体力消耗巨大、不停走路为特征的员工作业形态，转化为精神高度紧张的原地工作，一遍遍重复相同的简单动作。[7]（调查性报道中心的 *Reveal* 杂志在2020年的一篇报道引用了美国职业安全与健康监察局给亚马逊的一封信，称机器人使员工暴露于"人体工程学风险因素"，包括重复动作和每天站立长达10小时造成的精神压力。）软件强大的无形力量引导着机器人群，同时监控着工人的绩效，标记任何可量化的生产力下降，迫使员工接受绩效改进计划和可能的解雇。

对Kiva的收购让克拉克具备了贝佐斯所寻求的那种卓越运营领导者的资格。他于2012年接替马克·奥内托的职位，并于次年晋升为高级副总裁。克拉克现在是S-team的一员，他在坎贝尔斯维尔的老朋友麦克·罗斯和亚瑟·瓦尔迪兹也作为副手被调回西雅图总部，准备协助他实现杰夫·贝佐斯迄今为止最大胆的愿景。

自建物流网络

像亚马逊的许多管理者一样，克拉克非常符合贝佐斯式的领导力模板，智慧胜过情商。他喜欢谈论家庭和奥本大学的足球，大谈特谈亚马逊服务客户的使命，甚至带有浪漫主义的感觉。但是，数十名运营员工也将他们的老板描述为脾气暴躁的人，在大厅里几乎不和人打招呼。随着他管理的人越来越多，他也开始不愿意与副总裁级别以下的任何人开会。

从奥内托手中接过运营最高负责人职位后，他在与直接下属的电话会议上漫不经心地回忆起他在东海岸物流中心的旧绰号——狙击手，把他的下属吓得够呛。[8] 许多人后来惊恐地回忆起他那说过的一些臭名昭著的话，比如"这里没有艺术专业毕业生的位置"（尽管他学的是音乐教育专业）。一个团队曾提议在货盘和包裹中放置 RFID 芯片，以更好地跟踪货物在物流中心的轨迹。对这个建议进行评估的会议让人难忘：克拉克走了进来，看上去明显不喜欢这个计划，他说："告诉我为什么不应该马上解雇你们这里所有的人。"

这一切被克拉克的优势轻易地掩盖了，他拥有敏锐、善于分析的头脑，以及潜入最复杂的细节层面发现问题和不好趋势的精湛能力。他还拥有一项被证明在亚马逊非常有用的关键技能：他可以将贝佐斯雄心勃勃的愿景转化为接近现实的东西，然后将它们发展成在亚马逊庞大的规模下也不会分崩离析的系统。

2013 年圣诞节期间，亚马逊的主要物流伙伴 UPS 在恶劣天气和网上购物热度急剧上升的双重影响下，被最后一分钟的订单量压得喘不过气来。UPS 位于路易斯维尔、占地 520 万平方英尺的世界港中心是全球最大的包裹处理设施之一，但因冲击而陷入瘫痪，未能及时交付假日期间的亚马逊包裹，估计达数十万个。[9] 同事们回忆说，克拉克很生气，他打电话严厉批评 UPS 的高管，并要求他们用 20 美元的礼品卡和运费退款来补偿失望的亚马逊客户。[10]

但亚马逊运营员工所称的"圣诞节惨败"并不完全是这家航运公司造成的，而且可能是不可避免的，值得进一步调查原因。当时，亚马逊著名的"飞轮"开始转得更快，每个假日季 Prime 会员的数量都会增加数百万，商品从第三方卖家大量涌入亚马逊的物流中心。

亚马逊的物流中心每周 7 天不间断运行，服务客户随时从其网站下的订单。但 UPS 和亚马逊另一个不算重要的物流伙伴联邦快递，在周日或法定假日是不营业的。这种差异在一年中的大部分时间都无关紧要，但在整个感恩节假期前后（包括黑色星期五购物节），快递公司的网络会变得严重拥堵。

亚马逊强烈要求 UPS 和联邦快递在周末交付，并建设更多运力以跟上亚马逊的迅猛增长。但它们很谨慎，仅亚马逊一家就可以将物流公司使用到极限，吞噬它们所有的运输能力，无法再服务其他客户。亚马逊还每隔几年就进行一次激烈的谈判，以获得越来越大的折扣。对于航空货运公司来说，这家在线零售商给它们带来了越来越多的收入，却同时侵蚀了能让投资者高兴和推动股价上涨的两位数的丰厚利润率。

UPS 和联邦快递试图加价，并限制亚马逊在假期使用其空运网络，希望以此来减轻这种侵蚀。亚马逊高管可不喜欢这样。四名前亚马逊员工告诉我，他们听到克拉克和其他亚马逊高管抱怨联邦快递，并说其创始人弗雷德·史密斯"周围都是谄媚小人，他本人傲慢无比"。讽刺的是，对克拉克的员工来说，这句话也可以用来描述这位亚马逊高管自己。

2013 年假期 UPS 的这次大延误，让所有这些关系的紧张程度达到顶点，亚马逊的高管们已经受够了。如果航运公司不能可靠地支撑亚马逊的增长，他们就必须建立一个自己的物流网络——亲自掌控商品从供应商仓库到物流中心，一直到客户家门口的整个过程。

2013 年假期危机后的第二天，克拉克打电话给联邦快递前高管、现在已经是亚马逊运输总监的迈克尔·因德雷萨诺，问他们可以在下一个假期高峰之前建造多少个"分拣中心"。这些分拣中心按照邮政编码对包裹进行分类，再将它们交给美国邮政服务，完成最后一英里的运送。

因德雷萨诺估计到 2014 年底他可以建好 16 家。"全部建好！"克拉克说。在亚马逊内部，在亚特兰大、迈阿密和纳什维尔等城市迅速建立的分拣中心被称为"甜蜜 16"。

在此次扩建期间，亚马逊包裹也开始在周日出现在客户家中。一位运营主管表示，UPS 和联邦快递拒绝在周末交货，这让贝佐斯很恼火。克拉克和他的同事找到了一个巧妙的解决方案：与美国邮政服务合作，在别人都不工作的休息日进行交付。[11] 这一安排迅速巩固了美国邮政服务作为亚马逊最大承运人的地位，也让后者实现了比使用 UPS 和联邦快递更低的每单交付成本。

亚马逊分拣中心与周日送货相结合，改变了 Prime 会员的体验。客户不用在周五下午放弃在线购物去购物中心获得即时满足。贝佐斯为这一成就感到自豪，他带着亚马逊董事会去加利福尼亚州的圣贝纳迪诺，参观那里的一个新设施。

但分拣中心和周日交货只是实现自建物流网络目标的第一步。亚马逊从来没有完全放心依赖美国邮政服务，就像它不信任 UPS 和联邦快递一样。邮局受到不可预测的政治力量的影响，也无法摆脱公众一直以来对它服务不太可靠的看法。所以克拉克和他的同事开始提出他们迄今为止最雄心勃勃的计划：搭建一个直到客户家门口的"最后一英里"物流网络。如果不能指望这些巨型包裹承运公司跟上其增长，就只能亲自确保这些订单的交付。

参加这些会议的高管们表示，一个主要的担忧不是亚马逊能否有效地构建如此复杂的网络，相反，他们担心进入运输业务是否会增加工会对亚马逊的关注。送货站必须设置在亚马逊大多数客户居住的城市地区，像纽约市和新泽西州这样的有组织的劳工运动的发源地。

克拉克和他的同事认为，联邦快递的地面物流服务、敦豪国际以及几乎所有其他陆运公司，都雇用非工会劳动力，它们与 UPS 及其工会化的快递工人展开竞争，所以亚马逊也无须过度担心。亚马逊可以使用完全相同的模式来创建其新的运输部门"亚马逊物流"。它不会直接雇用任何人，而是与雇用非工会司机的独立快递公司——广大的快递服务合作伙伴（DSP）——进行合作。这样，亚马逊不仅支付的人工费比 UPS 更低，还避免了司机可能为了要求更高的工资而集体讨价还价的噩梦，让他们破坏本已脆弱的送货上门生意。

这种间接交易形式使亚马逊免受运输业所有不体面和不可避免的问题的影响，例如，恶劣交付、司机的不当行为，或者更糟的——车祸和死亡。经济学家称这种将特定形式工作外包的安排为"断裂的工作场所"，[12] 批评其侵害劳工标准，为加剧不平等的工资歧视提供了合法形式。这个趋势已经持续数十年，推动其普及的不仅有联邦快递和优步这样的运输业企业，还有酒店、有线电视供应商和苹果等其他科技公司。当然，规模巨大的亚马逊又将它推进了一大步，让保护劳工利益的政策制定者措手不及。

* * *

随着亚马逊逐渐将触角扩大到客户家门口的最后一英里，克拉克和他的同事又将目光聚焦在供应链的另一个重要阶段。在那之前，亚马逊一直依靠大型货运公司将商品从供应商处运送到亚马逊的物流中心再到分拣中心。2015 年 12 月，随着亚马逊建设新的分拣中心，以及亚马逊物流在新城市的缓慢启动，亚马逊宣布已购买并投入数千辆侧面印有 Prime 标志的卡车拖车，一个被称为"马赛克"的计划在麦克·罗斯的领导下部分展开。[13] 同样，亚马逊员工不会亲自送货，而是依靠大量长途运输服务提供商将他们的卡车头连接到有 Prime 标志的半挂车上。

同事们认为年龄大一些的罗斯是一位高超的战略家，别人玩跳棋或国际象棋，他玩围棋。他们还认为他是一个善解人意的领导者，总是在可怕的会议后询问员工的健康状况，或讨论他们的长期职业计划。"罗斯掩盖了克拉克的许多罪行，"一位长期在亚马逊物流担任主管的人说，"他是那个站在幕后的人，在克拉克把你撕碎后，他搂着你并安慰你。"

但是，这种同情心的用武之地也是有限的。有一次，一个马赛克项目司机喝得大醉出现在供应商公司，投诉邮件直接发到贝佐斯的公开邮箱。

贝佐斯将其转发给了一位不愿透露姓名的亚马逊高管，他这次没有使用习惯性的问号，而是换成了三个不祥的字母——"WTF"。

这位高管把邮件给麦克·罗斯看，还用他独特的德国口音说："哇哦，你得到了一封……哦，杰夫的邮件，上面写着'WTF'！哦，是杰夫！是他的风格。祝你好运。"

罗斯在坎贝尔斯维尔时的老上司亚瑟·瓦尔迪兹当时的日子很不好过。瓦尔迪兹已从英国搬回美国，接管新的亚马逊物流部门。2013 年，他从联邦快递欧洲公司招聘了一位叫贝丝·加莱蒂的优秀物流主管，帮他构建类似联邦快递地面物流服务的交付能力。但克拉克面试她之后，认为她是接替团队中即将退休的人力资源总监戴维·尼耶克的完美人选。

尽管克拉克的直觉是对的，加莱蒂后来还进入了 S-team，担任亚马逊整个人力资源部门的负责人，但瓦尔迪兹还是很恼火，觉得自己的权力被篡夺了。他和克拉克都住在西雅图东部郊区，两个家庭相距一英里，关系很亲密。但在那件事之后，他们的关系开始破裂。

在瓦尔迪兹的领导下，亚马逊物流艰难起步。根据计划，亚马逊开始在城市地区建造一种全新的小型设施，被称为送货站，用于分类包裹并将它们交给送货服务提供商。但这个系统在开始的时候非常混乱而且价格昂贵，事实证明司机也很难管理，时常因各种粗鲁行为被投诉，如与客户打架或从远处把包裹扔到客户的前廊。员工从贝佐斯那里收到了很多关于这些事件的问号，到后来对此类邮件都没感觉了。

贝佐斯也无法理解为什么最后一英里交付的最初指标会这么难看。他说，报童和比萨送货司机送一趟货竟然要 5 美元。Amazon Fresh 早期的一些包裹平均快递成本是这个金额的许多倍。据一位运营主管称，贝佐斯有一次评价亚马逊物流说："我能容忍你们犯一些复杂的错误，但不能容忍犯这么低级的愚蠢。"

不管公平与否，瓦尔迪兹都为亚马逊物流网络的尴尬开头担上了责任。2015 年初，克拉克让他去负责亚马逊在巴西和墨西哥等新兴市场的业务，向麦克·罗斯汇报工作。作为克拉克和罗斯在坎贝尔斯维尔曾经的上级，现在亚马逊的职业生涯又明显偏离轨道，对于这位高管而言，这种安排在本质上其实是一次降职和重大挫败。

一年后，塔吉特的首席运营官约翰·穆里根与瓦尔迪兹接触，希望他接任塔吉特供应链的执行副总裁一职。瓦尔迪兹一开始回应说，他"直到死都不离开亚马逊"，但随后开始考虑他最近遭受的挫折，接受了这份工作。

塔吉特计划在 2 月的最后一天宣布这次聘任，正好那天塔吉特 CEO 布赖恩·康奈尔要在一个行业会议上发表演讲。瓦尔迪兹不忍带着这个消息直面罗斯，所以他打电话给克拉克，问他们是否可以在他的办公室私下见面。但克拉克那天刚好请假去参加他的一个孩子的学校活动，瓦尔迪兹不得不通过电话告诉他自己要离开了。克拉克起初态度亲和："你要去哪儿？"

瓦尔迪兹告诉他是塔吉特，克拉克爆发了。这是亚马逊最虚伪的地方之一，它自己积极地从竞争对手那里挖人，却将自己的高管去竞争对手工作视作一种绝对的背叛。"他告诉我，如果我决定去，亚马逊不会放过我，然后就挂了电话。"几年后，瓦尔迪兹痛苦地回忆道。

几分钟后，贝丝·加莱蒂打电话给瓦尔迪兹，告诉他如果离开亚马逊去为塔吉特工作，他会有大麻烦。"贝丝，我的职责是管理1800家商店的补货和一个非常小的电子商务业务。"瓦尔迪兹恳求道。加莱蒂说，亚马逊并不这么看。瓦尔迪兹随后给杰夫·威尔克发短信，说他会"感激一次沟通的机会"，但未得到任何回复。

就在他入职塔吉特的一周前，亚马逊在金县高级法院起诉了亚瑟·瓦尔迪兹，[14]告他违反了竞业禁止协议并与竞争对手分享了专有信息。诉讼要求法官禁止瓦尔迪兹在18个月内为塔吉特工作。塔吉特同意对瓦尔迪兹的合同进行微调，诉讼最终得到私下解决，就像许多此类亚马逊诉讼一样。

但是对于这段长达15年的友谊而言，伤害已经造成。在电话里争吵之后，戴夫·克拉克再也没有和他这位婚礼伴郎说过话。

* * *

克拉克证明了自己是一个真正的亚马逊人，为了实现贝佐斯的独立供应链宏图，将对公司的忠诚置于个人友谊之上。但要真正完成这项任务，他要做的不仅仅是将汽车和卡车拖车开上路，还得让飞机飞起来。

UPS次日达和联邦快递是亚马逊物流网络的关键环节,当附近的物流中心没有库存且无法进行陆运时,就需要借助这些服务将购买频率较低的商品运送给全国各地的Prime客户。但当它们开始对亚马逊产生警惕时,亚马逊发现就不能再指望它们了。

2014年底,也就是世界港大堵车事件一年后,这一点得到了清晰的证明。当时UPS再次调整网络运力配给,并对飞往西雅图的货机限制亚马逊货物装载。西雅图居民将无法享受亚马逊当季最后一次秒杀和Kindle次日免费送达服务。这显然是无法忍受的,克拉克打电话给物流副总裁迈克尔·因德雷萨诺,问他是否能搞到一架飞机。

"你是什么意思,一架飞机?我们正在谈论的是一张机票和头顶行李架,还是真正的飞机?"因德雷萨诺问道。

"就是飞机。"克拉克回答。

因德雷萨诺跑去问麦克·罗斯,克拉克是否是认真的,然后找来了他的分拣中心团队成员斯科特·鲁芬。鲁芬打电话给一位经营包机服务的老朋友,后者租来两架波音727。亚马逊将其南加州和北加州运营中心滞留的订单商品装满飞机,飞往西雅图-塔科马国际机场。因德雷萨诺开玩笑地买了一顶圣诞帽,这款帽子从加利福尼亚州安大略省的物流中心发货,打着礼物包装,带着节日问候送到了克拉克的家。

那应该是这个最初被称为Prime Air,后来改为Amazon Prime Air,最后又改成Amazon Air的服务的首次非正式面世。贝佐斯在2013年那个著名的让人困惑的60分钟采访中使用了以前的名字,宣布该公司正在开发空中无人机,用于将个人包裹运送到他们的后院。几位运营主管告诉我,他们对这种噱头感到非常尴尬(七年之后,这个点子仍停留在内部测试阶段)。他们使用了一个古老的微软内部术语

"cookie licking"（舔饼干）来描述它，[15]指事先炒作某事以防止被人跟随的做法。

与无人机计划不同，租赁飞机的做法立即产生了效果。在2014年进行了两次包机之后，鲁芬负责开发创建航空货运网络的业务方案。他招募了六名同事，躲在南联合湖鲁比-道森大楼一间没有窗户的会议室里，并和克拉克定期在那里会面。

在最后写就的白皮书中，他们认为拥有空运能力将使亚马逊缩短其交付时间，并且只需支付空运货物的实际成本，而不是UPS和联邦快递收取的市场价。贝佐斯对直接购买飞机持怀疑态度，不知道亚马逊经营一家货运航空公司，与其他物流公司的做法有何不同。高管们无疑也意识到运营一家航空公司会带来大量现实压力：亚马逊可能要面对好战的飞行员工会、大量的法规以及监管机构FAA（美国联邦航空管理局）对硅谷企业的抠门和创新的有色眼镜。

他们提出了避免这些问题的解决方案，由克拉克成功提交给S-team。与亚马逊很多同时进行的项目一样，该计划能让亚马逊掌控空运物流，但不一定拥有它，也不需要让公司暴露于航空业危险的混乱之中。这些细节为了解亚马逊规模和实力优势的自我放大提供了一个绝妙的窗口。

2016年春季，亚马逊宣布从两家航空公司——总部位于俄亥俄州威尔明顿的美国航空运输服务公司（ATSG）和总部位于纽约威彻斯特县的阿特拉斯航空公司——租赁了40架波音767货机。两家航空公司将继续维护和运营这些飞机，但这些飞机将被贴上Prime Air的标志，专门为亚马逊服务，期限为5~10年。

作为这些交易的一部分，亚马逊通过购买认股权证的方式，以每股9.73美元的价格持有ATSG19.9%的股票，以每股37.50美元的价格认购阿特拉斯母公司 20% 的股票。亚马逊知道，这两家公司的投资者看到与这家电子商务巨头的合作会非常开心，并愿意参与其中。

果然，在两家公司宣布这一消息后，它们的股价在一个月内分别飙升了 49% 和 14%。"做得太棒了，就该这样干！"贝佐斯大声回应克拉克发给 S-team 汇报进展的电子邮件。到交易完成两周年之际，根据每家航空公司的公开文件中的数字，亚马逊不仅获得了航线独家使用权，而且通过投资赚取了近 50 亿美元。

2016 年夏天，这些侧面印有 Prime Air、机尾带有亚马逊微笑标志的飞机，在西雅图航展上首次亮相。媒体都在猜测亚马逊此举的意味，它能否颠覆联邦快递、UPS 和美国邮政服务和它们对国内电商快递业务的控制。在与投资者的财报电话会议上，[16] 联邦快递 CEO 弗雷德·史密斯称这纯属"无稽之谈"（fantastical），并指出，他的用词已经很谨慎了。

克拉克公开回答了有关该计划的问题，称联邦快递和 UPS 是"伟大的合作伙伴"，而 Prime Air 只是补充。[17] 但克拉克那由两家公司紧张关系而导致的对弗雷德·史密斯的敌意，并没有得到很好的掩饰。克拉克后来发了推文："哈哈哈！祝大家度过一个美好（fantastical）的假期！！！"并附上了一张 Prime Air 模型飞机在圣诞树前的照片。

2018 年，亚马逊为其机队增加了 10 架飞机，2019 年增加了 20 架，2020 年增加了 12 架，到 2021 年 1 月再次增加了 11 架。Prime Air 机队使亚马逊能够不断满足其逐渐增长的销量，把通过传统承运人运输的费用昂贵的体积巨大但重量轻便的货物，塞满自己的飞机。[18] 它满足了亚马逊特殊的全天候要求，例如，周日凌晨 2 点从分拣中心出发的飞机。UPS 和为其他数千家公司提供服务的联邦快递根本无法为单个客户提供这种灵活性。

虽然克拉克已经有了飞机，但还不够，他还需要航空枢纽，供飞机在起落前后装卸货物。2017年1月，亚马逊宣布将在辛辛那提/北肯塔基国际机场（敦豪的国际航线枢纽所在地）建立一个Prime Air枢纽，亚马逊将在其新设施建设期间付费使用这家国际机场。[19]这笔14.9亿美元的交易是由亚马逊经济发展总监霍莉·沙利文谈成的，她还从地方和州政府那里获得了4000万美元的税收优惠。

但如果克拉克认为他会再次得到贝佐斯的表扬，那他就错了。亚马逊的新航空枢纽将创造大约2000个新工作岗位。[20]相比之下，电动汽车制造商特斯拉——由贝佐斯在私人航天领域和公众崇拜方面的主要竞争对手埃隆·马斯克经营——通过几年前在内华达州设立的电池工厂Gigafactory获得了高达13亿美元的税收减免。特斯拉预计它将创造6500个工作岗位，分摊在每个岗位上的税收优惠是亚马逊的13倍。

当然，贝佐斯已经发现这个差距。三名员工都分别回忆了他对肯塔基州交易的消息的反应，[21]认为这预示了大约两年后亚马逊必然深受诟病的"第二总部"事件。贝佐斯的电子邮件是这样写的："为什么埃隆·马斯克拥有获得政府巨额奖励的超能力，而我们却没有？"

安全问题层出不穷

在亚马逊物流扩建的过程中，贝佐斯鼓动政府提供额外援助这件事非常讽刺。亚马逊已经将大量成本转嫁给公众。它没有为其司机提供医疗保险，没有维护进出其物流中心和分拣中心的拥挤道路，也没有为那些假期在其物流中心工作、其他时间失业只能靠政府救济活着的临时工提供任何支持。亚马逊在快速构建自己的运输网络时，也规避了单调无聊的货物运输过程伴随的各种风险。

但这些挑战并没有消失，至少在媒体和舆论的法庭上，亚马逊不可能全身而退。

2016年12月22日，一位名叫特雷斯福拉·埃斯卡米拉的84岁芝加哥老奶奶被一辆后门上印有亚马逊标志的白色日产NV1500货车撞死。这辆货车由一家名为Inpax Shipping Solutions的独立快递公司运营，这家公司几乎只为亚马逊运送包裹。

根据随后的媒体报道，Inpax有一个可疑的记录。劳工部后来发现该公司少付了数十名员工的工资，并且违犯劳动法不支付加班费。事故中29岁的司机瓦尔迪马·格瑞之前曾在另一家服务亚马逊的快递公司工作，因为"可预防的肇事逃逸"而被解雇。他没有商业驾驶执照，但在事故发生前在Inpax找到了工作并在那里工作了两个月。

格瑞虽然被指控过失杀人，但被无罪释放。[22]芝加哥法官同意辩方的意见，认为这是一次意外。但埃斯卡米拉家族对亚马逊和Inpax提起的民事诉讼称，亚马逊对司机施加很大压力，要求准时交货，这导致了特雷斯福拉的死亡。就在一周前，亚马逊向Inpax和该地区的其他DSP发电子邮件，称"最近几天在路线覆盖和派送表现方面遇到了一些困难"，并宣称："我们的第一要务是按时将每个包裹送到客户手中。"[23]亚马逊和Inpax于2020年3月悄悄解决了诉讼，并同意向埃斯卡米拉家族支付1400万美元。

2019年，ProPublica和BuzzFeed的调查性报道揭露了一些类似悲剧。这些媒体文章显示，运送亚马逊包裹的司机卷入了60多起严重车祸，其中至少13起导致有人死亡。[24]2018年，一位名叫史黛西·海耶斯·库里的61岁法律秘书在她的办公室停车场被一名运送亚马逊包裹的司机撞死，这名司机为一家名为Letter Ride的公司工作。[25]司机告诉警方，他没有看见库里，以为自己撞上了减速带。根据 ProPublica 的说法，库里的儿子后来给杰夫·贝佐斯写了一封信（但从未寄出），他说："我认为这种鲁莽驾驶的态度是自上而下传导的。"

亚马逊高管告诉我，安全是他们的首要任务，公司遵守所有公共安全法律，甚至超越了这些法律的要求。在接受采访时，杰夫·威尔克表示，亚马逊的运输合作伙伴在 2019 年行驶了 7 亿英里，亚马逊的安全记录优于国家的基本要求。他说的是不是真的，只有看到亚马逊事故率的具体数据才能知道，但亚马逊拒绝提供这些数据。"我没有看到对安全观念的破坏。事实上，我看到的恰恰相反，"威尔克说，"我绝不认为必须牺牲安全才能建立这种能力。"

许多前运营员工都认为亚马逊没有刻意淡化其安全标准，并指出快递包裹对所有公司来说都是存在危险的业务。但他们补充说，亚马逊与送货服务提供商合作而不是收购它们或雇用司机，这样的方式限制了亚马逊对道路上所发生的事情的掌控力。

在其遍布全球的物流中心中，亚马逊用近乎专横的管理来防止事故发生。例如，工人每天一上班就先要观看安全讲座和做伸展运动。然而，司机可没有这样的待遇，以免他们被外界当成是亚马逊员工。"做这样奇怪的区分，就意味着，物流中心的安全管理和实施左右一英里交付的承包商的安全管理，根本不是一码事。"在亚马逊运营团队担任了三年高级经理的威尔·戈登说。

亚马逊无法将同样的安全和效率文化强加给其快递合作伙伴，就尝试使用技术来引导他们。它向司机分发了一个应用程序，亚马逊内部称其为 Rabbit，可以扫描包裹、显示地址并通过算法生成最快的包裹递送路线。

Rabbit 最初是为一项名为 Amazon Flex 的独立的、类似优步的送货服务而开发的，个人司机在线注册这个 App 来运送亚马逊的包裹，这个应用的广告号称司机因此每小时可以收入 18~25 美元。[26] 司机可以灵活安排自己的时间，但必须使用自己的车辆、燃料、保险和智能手机。Flex 的目标是完成 Prime Now 订单的配送（所以，Rabbit 的命名按照斯蒂芬妮·兰德里的要求，和变戏法有关）。但实际上，它很快成为所有为亚马逊运送包裹的司机的工具。

参与该项目的亚马逊前员工表示，Rabbit 的开发随意而仓促。起初，它没有提醒司机休息的功能和尽量避免事故概率较高的左转路线——UPS 和联邦快递很早就知道这项功能非常关键。"像在亚马逊发生的很多事情一样，准备好了，开火，瞄准，"Rabbit 设计团队的前负责人特里普·奥德尔说，"他们迅速推广这个应用，认为问题可以以后再来修复。"

奥德尔说，他和团队成员担心该应用程序会在危险的城市街道上分散司机的注意力，并把这件事报告给他们的上级。他们指出，应用程序上的信息呈现密集且难以在阳光下阅读，并且当驾驶员的眼睛本应放在前方的道路上时，屏幕上不断出现的新任务通知会分散驾驶员的注意力。

奥德尔说，应用程序的问题层出不穷。路线功能很差，司机发现很难从一个活儿顺利转到另一个活儿。欺诈也很普遍，因为司机们总能找到程序漏洞骗到钱。一个问题是，iOS 和安卓版本的 Rabbit 分别是由西雅图和奥斯汀两个相互竞争的"比萨小组"开发的，这让快递公司更加混乱了。"一切都乱糟糟的，"奥德尔说，"一个非常糟糕的 App。"

但员工们表示，克拉克更关心解决亚马逊物流棘手的经济学问题，比如如何最大限度地提高每辆卡车的运载量，如何设计提供给司机的报酬。他只根据冷冰冰的数据做决策，而员工们最大的担忧则是基于那些现实的证据。Rabbit 团队偶尔会观察司机，发现他们经常不吃饭，违规冲过停车标志，或把手机绑在大腿上，以方便低头看屏幕，这一切都是为了满足具有挑战性的交货时限。

没有安全问题大范围存在的数据证据，克拉克和其他高管就在很大程度上不承认这些投诉。"我认为我们当前最大的问题或优先事项不是安全，"高级经理威尔·戈登说，"而是效率和成本效益。"

ProPublica 和 BuzzFeed 的谴责报道发表之后，亚马逊解除了与几家快递公司的合作，包括 Inpax 和其他与事故有关的公司。一位女发言人表示，亚马逊"有责任……确保这些合作伙伴在安全和工作条件等方面符合我们的高标准"。这个声明暗示——亚马逊确实犯过错——错的是它选择的这些合作伙伴不符合这些安全标准。

Amazon Air 也有类似的问题，但它绝不会做出类似的承认。2019 年 2 月 23 日，一架从迈阿密运送亚马逊和美国邮政包裹的阿特拉斯航空公司货运航班在接近休斯敦乔治·布什洲际机场时坠入泥泞的沼泽，造成两名飞行员和一名乘客死亡。过去三年，阿特拉斯航空发展迅速，很大程度上是因为它与亚马逊的合作。根据该航空公司的公开文件，它在合作之初有 1185 名飞行员，而在不到三年后事故发生时，飞行员达到了 1890 名——增长了 59%。

在坠机前几周，新闻网站 Business Insider 采访了 13 名在亚马逊航空公司工作的飞行员。[27] 13 人全部表示他们的薪酬和福利低于行业标准，12 人表示那里的飞行员总体上相比其他地方的飞行员存在经验不足的问题。其中一名飞行员声称阿特拉斯航空公司的飞行员工作过度，这种情况是"一颗定时炸弹"。

竞争的护城河

根据市场研究公司 Rakuten Intelligence 的数据，到 2017 年秋季，亚马逊包裹大约 20% 是通过亚马逊物流交付的，份额已经超过联邦快递，接近 UPS。经过多年的努力，它催生了数百家新的小型快递公司，制造了大量混乱和负面新闻。但同时，亚马逊物流也开始接近亚马逊的高管们设定的那些崇高目标。

但亚马逊仍然需要更多司机，尤其是在繁忙的假期高峰期。克拉克随后又采取了两项措施来吸引更多的快递公司。2018 年 6 月，他为少于 40 辆货车的送货服务提供商推出了一项新计划，为印着亚马逊品牌的车辆、制服、燃料和保险提供折扣，但仍要求它们独立运营并承担司机的医疗和加班费用。在每个城市增加多家小公司将保证亚马逊有足够的合作伙伴，还能确保它拥有另一种影响力：谈判中的主动权，和随时与捣乱或表现不佳的公司断绝往来，同时不影响客户服务的品质。

几个月后，克拉克授权从梅赛德斯-奔驰[28]购买两万辆深蓝色凌特货车，并以折扣价将它们连同蓝黑色亚马逊制服和帽子出租给新的送货公司。

这个策略奏效了，帮助超过 1000 家新的送货公司起步。2019 年初，亚马逊超越 UPS 和美国邮政服务，成为它自己的电商业务在美国最大的运营商。[29]虽然在此过程中付出了巨大的代价，但确实也是重大成就。

克拉克对亚马逊物流中心及其最后一英里交付网络进行了长达十年的改造，不可避免地改变了亚马逊的零售业务。它使亚马逊能够将其商品存放在人口更加稠密的地区，并降低了运输成本，因为亚马逊不再需要向大型承运公司支付高昂的市场零售价。它还使亚马逊的送货费用与其销售额增长保持一致；注册 Amazon Prime 和亚马逊杂货配送服务 Prime Now、Amazon Fresh 的客户越多，将司机派往这些社区的效率和成本效益就越高。

最后一英里网络还让亚马逊免受 UPS 和联邦快递出现各种不确定性和公众对美国邮政的政治反对声浪的影响。当唐纳德·特朗普指责亚马逊剥削美国邮政服务并威胁要提高费用时，亚马逊没有同意。但这场争论的结果并不重要，亚马逊现在已有能力将这部分业务转移到自己的网络和另一个合作伙伴 UPS。[30]

UPS 认识到亚马逊已经改变了整个行业。2019 年，UPS 终于宣布在周日提供快递服务，屈从于这个客户的期望和全天候送货对其他电商竞争对手的压力。和美国邮政多年前的遭遇类似，UPS 不得不重新谈判与卡车司机的合同，安排一类新的司机工种，以低于加班工资的薪酬在周末轮班工作。[31]

联邦快递承担的运量在亚马逊网络中仅占很小一部分，也开始在周日送货，但也同时完全停止为亚马逊送货。戴夫·克拉克和弗雷德·史密斯之间的冷战仍在继续，有增无减，而且很有趣。[32] 联邦快递高调宣布终止与亚马逊的空运和陆运合同，并表示将把精力放在其他客户身上，包括沃尔玛和塔吉特。史密斯一再强调亚马逊不会对联邦快递构成破坏性威胁，[33] 并在《华尔街日报》上再次称这一点实在是"太棒了"（fantastical）。克拉克短暂禁止了第三方商家使用联邦快递地面物流服务。[34] 在他位于西雅图的办公室里，还有一套印有"fantastical"字样的高尔夫球。

与此同时，亚马逊物流也终于带来了亚马逊热切追求的杠杆，贝佐斯迅速将其转变为给用户提供的价值和竞争护城河。2019 年 4 月，亚马逊宣布将 Prime 服务从两日送达改为一日送达。[35] 这笔支出虽然庞大，但可控，很大程度上是因为克拉克已经夯实了物流中心和运输网络的基础。同年晚些时候，亚马逊还取消了每月 15 美元的杂货配送订阅费，为 Prime 会员增加了新的免费福利——亚马逊生鲜和全食超市的配送服务。[36] 一年后，当 COVID-19 大流行使数百万绝望的居家购物者转向在线杂货配送时，亚马逊因此大赚特赚。

克拉克实现了贝佐斯供应链自主的愿景，并证明了自己是亚马逊领导力的最高体现：一个伟大的思想家。他耐心地有条不紊地进行长期投资，对于更短期导向的公司里性格急躁的高管而言，这样的长期投资根本不受欢迎。而且，几乎可以肯定，他是一个更谨慎和具有社会意识的商业领袖。"我是那个化繁为简的人，"当我问及是什么让他从坎贝尔斯维尔物流中心一路晋升到 S-team 高层时，克拉克说，"我擅长处理复杂的问题，清楚如何找到关键点，只要解决它，你就能获得巨大的成功。"

一路走来，这位前中学乐队老师克服了种种障碍，牺牲了一段重要的友谊，从亚马逊的低薪工人身上榨取了更多生产力，并将巨额成本转嫁给了整个社会。在此过程中，亚马逊的声誉仅略有下降。

换句话说，戴夫·克拉克已经证明自己几乎和杰夫·贝佐斯一样，富有创造力，却缺乏慈悲心。

第 10 章
后院的金矿

在 2017 年秋季重要的 OP1 计划会议之前,在许多亚马逊老员工心底,都涌动着一种隐秘的恐惧:他们尊敬的领袖正在远离公司。贝佐斯仍然深度参与 Alexa、亚马逊影业和 Go 商店等创新业务,在这些业务上,他相信自己的想法和支持可以带来改变。但他很少来办公室,并且在很大程度上将公司日益复杂的核心业务——零售和 AWS——的控制权交给向他汇报的联合 CEO 杰夫·威尔克和安迪·贾西。

贝佐斯还把更多时间花在《华盛顿邮报》和他的私人太空公司蓝色起源上。个人生活上,一个明显变化是他要努力克服稳步的名望和财富增长带来的影响。那年 5 月,他与妻子麦肯齐,他的父母、兄弟姐妹马克和克里斯蒂娜以及他们各自的配偶,在意大利度假时被狗仔队跟踪。[1]6 月 15 日,在媒体的压力下,他开始捐出自己的财富,他针对如何解决紧迫的社会问题在推特上"征求意见",[2] 以此为自己争取时间来制定慈善策略。7 月,他在爱达荷州太阳谷举行的艾伦公司年度会议上被拍到，³黑色Polo衫和羽绒背心下，露出鼓鼓的肱二头肌。这张照片引发了无数网络讨论，形容他的新的网络热词"肌肉男贝佐斯"也让人不舒服。从塑料泡沫簇拥下的《时代周刊》封面人物，到红遍网络的肌肉男，他走过了一段漫长的道路。

亚马逊的创始人有很多理由放松和锻炼身体，从他创立的公司的日常运营中退出也不奇怪。亚马逊的股价在过去两年中上涨了两倍，在那个夏天将其市值推高至5000亿美元出头。亚马逊的"飞轮"飞速旋转，让贝佐斯以890亿美元的身家成为世界第二富有的人。

贝佐斯还有越来越多的助理、公关专业人士和安全顾问，负责管理他的日常行程和公众形象。他们精确规定他的日常行动，像管理国家领导人一样，并确保他的演讲和社交媒体帖子内容无关痛痒。那年10月，亚马逊在得克萨斯州的新风电场开始运营，他在风车上砸碎一瓶香槟，并在推特上发布航拍视频。接下来的一个月，他在一个名为Summit LA的活动中接受了弟弟马克的温和采访，马克也是蓝色起源的投资人和顾问，曾在TED上发表演讲，内容是关于志愿消防员的。他们聊了聊手工鸡尾酒、太空探索、他们的祖父母，以及杰夫和麦肯齐如何离开纽约市，开车穿越美国，在西雅图创办亚马逊。

虽然亚马逊的高管永远不会公开承认，但他们确实乐于以更大的独立性开展工作，不用经常面对这位亚马逊创始人提出的令人无语的探索性问题和野心勃勃的计划。与贝佐斯的会面也可能会导致项目搁浅重启，打击员工士气。即使是这位睿智的CEO最无关紧要的言论，也可能在公司内部引发一场风暴和一波白皮书风潮。许多高管对减少与贝佐斯的会面感到轻松，并公开怀疑他对亚马逊的兴趣是否正在减弱。或许他们终于可以喘口气了。

然后，亚马逊进入被称为OP1的年度夏末计划时期，专横CEO

贝佐斯传

走开的诱人可能性几乎消失，至少目前是这样。

第一个也是最不祥的迹象出现在北美消费零售部门的年度回顾中。会议在第一日大楼的 6 楼举行，这是一间巨大的会议室，窗户对着建筑西侧的景色，桌子被连成一个大的正方形。贝佐斯坐在一张桌子的中央，坐在他左边的是他的首席财务官布赖恩·奥尔萨夫斯基，他当时的技术顾问杰弗里·赫尔布林坐在他的右边。

道格·赫林顿坐在房间对面，面对贝佐斯。赫林顿的长期财务主管戴夫·斯蒂芬森坐在他的左边，就像电影《教父》中的参谋。负责零售、商城和其他部门的杰夫·威尔克和其他 S-team 成员高管沿着墙围坐在桌子一周；其他人则通过公司不稳定的电话会议应用程序 Chime 参会。和以往一样，会议在安静的沉默中开始，所有人都在认真阅读零售集团 OP1 报告，报告中密密麻麻的图表，详细说明了其过去的财务业绩和未来几年的运营计划。

高管们后来想知道贝佐斯是否事先计划好了发作，还是在阅读文件时做出了反应。他们注意到贝佐斯在翻看报告时，皱着眉头，眯着眼睛，然后突然抬起头，问道："我想知道 2017 年除了广告收入之外的单位盈利能力是多少？"

亚马逊网站主页上一直有横幅广告。最近，由宝洁等供应商和第三方商城中较小的亚马逊卖家的付费广告占据了亚马逊搜索结果页面的顶部，与亚马逊搜索引擎生成的未付费结果混合在一起。分析师估计，此类广告销售额在 2017 年达 28 亿美元，并且以每年 61% 的速度增长。但零售业务高管认为广告是其部门业绩的关键部分，不应从利润表中剔除。

"稍等，杰夫，我来算下。"零售部门的财务主管斯蒂芬森说。算出这个数字没有简单方法。这位在亚马逊工作了 17 年的老兵面前摆

第 10 章 / 后院的金矿

着一堆活页夹，用他智能手机上的计算器计算，房间的其他人则紧张地坐在那里，没人说话。

大约 5 分钟后，斯蒂芬森算出了结果。房间里的氛围轻松了一些，但贝佐斯仍然冷冷地看着桌子对面的赫林顿和斯蒂芬森。"2016 年的数字呢？"他问。

斯蒂芬森回到他的活页夹中，又过了令人窒息的 5 分钟。斯蒂芬森计算出了 2016 年的，贝佐斯又要 2014 年的。"你不知道当时那个房间有多吓人，尤其是当杰夫在思考某些事情的时候，"在场的一位高管说，"在这种令人紧张的环境里，戴夫的冷静让我记忆深刻。"没有广告的情况下，亚马逊国内零售业务的财务状况就突然变得不那么乐观了。实际上，表面之下，它的收入情况一直在恶化。

贝佐斯牵到了那根线头，一扯整个被子就会散掉。现在他正在慢慢拉紧。在随后数个小时的讨论中，他认为广告的增长掩盖了在线零售的停滞。贝佐斯可以容忍在一个有潜力的新业务的头十年亏损，但零售业早已过了那个点。他想尽力回溯，看看这个令人不安的趋势是从什么时候开始的。然后，他坚持让威尔克和他的团队在 OP1 文档中针对未来几个月所做的认真计划，重新改一版给他。他坚持认为，他们要从根本上缩减招聘计划和其他投资，并承诺恢复多年前已经实现的基本盈利能力——在不需要广告收入保护的情况下。

对于消费零售团队的高管来说，这样的事态发展太可怕了。用金融团队那些资深老兵的讽刺性的行话来说，这简直是"根管治疗"。贝佐斯亲自要求降价竞争，并进入无利可图的商品类别。提高客户福利和服务水平的成本很高，但可以依靠公司利润更高的其他业务来补贴这些投资。因此，财务团队的高管们甚至从未考虑过设计一个内部财务系统来排除广告收入。

二十多年来，贝佐斯一直强调用低利润和低价格的战术优势，赢得市场份额的扩大，就像在玩Risk征服游戏，但现在他的想法发生了变化。他失望的是，零售业没有变得更赚钱，而他最信任的两个副手杰夫·威尔克和道格·赫林顿没有通过他们的业务获得更多杠杆。这些数字表明，高管们在拼命追求提高运营业绩的过程中，可能会发生退步。在当年早些时候的一次全体会议上，贝佐斯用不祥的"第二日"（相对于第一日）公司来称那些"先是陷入停滞，在行业中变得不重要，之后经历极度痛苦的衰退，到最后死亡"的公司，而亚马逊正在呈现某些"第二日"的特征，"这就是为什么要永远做第一日"。

S-team成员似乎将责任归咎于斯蒂芬森，一年后，他离开了亚马逊成为爱彼迎的首席财务官。"他们当时的语气听上去是'你怎么会忽视这一点？'"另一位了解当时讨论内容的高管表示，"但实际上一直以来我们所有人都忽视了。"

零售部门的OP1为当月其他有争议的会议定下了基调。贝佐斯向国际消费者部门的高级副总裁拉斯·格兰迪内蒂下了类似的命令，如果没有广告收入，其部门的财务状况看起来更加暗淡。贝佐斯希望在亚马逊活跃时间较长的国家（如英国）看到更好的单位业绩，并仔细检查那些不太可能扩大规模的投资。他把目光盯在亚马逊中国亏损的第三方商城业务上，与阿里巴巴和京东竞争长达十多年都没有成功。在那次会议之后，他还和格兰迪内蒂的团队开了一系列后续会议。

另一个OP1会议是对法律、人力资源和全球公司事务进行审查，贝佐斯逐字逐行地检查了招聘要求，并要求解释理由。他质疑任何可能无法带来收益的扩张事项，例如，为消费者零售公关团队增加人手的计划，他不明白为何亚马逊最原始的图书销售还要公关，因为在这个品类，亚马逊已经处于市场支配地位，这一点让一些员工感到非常诧异。

只有 AWS 躲过了一劫。一般而言，与安迪·贾西开会回顾 AWS 40% 的增长率和 30% 的营业利润率，感觉应该是非常愉悦的。但贝佐斯还问了贾西和他多年的首席财务官肖恩·博伊，他们的财务预测是否真的像零售团队那样实现了自动化，还是依然受低效的人类情绪主导。

这个秋天的 OP1 和当年晚些时候贝佐斯的一个关于组织架构调整的命令，传达的信息很明确：虽然他现在更富有，名气也更大了，但亚马逊仍然是杰夫·贝佐斯的公司。他决定改变一项持续了 10 年之久的广告计划，而不是让它继续掩盖其他业务部门犯下的罪过。

客户体验高于一切

早在 2005 年左右，他就开始思考什么广告是亚马逊不应该做的，这可能也体现了贝佐斯从一开始就对广告业务感到不放心。S-team 成员记得贝佐斯下发了一份他认为永远不应该在网站上推广的产品清单，例如枪支、酒精、在线约会网站、膳食补充剂和高息贷款类的金融产品。S-team 花了数小时讨论这份清单以及亚马逊进入广告业务的相对优势。

尽管有这些保留，贝佐斯还是支持亚马逊提供广告服务，并用这部分收入来支持低价策略。他认为，假设有两个电子商务网站：[4] 一个有广告补贴低价，另一个没有广告，但商品价格更高，客户总是会因为价格便宜涌入那个有广告的网站。几名 S-team 成员回忆，他最后得出结论，"我们不这样做就太蠢了"。

亚马逊本可以迅速把自己变成在线广告巨头。虽然谷歌知道人们在搜索什么，脸书知道人们喜欢什么，但亚马逊拥有最重要的一种数据：人们实际购买了什么。然而，直到雅虎、谷歌和脸书依靠在线广告历史性地崛起之后，亚马逊才开始真正进入广告业务。开始的时候虽然非常谨慎，但它仍然犯了很多错误。

21世纪00年代后期，亚马逊开始在世界广告之都纽约招聘员工。为了规避该州的销售税，这些员工被安置在一家子公司Adzinia，使用没有亚马逊字眼的名片和电子邮件地址。他们的第一个主要办公室位于第六大道，可以看到第55街人行道上著名的"爱"的雕塑。

但亚马逊从来没有完全融入纽约这一广告大都会。尽管"广告狂人"的时代早已过去，但这个行业仍然围绕着人际关系和昂贵的午餐展开。广告公司高管们习惯于带客户参加一流的体育赛事和华丽的行业会议，例如在法国蓝色海岸举办的一年一度的夏纳国际创意节。

节俭的亚马逊拒绝这样做。甚至员工乘坐国际航班也只能坐经济舱，除非他们自己花钱升舱。"如果你的机票价格超出了费用标准，就会被举报，"做了五年亚马逊客户经理的安德鲁·詹姆斯说，"谷歌和脸书举办盛大的派对，为客户挥金如土，我们根本比不上。"

亚马逊不情愿地扩展了纽约的广告销售团队。它从来不会用更多的人来解决问题，而是更多的脑力，这种克制在亚马逊内部非常正常。在一次OP1总结会议上，杰夫·威尔克翻到广告团队报告的附录，开始质疑他们的招聘计划。"明年我们要找这么多新销售来给客户经理拿行李？"他重重地敲着桌子问。

亚马逊也不承认其他的行规。宝洁等公司的CEO和首席营销官希望见见他们花钱投了广告的公司高层。例如，在脸书，大型广告商可以和它的首席运营官谢丽尔·桑德伯格坐下来聊聊。但除了某一年与广告商和广告代理吃了一次早餐，贝佐斯拒绝玩这个游戏。威尔克和管理广告业务多年的 S-team 成员杰夫·布莱克本也不太喜欢这种仪式（尽管威尔克曾经穿着他的蓝色博柏利西装外套见了一次博柏利的首席营销官）。

2013 年，全球最大的包装商品公司联合利华的一位高级营销主管与同事一起来到西雅图，讨论两家公司之间不断扩大的关系。贝佐斯和威尔克拒绝参加会议。"他们很失望，"当时的亚马逊广告主管希文·拉姆吉说，"他们来了人，带着幻灯片和照片。我们只有一页纸，告诉他们我们能做哪些很牛的事。"

尽管不见广告商，贝佐斯却仍然能让所有人感受到他的存在。在广告业务推出的早期，他会审查每个大型活动，特别是和 2011 年首款 Kindle Fire 平板电脑一起推出的全屏彩色广告。杰夫·布莱克本和当时负责广告技术的工程师保罗·科塔斯也亲自检查了整个活动。他们严格的标准和奇特的审美让亚马逊的广告主管和客户抓狂。但布莱克本和科塔斯的理由很充分：他们不希望亚马逊做任何损害客户信任或干扰他们在线购买行为的事情。当时在线零售还是这家公司真正的收入引擎。通常，他们对任何事的反应都只是一个词——不行。

不行——广告商在广告中的语言不可以含糊其词；[5] 他们不可以使用感叹号，那看上去像是朝客户大喊大叫；颜色不可以太夸张，因为可能会分散购物者的注意力；不能使用暴露很多皮肤的画面；等等。

习惯于从互联网获取丰富的客户人口统计数据的广告商这次也遭到拒绝。不行——广告商不能访问亚马逊客户的年龄、种族和购物习惯数据。不行——亚马逊不允许奥多比和安客诚这样的公司将它们的第三方软件标签植入广告并跟踪数据，虽然这是互联网广告的常见做法。而且，广告商必须向亚马逊公司直接索取广告效果的相关报告，无法从别处获得。

广告部门内部众所周知的著名战斗有几次。一个假期购物季，保罗·科塔斯否决了福特汽车公司广告中所使用的特殊蓝色色调，因为这个展示广告给人一种"星期日通告"的感觉。亚马逊还告诉无线运营商德国电信，其商标中的粉色标识太亮了，会分散用户的注意力。索尼影业被告知，詹姆斯·邦德电影《007：大破天幕杀机》的横幅广告违反了禁止展示武器的政策。"索尼的工作室当时很无语，"一位亚马逊广告主管回忆道，"如果詹姆斯·邦德的剪影里没有枪，那还是詹姆斯·邦德？随便说是谁都可以。"

亚马逊也做出了很多妥协——最终还是允许007持有他的标志性武器，理由是它没有对着任何人。但广告商从此觉得亚马逊傲慢而冷漠。担任亚马逊创意总监五年的史蒂夫·苏西说："合作开始时，我们热情握手，但到最后时他们都讨厌我们。"

这种固执说明了亚马逊对展示广告的矛盾心理，以及它拒绝以任何方式侵犯客户信任的宗教般信条——这与脸书等硅谷同行的做法在哲学上背道而驰。对于贝佐斯来说，在亚马逊广告之旅的第一阶段，客户体验的神圣性绝对优先于任何业务关系或给资产负债表数字带来的增长。

亚马逊内部还怀疑一些广告引导客户点击后离开亚马逊网站和放弃购买。多年来，广告团队一直提供一项名为 Product Ads 的服务，允许诺德斯特龙和梅西百货等其他零售商在亚马逊网站上推广商品。让客户看到更多商品和更有竞争力的价格的做法，无法为亚马逊内部所理解和欢迎。亚马逊绩效广告副总裁科琳·奥布里表示："零售团队把时间都花在为亚马逊吸引流量上，而我们却在将流量从亚马逊引开。我记得与零售业务高管定期开会，他们总会问，'你们在做什么？'我们就要做出解释。"

第 10 章 / 后院的金矿

到 2014 年，亚马逊几乎要淘汰 Product Ads 了，公司内部对广告业务的整体热情正在消退。财务结果不错，但也不是特别出色。各种限制性的指导方针和难以接近的高级管理人员导致了广告商的疏远。该部门一直要很努力去争取资源，高管们每周工作 60 小时，但感到不被重视，还常常受到攻击。一位广告主管说："很长一段时间，我们的业绩都不是很好，人们把责任都推到我们身上。"

被打破的游戏规则

在那个夏天的一次重组中，保罗·科塔斯被提升为高级副总裁并负责整个广告部门。亚马逊长期担任全球广告销售副总裁的丽莎·乌茨施奈德曾直接向 S-team 成员杰夫·布莱克本汇报工作，六个月后她失望地辞职，加入雅虎公司。亚马逊新生的广告业务一塌糊涂。

科塔斯于 1999 年从华尔街量化对冲基金 D. E. Shaw 跳槽加入亚马逊，贝佐斯当年正是在那里构思了在线书店的最初想法。他喜欢给员工讲贝佐斯实际上在 1997 年时就已经邀请过他加入亚马逊的故事。当他在最后一刻决定留在对冲基金时，他去西雅图的行李都收拾好了。这个决定最终使科塔斯损失了数百万美元。

科塔斯喜欢朋克和新浪潮音乐，除此之外，科塔斯和他的许多同事一样，痴迷于各种指标，比如加载广告所需的时间，以及对亚马逊领导力原则的狂热，比如节俭。他的下属最经常听到的一句话是，"在你的开支记录中，解释一下这顿晚饭的情况"。当广告主管们在旺季开始时聚集在"作战室"监视假日广告数据时，科塔斯会毫不留情地提醒。"如果有人正考虑去奶奶家，还关掉手机说自己没空，请三思！"一位广告主管回忆他有一年曾这样说。

就在科塔斯成为接任这个垂死挣扎的广告部门的唯一经理时，解决其长期存在的问题的答案也开始自己浮出水面。当时，亚马逊的商城业务正在高速发展，第三方卖家——包括大量从中国上网的商家——都渴望在日益拥挤的搜索结果页面上提高自己产品的可见度。解决方案很明显：向它们收费，就像谷歌向网站收钱，帮它们在搜索引擎中推广自己一样。

亚马逊的谷歌式搜索广告拍卖被称为"赞助商品"（亚马逊中文网站用的是"推广"一词）。例如，当客户在亚马逊的搜索框中输入"床上用品时"，第三方床单卖家可以出价让自己的床单在搜索结果中出现。起初，"赞助商品"会出现在搜索结果第一页的底部；如果用户点击产品链接，访问产品详情页面，亚马逊就会收取费用。

随着亚马逊将"赞助商品"扩展到更多产品类别，并且把广告从搜索结果中分离出来，放到页面右侧，广告团队的技术开发能力已经有所不逮。它必须开发一个搜索拍卖系统来接受广告商的出价，以及一种跟踪广告效果并自动生成报告的工具。亚马逊的第一批搜索广告商回忆说，这些服务的早期版本很不好用。"关于我们的广告活动是否成功，它所提供的报告非常糟糕，"夏普马克笔和埃尔默胶水的制造商纽厄尔的前全球电子商务副总裁杰里米·利博维茨说，"几乎不能判断广告是否真的有效。"

亚马逊还需要在广告和特定搜索词之间建立正确的语义联系。谷歌在复杂的搜索相关性领域拥有 20 年经验，而亚马逊相对而言还是新手。每次贝佐斯或威尔克看到放错位置的广告时，他们都会给科塔斯发邮件，科塔斯又沮丧地将邮件转发给他的工程师们。一位广告技术工程师回忆起一个令他难忘的事故，当时儿童玩具商品的搜索结果中出现了性玩具的广告。

第 10 章 / 后院的金矿

搜索广告在亚马逊公司甚至在广告部门内部都存在争议。纽约、洛杉矶和伦敦的亚马逊广告销售主管每年都会制定积极的销售目标，他们的任务是推销传统的横幅广告。现在，他们的客户注意到一种新的亚马逊广告服务。亚马逊在硅谷的搜索部门 A9 的工程师们讨厌新的搜索广告，他们的工作是在搜索结果中提高真正有用的产品的排名，而不是呈现付了最高广告费的卖家列表。

然而，赞助广告显然是有效的。客户通常看不出赞助广告和客观搜索结果的区别而点击它们。虽然卖家和品牌抱怨广告支出，但它们已经习惯了谷歌的搜索广告，并严重依靠它在亚马逊推广产品。到 2016 年，面对越来越多的广告，S-team 就一个关键问题展开了辩论：是否应该允许搜索广告出现在搜索页面的上半部分，与自然搜索结果混合在一起。

争论非常激烈，开了无数次会议，讨论到底是要神圣的客户体验，还是这个非常有前途的新收入来源。广告高管们认为，让产品出现在搜索结果的顶部，卖家和供应商都会受益。零售主管则担心客户可能会被低质量产品广告误导，导致糟糕的体验，进而减少他们在亚马逊上的整体支出。

在一场辩论中，国内零售部门负责人道格·赫林顿用蝎子和青蛙的比喻来说明问题。蝎子请青蛙背自己过河，却在途中本能地蜇了青蛙，这是注定的结果。他反对的广告是蝎子——广告本身并不邪恶，但在本质上歪曲了真实搜索结果，伤害了平等的竞争环境。

最终不得不由贝佐斯来决定。他认为解决办法可以是在搜索结果的顶部有步骤地测试赞助广告，比如，先针对一小部分搜索在结果中展示广告。虽然测试工程师从不觉得他们的仪器或数据很可靠，但结果却相当一致。当赞助广告被突出显示时，最终购买的客户数量会出现小幅的、统计上可检测的短期下降，但长期影响尚无法得知。蝎子并没有杀死青蛙，只是轻轻蜇了它，目前还不清楚是否有毒。

"赞助商品"几乎肯定会带来损害——很少是客户想要的——但也能赚钱，很多都赚钱。这样看来，贝佐斯是否会将广告最终扩展到所有搜索结果页面的顶部，答案只有一个字——是。亚马逊应该继续增加搜索结果中赞助广告的占比。是的，它应该增加每个搜索结果页面上广告商品的数量，即使这意味着客户点击量的下降。

在展示广告时代，贝佐斯一直拒绝在客户体验上妥协，但是现在，虽然他告诫不要投放过多广告以免招致客户讨厌，但他选择大力推进，哪怕由此产生的不良长期后果可能远远超过潜在意外收益和它所带来的投资机会。

搜索广告这门生意具备贝佐斯喜爱的所有特征。客户在点击时没有离开亚马逊网站，而是跳转到单独的产品页面，他们会在那里下单，为亚马逊的"飞轮"提供动力。开支不大——需要一些张扬的广告狂人来管理，但更多的工作都可以由自助服务系统来完成。只要技术到位，搜索广告就会产生巨大的影响力，贝佐斯可以用它资助能带来意外横财的新发明。

"将广告移到搜索页面的顶部彻底改变了游戏规则，"广告业务部门的亚马逊计算机科学家说，"如果没有做这个决定，今天的亚马逊广告将完全不同，而杰夫是拍板的那个人。"

* * *

一旦贝佐斯表示愿意放低身段，利益优先，能做的事情就有很多了。例如，贝佐斯在几年前曾收到佛罗里达州一位客户的电子邮件，他描述了自己在 Amazon.com 上购买自拍杆的经历。那里有数百种商品选择，这位客户根本不知道该买哪一种。然后他去了当地的一家商店，从销售人员那里得到了建议。客户写道："为什么亚马逊不能提供这样的推荐？"

当贝佐斯转发这封电子邮件时，S-team 已经在考虑这个问题，零售部门进行了大调整，建立了一个团队为 Alexa 开发语音购物。这个服务被称为"亚马逊之选"（Amazon's Choice）。当用户发出语音指令让 Alexa 订购商品时，它会权衡客户评价、价格和运输速度等变量，在大量产品中选择某些产品，并推荐给用户。

语音购物的使用量在 Alexa 上迅速增长，"亚马逊之选"的标签在 2016 年开始与赞助商品一起出现在搜索结果的显要位置。它的含义模棱两可[6]——亚马逊几乎没对它的实际含义做出任何解释，只是在某种程度上填补了全知销售人员的角色。尽管如此，客户还是蜂拥而至，购买带有这个标签的商品，[7]这些商品销售额被记入单独的一个账户，收入在原来的基础上提高了三倍。毫不奇怪，不想通过产生大量好评来欺骗系统的商家，迫切想知道如何付费来购买这种推荐。亚马逊高管回应说它是不卖的。"我们说，非常简单，"语音购物副总裁阿萨夫·罗南说，"拿出你最好的产品，降低价格，让用户开心。"

但"亚马逊之选"可以通过另一种方式为亚马逊赚钱。自营品牌产品（如亚马逊倍思电池）团队看到这个标签被分配给金霸王等竞争品牌时，也特别想获得。这引发了另一轮激烈的内部辩论，自营品牌团队开始与 A9 搜索工程师甚至科塔斯的广告团队发生对立，后者认为在搜索结果中突出自营品牌会伤害广告主的利益，并破坏"亚马逊之选"的影响力。尽管如此，这个标签还是被贴在许多亚马逊自营品牌产品上，这让它们在搜索结果中比竞争对手更具优势。《华尔街日报》2019年对"亚马逊之选"进行报道时发现，有540件亚马逊倍思商品获得了这个标签，比任何其他品牌都多。[8]

供应商看到分配给亚马逊自营品牌的"亚马逊之选"标签时，很自然感到委屈并开始抱怨。尽管亚马逊的律师限制了这种做法，尤其是在欧洲反垄断机构调查谷歌在搜索结果中给予自己的服务特权的类似做法时，自营品牌高管仍然感到难为情。"对于团队中的很多人来说，这不是亚马逊的方式，"消耗品部门的前经理 J. T. Meng 说，"把标签打在我们一些并不足够优秀的产品上，看上去有些伤害用户利益，也违反竞争原则。"

亚马逊的搜索结果已经从简单的、按算法排序的产品分类，演变为对赞助广告、第三方网站编辑推荐和公司自营品牌的过度展示，进而为"亚马逊之选"背书。在某些产品类别中，整个结果页面上只出现了两个自然搜索结果。[9] 当品牌商和卖家不能再指望顾客通过传统搜索方式在网站上找到他们的产品，他们甚至更倾向于打开钱包，在搜索广告上投入更多的钱。美国众议院反垄断小组委员会一份两党报告得出的结论充满否定意味，亚马逊"可能会要求卖家在网站上购买广告服务作为其进行销售的条件"，因为消费者往往只看搜索结果的第一页。[10]

到2017年，来自"赞助商品"的收入已经超过横幅广告等展示广告的收入，亚马逊很快就将展示广告抛在一边。那一年，亚马逊利润表中的"其他收入"（原来用来放AWS的数字的地方）中，广告销售额达到46.5亿美元，比2016年增长了58%。亚马逊在自家后院发现了一座名副其实的金矿。

战略性大撤退

但首先，贝佐斯必须阻止消费者零售业务掠夺赞助广告的收益。贝佐斯在 2017 年秋季的 OP1 审查中坚持认为，亚马逊最古老的业务必须立足于自己的竞争优势，不能靠广告来掩护，贝佐斯迫使这个部门彻底改变了长期以来的经营方式。对收入和市场份额增长的无止境追求，被对利润的追求取代。到处播种的观念也被抛弃，变成专注于培养大树——通常是贝佐斯自己种下的——其他所有昂贵的投资都要削减。

在接下来的几个月里，亚马逊做了一个罕见的举动——撤退。[11] 它关掉了英国和美国销售音乐会和其他活动门票的亚马逊网站。放慢了将"亚马逊餐厅"这一外卖服务推广到新市场的速度，这项服务的目的是与 Grubhub、DoorDash 和英国的 Deliveroo 等初创公司竞争。两年后"亚马逊餐厅"服务完全被砍掉了。[12] 它还削减了对仍在苦苦挣扎的中国亚马逊第三方商城的投资，在和阿里巴巴以及京东竞争取胜无望后，这个业务在 2019 年也被永久关闭了。[13]

亚马逊还几乎完全冻结了零售部门的招聘。多年来，亚马逊对招聘有才能的员工几乎没有什么限制。亚马逊在西雅图的员工人数从 2010 年的 5000 人激增至 2017 年的 4 万人。接下来的整整一年，数字基本没变。"我们刚刚决定，经过多年快速的固定成本投资，有必要将其放慢至少一年来消化增长，并确保我们的效率。"杰夫·威尔克说。

盈利成为多年来第一次被强调的新鲜概念。零售业务的高管们被命令重新审视与可口可乐、联合利华等主要品牌的合作关系，争取在瓶装水等运输成本高昂的产品上获得更有利的条件。[14] 他们再次依靠搜索引擎来推进公司的业务优先事项，将商品的盈利能力纳入算法方程，来决定哪些产品应该获得"亚马逊之选"标签。正在进行的去人工化计划，[15]即用软件取代零售经理，也加快了推进步伐，品牌直接使用亚马逊网站上的工具来开展促销活动和管理销售，而不需要亚马逊员工介入。亚马逊仍会为其最大的供应商提供优质服务，但现在开始将向他们收费。

在这次重组过程中，贝佐斯找到了另一种方法来降低固定成本、精简组织结构并避免出现他所恐惧的结果：亚马逊变成一个乏味的"第二日"企业。他向全公司发布了一条命令（"当然，他一直这样做，[16]每当发生这种情况时，人们就会像一群被橡皮锤捶打的蚂蚁一样乱作一团。"亚马逊前工程师史蒂夫·耶格在2011年的一篇博文中写道）：从今以后，所有亚马逊经理（直接下属主要由其他经理组成）都必须直接管理六名以上员工。

尽管听起来无害，但这个被称为"控制范围"的指令在公司内部引爆了一颗中子弹。只有三个、四个或五个直接下属的高级管理人员必须从组织中他的下属那里，找合适的员工来凑齐六个，让下属无人可用。这些行动产生了连锁效应，那些为了追求管理职位而有条不紊向上爬的亚马逊经理发现，晋升的道路现在被封堵了。

对于许多亚马逊员工来说，组织重组让他们重新感觉到企业文化中潜藏的那种残酷性，这让人想起绩效排名的时代。虽然一些部门（如AWS）可以暂缓实施这项要求，但其他部门却受到了重击。零售业务的高管表示，他们有10%~20%的同事（被剥夺了直接下属和经理角色）在这些重组中离开，要么转到AWS和Alexa等高增长部门，要么彻底离开亚马逊。

"从组织士气的角度来看，他们处理得再糟糕不过了，"亚马逊鞋履和服装前总监斯坦·弗里德兰德说，他本可以在公司度过他的第十个年头。"大多数大公司遇到这种情况，通常会直接宣布裁员，"他说，"要么留下，要么拿到一笔遣散费走人。但亚马逊直到今天从未说过自己要裁掉多少人，因为它乐此不疲于自己创造的恐惧文化。"

抢坑式的非常规组织重构让亚马逊避免了宣布裁员可能招致的内外非议。它不仅实现了组织扁平化，还成功实现了贝佐斯狙击止步不前的"第二日"企业的目标。这是典型的贝佐斯式做法——干得漂亮，却相当残酷。在他下达指令的同时，[17] 他还命令 S-team 成员在 YouTube 上观看一段由贝恩公司制作的 19 分钟视频，名为《创始人的心态》，内容讲的是公司要消除官僚作风，在日常决策中始终倾听客户的声音，并保持叛逆的初创公司心态和行动力。"增长的一个悖论是增长同时会导致复杂性，而复杂性是增长的无声杀手。"贝恩董事詹姆斯·艾伦在视频中说。

许多高管认为，这些颠覆性举措肯定有其他原因，并试图了解贝佐斯的内心动机。一些人猜测他希望成为公司唯一的冒险者，认为他的副手们在很多不相关的领域投资过多。一位在重组后离职的高管表示，"最好的解释"是贝佐斯"想成为洛杉矶之王"。强调盈利是为了支撑在亚马逊影业和原创影视内容上不断扩大的赌注。其他人则认为，贝佐斯可能一直担心股价停滞不前对亚马逊以股票为主的薪酬计划造成影响，而希望用利润的增长给华尔街一个惊喜。

如果这是他的出发点，可以说他的目的完美实现了。在 2017 年秋季 OP1 总结和"控制范围"指令发出之后，亚马逊员工人数增长放缓，零售利润率提升。与此同时，Prime 的全球会员人数超过 1 亿，AWS 继续疯狂扩张。亚马逊的净收入——全年利润——从 2017 年的 30 亿美元跃升至 2018 年的 100 亿美元，投资者高兴得沸腾了。亚马逊股价上涨，到 2017 年底，其市值飙升至 5500 亿美元以上，到 2018 年底达到 7300 亿美元。

当然，影响远不止于此。享受多年累积赠股的资深员工看到他们的净资产飙升。亚马逊的长期投资者因其忠诚而获得丰厚回报。而在 2017 年秋天，杰夫·贝佐斯终于在全球首富的角逐中战胜了比尔·盖茨。[18] 考虑到通货膨胀，他的财富很快超过微软高峰期的盖茨和沃尔玛对美国零售业铁腕控制期的山姆·沃尔顿。

即使对于已经被公众关注 20 年之久的贝佐斯来说，这一成就也为其带来了前所未有的同行赞赏和媒体审视。"自杰夫被宣布为世界上最富有的人那一天开始，这句话就成了所有和亚马逊有关的故事的开头，无论主题如何。"杰伊·卡尼说。陪伴贝佐斯在其迈阿密故乡度过童年时光的高中朋友约书亚·温斯坦补充道："成为世界上最富有的人，改变了其他人看待他的方式。对他来说，世界已经变得和以往不一样了。"

贝佐斯本人一手炮制了这种转变。他发现了搜索广告的金矿，坚持反对公司只依赖广告，努力控制官僚主义在他的王国中扩大，开启了亚马逊历史上可能最赚钱的增长时期。至少在商业世界中，他已经在零售和科技领域建立了对大多数同行的绝对统治地位。

第11章
步步为营

　　杰夫·贝佐斯与亚马逊官僚主义开战的一年前,在新启用的第一日大楼的6楼,举行了一系列不寻常的会议。2016年秋天的几个星期,贝佐斯的另一家公司蓝色起源的高管们,轮流从他们位于华盛顿肯特郡的办公室打优步,花半小时来到西雅图市中心,与他们的创始人罕见地一对一共进午餐,讨论是什么导致这家拥有16年历史的航天公司陷入了困境。

　　与亚马逊取得的辉煌成就以及《华盛顿邮报》的神奇复兴不同,蓝色起源是贝佐斯不断扩张的强盛帝国中的落后者。用"新谢泼德号"可重复使用火箭将游客送至亚轨道空间的计划一推再推,两架无人火箭爆炸,用火箭科学家的专业术语来说,是"快速的计划外解体"。另一个更具雄心的计划,是用更大的"新格伦"火箭将游客和货物送入轨道,但这个计划的实现,还要等上多年。

　　与此同时,特斯拉联合创始人埃隆·马斯克晚于蓝色起源两年创立的私人太空公司SpaceX正在创造新的历史。其坚固的猎鹰9号火箭定期将商业和军事卫星送入地球轨道,并且刚刚被指定为国际空间站提供补给。2016年4月,SpaceX将猎鹰9号的助推器降落在漂浮于大西洋上的无人机平台上。[1]这个成就对科技发展而言非比寻常,两家航天公司与其后的两位亿万富翁支持者间的比试似乎高下立判。

现在,贝佐斯把一部分在亚马逊的工作时间用于努力解决蓝色起源的问题。他和高管们的午餐讨论,有的长达两个小时。他们试图让老板明白,公司内部沟通不畅,会议低效,很多支出决策没有依据。一位工程师描述蓝色起源是"波将金村"——兢兢业业的外表掩盖着混乱无序的文化。另一位高管威胁说,如果问题不能尽快解决,他将辞职。

谈到这些问题的根源,这些与贝佐斯共进午餐的员工开始变得谨慎。他们绕着圈子暗示,贝佐斯的野心越来越大的同时,却限制公司员工的数量。他们也不愿谈论代表贝佐斯经营公司的总裁罗布·迈耶森,因为担心贝佐斯把他们的话告诉这位13年的蓝色起源老员工。

然而,贝佐斯还是仔细听着,做笔记,似乎明白了他们的意思。午餐后,他告诉迈耶森,蓝色起源从没有过CEO,他现在要招一个进来。亚马逊招聘副总裁苏珊·哈克接到这个任务。据一位知情人士透露,他们还向SpaceX那位活力四射的首席运营官兼总裁格温·肖特韦尔发出了邀请,但他很快拒绝了,称"这样做不合适"。

蓝色起源CEO人选的搜索持续了一年多。迈耶森帮助面试候选人,同事们怀疑他会为了保住自己的工作而故意拖延,贝佐斯也可能下不了决心。最后,选择范围慢慢聚焦到霍尼韦尔航空航天公司机械系统和部件部门总裁鲍勃·史密斯身上,他曾担任联合太空联盟公司执行董事,该公司参与了NASA的退役航天飞机计划。

史密斯和贝佐斯一样,是个"阿波罗小子",他童年有段时期在得克萨斯度过，整日观看电视里美国宇航员在月球上行走。长达 12 个月的时间里，他与蓝色起源的高管们面谈了 20 多次，回忆起这件事，他开玩笑地问："你也想要我的牙科记录吗？"

2017 年 8 月，贝佐斯超越比尔·盖茨成为世界首富，史密斯终于得到这份工作，距离他在第一日大楼与蓝色起源员工的第一次会面已经过了一年。没有正式宣布，媒体的报道也轻描淡写。但贝佐斯给史密斯的任务很明确：把一个不太成功的研发机构变成一家成熟的企业，证明它值得世界首富的支持和吹嘘。鲍勃·史密斯后来在接受采访时说，蓝色起源"确实遇到了一个巨大的转折点"，是时候"搞点大动作了"。

蓝色使命的强烈热情

阅读过杰夫·贝佐斯辉煌传记的人都会对他的太空旅行热情印象深刻。在他小时候，他的父母每年夏天都会送他去他退休的祖父劳伦斯·普雷斯顿·吉斯的南得克萨斯牧场，后者曾在 20 世纪五六十年代为美国原子能委员会研究空间技术和导弹防御系统。吉斯把对太空的热情传给了他的孙子。贝佐斯利用暑假观看阿波罗发射，如饥似渴地阅读当地图书馆里的科幻小说，幻想着人类在太空中的宿命。他常说，外号"波普"的祖父教会了他自力更生的价值。他们一起修理风车，修好一台旧推土机，并给牛接种疫苗。在迈阿密帕尔梅托高中的告别演讲中，贝佐斯讨论了如何通过将数百万人送入轨道空间站来解决地球人口过剩和污染问题。

2000 年，贝佐斯利用亚马逊的成功给他带来的丰富资源来追求这些梦想。他创立了蓝色起源——这个名字指的是人类的发源地地球。他认为，太空探索的重大进步取决于找到使用液体燃料的火箭的替代品，但这个假设很快就被证明是不正确的。最初几年的蓝色起源更像是"一个俱乐部而不是一家公司",[2] 正如记者史蒂文·利维后来在《连线》杂志上所写的那样，这是一个智囊团，其中包括十几位科幻爱好者，如小说家尼尔·斯蒂芬森和科学历史学家乔治·戴森，他们在一起幻想激进和不现实的太空旅行方式。

到 2003 年，贝佐斯改变了方向，承认传统液体燃料推进的效率是别的方式没法比的。蓝色起源不会去重新发明火箭，而是通过让它们可重复使用来降低制造成本。那一年，他聘请了 NASA 的资深人士迈耶森，他曾在航天初创公司 Kistler Aerospace 工作 6 年，这家公司后来失败了。迈耶森是一位性格内向的工程师，举止忧郁，没有高管任职经验，最初是新谢泼德号的一名高级系统工程师。但贝佐斯已经有一份全职工作，无法亲自批准每一个决定，而且他希望蓝色起源的发展能更快一些。在聘用迈耶森后不久，贝佐斯就任命他为这家小公司的项目负责人和总裁。

虽然贝佐斯无法监督蓝色起源的每一个细节，但他可以设计一种机制——一种发明系统——来指导员工如何设定优先事项和开展工作。2004 年 6 月，他写了一份 800 字的备忘录，非正式地称之为"欢迎信"。直到今天，这封信仍作为入职文件包的一部分发给蓝色起源的新员工，之前从未公开披露过。

"我们是一个小团队，致力于人类在太空中的永久生存。"贝佐斯在开头写道，他最初希望将公司保持在 70 名员工以下，"蓝色起源将耐心地、循序渐进地追求这个长期目标"。他描述每隔六个月发布一次新版本的火箭，"就像节拍器一样规律"，并预测该公司最终将把重点转移到载人轨道飞行器项目上，彼时蓝色起源将"扩大其组织和能

第 11 章 / 步步为营

力"。他将这些计划与更遥远的长期情景区分开来，如建造探月飞船，并告诫员工要专注于手头的任务并有条不紊地推进。

"我们身处的是一座没有现成地图的大山，四周的能见度也很低。"他写道，"一旦开始，你就不能停下来。你要以稳定的速度持续攀登，做乌龟而不是兔子。将支出保持在可持续的水平，先是持平，然后逐步增加。"他向员工保证，他明白将要为蓝色起源投入庞大的个人资金。他写道："我承认，蓝色起源在典型的投资期限内无法满足合理的投资者对投资回报的期望。当这个预测被证明是正确的时，我不会感到惊讶或失望，要让蓝色起源的员工安心，这一点很重要。"

这份由贝佐斯签署的文件对于蓝色起源，就像亚马逊致股东的就职信一样神圣不可侵犯，每年的全体会议员工都会重温一次。他将其中心思想浓缩为公司的拉丁格言"Gradatim Ferociter"，即"步步为营"。他还设计了一件精美的纹章，上面是两只站在地球上把手伸向星空的乌龟，纹章上带着翅膀的沙漏，象征着时间的流逝。

欢迎信及其阐释成为黑暗中的灯塔，也是公司中同样梦想打开太空前沿的爱好者之间的暗语，对于外界，贝佐斯则对蓝色起源秘而不宣。公司要求新员工必须阅读这份备忘录并认真思索。他们甚至要求前来求职的人写一篇能够体现他们对蓝色使命的强烈热情的文章，如果他们的渴望不够虔诚，就会被拒绝。

在 21 世纪 00 年代中期，贝佐斯对太空的兴趣吸引了另一位杰出的太空迷的注意：埃隆·马斯克于 2002 年创立了 SpaceX，其目标是制造更经济、可重复使用的火箭并成功探索太空。贝佐斯和马斯克私下会面过两次，讨论了他们对太空的着迷，一次是在旧金山，不久之后是在西雅图，而且带着他们当时各自的配偶麦肯齐和贾斯汀·马斯克。两对夫妇在市中心的一家餐厅共进晚餐，然后贝佐斯和麦肯齐邀请马斯克和他的妻子参观了蓝色起源最初的仓库办公室，一位同事回忆说，他非常奇怪地让员工提前下班，并收起所有能泄露他们工作内容的东西。

在很多方面，当时的SpaceX和蓝色起源截然相反。在马斯克和一群风险资本家的种子投资资助下，SpaceX从一开始就拼命追求盈利，它与老牌航天巨头竞标，争夺运送商业卫星和军事硬件进入轨道的政府合同。对于蓝色起源，贝佐斯的考虑却更加长远。他打算自己投资，并希望把新谢泼德号火箭的技术最终集成到更大和更远期的太空旅行计划中。贝佐斯在欢迎信中写道："不要只建造航天器，要建立一家制造航天器的公司。"

马斯克后来告诉我，他"认为杰夫创造了蓝色起源很酷，在太空领域有着类似的慈善目标和大量资源的，不止他一个"。他同样友好地回忆起他们从前的见面，并记得与贝佐斯就蓝色起源计划使用的混合燃料的优点进行了技术性的辩论。这种混合燃料使用的过氧化氢，在阳光下会迅速分解。"过氧化氢很好，但等你过完一个周末回来，发现自己的车不见了，试验场也没了。"马斯克说。但贝佐斯当时很听他的首席推进器负责人威廉·克鲁斯的建议，威廉·克鲁斯是航空航天公司TRW的前工程师。克鲁斯看好过氧化氢的非低温特性，而且可以与现有涡轮泵一起使用，几乎不需要额外的工程开发。

贝佐斯认为，使用此类已有组件可以让蓝色起源保持其工程团队的小规模和快速行动力——这也是他在欢迎信中阐述的原则。他相信约束会促进创新，他想以软件项目的节奏开发太空飞行器，将新想法融入频繁的迭代，使用尽可能多的标准技术。这种方法在像亚马逊这样的互联网公司很有效，因为可以很容易地修复错误。但是，在一家资源永远捉襟见肘的航空航天公司，却会导致本需要严格测试的系统出现各种错误,让实现目标变得越来越难。

2011 年,蓝色起源在贝佐斯位于得克萨斯州西部占地 30 万英亩①的牧场上启动了一个火箭测试。那年 8 月,一个简单的软件错误使火箭偏离轨道,迫使机载安全系统在 4.5 万英尺处终止飞行。30 英里外的范霍恩镇的居民目睹了货架"快速的计划外解体"。[3] 该公司确保没有公开视频,并且只有在媒体开始调查时才承认这一事件。贝佐斯在蓝色起源网站上的一篇博客文章中写道:"这不是我们任何人想要的结果,但我们都同意这很难。"[4]

到那时,蓝色起源已经在重新开发新谢泼德号,他们接受了马斯克关于过氧化氢太易挥发的观点,转而使用性能更高的液氧和液氢火箭混合燃料。这家公司还开始权宜性地申请政府合同,在商业载人航天项目(CCDev)的前两个阶段还获得了 2500 万美元奖励。CCDev 是奥巴马时代的一项政府计划,旨在向私营公司征集方案,将宇航员运送到国际空间站。但是,在 2012 年冬天进行的第三阶段,要求更严格了,参与公司需要在三年内成功建造一个完整的轨道航天器。

参与这一关键阶段的竞赛,需要贝佐斯从根本上背离欢迎信中的一些原则,例如,他希望公司保持精益,并"循序渐进"运营。新谢泼德号仍是蓝色起源的首要工作,因此决定放弃竞争。SpaceX 与波音公司一起赢得了合同,并获得了 4.4 亿美元的首期资金。[5] 几年后,美国监察长办公室公布了一份对该项目的审计报告,显示 SpaceX 最终从该项目获得了 77 亿美元的资金。[6] 据一位同事回忆,贝佐斯看到这个数字后,忘记了自己早时说的那些话,不敢相信地大声质问:"为什么我们决定不竞标?"对此,这家公司表示,贝佐斯从未质疑

---

① 1 英亩 ≈4046.86 平方米。——编者注

过不竞标的决定。

通过采取与蓝色起源完全不同的发展方式，SpaceX迅速变得越来越大。2013年，蓝色起源雇用了第250名员工，SpaceX已经拥有2750名员工，并且已经在向国际空间站发送无人飞船。[7]蓝色起源卡在新谢泼德号项目上，裹足不前，但SpaceX完全跳过了建造亚轨道火箭将游客带到太空的中间阶段，贝佐斯认为要实现他让数以百万计的人在太空生活和工作的梦想，这一阶段是必要的，在一定程度上是为了让人们适应太空旅行的想法。

虽然贝佐斯和马斯克在个人的太空梦想上似乎志同道合，但他们在公司发展理念上存在差异。马斯克经常挂在嘴上的目标是殖民火星，使人类成为"多行星物种"，[8]作为抵御地球灾难的保险。贝佐斯则相信"在太阳系的所有行星中，地球是迄今为止最好的行星"，而只有降低进入太空的成本，才能将大批健康的人送上空间站，在那里他们可以利用太阳能，开发月球表面丰富的金属和其他资源。贝佐斯假设，以目前的人口增长和能源使用速度，人类将不得不在几代人内开始配给资源使用，导致社会停滞不前。"我们去太空拯救地球！"他在推特上宣称。[9]

尽管如此，蓝色起源和SpaceX还是不可避免地走向了竞争。它们最终不仅要争夺政府合同、人才和资源，还要争夺广大太空迷和媒体的崇拜和关注。到2013年，马斯克和贝佐斯从前和睦的友情消失了，取而代之的是两位成功、意志强大和自负的企业家之间渐渐滋长的竞争。

那年9月，为了放慢竞争对手的发展速度，蓝色起源抗议SpaceX租赁NASA历史悠久的39A发射场的计划，这个发射场位于卡纳维拉尔角肯尼迪航天中心，是阿波罗计划的原址。[10]马斯克在给太空新闻网站的电子邮件中解释蓝色起源的合法抗议时写道,"我们最后得到的可能只是类似某些公司的花拳绣腿的作秀",而不是像蓝色起源那样在五年内生产出能与国际空间站对接的火箭。[11] 蓝色起源的抗议失败了,它只得到了小一些的 36 号发射场,而且需要花更多的钱来修复。2014 年,两家公司还就蓝色起源的一项弱专利展开了激烈争夺,这项专利用于将火箭降落在海上驳船上,SpaceX 在法庭上对该专利提出质疑并胜诉。[12]

但贝佐斯当时正在研究 SpaceX 成功的原因。马斯克的公司出售其发射服务,用赚到的钱为快速增长提供资金。也许蓝色起源也可以做一些类似的事情,同时仍然专注于它进入太空的"循序"路径。2014 年,克里米亚事件发生后,机会出现了:联合发射联盟公司(ULA)[13]——洛克希德·马丁公司和波音公司两家的航空航天部门的合作公司,当时美国军方最大的发射供应商——宣布希望找一家美国发动机供应商,以防有一天不能再从俄罗斯购买火箭发动机。蓝色起源的高管提出向 ULA 出售其正在为"新格伦"轨道助推器开发的新型 BE-4 液化天然气发动机。

ULA 的上级组织希望确保蓝色起源不会帮助潜在的竞争对手如 SpaceX 争夺利润丰厚的卫星发射生意。贝佐斯与两家公司的高管通了电话,显然很有说服力。蓝色起源在竞争中击败 ULA 的主要发动机供应商航空喷气洛克达因公司,赢得了这笔交易,并在 2014 年 9 月 17 日对外宣布。但 ULA 将发现,蓝色起源并不是一个可靠的合作伙伴。

次年 4 月,蓝色起源首次从贝佐斯的牧场发射了新谢泼德号乘员舱的原型,里面塞满了玩具、名片和珠宝等员工纪念品,这是公司内部计划"放飞你的东西"的一部分。原型乘员舱到达了海拔 100 公里的零重力卡门线，与火箭分离，通过三个降落伞飘落到地球上。但是，可重复使用的助推器没有成功着陆，由于液压故障再一次"快速计划外解体"，着火落到了地面。

"我们从失败中学到的总是比从成功中学到的多，"长期担任蓝色起源高管的盖里·莱说，"事后看来，通过适当的地面测试，M1期间发生的故障是可以避免的。"其他同事回忆说贝佐斯听起来很沮丧。"我们犯的是复杂的错误，还是令人尴尬的愚蠢错误？"他在分析事故时问道。

但那年11月，或许才是蓝色起源的光辉时刻，它终于完成了火箭着陆的壮举。测试舱进入了太空，它的助推器火箭重重地落回沙漠地面，尘埃落定后，稳稳地直立在发射台上。盖里·莱说，控制中心的每个人都爆发出欢呼声，"所有的礼仪都顾不上了"。

太空舱通过降落伞安全返回后，热情洋溢、头戴牛仔帽的贝佐斯拿出了盖里·莱所说的"我见过的最大瓶的香槟"，没有拔出软木塞，而是拿出了一把大刀干净利落地剁掉瓶颈。"我要流眼泪了。这真的是我见过的最壮观的景象之一，"贝佐斯在和员工举杯时说道，"这是一个巨大的里程碑，但这不是结束，而是开始，是个神奇的开始。这确实是一个伟大的日子，不仅对蓝色起源来说，而且对整个人类文明来说都是如此。我认为我们今天所做的将被铭记数千年，你们应该为自己感到骄傲。"

与此同时，SpaceX已经从一个低成本的简单技术系统起步，回头研究可重复利用火箭。一个月后，[14]当它首次推出自己的可重复使用助推器时，贝佐斯艾特马斯克，"欢迎加入俱乐部"，并加上了一个挖苦的表情。[15]

但两家公司之间的基因差异决定，蓝色起源的优势将会转瞬即逝。

第11章 / 步步为营

这次成功发射时，蓝色起源有大约 400 名员工，他们的注意力主要集中在新谢泼德号上，还有针对刚刚起步的新格伦计划和 BE-4 发动机所做的一些长期规划。

与此同时，SpaceX 拥有 4500 名员工，而且发展迅速，他们只专注于轨道任务。蓝色起源依赖的是贝佐斯的个人资金，而对于 SpaceX 而言，为它支付大部分账单的，是山姆大叔、纳税人和其他客户。

换句话说，现实不是寓言：乌龟与真正的兔子赛跑，毫不奇怪，兔子赢了。

* * *

尽管有这些战斗，但蓝色起源的员工和亚马逊的一样，似乎被灌输了一种无视市场竞争而专注于手头任务的宗教信仰。在贝佐斯不断膨胀的庞大财富的庇佑之下，这并不难做到。他们位于肯特工业区的总部外观看起来并不起眼：那是一个占地 30 万平方英尺的巨大旧工厂，波音公司曾经在那里为英法海底隧道制造钻机。[16] 但在内部，办公室被改造成了太空爱好者的游乐场，里面摆满了贝佐斯多年来购买的科幻珍玩和古董。

这些个人收藏覆盖了所有人类太空之旅的轨迹。有水星时代的 NASA 安全帽、联盟号宇航员穿的压力服和航天飞机上的隔热瓦。二楼的中庭是《星际迷航》电影中使用的原版进取号星舰模型。旁边是儒勒·凡尔纳小说《从地球到月球》中描绘的蒸汽朋克飞船的复制品，足足有两层楼高。附近的一面墙上写着达·芬奇的名言："一旦你尝试过飞行，在地上行走的时候你的眼睛将永远向着天空，因为你曾经去过那里,并且你将永远希望重回那里。"

在大楼的西北侧,有一个被称为"秘密花园"的室外空间,名字来自弗朗西斯·霍奇森·伯内特的小说,工作之余,员工可以在这里休憩。锦鲤池、步道、户外厨房,果树和蓝莓灌木丛中的吸烟区、密集的灌木将远处的混凝土丛林挡在视线之外。一条长凳上有一块纪念牌,上面写着伊丽莎白·科雷尔的名字——贝佐斯已故的业务经理和私人律师,她于 2010 年因癌症去世,去世时只有 42 岁。

科雷尔从未进入公众视野,除了一件事,而且不太光彩:2003 年 3 月 6 日,她和贝佐斯在得克萨斯州西部大教堂山附近考察地块,他们的直升机试图在大风中起飞时,坠入了一条浅溪。[17]科雷尔的椎骨骨折,贝佐斯则受了轻微的划伤。事后,他告诉一位记者,最大的教训是"尽可能避免乘坐直升机"。[18]

贝佐斯和科雷尔最终在范霍恩镇附近找到了合适的土地,并通过几家控股公司买下了它,这些公司都以著名探险家名字命名。贝佐斯想要一块度假地,就像他祖父在得克萨斯州的牧场。他在那里度过的许多个夏天,成为他成长过程中的重要部分。[19]它同时会被用作蓝色起源的工厂和发射台。

十年后,牧场成了蓝色起源工程师们的另一个快乐豪华度假村。它包括一个游泳池和露台、一个室外火坑和一个圆顶高倍望远镜,他们可以在得克萨斯州万里无云的夜晚看星星。白天,他们偶尔会在这片土地上骑沙丘车;晚上,贝佐斯会在一个户外沙龙提供晚宴和昂贵的酒,他将沙龙命名为 Parpie's Bar,Parpie 是孙辈对他父亲迈克·贝佐斯的称谓。每喝完一瓶上好的苏格兰威士忌时,他都会让每个人在瓶子上签名。

这些插曲之后,他们将回到现实和一个令人心烦的两极分化的组织中。贝佐斯给的目标越来越高，却只给极少的资源用于实现这些目标。很长一段时间里，他都限制自己在公司的时间，只是偶尔在星期六参加对技术方案的深度评估，他会与火箭科学家和空气动力学家吵得面红耳赤，员工对此印象深刻。他喜欢与工程师互动，并希望在公司最重要的建筑和设计决策中扮演重要角色。但他更喜欢通过与罗布·迈耶森的电子邮件，以无形的方式管理日常运营的许多细节。

这种管理方式让公司总裁非常不好做。迈耶森成了贝佐斯的管道，但没有他的权威。他还要努力遵循贝佐斯相互矛盾的命令，快速招聘人员来适应公司不断提高的目标，同时限制规模。每周一和直接下属的会议，都充满了对抗，迈耶森经常在这些会议上批评他们行动不够快，下属的士气更加低落，效率低下。很多员工说，他们并不信任他，认为他做大量笔记是为了向贝佐斯频繁报告，他在他们和真正的老板之间，起到了扭曲过滤器的作用。

蓝色起源内部的这些摩擦最终导致了2016年的一系列激烈冲突。士气低落，贝佐斯对缺乏进展很不满意，他在亚马逊尽量压制的一些前卫管理习惯和坏脾气，终于在蓝色起源爆发出来。在2月的一次技术评估会议上，他破口大骂了新谢泼德号系统架构师格雷格·西摩，后者在蓝色起源工作了12年并且早已心生不满，第二天凌晨3点，他发短信提出了辞职。

那年夏天晚些时候，贝佐斯还严厉斥责了迈耶森和其他高级管理人员，因为他们提出的预算超过5亿美元，远远超出他的预期。他们试图预测新格伦的火箭和发动机工厂等大项目的成本。当时身价约450亿美元的贝佐斯大为震惊。"我不会花那个钱，"他抱怨道，"这么多，你应该早点儿给我打电话！"

在欢迎信中，贝佐斯发誓，如果公司无法立即为他的投资带来回报，他也不会感到惊讶或失望。但现在看来，他既吃惊又失望。员工们说，以前，贝佐斯通常会在周三来蓝色起源待上一整天，但其实，他们已经很久没有在肯特总部见过他了。现在，贝佐斯开始每周花几个小时与部门负责人交谈，深入了解不断增加的费用和效率持续低下的问题。他认为决策缓慢正在妨碍蓝色起源的发展，所以开始在午餐时间出现在公司食堂。任何人都可以找他快速决断问题或提出想法，只要他们用一张纸说清楚挑战和潜在解决方案即可。

2016年秋天，最尴尬的一幕出现了。美国天文学会把当年的太空飞行奖颁给了迈耶森，该奖是为了表彰那些"为太空探索的进步做出杰出努力并取得巨大成就的人"。当贝佐斯在管理层会议上宣布这一荣誉时，没有人鼓掌，蓝色起源的高管们几乎不约而同地向下看去。"好吧，也许我需要再说一遍，这是一个非常有声望的奖项。"贝佐斯说。房间里一片寂静。每个人都对公司的内部斗争感到愤怒，他们的资源和雄心之间存在巨大差距，SpaceX也在定期打击他们的集体尊严。

从那一刻起，贝佐斯开始——邀请高管到他的亚马逊办公室共进午餐。

大规模的预算扩张

随着蓝色起源开始寻找可以带来"亚马逊式卓越运营"的CEO，贝佐斯似乎也改变了他对蓝色起源运营方式的看法，放弃了一些限制公司发展的指导原则。他放弃了他在欢迎信中描述的"像节拍器一样的渐进主义"，让蓝色起源围绕一系列雄心勃勃的并行计划全面推进。他还放弃了公司支出应该"从持平到持续增加"的观念，批准了大规模的预算扩张计划。当他在 2017 年 4 月科罗拉多斯普林斯太空研讨会上宣布，他将每年出售 10 亿美元的亚马逊股票来资助蓝色起源时，员工们都惊呆了，这是他们第一次听说。[20]

和贝佐斯在亚马逊做出的许多前后相反的决定一样，包括他那年晚些时候要求零售业务不再依靠广告而实现盈利，蓝色起源的员工很难理解他突然改变主意。他们所能想到的唯一可能答案是：兔子跑得比乌龟快。贝佐斯认识到，蓝色起源想要通过商业和政府合同来资助自己的增长，并赶上埃隆·马斯克的 SpaceX，就需要改变战略。

十多年来，蓝色起源一直致力于为付费客户提供 11 分钟的太空边缘之旅。但在 2016 年 10 月第五次成功进行新谢泼德号试飞后，一年多都没有再管它，而是把重点和资源转移到了贝佐斯所说的新谢泼德号的"大哥"身上。

那年秋天，该公司向公众推出了新格伦号，并承诺在 2020 年底进行首飞——这个目标最终没能实现。[21] 新格伦的设计表明，它拥有比 SpaceX 的猎鹰 9 号及其体积更大的双胞胎重型猎鹰更大的助推能力。它还具备将商业和军用卫星等有酬载荷送入地球同步轨道的能力，这正是联合发射联盟公司的高管认为蓝色起源不感兴趣的市场。

ULA 前首席科学家兼副总裁乔治·索沃斯说："ULA 的高管感觉自己被出卖和欺骗了。"两家公司的高管相互不再说话，关系紧张到他们在当年的太空研讨会大厅相遇都不打招呼。蓝色起源后来不承认这一点。然而，索沃斯说，ULA 高管最终从蓝色起源的员工那里听到的故事是，政府资助埃隆·马斯克的太空梦想让贝佐斯非常懊恼，他希望自己也参与其中。

为了争夺这些利润丰厚的合同并"获得报酬"，正如贝佐斯对同事所说的那样，蓝色起源最终与法国的欧洲通信卫星公司、加拿大通信卫星公司和英国的 OneWeb 等卫星运营商达成新格伦发射合同。当美国空军宣布下一阶段的竞争，来鼓励民间开发发射系统将国家安全卫星送入轨道时，贝佐斯已经想得很清楚：他希望蓝色起源成为主要竞争参与者，而不仅仅是其他国家的发动机供应商。蓝色起源最终与诺思罗普·格鲁曼公司和 ULA 一起赢得了 5 亿美元的发射服务协议。[22]

蓝色起源现在信奉赤裸裸的机会主义。在唐纳德·特朗普赢得总统职位并宣布到 2024 年让美国人重返月球的目标之后，蓝色起源的高管迅速整理了一份长达七页的提案，提出为登陆月球南极沙克尔顿陨石坑提供服务，为在那里的人类殖民开辟道路。"是时候让美国重返月球了，这次还要在那里留下来。"贝佐斯把一份提案副本用电子邮件发给了《华盛顿邮报》。[23] 这个想法后来演变成另一个名为"蓝色月亮"的庞大项目。

随着蓝色起源地盘的扩大，贝佐斯变成其使命以及他自己的人类太空旅行梦想的杰出传道者。他的旧信念完全消失了，即蓝色起源不会在目标实现之前公开讨论它们。那年 8 月，威斯康星州奥什科什举行了 EAA AirVenture 航空展览会，这是航空和航天爱好者的一次年度聚会，贝佐斯展示了新谢泼德号太空舱的成品。它有六把躺椅，每把椅子面前都有一个 43 英寸高的防撞大窗户，能更好地欣赏行星的曲线和广阔的太空。"太空可以改变一个人，"贝佐斯对聚集的人群说，仍然在世的阿波罗宇航员参观了太空舱，"每次你和……去过太空的人聊天，他们都会告诉你，当你回望覆盖着薄薄一层大气的地球，看到它是那么美丽，那么脆弱，那一刻你才会真正体会到你多么感激地球家园。"

一位公司高管告诉聚集的人群，他们计划在未来一两年内开始送

第 11 章 / 步步为营

付费客户到太空旅行。同样，蓝色起源并没有如期实现这个目标。

为了实现这些平行目标，蓝色起源的员工人数在 2017 年飙升至 1000 人以上，并在 2018 年翻了一倍。其中一部分员工来自马斯克的公司，这个行业流行一句话——在"SpaceX 辛苦完，去蓝色起源养老"——贝佐斯听到这句话肯定会大怒。蓝色起源还开始建设位于亚拉巴马州卡纳维拉尔角和亨茨维尔的火箭工厂。新任 CEO 鲍勃·史密斯将负责消化所有这些增长并使公司走上专业化的道路。

史密斯挖来了雷神公司、劳斯莱斯航空航天部门、波音公司、洛克希德·马丁公司、诺思罗普·格鲁曼公司和其他传统公司的资深高管。SpaceX 的高管公开蔑视这些公司，将它们视为数十年来导致太空创新停滞不前的同谋。但在新的蓝色起源公司中，不存在这种计较，它需要的是"做所有企业都需要做的事情，即拥有良好的财务状况、良好的人力资源流程，领导者知道如何领导、发展并拥有庞大团队，"鲍勃·史密斯说，"所有这些都是我们需要采取的必要步骤，为了让人们的日常太空旅行成为可能。"

随着职业经理人的涌入，从前在秘密花园漫步并在得克萨斯州 Parpie's Bar 庆祝胜利的入职时间较长的员工感到很失落，纷纷离开了蓝色起源。罗布·迈耶森继续留任，名义上负责"高级开发计划"，但没有实权和直接下属。随着贝佐斯将注意力转移到史密斯身上，并再次减少在公司的日常露面，迈耶森感到自己被边缘化了。他于 2018 年底离开蓝色起源，理由是新的 CEO 不希望他继续留在那里。

长期的慈善事业

在欢迎信中，贝佐斯曾预测蓝色起源最终会为他的巨额投资创造回报。"我确实希望，经过一段比较长的时间，甚至可能在几十年后，蓝色起源能够独立维持，实现盈利，并产生回报。"他写道，"这将需要非常长的时间。"

但随着他继续大力宣传蓝色起源，贝佐斯开始不再把这项业务当作个人爱好或商业追求，而是一种长期的慈善事业。2018 年 5 月，他在接受媒体巨头斯普林格集团 CEO 马蒂亚斯·多夫纳的公开采访时说："我越来越相信，航天公司蓝色起源是我正在做的最重要的工作。我相信如果我们不去做这件事，文明最终会陷入停滞，这太让人难过了。我不希望我曾孙的曾孙生活在停滞的文明中。"[24]

他解释说，他这一代人的使命是降低进入太空的成本，释放出与互联网创新黄金时代一样的创造力。目标是有一天有 1 万亿人生活和工作在太阳系的空间站中，这些空间站依靠充足的太阳能量运行。

这个宏大目标受到贝佐斯最喜欢的空间理论家之一、已故物理学家杰拉德·K. 奥尼尔的启发。对于这位世界上最富有的人来说，这个目标也非常有用，因为他在慈善方面一直受到严厉的审视和批评。贝佐斯不是一个有着奢侈爱好的电商大佬，而作为一位卓越的实业家，为人类贡献了一份伟大的礼物。

对他在蓝色起源的许多老同事来说，慈善是一个很新的说法。它还有助于掩盖一个明显的现实，即蓝色起源在创立了 20 年后仍在为生计发愁。到 2021 年春天，它仍然没有将游客带过卡门线或飞入轨道。贝佐斯的竞争对手埃隆·马斯克也将自己的太空事业视为给人类带来希望并有可能使人类免于灭绝的一种方式，并抓住一切机会来散播那些可怕的未来场景。

在 2019 年 9 月 SpaceX 的下一代火箭原型——50 米高的"星舰"揭幕仪式上，马斯克说："我非常尊重任何将火箭送入轨道的人。"微妙地挖苦了一下蓝色起源。几周后，格温·肖特韦尔在参加一个金融会议接受采访时，表达得更加直白。"他们比我们早创立两年，却还没有进入轨道，"她说，"他们每年还有 10 亿美元的免费资金。"[25]

蓝色起源在其网站上坚称："我们不是在参加竞赛，在人类前往太空造福地球的努力中，会有很多参与者。"然而，两家公司之间的对立从未如此鲜明。2020 年，SpaceX 完成其第 100 次飞行任务，将人类送上了国际空间站，并确立自己作为全球最大火箭公司的地位。在 2021 年特斯拉股价上涨期间，马斯克暂时超越贝佐斯，成为世界首富，他首先将航空业工业化，也不回避认为这是一场竞赛。"我认为竞争是一件好事而不是坏事，"他告诉我，"如果每个人都手牵着手冲过终点线，奥运会会很无聊。"

蓝色起源仍然神秘，仍然在与贝佐斯设计的企业基因中的功能缺陷做斗争。除了这件事，贝佐斯几乎在他创造的所有其他事物上都取得了成功。尽管如此，大亨之间有趣的口水战仍在继续——关于他们的月球计划、火星计划、亚马逊是否正在模仿 SpaceX 发射一系列低空地球卫星的计划，以及亚马逊收购自动驾驶汽车公司 Zoox，是不是为了有朝一日与特斯拉竞争。

马斯克和贝佐斯非常相似——无情，好胜，关心个人形象。但马斯克热衷追逐聚光灯，在他的公司和粉丝中培养了一种狂热的崇拜，在特斯拉活动的舞台上炫耀，并在推特上随意地（通常是鲁莽地）即兴表演。他似乎也很乐意分享他个人生活的低俗细节，比如他与音乐家格莱姆斯的关系。

而贝佐斯则更加谨慎。他在公开场合总是按照一丝不苟、精心排练的剧本表演，努力将关注焦点引致蓝色起源和它的价值观上，而不是他严格管理的个人时间和声誉。在私生活的细节上，他也比马斯克谨慎得多。

但事实证明，这些隐秘的细节不会被保护得太久。2018年7月，蓝色起源在贝佐斯位于得克萨斯州的牧场上进行了新谢泼德号的第九次试飞。成功试飞后，新谢泼德号的经理们不得不应对预算中的额外费用——黑色行动航空拍摄公司的服务费用，贝佐斯聘请该公司为一场不寻常的推广活动录制航拍视频——蓝色起源的超级碗广告。

黑色行动的创始人、性感的前电视主播劳伦·桑切斯在发布会上站在贝佐斯的身边。这是另一个意味深长的转变，因为众所周知，杰夫·贝佐斯讨厌直升机。

第三部分　无敌

亚马逊，2018 年 12 月 31 日
年净销售额：2328.90 亿美元
全职和兼职员工总数：647500
年终市值：7344.10 亿美元
杰夫·贝佐斯年终净资产：1249.30 亿美元

第 12 章
辉煌的图景

到 2018 年初，杰夫·贝佐斯的个人梦想和亚马逊的商业成功，两条线索最终汇聚，让这家企业和他的创始人置身于一张辉煌的图景。全世界成千上万的人拥有亚马逊 Echo，[1] 他们把亚马逊从大门口迎入客厅，跟随虚拟助手 Alexa 走向一个无缝沟通的语音计算时代。不设收银员的亚马逊 Go 商店终于在西雅图向公众敞开大门，并迅速出现在美国其他大城市。在好莱坞，亚马逊影业通过《了不起的麦瑟尔夫人》和《伦敦生活》这样的热门作品，把自己变成颠覆整个行业的后浪，视频也成了亚马逊繁荣的 Prime 会员生态系统的另一个流量入口。

亚马逊在其原始的电商业务领域，利用中国活跃的中小卖家生态系统的蓬勃发展，推动了其第三方商场的快速增长，完成了对全食超市的收购，并构建了支持其增长和发展的最后一英里物流网络，减轻了对包裹快递公司和美国邮政服务的依赖。AWS 仍然是公司现金流和利润的主要引擎，但亚马逊成功开拓了另一个收入来源——利润丰厚的在线广告业务。

虽然员工总数已经接近60万——几乎2/3在其物流中心工作——但亚马逊在2018年初时，仍然显示出强大的创造力和对固定成本杠杆的高效利用。亚马逊依靠这两种优势的独特组合，加上它似乎并没有受制于困扰大多数大企业的种种弊端，获得了投资者的充分认可，让它的股票市值在当年6月首次超过8000亿美元，而且股价在那之后继续上涨。

贝佐斯对这些业务板块充分放权，令其自主发展，只是偶尔突然袭击，提出颠覆性的新想法，压缩成本，扼杀官僚主义的苗头。其他的时间，则被他用来整顿《华盛顿邮报》的业务和技术，监督蓝色起源的新管理层，沉迷于在他的西得克萨斯州的牧场进行的新谢泼德号火箭试飞。拥有了超过1000亿美元的财富后，迫于公众压力，他也开始考虑慈善捐赠计划。另外，和往常一样，他思考了亚马逊的长远发展，不仅包括它可以干点什么惊天动地的大事，还包括去哪里干。

2018年1月29日，贝佐斯在西雅图市中心的亚马逊总部园区邀请媒体记者、华盛顿州州长杰伊·英斯利等政治名人，以及其他客人，庆祝Spheres正式启用开放，这是三个相互连接的玻璃和钢结构温室，里面是郁郁葱葱的热带植物、人工溪流和水族馆。8年前，[2]亚马逊从微软联合创始人保罗·艾伦的Vulcan公司租下南联合湖附近这11座低层建筑时，相信这个地方能够在可预见的未来为亚马逊的快速发展提供足够的空间。经过漫长的建设，它终于迎来了高潮时刻。贝佐斯认为，一个充满活力的城市园区可以帮助亚马逊吸引和留住抢手的年轻科技员工。但随着亚马逊业务的快速扩张，起初还稳步增长的员工人数开始以每年30%~60%的速度飙升，南联合湖的各个6层小楼都挤满了人。

2012年，亚马逊从Vulcan手中购买了整个园区以及附近的三个街区，并开始规划高层办公大楼。当年10月，贝佐斯碰巧参观了意大利马拉内罗的法拉利总部。作为一个收藏其他公司怪癖和习俗的爱好者，他可能受到这家豪华汽车制造商宁静的工厂车间两旁的室内花园的启发，很快就对亚马逊的新总部有了一个非常前卫的想法。

"Alexa，打开Spheres。"揭幕现场，贝佐斯站在讲台上，面向聚集的人群。"好的，杰夫。"Alexa用博尔德歌手尼娜·罗尔的声音回答道，固定在圆顶天花板上的一个圆环发着蓝光，喷嘴开始向各种奇特的热带植物和树木喷水。员工和客人们热情鼓掌，贝佐斯带着他独特的豪爽笑声，转过身来。

但并不是每个人都在庆祝。2018年1月亚马逊在西雅图的新总部Spheres启用时，那个城市的亚马逊员工有45000人，几乎占用了当地所有高级办公空间的1/5。[3]人口已经很密集的城市核心区还在兴建大量的酒店、餐馆和其他建筑。但亚马逊改变了它的家乡的古怪个性，这里曾被称为工业城市，也是垃圾摇滚和时尚等另类潮流的源头。

伴随着这些快速变化的是21世纪城市化的所有不利因素。历史悠久的文化街区，如亚马逊办公室以东3英里处的黑人聚居区，正在以惊人的速度中产化。根据美国低收入住房联盟的数据，西雅图一居室公寓的平均租金在2013—2017年上涨了67%。[4]进入城市的I~5高速公路以及通往西雅图东西部郊区的桥梁在高峰时堵得水泄不通。由于严格的土地使用法规和邻里的反对，限制了新房的建设，低收入家庭流离失所，城市的街道上到处是无家可归的人。

大多数政府人员都认为，西雅图还没有为这些变化做好准备，也没有迅速采取行动来应对这些变化。2017年曾短暂担任西雅图市长的市议员蒂姆·伯吉斯说："让我们政府工作人员吃惊的是亚马逊发展所达的深度、广度和加速度。"西雅图城市商会前CEO莫德·道顿则认为，亚马逊的崛起"不可避免地让西雅图的社会感到措手不及，它改变了这里的一切"。

同样的事情也在硅谷以南800英里处发生，那里的长期居民把谷歌和脸书等公司带来的变化称作"技术后冲"。而在西雅图，只有"亚马逊后冲"。

被卷入亚马逊这台快速运转的机器的高管和员工，很容易受到责难。与从前的微软和波音不同，亚马逊几乎从不捐款给联合劝募会等当地慈善机构，捐款数额甚至比不上它自己的工人。[5]（亚马逊驳斥了这种说法，并表示"长期以来一直支持西雅图当地的各种事业"）贝佐斯似乎更喜欢将每一分钱都用到新的产品线中，或者给客户降价。亚马逊与其家乡之间的交流，仅限于在亚马逊长期担任房地产事务主管的约翰·肖特勒与亚马逊城市规划官员之间公事公办的电子邮件。与盖茨夫妇或珍珠酱乐队主唱埃迪·维德等其他当地名人不同，杰夫·贝佐斯在西雅图很少出面做公益，在社区中是一个神秘的存在。

由于《西雅图时报》和其他当地媒体批评其在家乡慈善事业中的缺席，亚马逊从2016年开始寻找捐款途径。肖特勒率先将亚马逊所有的Travelodge酒店部分空间捐给当地Mary's Place，为无家可归的妇女和儿童提供帮助。酒店被拆除后，亚马逊将救助所搬到了附近的假日酒店，并在一栋新办公楼中预留了八层楼给Mary's Place。那一年，亚马逊为一个联盟提供支持，成功发起了一项公民投票，投票的内容是以540亿美元扩建西雅图的轻轨和其他公共交通。

参与其中的亚马逊员工表示，贝佐斯知道这些举措。一些人认为他们的工作之所以获得了贝佐斯的支持，是因为这些工作提升了亚马逊的形象，并且需要的资金和他的时间投入不多。在讨论社区事务时，他的特点是专注于交易性的业务。亚马逊的内部文件主张亚马逊应采取足够的措施来维持其"社会性的经营许可",[6]意思是公众对亚马逊及其员工和商业体系的接受。

几十年来,公司与当地社会之间的长期契约一直没有大的改变。企业创造就业机会,缴纳税款,甚至提供一些公共服务,然后悄悄赚钱。但在 21 世纪,城市与一些全球巨无霸企业之间的关系课题变得更为复杂:当城市用税收减免和免费物业吸引企业时,它所付出的公共成本是什么?企业如何才能成为社区的诚信合作伙伴?政府未能解决的收入差距和贫困等棘手问题,企业是否有责任介入?

在西雅图,卡沙马·索瓦特议员的当选推动了当地企业社会责任运动的发展,卡沙马·索瓦特自封社会主义者,于 2014 年加入西雅图市议会。索瓦特和她的盟友提出了一系列增税计划,旨在迫使亚马逊为其增长带来的负面影响进行补偿。前市长蒂姆·伯吉斯说:"她的当选出色地改变了公众的情绪和议题的质量。"

2017 年 6 月,索瓦特参与发起了一项法案,提议对年收入超过 25 万美元的个人增加征收 2.25% 的所得税。[7]亚马逊员工表示,这项措施获得了城市议会的一致通过,但在法庭上受到质疑而未被实施。不过它引起了对当地政治丝毫不关心的贝佐斯的注意。那年晚些时候,索瓦特还提出征收一项"人头税",[8]根据企业在当地雇员的人数对其征收新的税费。这个议案没有通过,但在接下来的几年总是被重新提出来。亚马逊的高管开始觉得,这座长期受繁荣和萧条周期困扰的城市不懂得感恩,就像 20 世纪 70 年代那句著名的广告语:"最后一个离开西雅图的人——请关灯。"

与此同时,另一个因素也严重影响了贝佐斯的长期计划:虽然亚马逊建起了新办公室,但它在西雅图的土地也用完了。到 2018 年,每个月都有数千名新员工加入公司。在多普勒和第一日等办公楼工作的员工回忆说，办公室非常拥挤，有的员工不得不搬着桌子到走廊办公。公司活动上挤满了人，那一年，亚马逊第一次没有办法在世纪互联体育场举办年度夏季野餐，因为人实在太多了。[9]

招聘也更难了。亚马逊雇用了大量的工程师、律师、经济学家和人力资源主管，说服他们到笼罩着太平洋的云雾和阴雨的西海岸工作和生活。为了迎接下一阶段的增长，亚马逊必须找新的地方了。

2016年8月，亚马逊内部的一份白皮书讨论了这一措施的必要性。文件的标题是"房地产选址倡议更新，亚马逊北美园区选址"，由亚马逊经济发展团队的高管撰写。它概括了25个城市的相对优势和科技人才可用性，包括达拉斯、纽约和华盛顿特区，亚马逊可以在这些城市安置大约两万名员工，用一个大型第二总部来大幅提升效率。

这份文件，连同之后S-team的讨论，意味着亚马逊开始想办法减轻对西雅图的依赖，这个选择颇具挑衅意味。一年后，也就是2017年9月，西雅图政府官员才和其他人一起震惊地从媒体上得知，亚马逊正在谋划建立第二总部。

公开创建"第二总部"

众所周知，后来被称为HQ2的选址过程是贝佐斯亲自想出来的。亚马逊的创始人注意到，为了吸引波音公司在华盛顿州建造宽体777X飞机，该州通过了87亿美元规模的一揽子激励措施。[10]他还发现，埃隆·马斯克将特斯拉计划建的锂电池工厂命名为"超级工厂"，神奇地让七个州相互竞争，最后选在了内华达州里诺以东，并获得13亿美元的税收减免。马斯克亲自物色潜在厂址，凭借他独特的魅力去见州长们，并到处参观。经过这一系列操作，内华达州为特斯拉提供了该州历史上最大的一笔税收减免计划,并允许其在那里实际免税运营十年。[11]

值得称赞的是,亚马逊从未要求和获得过西雅图或华盛顿州的税收减免。但现在贝佐斯得出的结论是,亚马逊凭借其提供的高薪工作和创新者的声誉,也应该能够从类似的商业环境友好地区获得大额激励计划。亚马逊的经济发展团队得到指示——"为我们找到一个持久的优势"——不仅是很快就能用完的现金补助,而且是一个愿意为他们提供独家和长期税收减免的城市。

像往常一样,贝佐斯的标准很高、耐心很差。例如,当亚马逊在2017年1月获得了辛辛那提/北肯塔基国际机场的一个航空枢纽的50年租期,附带4000万美元的税收优惠时,贝佐斯发了一封电子邮件表示失望,想知道为什么马斯克有"超能力"能获得巨额优惠政策。《华尔街日报》后来报道,S-team在当年就给亚马逊的经济发展团队设了一个目标,要求拿到总共10亿美元的税收优惠。[12] 到底如何获得这样规模的税收减免,最大胆的想法最终来自贝佐斯本人。2017年夏天,他研究了经济发展团队上一年白皮书的结论、西雅图政治情绪的转变,以及特斯拉、波音和中国台湾制造商富士康在争取州和地方政府税收减免方面取得的巨大成功,[13] 提出了一个非常贝佐斯式的想法——不是亚马逊去求地方政府,而是让地方政府反过来求亚马逊,这可以称得上标新立异了。

亚马逊不会在多个城市开设多个办事处,也不会私下和某个城市协商开设分公司,而是公开宣布想要创建第二总部——重要性和其在西雅图的总部不相上下。然后它将向北美所有城市开放选址流程,让它们相互竞争来获得亚马逊在未来15年提供的大约5万个工作岗位和50亿美元的资本投资。贝佐斯认为,这样的过程可以凸显城市对

第 12 章 / 辉煌的图景

企业的渴望，而不是批评者对其的恐惧。"其中一部分是啦啦队表演，"HQ2团队的一名成员说，他和许多其他参与者一样，因为害怕遭到报复而拒绝公开姓名，"谁希望我们去？过程结束就揭晓了。"

为了启动该项目，亚马逊公共事务和经济发展团队起草了一份六页报告，大部分内容都反映在亚马逊于2017年9月7日公开的新闻稿和HQ2征求建议书中。[14]除了指出该公司偏爱人口超百万的大都市区、友好的商业环境，以及庞大的人才库和交通网络之外，征求建议书还非常直接地指明了赢得竞争所需的条件：用词上，"激励"或"鼓励"合起来一共出现21次，而且税收减免形式"将是影响选址决定的重要因素"，竞争性报价甚至可能需要地区通过特殊立法。

露骨的措辞让一些人感到厌恶。亚马逊经济发展团队驻华盛顿的成员麦克·格雷拉负责为AWS数据中心寻找地址。消息发布后，他收到了全国各地熟识的城市官员的电话。他们对这份征求建议书，以及亚马逊公开征集总部地址的想法感到震惊，认为这会引起不可预测的政治反应和公众舆论。

但随后有趣的事情发生了。"他们开始都很生气，"格雷拉说，"但很快就都来排队了。"

* * *

亚马逊HQ2计划的宣布引发了媒体骚动。根据律商联讯的数据，在宣布之后的两周内，出现了800多篇关于选址竞赛的媒体报道和评论文章。各地方报纸阻止城市参与，资深亚马逊观察者则开始下注花落谁家。[15]《纽约时报》预测丹佛会胜出，理由是"这座城市具备合乎亚马逊要求的生活方式和承受能力，以及附近大学的科技人才供应"。[16]《华尔街日报》选择了达拉斯,[17] 而据《彭博新闻》报道,亚马逊高管更青睐波士顿。[18]

出现了几个反对的声音。硅谷地区国会议员罗·卡纳在推特上说,科技公司不应该"要求所在地区或其他城市减税,[19] 它们应该投资于社区"。《洛杉矶时报》的一位专栏作家称这个过程"傲慢、天真,甚至有点愤世嫉俗"。[20] 但正如贝佐斯所希望的,总体反应是积极的,也证明他是对的。当西雅图和硅谷的批评者质疑科技巨头在加剧城区中产化和让更多人无家可归时,其他城市却迫切希望巨头们过去安家。结果是一场史无前例的政府争霸战,围绕千载难逢的高薪就业岗位和它们急需的投资展开。

截至2017年10月19日,亚马逊总共收到238份提案。底特律、波士顿和匹兹堡等城市发布手机视频,用飞扬的音乐和iMovie品质的特效来宣传城市魅力。在坦帕-圣彼德斯堡制作的视频中,沙滩排球运动员在沙滩上快乐嬉戏。达拉斯津津乐道于它独特的"风味"、"氛围"和"玛格丽塔酒"。穿着西装、打着领带却不上镜的城市官员对着镜头,恭顺地向亚马逊发出邀请。

一些城市更奇葩。亚拉巴马州伯明翰市在城镇周围搭建了三个巨大的纸板箱,并要求居民在这些箱子前自拍并将照片发布到社交媒体上。堪萨斯城的市长在亚马逊网站上购买了1000件商品,并在每件商品下方留言,对该城极尽赞美。[21] 加拿大卡尔加里在西雅图的人行道上涂鸦,并在亚马逊办公室附近悬挂了一条200英尺长的红色横幅,上面写着:"就算让我们为你打败一头熊……我们也愿意。"[22] 佐治亚州斯通克雷斯特市位于亚特兰大郊区以东20英里,提出会将自己更名为"亚马逊"。亚利桑那州图森市(2019年人口数为545000)试图将一棵21英尺高的仙人掌快递给亚马逊,亚马逊最终将其捐赠给一

第12章 / 辉煌的图景

家博物馆。诸如此类，不胜枚举。

许多市政府官员表示，他们别无选择，只能向选民展示他们正努力争取这块肥肉。"在我看来，未来的就业完全取决于科技。如果你不参与，经济就会被甩在后面。"内华达州州长办公室经济发展主管瑞安·史密斯说，该州的拉斯维加斯也参与了竞标，但最终也是一场空。

这些申请被发送到亚马逊公司的一个大约由6人组成的小组，成员是来自西雅图和华盛顿特区办事处的人力资源、公关、公共政策和经济发展主管。多年来，亚马逊在美国首都毫无存在感。政策团队的办公室曾经位于一座寒碜的联排别墅，楼下是两个切罗基族的说客。员工共用一间卫生间，必须使用VPN（虚拟专用网络）才能访问亚马逊的网络。亚马逊对政府关系的维护非常漫不经心，杰伊·卡尼在为奥巴马政府工作时说，他"从未见过亚马逊的任何人，一次也没有，哪怕我们去西雅图筹款时也没见过"。

卡尼于2015年加入亚马逊担任全球企业事务高级副总裁后，华盛顿团队开始直接向他报告并得到了更多资源，办公室也搬到新泽西大道601号的现代办公楼，街对面是乔治敦大学法律中心。现在亚马逊终于引起了政府的大量关注，再也没办法保持低调了。

虽然卡尼常驻华盛顿，但他经常前往西雅图，因此该办公室由公共政策副总裁、前司法部检察官布赖恩·胡斯曼管理。胡斯曼是土生土长的俄克拉何马州人，在办公室里是一个非常极端的人物，同事们都认为他是国内政治的老手。2017年秋天，随着HQ2选址流程的启动，他精心策划了亚马逊出席华盛顿特区举行的一个正式典礼，贝佐斯在那里获得了人权运动组织颁发的国家平等奖。胡斯曼还设计了亚马逊第9楼办公室的内部装修，电梯通向接待区，那里有一堵旧门桌做成的墙，这是亚马逊节俭的象征。在走廊的尽头是一个公共活动空间，里面装饰着 Kiva 机器人、包裹递送无人机的原型，以及循环播放的亚马逊影业的作品剪辑。在另一个旋转门后面是典型的亚马逊风格办公室。其中一个房间需要一把特殊的钥匙才能打开，是保留给 HQ2 团队进行秘密工作的。窗户被报纸遮住，如果发现有人偷看，就会报告给保安。

HQ2 最初一批提案收到后，华盛顿团队每周工作 6~7 天，每天 12 小时，审核大量的申请文件。过程当中，选择变得有些武断，一名小组成员及时提出，需要制定客观标准并将所有可用数据提供给 S-team。他们根据征求建议书的要求，创建电子表格，权衡各种因素如人口、当地 STEM（科学、技术、工程、数学）毕业生的数量、就业率和地区 GDP 等。

这项工作在一定程度上具有了理想主义的色彩。HQ2 团队成员坚信任何城市都有获胜的机会。有一次，他们将对入围城市的预测写在纸上，并密封在一个信封中。雄辩且人脉广泛的亚马逊经济发展总监霍莉·沙利文的猜测最接近最后结果。HQ2 的一名员工说："我们真的认为我们正在从事一代人中最重要的经济发展项目，并将改变数十万人的生活。"

1 月初，沙利文和财务主管比尔·克罗向 S-team 展示了所有数据和申请。同事们说，贝佐斯意识到自己有责任真诚地对待每一个候选城市，他仔细阅读了所有 238 个地区的申请，会议持续了几个小时。

他们准备在 2018 年 1 月 18 日宣布 20 名决赛入围者，负责 HQ2 项目的员工提交了多个公布入围名单方式的建议。公共关系团队的一个点子是每小时公布一个新城市来放大悬念，但被贝佐斯否决了。也许他意识到亚马逊的 HQ2 已经产生了足够的曝光率，没必要再做其他的了，或者说这个活动带来的政治风险已经变得不可预测了。

在公布入围名单的前几天，HQ2团队将200多个未晋级城市的名单分成了两份，打电话给当地官员，提醒他们留意坏消息。大多数人问为什么自己的城市投入大量时间和资源，却没有成功晋级，进而表示失望。亚马逊员工拿出了足够多的数据作为回应。一个典型的回答是："你所在的都市地区只有375000人，其中只有10%拥有高学历，抱歉，劳动力供应不够。"这些城市的政府官员大多相信亚马逊的通知是认真的，尤其是霍莉·沙利文，花了大量时间来回答问题和维护可能对公司未来有帮助的关系。

亚马逊宣布入围名单的当周，又产生了1400条新闻报道，HQ2团队上路了。从2月到4月底，由沙利文和房地产主管约翰·肖特勒带领的十几名员工几乎马不停蹄，分三趟前往西海岸、南海岸和东海岸的各个城市，中间只有几周没有在外奔波。他们以亚马逊的出差方式，乘坐航空公司的经济舱或巴士，披星戴月，从早到晚。

他们总是到访前几天才通知城市，而且不会提供任何指导，除非想要参观政府提议的地点，或需要了解城市的人才库和教育系统。[23]有些地方的准备工作比其他人做得好一些。洛杉矶市长埃里克·加希提以充满活力的演讲和与当地大学校长共进早餐的方式，给亚马逊一行人留下了深刻的印象。在纳什维尔，亚马逊高管会见了当地音乐家。在达拉斯，市政府官员带着这群人乘坐一路风景优美的M-Line电车前往市中心，并在时髦的上城区一家乡村西餐厅用餐。达拉斯地区商会高级副总裁迈克·罗萨表示："亚马逊团队非常真诚，那些写文章说'这都是假的'的人并没有在场，但我在，他们和我参与过的其他项目的人一样真诚。"

远在西雅图的贝佐斯，保持着兴趣并参与其中，尽管与超级工厂的埃隆·马斯克相比，他没有亲自前往前线。HQ2靠自己就掀起了一场媒体风暴，他不希望自己的知名度——以及他的巨额财富——转移人们对创造就业和社区投资这些最重要的事情的关注。同事们表示，沙利文会经常收到贝佐斯和其他S-team成员的电子邮件，询问实地考察和城市提案的详细信息。一次去西雅图汇报，她和贝佐斯坐在第一日大楼的6楼，在他翻阅申请资料的过程中，她都在紧张的沉默中等着他提出问题。

对于贝佐斯来说，HQ2的城市选址不仅是他的公司未来迫切关注的主题，也是一场公关奇观，成为他大部分公开露面时无法回避的话题。那年4月，他前往达拉斯，在南卫理公会大学乔治·W.布什总统中心的领导力论坛上发言。在随后的鸡尾酒会上，达拉斯市长迈克·罗林斯走到他面前说："看，我们这里非常适合你。"贝佐斯很腼腆，只说他从住在达拉斯的朋友那里听说了很多这座城市的美好之处。"我感到了他的害羞，这让我感觉不太好。"罗林斯后来告诉我。

该团队在当月完成了城市访问，并向S-team提交了一份六页报告，其中有他们的调查结果和建议。我在研究过程中查看了那篇报告以及另外两份HQ2的关键文件。第一份写于2018年6月，将20名决赛入围者分为三组："不可行"、"热议"和"顶级"。

奥斯汀、哥伦布、丹佛、印第安纳波利斯、迈阿密、马里兰州的蒙哥马利县、纽瓦克和匹兹堡都被列入第一类而淘汰，主要是因为它们太小，没有必需的基础设施和人才。此外，该团队根据他们的访问和对公众情绪的分析得出结论，奥斯汀和丹佛的当地居民可能对亚马逊的进入怀有敌意。他们写道："从我们的访问中可以明显看出，奥斯汀和丹佛并不像其他城市那样支持该项目。"匹兹堡"仍在从经济困难中复苏"。纽瓦克被断然拒绝，因为来自纽约市的才华横溢的工程师"不想在那里工作"。

亚特兰大、波士顿、洛杉矶、纳什维尔、多伦多和华盛顿特区被列入"热议"类别。HQ2小组认为高成本和高税收对波士顿和多伦多不利。他们认为亚特兰大的交通拥堵很成问题,以及佐治亚州立法机构最近取消了达美航空公司购买喷气燃料的免税政策,因为该航空公司在佛罗里达州帕克兰学校枪击案发生后,决定终止对美国步枪协会成员提供的折扣而引发争议。在亚马逊看来,该州因一家公司的政治价值观而对其进行处罚,这样的行为令人不安。[24]

文件还指出:"我们都对纳什维尔抱有很高的期望,但这座城市还没有准备好接受我们这样规模的投资。"对于洛杉矶,它认为:"它是世界上最拥挤的城市,不具备地理多样性,加利福尼亚也不是一个在商业上友好的州。"

"顶级"地点有芝加哥、达拉斯、纽约市、北弗吉尼亚、费城和罗利。尽管最推荐这些城市和地区,但HQ2团队仍然表达了对它们的担忧。他们担心选择地理位置偏僻的达拉斯会使招聘顶尖人才更难。就地方税、员工薪酬和房地产价格而言,纽约市是成本最高的地方,而且有许多其他重要企业在那里,"我们无法像在其他地方那样积极地利用我们的影响力"。北弗吉尼亚对企业很友好,但不盛产工程人才,成本也不是特别便宜。

最后,HQ2委员会建议S-team最后一轮缩小城市范围,以便公司可以开始与政府官员谈判,锁定最佳办公地点。它建议他们在9月7日,即选址公告发布的一周年纪念日宣布获胜者。"HQ2下一个重要目标是继续推动正面报道并巩固我们的企业声誉,同时不给我们的批评者提供弹药,或让人们继续认为这是一个夸张的真人秀节目。"最后,报告推荐了三个优秀的城市:芝加哥、费城和罗利。这是团队用几个月的旅行、用餐、猜测和谈判得出的结论，报告总结道："这些城市当前在科技人才方面不是最集中的，但我们相信它们具备支持我们很多业务人才增长的基础。"

哪里欢迎它，资本就流向哪里

然而，亚马逊的此类文件仅提供选项和建议，它们是公司审议过程的开始，而不是结束。贝佐斯和 S-team 当月在西雅图会见了 HQ2 的负责人，沉默地阅读了文件，然后进行了长达数小时的讨论，从而改变了整个项目的进程。

北卡罗来纳州的罗利市对企业友好，生活成本低，交通量小，但对于亚马逊不断扩大的需求来说太小了。芝加哥的政府机构之间经常相互冲突，城市和州的财务一直被信贷机构评为不稳定。费城缺少工程人才，根据其中一人的回忆，在会上，AWS 负责人安迪·贾西表示他不喜欢这座城市，因为费城老鹰队是他最喜欢的纽约巨人队的死敌，并暗示他和他的员工永远不想住在那里。贾西显然是在开玩笑，但 HQ2 团队的一些成员在完成了数月的详细量化工作后，对高级管理人员随意用个人偏好来影响选址流程表示愤怒。

HQ2 的经理们从会议中出来时拿的候选名单与他们提出的完全不同。在我看到的写于 8 月的第二份文件中，该团队反映，他们对 6 月的会议上决定的五个地点——达拉斯、洛杉矶、纽约市、北弗吉尼亚和纳什维尔进行跟进。这份名单没有 HQ2 团队推荐的三个顶级竞争者，尽管该文件建议再访芝加哥，但只是为了确保"如果芝加哥不能入选，则最大限度地减少潜在的负面反应"。

HQ2 选址的优先级已经改变。对最大城市、最佳招聘机会和最友好政治环境的兴趣取代了对最有力的激励方案的追求。这绝非偶然。在高管们琢磨候选名单的同时，亚马逊与其家乡的关系正在迅速恶化。

在西雅图，卡沙马·索瓦特和左倾的市议会再次提议征收被称为"雇员工时税"的人头税——向大型企业收取每名员工高达500美元的费用，并筹集高达8600万美元的资金，以应对无家可归和廉价住房短缺的问题。这是一项严厉的措施：相比之下，芝加哥近30年来对企业员工征收的人头税微乎其微，每人只有4美元，直至市长拉姆·伊曼纽尔证明这项政策对失业负有责任，并说服市议会逐步取消。

根据2018年4月的提案，亚马逊除了要支付总额2.5亿美元的州税和地方税，每年还要额外增加2250万美元。[25]和亚马逊2018年100亿美元的利润相比，这似乎根本不算多，但重要的是它表现出来的敌意。西雅图正在对企业收入和员工人数双重征税，之所以这么做，部分原因是华盛顿是美国7个没有个人所得税的州之一（这一事实多年来使贝佐斯和其他亚马逊高管受益匪浅）。亚马逊相信自己已经缴纳大量的市政税，如果西雅图政府花钱的方式不对，而且没有用在最紧迫的问题上，就不能把错都怪在亚马逊头上。

人头税提案提出后，贝佐斯联系了约翰·肖特勒，命令房地产部门停止第一日大楼附近的17层塔楼"Block 18"的建设，[26]并把亚马逊刚刚建好的面积达80万平方英尺的雷尼尔广场大厦的大部分转租出去，不再自用。据知情人士透露，房地产团队预计此举将使公司损失超过1亿美元（此人也表示，亚马逊后来在交易中还是实现了收支平衡）。但贝佐斯说他不在乎，亚马逊不会在一个不想要它的城市发展。

与此同时，贝佐斯制定了另一项内部法令：他将亚马逊在西雅图的员工人数限制在大约5万名。亚马逊当时已经占据该市优质办公空间的19%以上，预计人员规模将在12个月内达到5万名。[27]在那之后，公司管理人员只能增加在其他城市的亚马逊员工数量。肖特勒和房地产团队手忙脚乱地寻找办公空间来完成老板下达的新命令。仅仅15分钟路程之外的贝尔维尤，就在华盛顿湖对岸，一个富裕的西雅图郊区住宅区，当时正在投机性地开展针对当地公司的促销活动，亚马逊在那里有大约700名员工。亚马逊高管决定将西雅图装不下的员工安排到那里，目标是两万名员工。那年秋天，亚马逊租下了线上旅游公司Expedia位于贝尔维尤的前总部，一幢20层高的大楼。[28]

虽然从未公开披露要做到什么程度，但亚马逊大力宣传自己停建Block 18和转租雷尼尔广场大厦的举措。这是一次秀肌肉的行动，有力地展示了亚马逊在其家乡的影响力和那句商业格言："哪里欢迎它，资本就流向哪里；哪里善待它，资本就留在哪里。"[29]西雅图城市商会前CEO莫德·道顿说："我认为这是一家不轻易出手的公司做出的有力反击。"

市政府官员清楚地听到了这个消息。5月，每名员工480美元的人头税被减少为每名员工275美元，他们错误地认为亚马逊可以接受这种妥协。此税在市议会得到一致通过，亚马逊立即向一个委员会捐款25000美元，在11月发起投票废除这项政策。其他本地公司如星巴克和开发商Vulcan，以及快餐连锁店Dick's Drive-In等家族企业，也加入进来，共同反对新税。

因此，公众在选民投票中反对市议会，支持当地公司和最大的雇主，目瞪口呆的市议会成员则不知所措。当反对税收的公投显然将收集足够的签名进入投票程序并很可能通过时，市议会可耻地改变了路线，以7：2的投票结果废除了自己的税收提案。[30]签署人头税法案的西雅图市长珍妮·德坎现在又签字废除了该法案。[31]

第12章 / 辉煌的图景

但做出误判的不只是他们。贝佐斯和其他亚马逊高管只看到一个被敌视商业的左翼立法者占领的城市议会。他们似乎没有意识到或不关心西雅图政治情绪的变化也代表了一种更普遍的东西：对科技公司以及它们给社区带来的复杂变化的抵制。这就是所谓的"技术后冲"，已经在亚马逊那些拿着高薪的高管看不到的地方展开。他们未能认识到这些力量将产生严重的影响。

除了将贝尔维尤确定为容纳新增员工的直接替代方案，一些亚马逊高管还得出结论，第二总部的规模必须比之前计划的更大，而且很可能比最初预期的增长速度更快。8月，HQ2 和 S-team 进入纽约市和北弗吉尼亚州的克里斯特尔城考察，并撰写了一份 17 页的报告，他们认为这些地区可以容纳未来的扩张。"如果成本和商业环境是主要考虑因素，我们推荐北弗吉尼亚作为首选地点。如果人才储备是主要驱动力，我们推荐纽约市。"该报告写道。

HQ2 团队预测，这两个地方在政治上都会欢迎亚马逊——哪怕亚马逊选择的是位于皇后区的长岛市，在曼哈顿商业核心之外，一个曾经坚韧不拔的工业社区，在过去的 15 年里以令人看不懂的速度迅速中产化。"我们得到了州政府的支持，并与纽约州经济发展总监密切合作，后者是州长安德鲁·科莫的密友，"文件中写道，"市长白思豪不会直接赞同，而且通常对大企业持批评态度，但我们相信他会乐意看到纽约市被选中。"

* * *

和以前一样，该文件只是 S-team 讨论的起点。当 HQ2 经理从那年 9 月的会议中出来时，领导小组的决定再一次让他们大感意外。贝佐斯和 S-team 选择将 HQ2 拆分为两部分，分别放在纽约市和北弗吉尼亚州，并在纳什维尔建立一个较小的"卓越运营中心"。亚马逊花了整整一年的时间寻找一个地点，但考虑到公司的人才需求，以及贝佐斯关于亚马逊主要在西雅图以外扩张的法令，一个地点已经不够了。HQ2 项目的一名员工说："我简直不敢相信，但同时，我也相信。这是亚马逊，发生什么都不奇怪。"

这一决定让这些积极奔走的亚马逊员工很不舒服。一年多来，他们一直在积极反驳那些对 HQ2 选址明嘲暗讽的解读，或是为了进军东海岸两大权力中心之一的猜测。现在亚马逊即将证实这种不受欢迎的猜测：由世界上最富有的人领导的世界上最富有的公司之一，正在谋求其在政治和金融之都的影响力——那个杰夫·贝佐斯拥有豪宅的城市。更尴尬的是，在 9 月 4 日这个星期二的上午，亚马逊的股价达到 2050 美元——市值最高时短暂超过了 1 万亿美元的重要门槛。[32]

我查阅的第三份 HQ2 文件（撰写时间为 2018 年 10 月）解决了这一难题，并提供了如何宣布决定结果和规避潜在负面反应风暴的选项。它承认"无论我们做什么，该公告都将在全国的媒体产生轩然大波"，并预计"不缺钱的批评者"可能会指责亚马逊背弃承诺，没有选择一个与西雅图相当的城市。

在列出这些潜在的批评者时，该文件提到了社会运动团体"好工作优先"，它关注企业和政府在经济发展中的责任；还有"地方自力更生研究所"，它支持社区和小企业的利益，反对连锁店和企业集团。文件还提到纽约大学教授斯科特·加洛维的名字，他曾指责 HQ2 是一场"饥饿营销选美比赛"，[33] 注定会选择"杰夫想要花更多时间的地方。我打赌是纽约都会区"；[34] 以及莉娜·可汗，她为《耶鲁法律期刊》撰写了一篇文章，指责亚马逊的反竞争行为和国家反垄断法的严

第 12 章 / 辉煌的图景

重过时。[35]

不幸的是，该报告没有提及纽约市议会中的进步政客，或那年秋天在纽约第 14 届国会选举竞选众议院议员的民主党候选人、魅力非凡的亚历山大·奥卡西奥-科尔特斯。"鉴于我们将此公告视为展示亚马逊是经济和就业的积极投资者以及良好的社区合作伙伴的机会，我们认为重要的是尽量减少批评者的表演时间……我们认为他们正在争先恐后地利用我们的公告来推进他们自己的议程。"文件中写道。

几周后的 11 月 13 日星期二的上午，该公司公布了获胜者名单。"亚马逊选择纽约市和北弗吉尼亚州作为新总部"，新闻稿上高调地宣称。[36] 奇怪的是，公告和亚马逊发言人的谈话中都没有提到"HQ2"这个缩写。对于一家对每一个字都要仔细推敲的公司和他的 CEO 来说，这绝非偶然，亚马逊试图模糊过去 14 个月以来它自己传递给外界的那些信息。

不出所料，其他决赛入围者大失所望。它们现在认识到，亚马逊选择了最容易接近权力和人才的人口密集的大城市，而不是最初征集建议稿中所强调的生活成本、地理多样性和政府补贴规模等因素。霍莉·沙利文打电话给达拉斯市长迈克·罗林斯报告了这个坏消息。达拉斯和得克萨斯州的财政激励总额为 11 亿美元，尽管不如纽约市和纽约州提供的 25 亿美元的税收抵免和退税，但远高于阿灵顿县和弗吉尼亚州提供的 5.73 亿美元现金赠款。在达拉斯建房子也比在东海岸便宜 40% 左右，但最终，这根本无关紧要。"帮帮我，如果你一直都在负责这件事，为什么还是这样的结果！"恼怒的罗林斯问沙利文。

让落选城市的官员不甘的原因还有很多。2019 年 3 月在盐湖城举行的经济发展高管会议上，大约 300 名与会者会听到霍莉·沙利文随口提及她在整个过程中曾定期与弗吉尼亚经济发展伙伴关系 CEO

斯蒂芬·莫雷特交谈。"我很欣赏沙利文的坦率，不避讳定期与莫雷特讨论这个项目的事情"，当时的几位听众说，但它"确实引发了对这些做法背后的诚意的质疑"。

在阿灵顿县，莫雷特和其他官员为他们的胜利而欢欣鼓舞。但在纽约和皇后区，当地官员立即提出大量不同意见，他们不了解情况，对消息感到意外。市议会发言人科里·约翰逊发表声明谴责亚马逊，以及州长和市长绕过社区意见并将市议会排除在谈判之外的行为。[37]市议会副领导人吉米·范布拉默与州参议员迈克尔·贾纳里斯发表联合声明，宣称亚马逊将要拿到的税收优惠是有史以来最大的，当然这样说并不准确。他们写道："我们目睹了一场见利忘义的游戏。在这场游戏中，亚马逊欺骗纽约向地球上最富有的公司提供了前所未有的税收补贴。"但他们没有提及其他州给波音、富士康等公司的好处其实更大。

刚刚当选的奥卡西奥-科尔特斯也加入了议论。"一整天都有皇后区居民打电话或直接找到我们，"她在推特上发文说，[38]"亚马逊每年利润超百亿美元，在我们的地铁破旧不堪、我们的社区需要更多投资而不是减少投资的时候，它却将获得数十亿美元的税收减免，这让这里的居民极为担忧。"

当他们准备回应这一批评时，亚马逊的 HQ2 团队又遭遇了另一个令人不快的意外。他们了解到，他们房地产团队的同事在最后一刻，往与两个城市的"谅解备忘录"中加入了一项规定，要求它们确保必要的空中权利，并批准直升机停机坪的开发和运营许可。

根据亚马逊律师当月早些时候发送给纽约帝国发展公司负责人的一封电子邮件，停机坪最好和公司地点在同一个地方，如果做不到，则尽量靠近。[39]亚马逊将承担所有费用。在长达 14 个月的 HQ2 选址过程当中，这两个城市已经习惯了这家科技巨头的各种奇思妙想，现在又来了一个。

当地媒体迅速报道并嘲笑了这一新的规定（11月14日的《纽约邮报》以"皇后区赎金"为标题，[40]文中还有一张贝佐斯挂在直升机上手拿一袋袋现金的插图）。亚马逊HQ2团队的成员不明白：亚马逊根本没有直升机。在纽约拥挤的城市街道和地铁车厢中，富有的互联网公司高管的炫富镜头实在太不协调了。甚至这个想法（直升机）本身也是非亚马逊式的。节俭以及它背后的谦逊是公司最宝贵的十四项领导力原则之一。

几名员工认为直升机停机坪是一个烂主意，但他们被告知这个要求是公司高层提的，不能取消。"直升机停机坪是他们提出的最糟糕的要求，"长岛市希望中心国际教会的主教、HQ2的支持者米切尔·泰勒悲哀地说，"你为什么要把那个拿到前面作为一件重要的事情来说？过后建也不迟啊？"

亚马逊员工现在和蓝色起源的同事一样困惑，当时一家名为Black Ops Aviation的公司及其联合创始人、前电视名人劳伦·桑德斯开始出现在西得克萨斯州的新谢泼德号发布会上，为这家一直保持神秘的航天科技公司录制宣传视频。除非发生了什么重大变化，在办公场所建一个停机坪绝非杰夫·贝佐斯的风格。

意外的选址风波

在尴尬的HQ2公告和直升机停机坪事件之后，公众对亚马逊向长岛市扩张提议的抵制爆发了。基层民众组织者在亚历山大·奥卡西奥-科尔特斯选举得胜的鼓舞下，开始采取行动。他们在当地教堂组织了抗议活动；志愿者走上街头，散发传单，提醒居民，席卷西雅图令其快速中产化并催生大量无家可归流民的力量，也将改变皇后区。

亚马逊没有预料到事情会变成这样。该公司选择了保密而不是做足准备，他们还聘请了经验丰富的公关和游说公司来应对所有负面反应。作为对纽约粗犷的政治风格缺乏了解的新手，亚马逊高管错误地认为依靠科莫、白思豪等盟友的支持就可占上风。商业咨询公司BDO的选址负责人汤姆·斯金格说："从宣布的那一刻起，他们就已经失去了纽约。"

在最初的震惊之后，亚马逊匆忙地发起了一场地面战。它聘请了政治咨询和公关公司SKDK，以及说客马克·韦普林，他曾是代表皇后区的市议员。他们要传达一个非常乐观的信息——亚马逊将在15年的时间里，为之前荒芜的海滨地区带来多达4万个工作岗位；税收优惠只是针对亚马逊产生的公共收入的抵扣；事实上，其中许多激励措施都是鼓励外围区商业开发的城市规划所需要的。[41]

然而，这些都是理性的说教，而纽约的抵制正在演变成一场情绪化的战斗——民众觉得他们的城市、住房和交通处于崩溃边缘，而不断扩大的贫富差距，来自异乡却高高在上的垄断巨头和世界首富，都让他们暴怒无比。

在12月的市议会听证会上，亚马逊第一次有机会面对它的批评者。至少有一位顾问希望杰伊·卡尼出庭做证，认为他作为奥巴马政府的前成员，能拉拢当地的民主党人。但亚马逊拒绝了，认为这会让这场舆情进一步放大。取而代之的是，公共政策副总裁布赖恩·胡斯曼将与霍莉·沙利文一起出席。

两个人在亚马逊的华盛顿办公室为听证会做准备。沙利文充满活力，反应敏捷，但顾问们担心胡斯曼的发言听起来过于谨慎和傲慢。

他坚持要自己写开场白，其中包括亚马逊那句著名的老话："我们很自豪能成为地球上最以客户为中心的公司。"顾问们恳求他删去这句话——市议会想知道亚马逊打算为社区做些什么，而不是地球，但他坚持要说。

2018年12月12日的听证会是一场灾难。在三个小时的过程中，市议会成员轮流盘问这对证人，从为什么这家富有的科技巨头需要税收激励到AWS向移民和海关执法机构出售的面部识别技术。他们也遇到了一些尖锐的提问。"为什么需要直升机停机坪？"市议会发言人科里·约翰逊问道。胡斯曼含糊其词地给出回答后，约翰逊怒吼道："你知道这对普通纽约人来说是多么不能理解吗？！"与此同时，夹层中愤怒的抗议者拉起了反亚马逊横幅（"亚马逊撒谎"）并发出嘲笑声。

这场灾难性的听证会过后，亚马逊重新重视起老式的零售政治。霍莉·沙利文和她在华盛顿的老同事，说话温和、性格内向的公共政策主管布雷登·考克斯走遍皇后区，与社区团体和当地官员会面。肖特勒邀请了20位小企业主在长岛当地的一家意大利餐厅共进晚餐。[42] 亚马逊还召集其支持者进行反抗议，并推动民意调查证明大多数社区支持它的计划。皇后区居民的邮箱中出现了传单，上面写着"祝你新年快乐，来自亚马逊、你未来的邻居"，并强调亚马逊可以为城市带来的工作、职业培训和税收收入。

但随着辩论持续到新的一年，它的焦点开始慢慢变成完全不同且有些危险的话题——工会。纽约市是一个工会城镇，简单直接。此前，亚马逊强烈反击了工会针对其物流中心的攻击。贝佐斯告诉人力资源副总裁戴维·尼耶克，心怀不满和固执保守的小时工是公司的最大威胁之一。

亚马逊实际上也得到了该城市某些工会的支持：有影响力的建筑工会，这个组织在西雅图也是亚马逊的支持者，其成员是建筑工人。但其他工会在过去十年未能将全食超市和亚马逊物流中心的工人组织起来，现在它们看到了机会，亚马逊现在可是在它们的地盘上。

尽管这一切都与将填补亚马逊新办公室的白领没有太大关系，但这并不重要。一场激烈的政治斗争正在聚集能量并迅速升温。

2019年1月30日，市议会在皇后区举行了第二次专门讨论亚马逊计划的听证会。胡斯曼看起来非常不耐烦和生气，他是主要发言人，而且发出了含蓄的威胁。"我们想投资一个需要我们的社区。"他告诉委员会。接下来的整整三个小时，胡斯曼和沙利文都在忍受和工会对纽约市的历史重要性有关的枯燥问题以及一些不着边际的逸事。

最后，市议会发言人科里·约翰逊尖锐地问道："如果纽约市的亚马逊工人想要组织工会，亚马逊会承诺保持中立吗？"

胡斯曼本应该给出照本宣科式的回答，"我们尊重所有员工在遵守联邦和州法律的前提下组织工会的权利，如果他们选择这么做"，但他没有。

相反，他犯了错误，"不，我们不会同意"，这场战斗亚马逊失败了。当天晚些时候在新闻发布会上被问及这个问题时，市长白思豪说："欢迎来到纽约市。我们是一个工会城市。"[43] 他补充说："亚马逊将面临巨大压力以允许工会成立，而我将成为给它施压的人之一。"

2月8日，《华盛顿邮报》报道称，该公司正在重新考虑其纽约总部计划。[44]"问题是，如果纽约的政客不想要这个项目，这是否值得，尤其是在弗吉尼亚和纳什维尔的人如此热情的情况下。"一位匿名消息人士告诉该报，此人几乎可以肯定是亚马逊的公关部门员工。[45]

在皇后区，亚马逊HQ2的工作人员和他们的说客还被蒙在鼓里，他们认为交易已经接近尾声。2月13日，胡斯曼、沙利文和布雷登·考克斯在州长办公室与几个工会领袖会面，商讨一项协议的基本内容，该协议旨在让纽约市的亚马逊工人就是否组建工会举行"公平投票"。[46]白思豪市长后来表示，事情似乎正在"向前发展"。

然后，在2月14日情人节上午，考克斯和其他亚马逊员工在皇后区布鲁斯特大厦做了一次介绍，并回答了支持HQ2的社区咨询委员会成员的问题。市长和州长办公室的高级工作人员也低调地出现在那里。之后在返回曼哈顿的地铁上，亚马逊一行人员收到短信，通知他们公司刚刚与其公关公司SKDK解约。这非常奇怪。大约15分钟后，他们的手机开始响个不停。亚马逊宣布取消了在长岛市建造办公大楼的计划。

杰伊·卡尼致电白思豪和科莫告诉他们这个消息。他们在电话中和后来在公开场合的反应各不相同：市长失望地大发雷霆，而州长则试图挽回。15日，异常恼怒的白思豪出现在当地广播电台WNYC上，抱怨亚马逊的举动"不尊重纽约市人民……突然打电话给我说'再见……我们不玩了，回家了'。这绝对不像话。[47]我从来没有经历过这样的事情"。

尽管卡尼不鼓励他这样做，但科莫仍想挽救这笔交易。80名商界官员、工会领袖和政界人士联合写签名信给亚马逊，态度恳切地道歉，乞求再给一次机会，并在《纽约时报》上以广告的形式刊出。"我们知道，长岛项目宣布后，公共辩论非常激烈，而且态度不太欢迎，"广告写道，"纽约居民的意见很强烈，有时很刺耳。我们认为这是纽约魅力的一部分！"据报道，科莫还与贝佐斯通了电话，但他并没有改变主意。[48]

很多人都难辞其咎。市长和州长在没有获得当地政界人士支持的情况下，将亚马逊引诱到皇后区。那些领导人也有过错。他们谎称亚马逊正在获得25亿美元毫无道理的援助，而没有说是针对其未来20年可能贡献的巨额税收的退税。他们还利用了民众与生俱来的恐惧，宣扬一个珍贵的社区及其周边将会被彻底改变。然而，其实长岛市的大部分地区早在多年前就已经中产化，该地区和周边社区的大部分低收入住房要么租金稳定，要么属于大型公共住宅区，居民根本不会受到租金上涨的影响。房价上涨和生活成本增加不会带来停滞，但房价下跌、生活成本下降通常伴随着绝望。拒绝了亚马逊之后，一个自身正在经历巨大转型的外围自治市失去了外来投资，而这些投资恰恰能让当地的穷人受益。

但亚马逊的高管也应该因这场风波而受到谴责。由于不懂政治，他们依靠两名彼此不和的公职人员的支持，其中包括一位市长，他对这笔交易的支持"几乎意味着市议会其他成员的反对"，卡尼后来承认。

此外，他们在HQ2选址的过程中，用12个月吊足了城市和自己员工的胃口，也做足了宣传。贝佐斯和他的S-team认为他们会被视为征服英雄，却意外地被纽约复杂的法律、工会政治和社区运动绊了一跤。他们似乎不关心在纽约市获得"社会经营许可"需要什么条件。与亲自领导超级工厂选址的埃隆·马斯克不同，贝佐斯在整个过程中一直藏在幕后，也不公开他的意图——虽然他在远处进行微观管理，记者只能使出浑身解数，刺探他的个人喜好，比如跟踪他的私人飞机，看他访问了哪些HQ2候选城市。[49]

亚马逊对退出的原因含糊其词，说是因为当地政客及其选民的抵制，这也非常符合这家公司的一贯风格。"放弃纽约的决定实际上是基于'我们是否得到了长期的政治支持'，"霍莉·沙利文在2019年的会议上说,"我们越来越觉得我们没有得到这种支持。"

整件事情的一个关键点,当然是关于工会的争论,导致了杰夫·贝佐斯和他的同事的反应。在亚马逊整个发展史上,他们对这类事情的反应一贯如此——2000年西雅图的一个呼叫中心,2013年德国的一个物流中心,以及紧随其后的法国物流中心,最后一次是在致命的COVID-19大流行开始时。在上述时间地点,一旦有工会和工人罢工,亚马逊采取的行动要么是削减该地区的发展计划,暂时关闭运营,要么彻底放弃那个地方。尽管如此,亚马逊后来坚持声称其放弃纽约与工会无关。

在亚马逊内部,纽约市的尴尬结局几乎没有引起任何自我反省。华盛顿团队没有撰写"错误更正"或COE报告——当贝佐斯对某些错误负有部分责任时,通常就是这种情况。布赖恩·胡斯曼以某种方式逃避了他在皇后区地面战中应负的责任,职务也没有受到影响。霍莉·沙利文被一致认为是这个过程的主角,被提升为全球发展负责人,后来被提升为副总裁。只有温文尔雅的布雷登·考克斯似乎付出了代价,他很快在重组中失去了大部分直接下属,不久便离开了公司。他的许多同事都认为他被不公平地当了替罪羊。

在接下来的几年里,亚马逊扩大了其在曼哈顿中城哈德逊广场的办事处,并宣布计划在纽约市再招聘2000名员工,远低于原计划在长岛市招聘的4万名员工。[50] 它也进入了贝尔维尤、奥斯汀、达拉斯、丹佛、凤凰城和圣迭戈等城市,但在西雅图或皇后区没有行动。在亲手制造了一场灾难之后,亚马逊几乎没有错过任何一个发展步骤。电商、云计算和Prime视频服务似乎完全没有受到亚马逊这场意外的选址风波的影响。这是HQ2大戏的真正教训:亚马逊已经接近危险的无敌之境。

贝佐斯传

288

第 13 章
轻微凹陷的无敌盔甲

2019年2月14日,杰夫·贝佐斯开会迟到了。这是那个令人震惊的消息传遍全球以来,S-team第一次开会。世界首富与已婚前电视主持人谈恋爱,并与相伴25年的妻子离婚。那天早上,亚马逊公开取消了将第二总部的一部分建在长岛市的计划。刚过中午,高管们等着他们迟到的老板,西雅图市中心第一日大楼6楼的大会议室内的氛围比平时更加焦虑。

终于,贝佐斯大步走进来,在主桌中央就座。他拿起放在椅子前面的六页纸报告,抬起头,打量着眼前的这群人。"谁认为自己过去的一个星期比我更难,请举手。"他说着,带头大笑出声,暂时消除了房间里的紧张情绪。随后,他的同事们又回到沉默的等待中。贝佐斯是一位出色的分隔师——能清楚地将私人生活和工作的错综复杂的线索截然分开,这一能力无人能及。可现在,那些线索已经纠缠在一起,现在,他惹上了大麻烦。

"我来澄清一下事实,"据在场听到这些评论的两个人说,他慢慢开头,"我确实和这个女人有过关系。但他们写的故事是完全错误的,顺序也不对。麦肯齐和我就此事进行了良好、健康的成年人间的对话。她很好,孩子们也很好。媒体正在大做文章。这一切都非常令人分心,所以感谢你们仍能专注于工作。"

说完,贝佐斯拿起文件,上面是和全公司人员编制相关的一系列新目标,表明是时候回到工作上来了。他简短的发言让人印象深刻。那一刻,贝佐斯虽然没有为他的丑闻牵连亚马逊而道歉,但仍然努力表达了谦卑和感激。

尽管如此,许多亚马逊高管和员工还是无法轻松释怀。贝佐斯一直要求亚马逊人以谨慎和无可挑剔的判断力来行动。当员工没有达到这些要求时,他会将文件撕成两半走出房间。如此不小心地将自己卷入一场婚外情,成为《国民问询》这种淫秽小报的传播素材,最后被媒体争相报道,他根本没有达到自己设定的那些高标准。数十名现任和前任高管后来表示,他们对贝佐斯的婚外情感到惊讶和失望。毕竟,他们无懈可击的正直领袖成了一个有污点的人。

这些发现也可能解释了他最近行为中一些更奇怪的变化。在过去的一年里,人们越来越难在西雅图的办公室里见到他了。OP1会议常常迟到或推迟,长期担任他副手的人发现他的日程总是被安排得很满。同事们已经注意到,他花更多时间在出差上,而11月,他突然出现在联网门铃初创公司Ring的圣莫尼卡办公室,该公司是几个小时之前才接到通知他要来。Ring在2018年2月被亚马逊收购。

还有在长岛和北弗吉尼亚的新总部修建直升机停机坪的莫名其妙的要求。亚马逊的公关代表声称,在纽约市修建直升机停机坪"对某些活动很有用,比如接待贵宾"。但贝佐斯的新女友劳伦·桑切斯是一名直升机飞行员,他自己也上过飞行课,这也是事实。根据美国联邦航空局飞机注册数据库，他的个人控股公司 Poplar Glen LLC 甚至在这个时候从贝尔直升机德事隆公司购买了至少一架直升机。

贝佐斯即将离婚的消息似乎也与另一个令人烦恼的谜团有关。在杰夫和麦肯齐宣布这一消息的几周前，亚马逊的法律和财务部门开始与公司最大的机构股东进行协商，询问他们是否会支持创建第二类亚马逊股票，这类股票股价较低，投票权也有所减少。脸书和谷歌的母公司 Alphabet 都采用这种双重股权结构，以便将投票权集中在创始人身上，即使他们只拥有一小部分股票，也能让他们在公司治理问题上拥有最终控制权。亚马逊比它的大多数硅谷兄弟早了十年上市，那时，这种区分 A 类和 B 类股票的做法还没有流行。

亚马逊提出这个要求时，一些股东感到困惑，为什么如此受人尊敬的 CEO 需要确保对自己的公司有更大的控制权？他的影响力并非源于他手中 16% 的股权，而是源于 25 年来他那些前瞻性的发明、战略远见和纪律严明的管理。激进投资者几乎不可能吞下亚马逊股票，也不可能赢得其他大投资者支持对公司做出巨大变革，比如拆分 AWS 和零售部门，虽然他们在易贝和全食超市等公司身上得逞了。

亚马逊表示，它于 2018 年初开始研究这种安排，并解释说它正在探索用某种方法更妥善地分配股票给物流中心员工，防止他们总是出售亚马逊股份来缴税。亚马逊还表示，它可以使用第二类股票进行收购，就像沃伦·巴菲特的伯克希尔-哈撒韦公司一样。但据一些在 2018 年底听到这个说法的投资者说，这样的解释很奇怪，也没有说服力。亚马逊刚刚宣布，在将工资提高到每小时 15 美元后，它将不再向仓库工人提供股票。严格的监管环境也意味着它可能不会在短期内进行任何大规模收购。"与典型的亚马逊主张相比，这种说法立不住脚，没有得到积极的支持，"一位收到提议并与其他人一起反对的投资者表示,"这让我们所有人感到困惑。"

贝佐斯在推特上发布了他离婚的消息后,一些听说过该股票计划的人恍然大悟。尽管亚马逊不承认这种解读,并称其具有误导性,但股东认为该计划根本不是要为工人提供股票,而是为了让他能够继续牢牢地控制公司,即便昂贵的离婚协议会让他控制的股份减少到12%。

控制权正是让贝佐斯在风风雨雨的过去几个月很少露面的东西。在他的职业生涯中,他第一次被对手和自己行为的后果逼到绝境。除了同时应对婚姻破产和一段新的关系,贝佐斯要面对的,还有一个狡猾的好莱坞经理想要兜售他的私密短信,一个垃圾超市小报一心要羞辱他,以及一个热心的媒体准备照单全收整部大戏,来击倒这个地球上最富有的人。在世界的另一端,沙特阿拉伯王储穆罕默德·本·萨勒曼,因《华盛顿邮报》报道了持不同政见者贾迈勒·卡舒吉被谋杀的事件,对贝佐斯感到愤怒,一些网络安全专家相信王储因此派人黑了贝佐斯的手机。

整个情节——色情、低俗,彻底导致了公众对他的祛魅。20年来一直扮演好丈夫和家庭守护者的贝佐斯——从亚马逊商业传奇的缔造者,跌落为垃圾小说的男主角。这也是贝佐斯迄今为止面临的最大挑战:不仅考验着他的公司影响媒体叙事的能力,而且考验着他的个人性格,以及他从困境中走出的非凡能力。

在西雅图,规划会议一直持续到傍晚。忙碌的财务主管们匆匆进出房间分发表格。贝佐斯可能无法控制那些兴高采烈地记录他与劳伦·桑切斯外遇情节的小报,但他可以控制亚马逊所有部门的员工人数增长。

当太阳从奥林匹克山脉上落下,将金色的光芒投射到会议室中时,高管们开始偷偷看手机并回复私人短信。最后,在晚上7点30分,高级副总裁杰夫·布莱克本发言并说出了其他人的想法："嘿，杰夫，你认为今天的会议还要进行多久？我们很多人都有计划。"毕竟那天是情人节。

"哦，没错，"贝佐斯笑着说，"我忘记了。"

令人烦恼的谜团

多年来，贝佐斯将他与麦肯齐恋爱和结婚的故事编入了他塑造的公众形象。在演讲中，他经常开玩笑说作为单身汉他需要找一个足智多谋的女人，"把我从第三世界的监狱里救出来"，就像在说书中的麦肯齐，一位从普林斯顿大学毕业的小说家和英语毕业生，有一天从委内瑞拉监狱的屋顶上速降，口中叼着一把钥匙。在2014年的一次采访中，他说"我妻子仍然声称喜欢我，[1]这一点我绝不会怀疑"，还称丈夫每晚洗碗是一种美德，他说这是"我所做的最性感的事情"。[2]在2017年洛杉矶峰会上与他的兄弟马克在舞台上的对话中，[3]他们展示了贝佐斯夫妇1994年的照片，当时他们正为前往西雅图的历史性之旅做准备，这次旅行的结果是亚马逊的创立。

虽然贝佐斯和他的经纪人打造了一个宠溺妻子和顾家的男人形象，但夫妻二人开始展现出不同的兴趣发展和对公众关注的不同胃口。在亚马逊影业成立后的几年里，贝佐斯明显被好莱坞的能量和活力吸引，参加了金球奖和奥斯卡颁奖典礼，出现在好莱坞电影首映式上，并于每年12月在自己位于比弗利山庄、俯瞰着落日大道的豪华庄园举办节日派对。

他还经常独自前往华盛顿特区，参加首蓿草俱乐部的会议，这是一个商界和政界名流的聚会，并为《华盛顿邮报》的高管、政府官员和其他名人举办沙龙晚宴。这些活动通常在华盛顿特区时尚餐厅的私人包间举行，他对科络拉玛社区占地 27000 平方英尺的豪宅，即前纺织博物馆，也进行了大规模翻新。[4] 随着他越来越成功，身边聚拢了越来越多的显贵。在聚会上，员工常常需要拦住或轻轻地拉走一些不受欢迎的闯入者。

从各方面来看，贝佐斯都很享受聚光灯下的风头。他经历了蜕变，不再是那个来自西雅图，大笑起来毫无顾忌的清瘦技术呆子，现在的他穿着时髦，拥有私人教练、健美的体格，和即使是上流精英也会心生敬畏的财富和名望。

麦肯齐陪同她的丈夫参加了其中一些活动，但她承认，她不是一个社交达人。"对我来说，鸡尾酒会很伤脑筋，"她告诉《时尚》杂志，"和很多人做那种简短的交谈，不是我喜欢的事情。"[5] 朋友们说，夫妻双方很用心地培养四个孩子，并让他们尽可能远离名人和华而不实的财富的腐蚀。

那时，她做了很多重要的事情，但几乎没人注意。2013 年，她创办了一家名为"旁观者革命"的慈善性质的公司，同名的网站"提供实用的众包建议，用每个人力所能及的行动来消除霸凌行为"。该网站精选了莫尼卡·莱温斯基、黛米·洛瓦托、迈克尔·J. 福克斯和露丝·韦斯特海默博士等名人的视频。加文·德·贝克尔是一位著名的安全顾问、畅销书作家和贝佐斯家族的密友，他为网站提供了一些自己的感言，其中一条提醒儿童有成为大规模枪击案枪手的危险。为了启动该项目，麦肯齐获得了亚马逊聘用的硅谷公关公司 Outcast Agency 的帮助。

参与该项目的人回忆说，麦肯齐谦虚而从容，但非常注意保护自己的隐私。她希望尽可能不在项目发布中提及自己和丈夫的名字。也许正因如此,"旁观者革命"在 2014 年首次亮相时几乎没有被媒体提及,进展也很缓慢。该组织在两年后发出了最后一条推文,此后其网站几乎没有更新。多年来,试图对她进行介绍的记者不得不去分析她两部小说中的"面向公众的内向者"。[6] 根据《纽约客》的描述,以及她在 2013 年接受电视采访时的自述,[7] 她在 D. E. Shaw 做助理时,爱上贝佐斯的爽朗大笑(这是她第一次用"爱"这个字),两人开始约会不到三个月就订婚了,那年她才 23 岁。

法律文件显示,2018 年,贝佐斯已经开始和劳伦·桑切斯约会,却同时维持着婚姻。那年 4 月,贝佐斯一家去挪威给麦肯齐过生日,住在一家冰屋旅馆。他在推特上发布了一段狗拉雪橇的短视频,开心地咯咯笑着。[8] "这次度假真的太棒了,"[9] 他后来在电视上对记者说,"我们花三天半玩了所有的东西,难以置信。"几个月后,这对夫妇发起了 20 亿美元的贝佐斯第一日基金,[10] 这是一个慈善项目,旨在解决无家可归问题并在低收入社区建立学前班。

10 月,他们在圣巴巴拉的四季酒店举办了另一届篝火晚会,这是一年一度的家庭露营 / 会议——贝佐斯喜欢称之为"他一年中的亮点"。客人和他们的家人再一次乘坐私人飞机抵达,所有费用均由亚马逊支付,在他们的酒店房间内仍然摆满了奢侈的礼物。那一年,作家迈克尔·刘易斯谈到了他关于特朗普总统任期的新书《第五次风险》,珍妮·古道尔谈到了气候变化,露丝·巴德·金斯伯格大法官通过视频出席。巴基斯坦运动员玛丽亚·托尔帕凯·瓦齐尔以她 16 年来不得不冒充男孩来参与她擅长的壁球运动的经历赢得了与会者的喜爱。前一天晚上,杰夫·特威迪、戴夫·马修斯、乔恩·邦·乔维、圣文森特和其他参加活动的人登上舞台,济济一堂。

在认识他们的人看来,贝佐斯和麦肯齐在那个周末似乎很正常,也很恩爱。但是谁能真正知道私底下两人的婚姻里到底发生了什么。两个月后，麦肯齐缺席了贝佐斯在其比弗利山庄家中举行的年度亚马逊影业圣诞派对。在他身边的是劳伦·桑切斯和她的哥哥迈克尔。

当时48岁的桑切斯是一个精力充沛的外向者。作为好莱坞的权势人物、娱乐经纪公司Endeavor主席帕特里克·怀特塞尔的妻子，参加聚会的200多位宾客中大部分人她都认识，包括马特·达蒙、布拉德·皮特、芭芭拉·史翠珊、凯蒂·佩里、詹妮弗·洛佩兹和亚历克斯·罗德里格斯。有些人还参加了她在2005年与怀特塞尔的婚礼，那场婚礼可谓星光熠熠。

桑切斯热情洋溢、曲线优美，喜欢在走进房间时和每个人拥抱，在洛杉矶、纽约和华盛顿特区等大都市的华丽灯光下非常放松自然，和麦肯齐正相反。如果贝佐斯被关押在委内瑞拉，她很可能会走进监狱，迷惑所有看守，并说服至少一个人打开牢房门。

和贝佐斯一样，桑切斯出生在新墨西哥州的阿尔伯克基。他们的家人彼此不认识，但这对恋人后来找出了他们亲戚中所有相互重叠的生活轨迹，比如在杰基和迈克·贝佐斯第一次见面的新墨西哥银行，桑切斯的表弟就曾经在那里工作过。她的父亲瑞经营着当地一家飞行学校"金色航线"，并拥有10架飞机。她的母亲埃莉诺也有飞行员执照，在桑切斯小时候，埃莉诺在一次和飞行教官练习熄火时，引擎无法重启，造成飞机事故，受了重伤。

她的父母在桑切斯8岁时离婚，结束了一段因不忠而相互指责、吵闹不休的婚姻。桑切斯和她的哥哥保罗、迈克尔和他们的妈妈住在一起，母亲再婚了3次，找到一份兼职工作，慢慢成为洛杉矶的助理副市长，后来成为哥伦比亚大学的行政主管。虽然桑切斯患有阅读障碍，在学校学习成绩不佳，但她以模特的身份赢得了关注，并于 1987 年加冕新墨西哥州少年美国小姐。高中毕业后，她就读于南加州大学，然后辍学开始了在当地新闻电视台的工作。[11]

20 世纪 90 年代后期，桑切斯成为八卦节目 Extra 的记者，后来成为福克斯电视台晨间节目《早安洛杉矶》的主持人。再后来，她主持了受欢迎的真人秀节目《舞魅天下》的第一季，还在一部著名电影中客串（在 91 分钟长的影片《搏击俱乐部》中她扮演新闻记者）。多年来，她离过三次婚，并与美国国家橄榄球联盟球员托尼·冈萨雷斯生了一个儿子。在那之后，她与好莱坞超级经纪人怀特塞尔结婚，并育有一子一女。

据报道，贝佐斯通过怀特塞尔认识了桑切斯，并在他 2016 年在洛杉矶举办的亚马逊影业派对上与她重新建立了联系。在她的婚姻摇摇欲坠后，她因为对飞行的共同爱好与贝佐斯绑到了一起。[12] 这段恋情的确切起源尚不清楚，但在 2018 年初，她的航拍公司"黑色行动"已经在为蓝色起源拍摄纪录片并将其发布到 YouTube 上。

2018 年 3 月，贝佐斯邀请桑切斯到棕榈泉市参加第三届年度"火星会议"，这是他为太空旅行、人工智能和机器人技术领域的杰出人士举办的仅限受邀者参加的研讨会。[13] 麦肯齐没有出席，人们却在贝佐斯与日本机器人比赛打乒乓球的视频背景中听到了桑切斯的声音。[14]

几周后，桑切斯告诉她的哥哥迈克尔，她想把他介绍给她的新男友。4 月，他们在好莱坞西区时尚的 Hearth & Hound 餐厅共进晚餐，由迈克尔·桑切斯的丈夫①和另外两个朋友陪同。迈克尔坐在贝佐斯对面，与亚马逊 CEO 一见如故。他还对这对恋人公开表达对彼此的感情感到吃惊，因为很可能被当地狗仔队发现，而且他们各自还没有

---

① 迈克尔·桑切斯是一位同性恋。——编者注

离婚。

回想起来，贝佐斯确实以一种不太在意公众反应的奇特方式继续着这种关系。他还带着桑切斯和她的母亲、哥哥一起去了西雅图，[15] 在那里他们作为 Spheres 的 VIP（贵宾）到处参观，他还向她展示了《华盛顿邮报》的印刷机。那年夏天，她参加了新谢泼德号的第九次发射，并帮蓝色起源制作了一段鼓舞人心的两分钟视频，包含对火箭的航拍，伴随着贝佐斯罕见的画外音，背景音乐是 U2 和布莱恩·伊诺合作的《你的蓝色房间》。"人类对探索的渴望深植于我们所有人的内心深处。"他在视频开头吟诵道。[16]

* * *

到 2018 年夏末，这二人的不加掩饰让迈克尔·桑切斯感到越发焦虑。桑切斯相貌英俊，是特朗普的支持者和技术娴熟的业余网球运动员，偏爱双梁古驰眼镜，职业道路与他妹妹截然不同。起先在好莱坞人才机构 ICM Partners 工作，然后去了 MTV（音乐电视网）做销售和营销，后来创办人才和公关代理机构 Axis Management，[17] 服务一批电视台新闻主播和真人秀明星。2007 年，他与别人共同创办了"死亡严冬制作公司"并制作了恐怖片《杀手电影》（烂番茄评分为 0.19）。他的妹妹在这部电影里饰演了一个小角色——一名叫玛格·穆尔黑德的电视台记者。电影失败后，影片的一位投资人起诉他，称他欠钱不还。为了保护自己的资产，迈克尔·桑切斯于 2010 年宣布破产。公开文件显示，他欠他妹妹 165000 美元。

多年来，迈克尔·桑切斯常与他的妹妹因经济问题而争吵，关系时远时近。但迈克尔也是他妹妹与怀特塞尔的婚礼伴郎、他们儿子的教父。当她开始与贝佐斯秘密发短信和亲密照片时，她经常将他的信息转发给迈克尔。说得委婉一点，兄妹的关系很不寻常。

但这一切都发生在贝佐斯的视线之外。他被喜欢冒险的桑切斯迷住了，而且贝佐斯天生不是偏执或多疑的人，尤其对方是他新情人的哥哥。据贝佐斯的一位朋友说，"与其总是怀疑人们想整你，不如先假装信任，然后发现你错了"，这基本上是贝佐斯的处世哲学。

六位数的超级爆料

2018年夏天，随着贝佐斯和桑切斯之间的恋情愈演愈烈，《国民问询》的编辑开始调查贝佐斯的个人生活。这家著名的偷窥小报自20世纪50年代以来一直花钱购买耸人听闻的八卦，但几年后却走进了死胡同。除了销量下降，其出版商——不幸的戴维·佩克，还指示报纸"捕杀"（catch-and-kill，指媒体购买一篇报道的专有权，但并不发表，实际上是在让卖家保持沉默，防止对编辑盟友有害的信息被公开。）有关他的朋友唐纳德·特朗普对婚姻不忠的丑闻，把《国民问询》的母公司美国传媒公司拖进了特朗普丑闻的无底洞。佩克的副手、首席内容官迪伦·霍华德管理着美国传媒公司旗下所有40份媒体，[18]包括雷达在线、《男性月刊》和《美国周刊》，霍华德因为诋毁声名狼藉的电影大亨哈维·温斯坦的指控者，也被《纽约客》作家罗南·法罗炮轰。

36岁的霍华德是个矮胖的澳大利亚人，美国名人虚伪和轻率行径的刻薄记录者。作为扒出梅尔·吉布森的反犹言论和阿诺德·施瓦辛格的爱子这些爆炸新闻背后的记者，霍华德绝不容许别人攻击自己的工作，面对"对手"自然不会示弱。当《华盛顿邮报》大肆报道美国传媒公司花钱堵截爆料的消息时，脾气暴躁的霍华德热情地授权记者对其富有的老板生活去深挖一番。

夏天快要结束时，[19]美国传媒公司的新闻记者收到一封电子邮件，里面是一条线索，指向调查贝佐斯与他的生父泰德·乔根森一家的关系，以及为什么在2015年乔根森行将离世时，亚马逊的CEO没有联系他们。邮件没有提到任何关于婚外情的事情。

第二天发生的事情很难被认为是巧合。但是，无论你如何解释接下来一年发生的那些令人难以置信的事情，这样的巧合实在太多了，充斥在大量的采访记录、电子邮件和短信记录以及后来无数民事和刑事案件积累的证据中，这些案件成为整部大戏里最精彩的剧情。

9月10日星期一，迈克尔·桑切斯给美国传媒公司在洛杉矶的记者安德里亚·辛普森写了一封电子邮件。桑切斯和辛普森是好朋友。他会定期与她分享一些有关他客户的消息，比如他妹妹当月回来主持Extra一天，[20]以及他们曾经一时兴起一起去文身［(他的前臂上文着"Je suis la tempête"（"我是风暴"）］。

在他的电子邮件中，迈克尔·桑切斯说他要给辛普森一个超级爆料。他说一个朋友为一个"比尔·盖茨类型"的名人工作，[21]那人已婚，却与一位"二流已婚女演员"有染。这位朋友能够提供两人的不雅照片，但希望以六位数价格出手。桑切斯声称自己只是中间人。

辛普森和她在纽约的编辑们只能猜测这对神秘恋人的身份。根据后来迈克尔·桑切斯在洛杉矶法院对美国传媒公司提起诉讼而公开的电子邮件，记者们曾怀疑过埃文·斯皮格尔、马克·扎克伯格和迈克尔·戴尔等人物。桑切斯让他们猜了几个星期，并暗示一家英国小报也对这个故事感兴趣，来提高要价。10月初，他进一步引诱辛普森，约她出来，把短信和照片给她看，但遮住了脸部。不过，这位八卦记者还是将信将疑。"只是扫了一眼，而且只有身体，我想可能是杰夫·贝佐斯。"她写信给她的纽约老板。

最后，在 10 月 18 日，迈克尔·桑切斯打电话给迪伦·霍华德，并透露那位"比尔·盖茨类型"的人物，其实就是亚马逊的 CEO。迈克尔·桑切斯和美国传媒公司随后签署了一份合同，后者答应付给他 20 万美元奖金[22]——这是《国民问询》为一篇报道支付的最高金额。合同规定，《国民问询》将尽一切努力保护迈克尔·桑切斯的匿名性，并隐瞒他作为独家新闻来源的身份。

迈克尔·桑切斯没有透露"二流已婚女演员"的名字，但没过多久，《国民问询》的编辑就弄清楚了。迪伦·霍华德派摄影师追踪贝佐斯的喷气式飞机，收到亚马逊 CEO 和劳伦·桑切斯一同走下他的湾流 G650ER 飞机的照片时，他正在法国参加戛纳电影节。

10 月 23 日，[23]迈克尔·桑切斯飞往纽约，与霍华德和另一位《国民问询》编辑詹姆斯·罗伯逊共进晚餐，证实了他们现在已经知道的事情。他还向他们展示了一个 U 盘，其中包含贝佐斯给他妹妹的一些短信，以及二人交换的一些个人照片。他暗示，稍后他可以向他们展示贝佐斯发给劳伦·桑切斯的更露骨的"自拍"。在了解做伪证后果的前提下，霍华德、罗伯逊和辛普森都告诉联邦法院，迈克尔·桑切斯是他们在调查期间收到的所有不雅材料的唯一来源。

在美国传媒公司位于曼哈顿南端那间死气沉沉的办公室里，没有窗户的开放式办公空间，多年来笼罩着裁员和丑闻的阴云，贝佐斯的故事给这里注入了新鲜的刺激。迪伦·霍华德相信它可以重振该出版物每况愈下的声誉，想当年因为报道了老虎伍兹和约翰·爱德华兹等人的超级独家新闻，连那些来自主流媒体的竞争对手都不得不表示佩服。当一位同事问他为什么要去写一个商业人物，商业人物的八卦往往不如明星受小报读者欢迎时,霍华德回答:"这是一个好故事,一个专门为《国民问询》准备的故事。剥去名流富豪的镀金皮囊,正是我们应该坚持的。"

但是当报纸开始调查贝佐斯时,戴维·佩克感到非常紧张。他的公司已于2010年申请破产保护,并因收购 *In Touch* 和 *Life&Style* 等杂志而负债累累。依靠一笔来自沙特王国的投资竞购《时代周刊》失败后,该公司大股东新泽西对冲基金查塔姆资产管理公司的CEO,行事一向低调神秘的安东尼·梅尔基奥雷不愿美国传媒公司再惹上任何新的官司。

那年9月,美国传媒公司就其涉嫌购买和堵截唐纳德·特朗普的负面报道的指控,与司法部达成不起诉协议。这项交易的条件是,其高管要配合联邦政府对特朗普律师迈克尔·科恩的调查,并保证未来绝对地诚实合法经营。这项协议也使该公司持续多年处于检察官的监视之下。违反协议将意味着巨额的罚款和财务损失。[24]

佩克是一位脾气暴躁的老板,他常常在从康涅狄格州的家去往纽约办公室的路上,用手机处理大部分工作,他对贝佐斯的故事感到既兴奋又害怕。据一位知情人士透露,他看到故事草稿后称这是《国民问询》做过的最好的新闻报道",并在给编辑的一封电子邮件中表示,"故事的每一页都是对贝佐斯的一次致命打击"。但佩克也害怕被世界上最富有的人起诉,[25] 尤其是因为一个该报读者不太感兴趣的非好莱坞故事。他要求这个故事是"100%无懈可击",并在何时发表甚至是否应该发表的问题上犹豫不决。

11月初,当佩克得知迪伦·霍华德和美国传媒公司的总法律顾问卡梅伦·斯特拉赫在与迈克尔·桑切斯的协议中加入了一项不寻常的条款时,他更加心神不宁了。这项条款是说在故事发表之前迈克尔·桑切斯就可以收到钱。佩克现在骑虎难下，如果不报道这个故事，或者被别的媒体抢了先，他们就会损失大笔金钱，并可能使公司再次面临"捕杀"负面报道的指控。在曼哈顿下城华尔街 55 号的 Cipriani 酒店吃午饭时，佩克对斯特拉赫大发脾气，这位大律师走出餐厅，基本上是当场辞职。[26] 随后，斯特拉赫不久前刚刚聘请的副手乔·芬恩取代了他的位置，巧的是芬恩之前在亚马逊工作了九年。

在那个秋天剩下的时间里，《国民问询》在迈克尔·桑切斯的帮助下写完了报道。当编辑怀疑贝佐斯和劳伦·桑切斯是不是被巧妙地编排成故事的主角时，迈克尔·桑切斯通过电子邮件将二人一些重要的私人照片和短信发给了报纸，并向迪伦·霍华德保证二人对调查的事情毫不知情。迈克尔·桑切斯还透露了这对情侣的旅行计划。11 月 30 日，当他在加州威尼斯的 Felix Trattoria 餐厅与他们共进晚餐时，两名记者就埋伏在他们的桌子旁，小报的摄影师们也在远处悄悄按着快门。

不过，迈克尔·桑切斯承诺给霍华德的贝佐斯"露骨"自拍，一直搪塞拖延。他原本安排在 11 月初在洛杉矶给霍华德看，却取消了见面。几周后的 11 月 21 日，在《国民问询》编辑不断催促之后，他终于同意将其展示给安德里亚·辛普森，而霍华德和詹姆斯·罗伯逊则会在纽约通过 FaceTime 观看。

媒体、大多数观察者，甚至他自己的大家庭，后来都谴责迈克尔·桑切斯这一惊人的背叛行为。但至少在他自己的心目中——被强烈的怨恨、与妹妹多年的不和，以及复杂的家庭关系所扭曲——认为他在巧妙地操纵《国民问询》。

他的妹妹和贝佐斯在公开场合并不掩饰他们的关系，家人和外界发现这件事只是时间问题。如他后来所说，他只是试图"让 747 软着陆",[27]让这对情侣通知各自的配偶,启动离婚程序,然后向公众宣布他们的关系。"我所做的一切都保护了杰夫、劳伦和我的家人,"迈克尔在后来给我的电子邮件中称,"我永远不会出卖任何人。"他还认为他与美国传媒公司的协议阻止了它使用他提供的最令人尴尬的材料。

这样的辩解对很多人来说都是空洞的。但至少在一个问题上,迈克尔诚实地说出了一个事实。他后来告诉纽约南区的联邦调查局调查人员,他实际上从未拥有过贝佐斯的暴露照片。在11月21日与《国民问询》记者安德里亚·辛普森的会面中,迪伦·霍华德和詹姆斯·罗伯逊在纽约通过FaceTime参加并记录交易,迈克尔·桑切斯根本没有给他们看贝佐斯的照片,而是一张从同性恋伴游网站Rent.men上找的匿名男性生殖器照片。

高明的公关反击

2019年1月7日星期一,《国民问询》的编辑向杰夫·贝佐斯和劳伦·桑切斯分别发送了一条短信,开头简单直接:"我想就你们的恋情采访你。"整个剧情在亚马逊纽约第二总部的风波接近尾声时开始,[28]现在也在6个人的推动下走向结束,这6人彼此间有着错综复杂的关系,又都有着各自的目的。

二人明显吓了一跳,迅速采取了应对措施。劳伦·桑切斯求助于她最亲近、最了解小报行业厚颜无耻之道的人——她的哥哥。面对危机,迈克尔·桑切斯一脸无辜地说他可以利用他与《国民问询》编辑的关系来找出他们手上都有什么材料。他与妹妹签订了一份合同,以每月25000美元的价格帮助她渡过难关,他打电话给迪伦·霍华德,宣布作为他妹妹的代理,请他来纽约讨论一下这个报道(当然,就是他爆料的那个）。迈克尔·桑切斯非常有信心美国传媒公司会守口如瓶，开始扮演起两面派。

与此同时，贝佐斯聘请了他的长期安全顾问加文·德·贝克尔，以及德·贝克尔在洛杉矶的资深媒体律师马蒂·辛格。1月9日星期三的早晨，贝佐斯为了抢先公布此事，指示亚马逊公关部门一脸震惊的员工通过他的官方推特账户发布了他婚姻破裂的消息。"我们想告诉大家，我们的生活有了变化，"[29]声明开头说，"正如我们的家人和好友所知，经过长时间对爱的讨论和尝试分居之后，我们决定离婚，我们会作为朋友继续我们共同的生活。"

在纽约，迪伦·霍华德眼睁睁地看着他职业生涯中最大的独家新闻从他手中溜走。[30]《国民问询》在每周一出版，但他说服戴维·佩克授权出版了一期11页的印刷版特刊，并在那天晚上在网上发布了第一篇报道。标题很刺激——已婚亚马逊老板杰夫·贝佐斯与电影大亨妻子私奔而离婚。那天晚上，迈克尔·桑切斯偷偷给霍华德发短信，为贝佐斯的推文和《纽约邮报》的后续报道道歉，并补充说"感谢你与我合作，虽然那些人不会"。

《国民问询》的报道不仅是为了揭露贝佐斯的婚外情，也是为了羞辱他。除了通过引用私人短信的内容、对几张亲密照片进行描述以绕过与迈克尔·桑切斯合同的保密条款外，它还奇怪地采访了"凯西阿姨"——贝佐斯生父的兄弟的前妻——她最后一次见到杰夫·贝佐斯是在他两岁时。报道极尽八卦小报侮辱中伤之能事，例如，"亿万富翁爱情骗子""不要脸的奸夫"等。

文章凶猛的风格和口吻，让加文·德·贝克尔和其他观察者自然而然地怀疑总统的力量是整个调查的幕后推手。在迈克尔·科恩被起诉之前，佩克的朋友和盟友唐纳德·特朗普经常在推特上攻击《华盛顿邮报》,并指责亚马逊没有公平纳税,剥削美国邮政服务。结过三次婚的特朗普也在推特上对贝佐斯的新难题火上浇油一番:[31]

> 很遗憾看到杰夫·贝佐斯被对手打败的消息,在我看来,这家报道的可信度可比他自己的说客报纸《亚马逊华盛顿邮报》强多了。

尽管《国民问询》被怀疑有政治目的,但它没有停止,继续在自己的各个媒体端口散播更多故事,释放更多贝佐斯和劳伦·桑切斯的交往细节,以及他们的私人短信。[32] 最终,迈克尔·桑切斯促成了一次临时停火:只要美国传媒公司停止发表新文章,就允许其狗仔队获得劳伦·桑切斯与两个朋友在圣莫尼卡机场散步的故事素材。这篇文章于1月14日发表在《美国周刊》上,有预先设计的引述和温和的标题:第一手照片显示杰夫·贝佐斯的女朋友劳伦·桑切斯在丑闻后情绪没有受到任何影响。[33]

报道发表后,迈克尔·桑切斯私下给迪伦·霍华德发短信感谢他。"你和我用14天实现了教科书级的成功合作。"他写道。接下来的一周,霍华德给迈克尔·桑切斯发了电子邮件向他保证不会泄露他是原始爆料者。"如果你愿意,不该说的我绝不会说,"他写道,"死都不会。"[34]

但这种盟约并不稳固。贝佐斯和德·贝克尔说"不惜任何代价查清事实",[35] 找出这家报纸是如何拿到他与劳伦·桑切斯的私密短信的。居住在夏威夷的德·贝克尔曾在两届总统顾问委员会任职,撰写了四本关于暴力心理学的书,并为很多政治和娱乐名人提供咨询。贝佐斯选择了他1997年的书《恐惧的礼物》作为S-team阅读俱乐部的第一个讨论主题，并亲自把它放在新开的亚马逊图书商店中出售。

换句话说，德·贝克尔是一位精明且经验丰富的品格判断者。在与迈克尔·桑切斯通过几次电话和短信之后，这位老练的调查员感觉到有些不对劲。贝佐斯新情人的哥哥吹嘘自己有能力控制《国民问询》的编辑，大谈特谈网络间谍活动的阴谋论，还提到与特朗普阵营的人相识，例如名誉扫地的保守派政治顾问罗杰·斯通。[36] 由于没有明显的证据表明贝佐斯的手机被黑了，所以德·贝克尔很快就想到内奸的存在，而且内奸肯定是在此事上表现得最殷勤的那个人。

德·贝克尔求助于一家关系比较好的媒体《每日野兽》，将他的怀疑公开。这家媒体是由贝佐斯的朋友巴里·迪勒经营的。1月31日，《每日野兽》发表文章透露，德·贝克尔认为迈克尔·桑切斯可能就是罪魁祸首。[37] 他还更进一步，认为他客户的尴尬处境是一个更大阴谋的一部分，德·贝克尔将《国民问询》的调查与特朗普总统及其对《华盛顿邮报》的针对活动联系起来，"明显地指向政治动机"，文章写道。[38]

这出大戏变得更加荒谬了。德·贝克尔暗示小报的行为背后有政治阴谋——坦率地说，这在特朗普当总统的时代非常可信——向《国民问询》施加了压力。美国传媒公司的老板戴维·佩克担心，仅仅这样的传言，就足以破坏其与纽约南区达成的不起诉协议。该公司最大的财务支持者，查塔姆资产管理公司神秘的老板安东尼·梅尔基奥雷，[39] 害怕贝佐斯起诉美国传媒公司，担心他的投资者（包括不喜欢戏剧化的国家养老基金）可能会在又一波丑闻之后撤回投资。

佩克和梅尔基奥雷恳求迪伦·霍华德解决这个问题——不要造成与贝佐斯阵营的对立，并确保调查没有出于政治动机，而且《国民问询》没有使用非法手段对故事进行调查。幸运的是，迪伦·霍华德与马蒂·辛格有私交，马蒂·辛格是在此事中代表贝佐斯的律师之一。很多人都知道，两人经常一起观看体育比赛，经常因为《国民问询》对辛格的名流客户的爆料吵个不休。当辛格接到电话要求他在这次风波中做贝佐斯的代理律师时，他其实正在纽约与霍华德以及电影导演布雷特·拉特纳共进晚餐。

但在某种程度上，他们的私人友谊恰恰加快了这位小报主编的毁灭。在2月的第一周，霍华德和辛格又像以往一样过招，协商停止《国民问询》和贝佐斯阵营的媒体大战。霍华德要求律师让贝佐斯和德·贝克尔相信这不是一个政治阴谋，并承诺他将停止发表破坏性的报道。辛格想确切地知道报纸还有哪些未发表的短信和照片。霍华德半信半疑，他怀疑律师是在打探他的匿名消息来源。

《华盛顿邮报》正准备发表一篇关于丑闻的文章，质疑这一曝光到底是"纯粹的八卦还是政治阴谋"，进一步加剧了讨论的紧张局势。[40] 戴维·佩克担心，这份全世界最受尊敬的报纸再一次发声，会直接毁掉他的不起诉协议。他再次敦促霍华德解决此事。霍华德终于屈服，亮出底牌。

这位美国传媒公司的首席内容官在2月5日下午给辛格发了一封电子邮件，写道："既然《华盛顿邮报》要写文章说《国民问询》最初的那些报道是未经证实的谣言，我想给你看看我们在采访中获得的照片。"霍华德随后列出了贝佐斯和劳伦·桑切斯交换的9张私人照片。劳伦·桑切斯曾把这些照片分享给了她的哥哥，她哥哥转给了《国民问询》。

过度招摇的霍华德，带着因小报的胜利受到诽谤而受伤的自尊，还提供了另一张照片：他通过FaceTime参加迈克尔·桑切斯和记者安德里亚·辛普森的会面时截图的"腰带下自拍"。霍华德不知道的是，那根本就是迈克尔·桑切斯从 Rent.men 上随便找来的别人的照片。"对于任何一个编辑来说，都不会乐意发送这样一封电子邮件，"霍华德总结道，"我希望常识能占上风，而且很快。"

但常识常常不够用。《华盛顿邮报》当晚就发表了该文章。其中，德·贝克尔再次将怀疑对象指向迈克尔·桑切斯，并指责其爆料是"出于政治动机"。迈克尔·桑切斯还接受了《华盛顿邮报》记者的采访，为了推卸责任，故意说谎以混淆视听。他暗示泄露消息的，可能正是德·贝克尔自己，并告诉《华盛顿邮报》（以及后来的其他报纸），《国民问询》已经在 2018 年夏天开始调查这件事——早在他开始接触他们的几个月前（没有证据表明情况确实如此）。

文章发表后，佩克打电话给迪伦·霍华德，说对冲基金的老板梅尔基奥雷"暴跳如雷"，并再次向霍华德施压，让他不要再疯了。霍华德随后开始直接通过电话与贝佐斯的代表、精明的德·贝克尔进行谈判，两人都谨慎地录了音。

霍华德有充分的理由保持谨慎。"我建议客户坚持让勒索者确认他的卑鄙行为，这样好在法庭上指控他们，"德·贝克尔在他的畅销书《恐惧的礼物》中写道，"我让受害者重复说，'我不明白你在说什么'，直到勒索者清楚地说出你想让他说的。"根据后来向我描述的谈话记录，德·贝克尔在电话中也试图采取这种方式，他问霍华德："所以你们会发布这些照片，除非我们做出书面确认？"

霍华德努力避免发出如此明确的威胁，而是拼命强调报纸发布这些内容的权利。"你绝不能把这说成是任何形式的勒索或类似的说法！"他又一次告诉这位资深调查员，"考虑到各种法律上的麻烦，达成协议符合我们双方的利益。"

霍华德和德·贝克尔似乎取得了进展。2 月 6 日，美国传媒公司新任副总法律顾问乔·芬恩（卡梅伦·斯特拉赫的匆忙继任者，对小报律师界的马基雅维利式地狱景观相对陌生）通过电子邮件将拟议的协议条款发送给了马蒂·辛格。如果贝佐斯和他的代理人同意，公开否认《国民问询》的"报道受到了任何外国、政治或其他势力以任何方式煽动、支配或影响的事实"，美国传媒公司将同意不发布或分享所有尚未发布的照片或文本。[41]

这封电子邮件很容易被视为敲诈勒索。2月7日，贝佐斯告诉他的顾问，他完全知道自己要做什么。他写了一篇超过1000字的文章，标题为"不用了，佩克先生，谢谢你"，然后把它交给了亚马逊的杰伊·卡尼。当卡尼在Chime视频会议上和同事们第一次读到这篇文章时，他惊讶地皱起了眉头，然后他把它上传到网络媒体Medium上。

在帖子中，贝佐斯把乔·芬恩和迪伦·霍华德的全部电子邮件内容都放了进去，并写道：

> 昨天发生了一件不寻常的事。事实上，对我来说，这不仅不寻常，还是第一次。我收到了一个我无法拒绝的提议。或者至少，《国民问询》的高层是这么想的。我很高兴他们这么想，因为这让他们有胆量把这一切都写下来。[42]

贝佐斯随后讲述了美国传媒公司与特朗普政府的法律纠纷，以及它吸引沙特阿拉伯政权——另一个敌视《华盛顿邮报》的政府——投资失败的事情。贝佐斯写道，他对《华盛顿邮报》的所有权"对我来说是一个让事情变得更复杂的因素。一些有权有势的人，被《华盛顿邮报》报道过后，难免会把我当成他们的敌人"。他还补充说，他并不后悔拥有这份报纸，这是"一个有着伟大使命的伟大机构"，"如果我有幸活到 90 岁，回顾我的一生，这将是我最自豪的事情……"

当然，这种高尚的情感与他长达一年的婚外情行为、他女友哥哥的背信弃义或美国传媒公司为逃避政治嫌疑的疯狂举动都没有关系。但就像亚历山大·汉密尔顿在 18 世纪 90 年代撰写"雷诺兹小册子"，反咬指控他强奸的人是在敲诈勒索一样，贝佐斯的 Medium 帖子是非常高明的公关反击。贝佐斯将自己塑造成一个有同情心的媒体捍卫者，和"长期把新闻权利当作武器和掩护、践踏真正新闻主义的使命和名誉的美国传媒公司"的反对者。[43]

贝佐斯是否知道甚至怀疑过《国民问询》发布露骨照片的威胁尚不清楚。对于那些不知道幕后细节的感兴趣的读者来说，贝佐斯勇敢地反对唐纳德·特朗普小报盟友的狡猾策略，哪怕自己的不雅照片还在对方手上。随着混乱中公众的同情心快速转移到贝佐斯一边，《纽约邮报》令人难忘地写道，"贝佐斯揭露佩克"。

就在 2 月 7 日下午的 Medium 帖子要发出时，加文·德·贝克尔收到迪伦·霍华德的短信，后者还在向他催促，要求了解贝佐斯阵营对美国传媒公司提议的回应。最后，这位著名的安全顾问机智地给小报编辑回了短信："你可能已经看到了，我也无能力。"

* * *

在自己人这边，迪伦·霍华德也被摆了一道。戴维·佩克从防御模式转为止损，试图稳定公司的法律和财务状况，将整个溃败归咎于他的首席内容官。他解除了霍华德的职务，让他担任公司发展高级副总裁——一个没有实际权力的角色，几乎不涉及任何编辑职责。一年后，霍华德的合同到期，离开了美国传媒公司。

我联系上霍华德，请他回忆整件事情，他说："我为一个100%真实的故事付出了最大的代价。"然后指出正在进行的诉讼让他没有办法继续深入，"他们用毫无根据的指控抹黑我，说我这样做是出于政治动机"。

除了葬送了霍华德在美国传媒公司的职业生涯之外，贝佐斯的文章还提出了一个问题，即《国民问询》是如何得到他的私人短信和照片的，这让这个已经乱作一团的问题更加没有头绪了。贝佐斯在他的帖子中巧妙地暗示，美国传媒公司拒绝透露信源"仍有待更好地理解"，"沙特的因素似乎触动了特别敏感的神经"。

3月，加文·德·贝克尔为《每日野兽》写了一篇文章来跟进这些断言。他指出美国传媒公司疯狂为自己免受参与政治阴谋的指控进行辩护，并暗示整件事情一定另有隐情。"我们的调查人员和几位专家非常自信地得出结论，沙特人看过贝佐斯的手机并拿到了那些私人信息。"他写道，"截至今天，尚不清楚美国传媒公司对一些细节（如果有）了解到什么程度。"[44]

佩克和他的同事已经面临他们代表唐纳德·特朗普开展业务的指控。现在，他们又面临与沙特勾结的暗示。由于霍华德在墨西哥休假，公司决定不必履行对迈克尔·桑切斯的保密承诺。"事实上，迈克尔·桑切斯于2018年9月10日向《国民问询》透露了这件事，并在四个月的时间里为我们的调查提供了所有材料。"该公司在一份声明中说，"由于他继续讨论并歪曲我们的报道，以及考虑到他在其中扮演的角色，我们不再对此信息源继续履行保密义务。"[45]

但美国传媒公司的披露没有什么意义，特别是它的高管在与特朗普有关的"捕杀"指控上如此公然撒谎。国际阴谋的暗示也很难消除——很大程度上是因为人们对沙特政府想要抓杰夫·贝佐斯的荒诞想象。

与其他美国商界领袖一样,贝佐斯早在2018年初就结交了穆罕默德·本·萨勒曼,当时这位年轻的沙特阿拉伯王储似乎致力于让这个宗教保守的国家自由化并摆脱对石油收入的依赖。2018年春天,王储访问美国期间,贝佐斯认识了他并交换了WhatsApp(脸书旗下社交媒体)号码。在接下来的几个月里,他们通过WhatsApp保持联系,并讨论了亚马逊斥资20亿美元在该国建立AWS数据中心的计划。[46]那年5月,王储向贝佐斯发送了一个加密视频文件,其中似乎包含一段宣传视频,吹捧该国的宽带价格低廉。贝佐斯被这条只有阿拉伯语的信息弄糊涂了。"令人印象深刻的数字和视频。"他最终回复道。

几个月后的10月2日,贝佐斯在华盛顿特区接受塞缪尔·J.海曼服务精神奖,并与《华盛顿邮报》的同事坐在一起。在活动进行到一半时,出版人弗雷德·瑞安俯身低声告诉他有消息要分享,然后将其写在一张纸上:当天早些时候,曾撰文批评沙特阿拉伯王储转向威权主义的《华盛顿邮报》特约专栏作家贾迈勒·卡舒吉,在走进沙特阿拉伯驻伊斯坦布尔领事馆后,再也没有出来。贝佐斯读了便条,低声回道:"让我知道我能帮上什么忙。"

在接下来的几周里,《华盛顿邮报》执着地调查了卡舒吉被谋杀案,其评论作家谴责沙特政府,呼吁美国公司切断与沙特的商业联系。与其他商界领袖一样,贝佐斯决定取消加入本·萨勒曼的"未来投资计划",该计划以"沙漠中的达沃斯"著称。[47]但奇怪的是,沙特王储继续给贝佐斯发短信,其中一条WhatsApp消息,似乎暗示了贝佐斯的婚姻问题,这在2018年秋季还是秘密。"与女人争论就像阅读软件许可协议,"王储写道,旁边是一个与劳伦·桑切斯长得有些相似的黑发女郎，"最后你必须忽略一切，然后点击'我同意'。"

与此同时，由萨勒曼政权组织的一支特别推特水军在网上袭击了贝佐斯，发布的图片和视频，将他标记为沙特阿拉伯种族主义敌人，并呼吁抵制亚马逊及其子公司 Souq.com：

> 我们沙特人永远不会接受早上被《华盛顿邮报》攻击，晚上还去亚马逊和 Souq.com 购物！奇怪的是，这三家公司都是那个在早上攻击我们，晚上又卖东西给我们的犹太人的！

2019 年初，随着他与《国民问询》之间的战争爆发，贝佐斯（不是犹太人）有更多的理由相信他的智能手机已被入侵。2 月 16 日，在贝佐斯表达了他对沙特阿拉伯卷入整个事件的怀疑之后，本·萨勒曼再次给贝佐斯发短信，用英语写了一条充满拼写错误的信息："杰夫，你听到或收到的所有内容都不是真的。这很重要。时间会告诉你真相。我或沙特阿拉伯都没有反对你或亚马逊。"

德·贝克尔随后让人对贝佐斯的 iPhone X 进行检查。与德·贝克尔长期共事的美国国家安全委员会网络事件响应前主管安东尼·费兰特的最终报告得出结论，沙特王储前一年发送给贝佐斯的宽带价格宣传视频可能包含 Pegasus，这是一种几乎无法被发现的恶意软件，由一家名为 NSO Group 的以色列公司创建。费兰特发现，一旦该程序被激活，贝佐斯智能手机发出的数据量就会增加约 3000%。

在缺乏更具体的证据的情况下，一些著名的网络安全专家质疑了费兰特的结论。费兰特提出的大量手机"数据泄露"的发生时间，也恰好与贝佐斯与劳伦·桑切斯交换短信和个人视频的时间重叠。尽管如此，《华尔街日报》报道称，与王储关系密切的沙特官员了解攻击贝佐斯手机的计划。[48] 2020年，联合国人权调查员艾格尼丝·卡拉马尔和戴维·凯伊撰写的一份报告以"较高可信度"证实，[49]沙特人侵入了贝佐斯和其他政治和新闻人物的电话，这是一个更大规模行动的一部分，目标是控制针对其政府的媒体报道。

本·萨勒曼政权是否了解了贝佐斯与劳伦·桑切斯的关系，并向《国民问询》报提供了情报，甚至补充了从迈克尔·桑切斯那里收到的信息？如果你一定要这样认为，是可以找到一点逻辑联系的。戴维·佩克曾向沙特投资者求助，为美国传媒公司收购《时代周刊》提供资金，但未成功。为了成功，美国传媒公司高管甚至在王储美国之行前夕制作了一本97页的光面杂志，名为《新王国》。但至少从我的角度来看，在这个特定的时刻，没有任何确凿的证据支持是沙特人向小报暗示了贝佐斯的婚外情——除了一些相互交织的事件，不同人物之间的弱联系，以及更奇怪的巧合。

不过，对于贝佐斯和他的顾问们来说，他们仍在努力对他离婚这一尴尬事件做出积极的解释，这样的不确定性至少会分散人们对更令人讨厌和复杂的真相的注意力。

* * *

随着整个混战在2019年平静下来，贝佐斯和劳伦·桑切斯开始一起出现在公共场合。7月，他们参加了在爱达荷州太阳谷举行的艾伦公司峰会，与沃伦·巴菲特、蒂姆·库克和马克·扎克伯格等人交流。几天后，他们在威廉王子和凯特·米德尔顿身后三排的皇家包厢观看了温布尔登男单决赛。8月，他们乘坐大亨戴维·格芬的超级游艇在地中海西部赌博。[50]此外，两人还前往意大利索罗梅奥参加由奢侈品设计师布鲁奈罗·库奇内利组织的峰会，并乘坐巴里·迪勒和黛安·冯芙丝汀宝的巨型游艇前往威尼斯。在这些旅行中，贝佐斯多次被拍到穿着时尚的章鱼印花多色泳裤，不经意间引领了一股时尚潮流。[51]

二十多年来，贝佐斯一直专注于亚马逊和他的家人，蓝色起源和太空旅行占据了他仅剩的时间。但他非凡的财富、对有趣的人永不满足的好奇心、对新体验的渴望，以及他与劳伦·桑切斯的关系，显然已经改变了他。事实证明，他很享受他非凡成功的魅力。对于那些花了大量时间观察他的人来说，他看起来充满活力，而且快乐无比。

他与麦肯齐的离婚手续于 2019 年 7 月办理完毕。她获得了 1970 万股亚马逊股票，价值约 380 亿美元。作为和解协议的一部分，贝佐斯保留了对她所持有股票的投票权，除非她将股份出售或送出——投资者推测，这是一年前亚马逊研究设立第二类股票的原因之一。

她还得到了他们在西雅图和洛杉矶的房子，并签署了捐赠誓言，承诺会捐赠一半以上的财富。2020 年，她向食品银行、社区团体和历史悠久的黑人大学等组织捐赠近 60 亿美元，同时以个人名义发布了一篇关于她的动机的文章——与她几年前推动"旁观者革命"的低调有所不同。她还将自己的名字改成麦肯齐·斯科特，斯科特是她出嫁前一直使用的中名。

与此同时，迈克尔·桑切斯和他的丈夫搬到了旧金山。除了他的母亲埃莉诺之外，他的家人都不再和他说话了。在洛杉矶地区法院的两起单独诽谤诉讼中，他起诉了美国传媒公司、贝佐斯和加文·德·贝克尔，随着事实逐渐浮出水面，几乎所有之后的起诉他都败诉了。2021 年初，贝佐斯要求法院强制迈克尔·桑切斯支付 170 万美元的律师费，但后来法官将这一数额降至 218400 美元。在纽约南区，联邦检察官调查了贝佐斯在他的 Medium 文章中提出的指控，即美国传媒公司在《国民问询》文章发表后对他进行了勒索。然而，证据肯定是不足的，检察官似乎在没有提起诉讼的情况下悄悄地放弃了这件事。

就贝佐斯而言，他很快就继续向前了。10 月，他出人意料地出现在前沙特驻伊斯坦布尔领事馆外，纪念卡舒吉遇害一周年。[52] 加文·德·贝克尔负责处理复杂的安全事宜。贝佐斯坐在卡舒吉的未婚妻哈蒂斯·岑吉兹旁边，并在仪式上拥抱了她。"就在这里，[53] 你面对那条街好几个小时，踱来踱去，一直等着，但他一直没有出来。这是不可想象的，"他说，"而且你需要知道我们关心你。我们在这儿。"

进入具有潜在危险的地区，是《华盛顿邮报》的老板向他们的员工传递的另一个信号，那就是，他会支持他们的新闻主义，无论个人付出什么代价。对于贝佐斯的敌人穆罕默德·本·萨勒曼王储而言，这也是一支正面瞄准的利箭。[54]

当这种戏剧性的姿态取代了集体记忆中的丑闻时，贝佐斯在亚马逊的同事们只能看着并想知道：他们该如何看待他们的 CEO，和从前一样？还是需要从财富、魅力和国际阴谋等其他维度重新认识？他像上班一样频繁出现在媒体上，购买古董艺术品，[55] 并以 1.65 亿美元的价格竞购戴维·格芬位于比弗利山庄、占地 9 英亩的华纳庄园创下了加州房地产交易纪录。[56] 2020 年 2 月，他在那里与埃马纽埃尔·马克龙谈论气候变化，劳伦·桑切斯在他身边；在迈阿密的超级碗上与她和其他名人一起闲聊，甚至在一家受欢迎的夜总会的 DJ 台前转了一圈。亚马逊的创始人到底要干什么？

在荷兰定制游艇制造商 Oceanco 的造船厂，可以找到解决这个问题的一个线索。在鹿特丹郊外，一个新的创造物正在秘密成型：一艘 127 米长的三桅纵帆船，外界对它几乎一无所知，即使在豪华游艇行业小圈子内，完成后，它成了迄今为止全世界最棒的帆船。Oceanco 还为同一对高端客户建造了一艘配套的支持游艇，该游艇的客户明确要求，设计中要包含——你猜对了——一个直升机停机坪。

经过这一切，贝佐斯的无敌盔甲只是轻微地凹陷了一点。现在，亚马逊即将面临的是其 25 年历史上的最大挑战：美国和欧盟的敌人试图遏制该公司强大的市场地位以及让全球经济濒临崩溃边缘的新型冠状肺炎疫情大暴发。

第14章
反垄断清算

在贝佐斯-桑切斯小报事件之后的一年里，亚马逊继续其令人眼花缭乱的扩张。随着市值越来越接近1万亿美元，该公司宣布把美国会员的快递保障从两天升级到一天，[1]进一步巩固了其在网络购物领域的优势。在2019年7月了结了与麦肯齐的离婚程序后，贝佐斯的个人净资产从1700亿美元降至1100亿美元。然而，亚马逊股价的上涨让他保住了最富有的人的头衔，并在12个月内收复了所有失地。[2]他的个人财富已经超过匈牙利的GDP，甚至比通用汽车的公司市值还高。

就在这个过程中，清算终于到来。美国人和欧洲人早已习惯于精明企业家的成功，但本质上，他们对大公司持怀疑态度，仇恨极度富有的人，尤其面对着收入不平等的日益扩大。

因此，杰夫·贝佐斯个人财富和公司市值的双双飙升，不仅引起了人们对这一史无前例的商业成就的喝彩，也引来了大量不协调的愤怒之声。过去十年，亚马逊迎来了它最繁荣的时期，但在最近几年，人们逐渐意识到这是一个操控系统，消费者和小公司被亚马逊无情地控制，它和其他科技巨头正在吞噬整个经济。大西洋两岸一些勇敢的政治家开始研究亚马逊及科技巨头谷歌、脸书和苹果的权力，发起了一些运动来遏制它们的猖獗增长。它们虽然算不上是对科技巨头及其所拥有的深远影响的终极之战，但至少拉开了即将到来的大战的序幕。

杰夫·贝佐斯口头表示欢迎这种批评，但他没有采取任何措施来限制亚马逊商业策略的强大优势。2018年，他在华盛顿特区经济俱乐部接受公开采访时对私募巨头、亿万富翁戴维·鲁宾斯坦说："任何类型的大型机构都会受到也应该被检视、批评和审查。[3]这和个人无关，而是一个社会希望发生的事情。"他听上去对可能出现的结果感到无奈："我们非常有创造力，无论政府颁布什么法规，如何发挥作用，都不会阻止我们服务客户。"

不过，在私下里，贝佐斯准备对日益激烈的"技术后冲"采取不那么包容的态度。2019年秋季，S-team和亚马逊董事会阅读了经济史学家马克·莱文森所著的《伟大的A&P和美国小型企业的斗争》（*The Great A&P and the Struggle for Small Business in America*）。这本书追溯了20世纪第一家美国杂货连锁店A&P的兴衰，其创始人去世后企业的战略转变，以及民粹主义政客和坚定的反垄断斗士对其长达数十年的讨伐。[4]该书总结说，反对A&P的运动主要是政治性的，推动这一运动兴起的，包括数千家富有同情心的夫妻店及其供应商累积的不满，以及这家在早期批评面前表现得异常被动的企业自己。

虽然A&P以强大的供应商和以掠夺性价格削弱竞争对手而闻名，但该公司未能正确回应批评者，并在其创始人去世后才启动继任计划，因此被认为注定会失败，这似乎让贝佐斯和其他亚马逊高管产生了共鸣。"结论是，我们真的不能被外面的那些噪声分心。这些必然会发生。这是不可避免的，"高级副总裁兼总法律顾问戴维·扎波尔斯基说，"这就是我们的社会对待大型机构的方式。"

亚马逊无法忽视即将发生的事情。随着公众和政客对大型科技公司的情绪开始明显转变，在2020年民主党总统候选人提名中出现了一系列大型科技公司的敌对派。它还面临一场运营中心工人要求涨薪的运动，以及对其在美国和欧洲缴纳的公司税太少的争议。唐纳德·特朗普总统是贝佐斯及《华盛顿邮报》的公开敌人，他提出新的指控，称亚马逊与美国邮政服务的交易不公平，并公然干涉AWS和美国国防部签订一项所谓JEDI（联合企业国防基础设施）合同，合同内容是亚马逊为后者的计算机操作提供云端托管服务，利润巨大。

最后，在对数字经济领域的竞争状况进行了长达16个月的调查后，美国众议院司法机构反垄断小组委员会提交了一份长达450页的严厉报告，内容涉及亚马逊和其他科技公司滥用市场地位的行为。其中一项指控是亚马逊依靠在线零售市场的主导地位，从事反竞争收购，并在其第三方商场欺负小卖家。它建议像过去的铁路和电信托拉斯一样拆分亚马逊。

高级副总裁杰伊·卡尼以他一贯的好斗姿态为公司辩护，在谈到小组委员会的报告时说："我认为它几乎没有可信度。"但是，曾作为小组委员会顾问指导这份报告的莉娜·可汗拒绝了诉讼程序具有政治性的观点，她在《耶鲁法律期刊》上关于振兴反垄断法规的论文，为国会的调查提供了理论基础。她年仅31岁，已经是亚马逊最厉害的对手之一，她在接受采访时告诉我，亚马逊"可以向依赖其平台的每个人发号施令，并且越来越享有在整个经济中挑选赢家和输家的权力。当信息优势和议价能力如此偏向于单方面制定所有规则的参与者时，它就不再是任何意义上的'市场'"。

亚马逊声誉的守护战

随着政治家和权威人士向亚马逊投掷这样的言论手榴弹，其全球传播和政策部门的规模开始爆炸式增长。2015年，也就是《纽约时报》对其进行那次著名的曝光之时，亚马逊全球公关和政策部门的人数达到250人；到2019年底，随着公司的发展，该部门壮大到近千人。扩大后的部门包括一个快速响应团队，负责全天监控媒体报道和站内分类查询。"我们既是品牌大使，又是品牌保护者。"该部门的一项神圣信条如是说，这是与S-team共同制定的用于指导员工决策的原则，"虽然有时我们不在乎被误解，但当媒体、分析师报告或政策制定过程中出现关于亚马逊的虚假或误导性信息时，我们会迅速、有力和公开地做出回应，来纠正错误。"

这种对亚马逊形象的过度敏感的根源当然是贝佐斯本人。员工们惊叹于他发现任何他认为不准确的文章或分析的能力，他会把这些内容转发给公关团队并问为什么他们没有更努力地来纠正它们。贝佐斯的长期公关副手德鲁·赫登纳敦促公关员工考虑"每一片草叶"，哪怕是一些不重要的事实和微妙的暗示，只要是不准确且值得回应，就不能忽视。因此，当关于大型科技公司的时代精神发生转变，亚马逊成为政治领域的常见话题时，该公司准备对许多针对它的批评做出强势回应，哪怕有些根本没有意义。

该公司最早的对手之一是马萨诸塞州参议员伊丽莎白·沃伦，这位哈佛大学前教授和华尔街的克星，在大萧条之后成功地倡导并支持建立了消费者金融保护局。2016年，沃伦在华盛顿特区的左倾智库"新美国"吹响号角，宣称美国经济中的"竞争正在消亡"，亚马逊和谷歌等大型科技公司利用其垄断平台的地位引导客户使用它们自己的产品和服务。

沃伦在参加民主党总统候选人提名竞选后重新开始了这项事业，并于 2019 年 3 月在网站 Medium 上撰写了一篇标题激进的文章，"我们可以这样拆掉大型科技公司"。[5] 文章认为科技公司过于强大，并建议强迫它们放弃大型收购——在亚马逊的案例中，是对全食超市和 Zappos 的并购。

在这篇文章以及随后的一场 CNN 市政厅讨论中，沃伦还指控亚马逊对电子商务拥有垄断控制权，并通过推出热门产品的自有品牌版本来损害第三方卖家的利益（正如我们所见，亚马逊自有品牌集团的员工实际上违反了一项执行松散的内部政策，擅自查看独立商家的销售数据）。"在一场棒球比赛中，你可以是裁判，可以是诚实的平台，可以是参赛者，"沃伦在 CNN 上说，"也就是说，在这场游戏中，你要么做裁判，要么拥有球队，但你不能既是裁判，又是上场比赛的球队。"[6]

在沃伦的 CNN 市政厅发言之后的第二天，亚马逊就通过其官方推特进行了回击。亚马逊声称它只控制了整个零售（线上和线下）市场的一小部分份额，而且自营品牌业务规模已经被压缩得很小，也不构成对第三方卖家的剥削：

> 我们不会使用独立卖家的数据来开发自营品牌（销售额只占大约 1%）。卖家也没有被"挤垮"——它们每年的销售额都在破纪录。而且，沃尔玛要比我们大得多。亚马逊占全美零售业的份额还不到 4%。

沃伦和其他民主党总统候选人还抓住了税收和经济政策研究所的

一份报告，该报告显示亚马逊在 2018 年从联邦政府获得了 1.29 亿美元的退税，尽管其利润高达 112 亿美元。作为一个特别擅长利用税法的商业巨头，亚马逊是税收优惠的受益者，这要归因于其越来越多的物流中心和不断上涨的股价。它通过扣除供应链中的设备成本和员工股票赠款的价值，以及利用其庞大的研发预算产生的税收抵免，有效地抵销了其缴纳联邦所得税的额度。[7]

这些完全合法的操作引发了另一波反亚马逊攻击。"我不反对亚马逊，"未来的总统乔·拜登在 6 月 13 日发推特说，"但任何一家能赚取数十亿美元利润的公司都不应享有比消防员和教师更低的税率。我们需要奖励工作，而不仅仅是财富。"

亚马逊声誉的守护者当天就在推特上回复：

> 从 2016 年以来，我们已经总计缴纳企业税达 26 亿美元。我们付了我们应该支付的每一分钱。国会设计税法来鼓励企业重新投资于美国的经济，我们就是这样做的。从 2011 年以来，我们共投资了 2000 亿美元，为美国创造了 30 万个就业岗位。或许拜登议员应该抱怨的是美国的税法，而不是亚马逊。

在向他的公关团队灌输这种好斗精神的同时，贝佐斯还建议他们应该考虑回避另一些战斗。"我在亚马逊内部教导和宣扬的是，当你受到批评时，首先照照镜子并搞清楚，你的批评者是对的吗？"他于 2018 年在柏林接受台上访谈时说，"如果他们是对的，那就改变，不要反抗。"[8]

亚马逊在 2018 年底采用了这一策略，当时另一位叫得最响的批评者、佛蒙特州参议员伯尼·桑德斯对亚马逊仓库工人的薪酬制度提出了激烈的批评，此人长期以来一直对贝佐斯的财富进行持续的抨击。然后，他公布了名字夸张的《阻止"贝佐斯"法》（Stop BEZOS，即 Stop Bad Employers by Zeroing Out Subsidies，意思是停止补贴来消灭不良雇主），该法案提议根据依赖公共援助计划如领食品券的员工人数对公司征收新税。

贝佐斯这一次没有采取防御性反击，也没有无视这份在共和党控制的参议院中注定无用的法案，而是召集 S-team 开了一次会，重新思考工人的薪酬问题。亚马逊物流中心的收入因州而异，[9] 但一些员工的时薪低至 10 美元，勉强高于 7.25 美元的联邦最低工资。S-team 权衡了运营负责人戴夫·克拉克提出的多项提议，包括将工资逐步提高至每小时 12 美元或 13 美元。相反，贝佐斯选择了最激进的做法，将最低级别员工的时薪全面提高到 15 美元。同时，他通过放弃使用依绩效授予的赠股和集体奖金，来部分补偿这些增加的支出。

这一举动在战术上来看非常出色。多年来，亚马逊对其仓库工人进行了调查，发现绝大多数人靠薪水过活，他们宁愿立即拿到预付薪水，也不想等股票赠予。取消这些薪酬激励，贝佐斯不仅部分抵销了加薪造成的成本支出，还让那些低效或心怀不满的低级员工没有了长期留下的理由。

加薪也让亚马逊的许多批评者感到满意，使工作繁重的物流中心对求职者更具吸引力，亚马逊也因此能够游说联邦政府提高最低工资标准，让其不太富裕的零售竞争对手遭受损失。但亚马逊随后发出的加薪信号也让一些高管觉得不够诚实。贝佐斯在那年的致股东信中写道："我们觉得是时候发挥引领作用了——提供最具竞争力的工资。"[10] 他的同事们都非常清楚，尽管贝佐斯并不是真的在引领（leading），而是在阅读（reading）——这件事中，他读出来的是政客和媒体对亚马逊越来越激烈的批评，批评亚马逊给仓库工人的工资太"微薄"。贝佐斯只在公众抗议沸腾时才对问题做出回应的习惯很快重演。

亚马逊宣布给工人加薪后，伯尼·桑德斯试图打电话给贝佐斯感谢他。当参议员的电话被转给卡尼（"恐怕经常让人们失望了。"卡尼说）后，他感谢了这位 S-team 成员，并就一些报道说亚马逊新的补偿计划可能会使终身员工最终收入减少的事情询问了卡尼，[11] 后者向他保证，员工的状况不会变差。

桑德斯似乎很满意这样的解释，连续两个月没有批评亚马逊，然后又回到推特上大肆抨击该公司没有缴纳联邦所得税。[12] 这是亚马逊的新现实，随着它的市值越来越接近 1 万亿美元，两边的政党都开始不断攻击它。

总统偶尔的袭击

在唯一的四年任期内，唐纳德·特朗普几乎从不掩饰对亚马逊、杰夫·贝佐斯以及他个人拥有的报纸《华盛顿邮报》的放肆和毫无道理的蔑视。他经常在推特上和接受采访时抱怨亚马逊在税务方面的做法（"亚马逊是个逃税犯"[13]），以及它如何扼杀传统零售业（"美国各处的小镇、城市和州都受到了伤害，许多工作岗位正在流失"[14]），以及难以令人信服地说亚马逊利用《华盛顿邮报》来实现自己的政治目的（"在我看来，《华盛顿邮报》只不过是亚马逊的一个费钱的说客"）。人们都在猜测特朗普如此敌视贝佐斯的原因。大多数观察者认为，不仅是因为贝佐斯拥有一家媒体机构，还因为他的财富远远超过总统的财富。

自从他于 2015 年在推特上用"#送唐纳德去太空"发推文以来，贝佐斯一直听从他的顾问的意见，克制自己对来自白宫的攻击做出回应。杰伊·卡尼后来说没有必要还击，因为大多数中立的记者都明白特朗普的言论毫无根据，而且是出于他对《华盛顿邮报》坚持新闻主义的愤怒。"总统偶尔的袭击几乎与亚马逊无关，全是因为杰夫拥有一家独立报纸这个事实。"他说。

但总统用来攻击的几个炮弹确实引起了亚马逊的注意。2017 年底，特朗普开始定期谴责亚马逊与美国邮政服务的合同，并指控亚马逊少付包裹递送费用，应为美国邮政服务损失纳税人的钱而负责：

> 为什么美国邮政局每年损失几十亿美元，却只收这么少的钱给亚马逊和其他公司送包裹，让亚马逊变得越来越有钱，而邮局越来越穷困潦倒？它应该给亚马逊涨价才对！

与特朗普的许多指控一样，人们很难在各种错误的信息中找到真相。美国邮政服务通过收取邮资和其他递送服务费来支付自己的成本。但该机构多年来一直在亏损，这在很大程度上是因为国会要求它为其工人的养老金和退休医疗账户预付资金。[15] 此外，邮局与亚马逊的合同和为 UPS 及联邦快递运送包裹的类似交易一样，[16] 按照美国法律都要以盈利为前提。

尽管这是事实，特朗普还是认为，如果美国邮政向亚马逊收取更多费用，就可以恢复元气。据《华盛顿邮报》报道，在 2017 年和 2018 年的几次会议中，他要求邮政局长梅根·布伦南将对亚马逊收取的费率提高一倍。[17] 布伦南指出，邮政费率由独立委员会设定，包裹递送是其业务增长最快的部分。总统的逻辑还忽略了一个关键事实，即如果该机构将价格提高到超出合理市场价格的水平,亚马逊只会加速转向自建物流,让邮政服务陷入更糟糕的困境。

特朗普最终委任一个工作组来审查包裹递送价格,该工作组在2018年底建议美国邮政服务小幅提高费率,尽管幅度远没有他所希望的那么大。在这方面,亚马逊在很大程度上躲过了总统的打击。但特朗普对杰夫·贝佐斯和《华盛顿邮报》的仇杀还是造成了重大损失。

特朗普在2017年上任后,美国军方领导人紧急得出结论:国防部庞大、支离破碎的技术设施需要进行大规模重整。特朗普政府时任国防部长吉姆·马蒂斯于那年夏天前往西海岸征询大型科技公司CEO们的建议,并会见了谷歌的桑达尔·皮查伊和谢尔盖·布林。他还会见了杰夫·贝佐斯,后者在推特上发布了一张自己和国防部长在第一日大楼走廊里散步和交谈的照片。[18]

马蒂斯旅行归来时深信现代技术正在改变战争的性质,国防部需要将其作战科技转移到云端。他召集了一个指导小组来实现这一目标,这个小组经过全面考虑,最后出于安全原因,以及为了让现场部队能够更容易访问数据,决定只选一个云计算服务商,而不是采取以往的做法,由多个承包商和中间商组成一个供应商矩阵来提供大多数政府需要的服务。

2018年7月,10年期100亿美元的JEDI项目公布了合同招标书。在企业计算的红海,如此丰厚且可靠的回报立即让JEDI成为政府采购历史上争夺最激烈的一场竞赛。"我从没想过会发生政治干预,"肯塔基州出生的前语言病理学家兼AWS政府业务副总裁特蕾莎·卡尔森说,她领导了亚马逊的此次竞标,"我没有预料到之后发生的事情。"

几乎从一开始,这个过程就充满了火药味。提前看过JEDI的条款后,许多科技公司都认为它是专为AWS准备的,AWS在2018年控制了47.8%的云计算市场份额，而且，自2013年与中央情报局签订云计算合同以来，就拥有了高水平的安全许可。至少9家科技公司，包括微软、IBM和思爱普（SAP）美国公司在内，联合起来抗议招标偏向了亚马逊，并游说国会和五角大楼将合同分拆。[19]

这些公司中，甲骨文走得更远。甲骨文以其创始人拉里·埃里森的浮夸好战风格，起诉了国防部，质疑只有一家企业中标的合法性，和这一招标过程的公正性。它的投诉称，数名国防部官员过去都曾为亚马逊工作或为其提供建议，并对JEDI施加了不当影响。一份长达33页的神秘档案也开始在华盛顿流传，声称存在于几位国防部官员与亚马逊高管之间的非正当个人和职业关系网络破坏了流程的公正性。该档案的源头是RosettiStarr，一家位于华盛顿特区的私人调查公司，但大多数观察者在其上都清楚地看到了甲骨文的印章。[20]

美国审计总署对甲骨文的诉讼进行审查时，承认招标过程确实存在一些轻微的不当行为，但认定这些行为没有重要到影响整个过程的公正性，驳回了甲骨文的投诉。甲骨文继续上诉到联邦法院，但官司打了几年，也没有成功。然而，从某种意义上来说，它的讨伐还是奏效了。JEDI的合同招标现在吸引了公众的高度关注，陷入争议的同时，也引起一个更强大的人物——特朗普的注意。

2018年4月3日，风险投资家彼得·蒂尔带着甲骨文联合CEO萨夫拉·卡茨去白宫参加晚宴。卡茨是一名在册共和党人，2016年曾在特朗普的过渡团队任职，并且是他竞选连任活动的主要捐助者，他向特朗普抱怨说，这份合同看上去就是为亚马逊设计的。[21] 据当时的《彭博新闻》报道，特朗普认真听完，并表示他希望这个竞争是公平的。[22]

那年10月，由于最终投标即将到期，Alphabet退出了竞争，称其没有某些服务所需的安全认证，并且这个项目与其企业价值观相冲突。[23] 在做出决定之前，谷歌员工曾公开抗议他们的公司向美国政府提供强大的人工智能技术。

如果是在亚马逊，员工即便有这样的担忧，也不敢如此直接表达给公开支持国防部工作的贝佐斯。"如果连大型科技公司都背弃美国国防部，这个国家就要有麻烦了。"贝佐斯在加州西米谷里根图书馆举办的一次国防论坛上演讲时说。[24]

最终有四家公司投了标，其中，甲骨文和 IBM 在 2019 年 4 月被迅速淘汰，只剩下亚马逊和微软。那个春天，当特朗普在推特上发文给贝佐斯，批评其与美国邮政服务的合作和避税等问题时，AWS 员工却在努力为赢得合同之后的工作准备资源粮草。但他们忍不住怀疑亚马逊是否注定会在这场角逐中失败。"人们不止一次提到特朗普不会让亚马逊赢。"一位不愿透露姓名的 AWS 高管表示。

2019 年 7 月，特朗普在与荷兰首相的联合新闻发布会上被问及有争议的 JEDI 竞赛。"那是哪个，亚马逊？"[25] 他回答，"这样，我收到了大量关于和五角大楼的合同以及亚马逊有关的投诉。他们说这不是竞标。……世界上一些最伟大的公司都在投诉这件事。……不同的公司，比如微软、甲骨文和 IBM。"

几个小时后，总统的儿子小唐纳德·特朗普发了条推特："看来，亚马逊和'不用竞标的贝佐斯'（No Bid Bezos）那些肮脏甚至腐败的行为可能会反过来伤到他们自己。"进一步不顾体面地对采购施加政治压力。[26]

合同原定于 8 月签订，但在特朗普发表评论后，他的新国防部长马克·埃斯珀临时叫停了招标流程，检查不断增多的"利益冲突"投诉。[27] 之后，合同又被搁置了 85 天。其间，埃斯珀因为他的儿子为 IBM 工作而采取回避，又为整件事增添了另一个闹剧元素。[28]

最后，在 2019 年 10 月 25 日，五角大楼宣布获胜者，实际上为全新的政府云计算市场加冕了一位新的领导者——微软。科技企业对结果感到震惊，大多数媒体将其视为重大失败。AWS 的特蕾莎·卡尔森说她已经为这样的结果做好了准备，但几名 AWS 员工后来承认很失望。"我们在投标过程中投入了大量精力，"一位匿名 AWS 高级管理人员说，就像那些最近为输掉 HQ2 竞赛而抱怨的城市，"我们夜以继日不停地工作。这样的结果是毁灭性的。"

就连微软 CEO 萨提亚·纳德拉似乎也承认，政治博弈在他出人意料的胜利中发挥了作用。他告诉科技新闻网站 GeekWire："对我来说，这样的结果在某种程度上，可以说是归功于微软远离政治并专注于客户需求。"29

亚马逊迅速向联邦法院提起诉讼，引发了另外一连串复杂的诉讼，一年多后我撰写本书时，仍未得到解决。在辩护中，五角大楼声称微软给出的方案更经济。但是 AWS 的高管们非常相信他们技术的优越性，微软根本毫无优势可言。一定是由于政治干预。毕竟，作为 AWS 的铁杆粉丝，他们在 2019 年成功举办了无人问津的 Intersect 音乐节和年度 AWS re:Invent 大会。换句话说，企业文化洗脑在 AWS 非常有效。

"我们是最好的合作伙伴，"杰西在输掉 JEDI 之后告诉我，"如果你认真评估几家公司的提案，很明显，我们的实力更强，我们在情报领域所做的事情也提供了更多（政府合作）经验。"

但他没有说明的是，亚马逊庞大的业务线和贝佐斯个人控股的报纸，开始让这个亚马逊发展最快、利润最高的部门的发展受到人为限制。就像零售竞争对手沃尔玛和塔吉特都避免使用 AWS，并要求其供应商也这么做，人们很容易相信特朗普已经推动五角大楼拒绝向其公开的政敌提供重要的政府合同。[30] 贝佐斯因为收购了一份美国最著名的政治报纸，得罪了一个暴躁而且报复心强的人，而这个人正是在美国总统这个世界最高权势位置上坐了 4 年的特朗普。《华盛顿邮报》的真实收购价格终于清楚了：为了它，亚马逊要失去 100 亿美元。

麻烦的垄断调查

20 世纪 90 年代后期，许多科技公司内部的法律部门从美国政府针对微软的反垄断案以及被纳入证据的该死的电子邮件、证词和会议记录中吸取了重要教训。在亚马逊，高管们接受了严格的合规和竞争培训，指导他们如何正确应对各种情况并避免犯下和微软相同的错误。例如，如果听到同事谈论定价或与合作伙伴勾结，就必须放下私人感情，站起身来大声反对，几个亚马逊人回忆起一些内部会议的细节说。

前布鲁克林检察官戴维·扎波尔斯基，如今亚马逊强有力的公司辩护律师，为了应对潜在的法律审查，所做的准备还要更多。扎波尔斯基认为"在法律上，语言很重要"。在 2012 年被任命为亚马逊的总法律顾问后，他开始在办公室墙上列出一些因不够优雅所以不能在内部文件或讨论中使用的词。员工不应该使用"市场"这个词，除非他们明确说明是什么市场，还有"平台"，因为它粗略地暗示了一种对其他公司的遥远的、全能的掌控。一些其他短语如"支配""大数据"，以及他觉得烦人的商业术语如"深入研究"和"水平设置"等，也都出现在墙上。

言语很重要，扎波尔斯基不断地布道；言语具有力量，如果使用不当，亚马逊就会反受其害。扎波尔斯基说："这些术语没有帮助，当监管机构开始将它们挂在嘴边时，更加不能使用，因为它们实际上会造成伤害。"

事实证明，这个建议非常有先见之明。随着特朗普和2020年民主党候选人对该公司施加的压力越来越大，亚马逊也成为法律学家、立法者和监管机构各方审查的对象。他们的目的是证明亚马逊从事非法、反竞争的行为，应该像以往对待标准石油公司、美国钢铁公司和AT&T（美国电话电报公司）等可怕的垄断者那样对待亚马逊。

这一主张主要的发起者是莉娜·可汗，在耶鲁法学院的最后一年，她于2017年1月在《耶鲁法律期刊》上发表了一篇长达93页的文章，题为"亚马逊的反托拉斯悖论"。[31] 这篇文章批评美国近期反垄断执法松懈的历史，并邀请当局更仔细地审视这家电子商务巨头。她认为现行法律未能"抓住21世纪的美国市场力量的架构"，这就是非常好的证明。恰逢对亚马逊避税和对待独立卖家的方式的批评声浪越来越大——加上新近对科技巨头的怀疑主义兴起——这篇文章不仅触动了公众的神经，甚至可以说发起了一场运动。

可汗看上去不像是能够挑战数十年反垄断传统智慧的人选。[32] 她11岁时随父母从巴基斯坦移居美国，家中长女，在威廉姆斯学院主修政治理论，毕业论文的研究对象是哲学家汉娜·阿伦特1958年出版的《人类状况》一书，该书探讨了现代技术如何影响民主。

2010年毕业后，可汗加入"新美国"智库。正是在那里，伊丽莎白·沃伦开始了她的反科技巨头长征，并与巴里·林恩合作。后者是一名高级研究员，也是一位多产的作者，作品主要批评现代垄断权力。可汗加入"新美国"的第一个任务，就是林恩指派给她的，内容是撰写一份关于图书行业历史的报告，这是亚马逊主导的第一个也是最重要的市场。

几年后，可汗在她发表于《耶鲁法律期刊》的文章中采用了同样的怀疑和新闻方法。她的论文得名于罗伯特·博克1978年出版的一本开创性著作《反托拉斯悖论》，该书认为只有当垄断者导致消费者价格上涨时，监管机构才应出手遏制。可汗冷静地反驳说，所谓的"消费者福利标准"不适合互联网的强化效应，也不适合像亚马逊这样的公司，它不计代价地降低价格以排挤竞争对手，积累市场份额。这种一直亏钱的策略得到了有耐心的投资者的支持。

该文章挑战的不仅是亚马逊，还有整个监管现状。它对亚马逊和其他科技巨头的快速增长采取了一种抵制姿态，成为华盛顿特区和布鲁塞尔政策界的核心读物。政客们开始在采访中引用它，并敦促"重新考虑反垄断"，不仅要检查价格影响，还要检查占主导地位的公司对工人、工资和小公司的影响。[33] 可汗的文章的一位批评者嘲笑其为"时髦的反垄断"。[34] 这个绰号，摆脱了其贬义色彩，迅速流行开来。

可汗的文章在西雅图也引起了注意。出版六个月后，戴维·扎波尔斯基突然给"新美国"的巴里·林恩打电话，说他在华盛顿和亚马逊的一个政策团队在一起，想约他见个面。林恩邀请了那年夏天在城里的可汗，以及反垄断律师和联邦贸易委员会前律师乔纳森·坎特。

在"新美国"办公室进行的一小时会议氛围和谐。扎波尔斯基断言亚马逊不是垄断者，因为它只控制了规模24万亿美元的全球零售业的一小部分，并认为它对竞争和小公司的影响是积极的。他问批评者，他们认为亚马逊应该采取什么不同的做法，并邀请他们在听说亚马逊的行为引起任何问题时与他联系，而尽量不要写尖刻的法律评论文章或接受媒体进行敌对采访。坎特说："这就是人们长时间盯着对方枪管的那种超现实时刻。"

事实证明，扎波尔斯基隐瞒了一条他的对手后来认为特别不祥的信息。第二天，也就是2017年1月16日，亚马逊宣布收购全食超市。

监管机构尚未被可汗的文章或巴里·林恩对大型科技公司的无情评论动摇的迹象是，联邦贸易委员会在68天内迅速批准了并购。[35]

但可汗和林恩遏制科技力量的挑衅性观点正在逐渐影响监管机构的看法。一年后，活跃的欧盟竞争事务专员玛格丽特·维斯塔格开始调查亚马逊是否存在不恰当利用独立卖家数据来支持其自营品牌产品的行为。[36] 又过了一年的2019年5月，美国司法部反垄断事务首席检察官助理马肯·德尔拉希姆和联邦贸易委员会主席约瑟夫·西蒙斯也效仿她，开始调查四大科技公司。司法部审查了谷歌和苹果，而联邦贸易委员会则调查了脸书和亚马逊。[37]

几年前，大型科技公司因其创新和财富创造能力而备受瞩目，如今却面临异常严格的政府审查。在这波浪潮中，曾经是一名刑事辩护律师的罗得岛民主党众议员戴维·西西林，呼吁众议院反垄断、商业和行政法小组委员会审查亚马逊对全食超市的收购，并接触莉娜·可汗。他刚刚接任小组委员会主席就发出"让大型科技公司承担责任"的号召。[38] 可汗此时已经完成法学院的学业，并在联邦贸易委员会做过一段时间的法律研究员。面对迄今为止政府对这些实力无敌的大型科技公司发起的一场最大规模的调查，她是否有兴趣在其中担任法律顾问？

可汗抓住了这个机会。2019年6月，两党宣布对数字市场竞争情况进行审查。这场调查很大程度上由西西林和可汗主导，最终持续了漫长的16个月。他们必须克服一系列无法逾越的障碍：众议院司法委员会全体成员对特朗普总统的弹劾；资深共和党人道格·柯林斯在决定竞选参议员后退出司法委员会；柯林斯添乱的继任者、俄亥俄州的吉姆·乔丹，他不仅痴迷于研究垄断权力，还研究社交网络造成的反保守偏见。2020年初，新冠肺炎疫情暴发，让世界陷入一片混乱，国会调查人员不得不连续数月进行远程工作。

面对这些巨大的困难,小组委员会对科技巨头积聚和维持权力的方式进行了全面而具有挑战性的审查。它要求亚马逊提交所有与收购、产品定价和第三方商城管理规则相关的内部沟通记录。小组委员会后来公开的资料中,包含了大量此类文件,披露了亚马逊高管在2009年不惜亏本经营尿布业务,以打击运营Diapers.com的公司,并在2018年收购联网门铃公司Ring。这种做法并不是为了获得技术,而是为了在市场上占据垄断地位。

2020年1月,小组委员会在科罗拉多州博尔德召开了一次听证会,直接了解为什么许多品牌和卖家与这家电子商务巨头的关系如此紧张。戴维·巴尼特是一家名为PopSockets的公司的创始人,PopSockets制作智能手机背面的装饰性指环扣。他在听证会上做证说,亚马逊允许仿冒品在它的网站上泛滥,并以低于双方商定的价格出售他的产品。当他决定不再批发给亚马逊并在商城中开设自己的店铺来控制价格时,亚马逊不允许他这么做,并快速把PopSockets从网站上剔除了。"杰夫·贝佐斯不一定了解这个部门是这样做事的,"巴尼特后来告诉我,"如果知道,他应该介入并阻止。"

西西林在整个调查过程中的一个目标很明确:让贝佐斯和其他技术负责人在国会宣誓做证。但亚马逊的政策主管显然不想让他们的CEO遭受脸书的马克·扎克伯格所反复遭受的那种公开指责。他们回应了小组委员会对贝佐斯的邀请,签名回复的不是CEO本人,而是曾主持HQ2并遭遇惨败的公共政策副总裁布赖恩·胡斯曼。"我们会指派合适的亚马逊高管配合委员会解决这些重要问题。"胡斯曼含糊其词地写道。[39]

而在幕后,曾担任巴拉克·奥巴马政府时期的司法部刑事部门负责人的兰尼·布鲁尔，现在是服务亚马逊的科温顿与伯灵法律事务所合伙人，也在想办法影响民主党委员会成员，并使贝佐斯远离聚光灯。莉娜·可汗后来告诉我，他们认为亚马逊的态度"咄咄逼人，坦率地说，对司法人员非常粗鲁"。相比之下，已有10年应对政府审查经验的谷歌则优雅得多。

最后，一个两党议员团体引用《华尔街日报》的一篇文章，威胁要传唤贝佐斯。该报道采访的亚马逊自营品牌员工讲述了他们如何使用第三方商家的内部数据来推出亚马逊自营品牌产品。亚马逊律师内特·萨顿此前曾在委员会宣誓过此类行为不会发生，因此立法者要求贝佐斯对报道中的行为做出解释，并澄清萨顿是否做了伪证。[40] 他和亚马逊再也无法回避了：这是贝佐斯第一次被迫在国会做证。

亚马逊的政策和传播高管冒着愈演愈烈的新冠疫情风险，冲出各自的隔离区来到第一日总部办公室帮助贝佐斯准备听证会。杰伊·卡尼后来称这个准备过程是"我一年工作的高潮"，因为他可以亲眼见到同事，也因为贝佐斯非常好奇，乐于学习如何最好地应对眼前的挑战。此外，他在这次处女秀中会很轻松：被传唤做证的四位CEO不必亲自出现在国会山拥挤的听证室里，被一大群摄影记者包围，而是通过视频会议远程提供证词。

听证会于2020年7月29日举行，吸引了美国东西海岸和欧洲各国的热切关注。"我们的建国者们拒绝向一位国王鞠躬，我们也不应该在网络经济的皇帝面前俯首称臣。"西西林在他的开场发言中说。莉娜·可汗穿着天蓝色西装外套，戴着口罩，站在他的右后方。镜头里的贝佐斯坐在他西雅图的办公桌前，身穿深色海军蓝西装，打着领带，在发言的一开头就向他的父母和信任亚马逊的客户优雅地表达了敬意，同时指出零售行业的规模仍为很多竞争者留有空间。

第14章 / 反垄断清算

然后，整个听证会乱成一团。在五个多小时的时间里，代表们向贝佐斯、桑达尔·皮查伊、马克·扎克伯格和蒂姆·库克提问，在与他们各自公司相关的独特问题之间来回切换。委员会成员经常打断 CEO 们，急于发表一通华而不实的政治声明，占用本就有限的回答时间，而不是听他们把问题答完。几位共和党人还偏离主题，就科技领域的反保守偏见发表了一番指控。最重要的是，贝佐斯开场发言之后，视频会议软件就发生了技术故障，第一个小时的提问他全都错过了。[41]

当技术问题得到解决后，委员会成员开始把火力集中到贝佐斯身上。他们就一些他以前从未公开谈论过的话题向他发起攻击，例如，假货，以及《一网打尽》一书揭露的亚马逊与 Diapers.com 的激烈价格战、对小型图书出版商的私下态度。亚马逊曾宣称自己是"猎豹"，把和小型图书出版商的一项内部谈判计划命名为"瞪羚项目"。[42] 亚马逊法律部门长期以来的担心应验了，不加区别使用的一些词语和短语，现在成了别人拿来针对它的武器。

不过，大多数情况下，政策制定者还是把矛头指向了最容易体现亚马逊可能存在垄断行为的第三方商城，以及他们从受屈的独立卖家那里收到的大量投诉。贝佐斯诚恳地回答了这些问题，但似乎也有些准备不足，除了防御性的企业格言之外，他无法（或不愿意）做出其他任何回应。看到这些的亚马逊前高管，不禁想起无数努力工作、认真准备数周，却还是因答不上苛刻且挑刺的 S-team 提出的尖锐问题而被解雇的员工。

普拉米拉·贾亚帕尔是西雅图女议员，也是亚马逊公开的批评者，她是第一个向贝佐斯提出核心问题的人：[43] 亚马逊员工是否窥探了卖家的私有销售数据？"这是一家糖果店，任何人都可以拿到他们想要的数据。"她引用了一位与小组委员会交谈过的亚马逊前雇员的话。[44]

"我们确实有一些保障措施。我们对员工进行政策培训。我们希望他们像遵守其他规则一样遵守该政策。"贝佐斯告诉贾亚帕尔。几乎可以肯定他知道这个政策执行得不好，并且经常遭到员工的践踏，这些员工为了达到公司给他们的高目标可以不顾一切。但他含糊地断言，他无法"保证从来没有违反政策的情况发生"，并坚称对此事的内部调查仍在进行中。"事实上，我们是主动施行。"他补充道，"我认为其他零售商甚至根本没有这样的政策。"

然后，西西林问为什么一个小服装卖家把在亚马逊上销售商品比作吸毒。"先生，我非常尊重你和这个委员会，"贝佐斯说，"但我完全不同意这种描述。……邀请第三方卖家进入我们真正最有价值的零售场所，即我们的产品详情页面，这在公司内部也是一个非常有争议的决定。我们这样做是因为我们相信这对消费者更好，让客户拥有所有这些选择会更好。"

佐治亚州的代表露西·麦克巴斯问道："如果亚马逊对这些卖家没有垄断性权力，你认为它们会保持这种充满欺凌、害怕和恐慌的关系吗？"

"恕我直言，议员女士，"贝佐斯在他再次被打断之前回答道，"我不接受那个问题的前提。这不是我们经营业务的方式。事实上，我们非常努力地为卖家提供出色的工具，所以它们才能成功。"

* * *

当莉娜·可汗和其他国会工作人员在2020年夏天起草他们的最终报告时，我很好奇亚马逊在其成千上万的第三方商城卖家心目中真正的受欢迎程度。从怨声载道的商家向小组委员会提供的证据来看，亚马逊就像卡通片里十恶不赦的坏蛋，欺负卖家，窃取它们的数据，毫无道理地将它们从网站上清理掉，侵害它们的生活和生计。

亚马逊高管在回应这些投诉时辩称，这么多分歧案件仅仅基于道听途说，而且占据亚马逊销售额 50% 的那些大多数卖家都发展得很好。"100 万人当中，总会有一些不高兴的。"戴维·扎波尔斯基说。虽然他承认这些小矛盾有一些是因为亚马逊的过失引起的，但大多数都是因为卖家的嫉妒，是因为他们"没有赚到自己认为可以赚到的钱"。

为了避免用一些神奇的、包罗万象的民意调查来衡量亚马逊卖家的真实情绪，我决定不再花时间在卖家中那些熟悉的反对者身上，转而诉诸亚马逊的盟友——曾主动为亚马逊游说或说好话的商家。当国会开始研究贝佐斯帝国的真实面目时，它们又是如何看待亚马逊不断进化的零售业务的？亚马逊是否履行了其作为公平和有原则的行业领袖的职责？

保罗·桑德斯作为亚马逊帮助小企业项目的参与者，分别于 2017 年和 2018 年两次在国会山做证。桑德斯是美国海军陆战队的一名老兵，他反复向国会称赞亚马逊帮助他在印第安纳州埃文斯维尔的高端家居用品公司 eLuxury 实现了非凡的增长，真是没有辜负那句海军陆战队座右铭——Semper fidelis（永远忠诚）。"亚马逊经常受到诽谤，"他曾在一次关于亚马逊经济影响的非公开会议上对一群高级官员说，"如果没有亚马逊，我可能无法建立一家拥有 75 名员工、每年缴纳数百万美元地方税和联邦税，并在员工福利方面投入巨资的企业。"

但是当我在 2020 年找到他时，桑德斯的观点发生了变化。不断上涨的费用和在亚马逊上越来越高的广告成本，让他的利润大打折扣；亚马逊倍思产品在搜索结果中直接与他的产品竞争；成本较低、不用缴税、评价掺水的外国卖家以及其他恶劣的商业行为，让他的公司几乎无法在这个市场上竞争。视忠诚如生命的桑德斯一开始非常犹豫要不要公开表达他的担忧，并继续与亚马逊高管联系，试图寻求帮助。最终他同意说出自己的想法，并发给我一份 6 页亚马逊式文件的摘录，这份文件他曾亲自提交给包括高级副总裁道格·赫林顿在内的亚马逊高管。

这份文件表达出一个沮丧的合作伙伴的真实感受。它还就亚马逊该如何支持卖家福利给出了大量建议，这些卖家在亚马逊的成功中发挥着重要作用。他在文件中总结道："我超越职责，成为亚马逊和您的客户值得信赖和有影响力的合作伙伴。不幸的是，亚马逊似乎越来越不认同这种理念，特别是在与第三方卖家有关的事情上。"

这些会议后几个月，当一切照旧，桑德斯将 eLuxury 的大部分业务从亚马逊转移到更值得信赖的合作伙伴如沃尔玛、塔吉特、Wayfair 和 Overstock，并实现了持续增长。他对亚马逊没有及时采取行动惩罚不良行为者来保护他们共同的客户感到失望和惊讶。他告诉我："我真的相信，而且我知道很多亚马逊人都同意，亚马逊清楚第三方商城已经一团糟，但他们不知道如何解决。"

温德尔·莫里斯在很大程度上同意这种观点。他是位于圣莫尼卡的 YogaRat 公司的创始人，是亚马逊上最早销售瑜伽垫和瑜伽毛巾的卖家之一。后来，他把业务扩展到沙滩毛巾和超细纤维毯子，所有这些商品都产自中国。2014 年，他成为杰夫·贝佐斯在其广受瞩目的年度致股东信中点名吹捧的几个亚马逊卖家之一。"亚马逊的美妙之处在于，有人说，'我想创业'，他们就真的可以在亚马逊上创业，"贝佐斯那一年援引莫里斯的话说，"你的公司起步时，你不用付租金，甚至不必雇用员工。你可以自己做。这就是我所做的。"

但是当我和他谈话时，莫里斯和桑德斯一样，已经改变了他的看法。2016年，YogaRat已经雇了7名员工，他发现自己的产品莫名其妙地从亚马逊的搜索结果中消失了。他花了几个小时与亚马逊在印度的客户支持人员通电话，并向贝佐斯的公共电子邮件地址写了封请求信。他的产品终于恢复了，尽管它们再也没有回到以前在搜索结果顶部的位置。一年后，他的卖家账户被完全暂停，因为他的产品图片违反了亚马逊关于如何展示人群的指导原则。莫里斯承认了这个错误，同时苦涩地向我表示，无数其他卖家违反了同样规则却没有受到处罚。有人——可能是竞争对手——将他挑出来投诉给了亚马逊的执法团队。

当莫里斯忙着恢复他的账户时，相同商品的其他卖家取代他跑到搜索结果的顶部。YogaRat再也没有回到顶部。现在，只剩他和妻子独自经营公司，面对的挑战也非常巨大。一些模仿他的设计和用户评论的海外仿冒产品，总是神秘地出现在竞争对手的产品列表里，他一直在与此斗争。当他致电亚马逊客户服务部时，他怀疑成功的主要衡量标准变成了他们能多快地挂断电话。曾经是一名忠实的瑜伽爱好者的莫里斯，现在几乎不能再看瑜伽垫了。

"我完全拥护竞争，但我在亚马逊上开店和销售，不是为了做亚马逊生长的肥料而被牺牲和埋葬。"他告诉我，"很明显，这种情况正在发生在很多卖家身上，我认为这是不对的。亚马逊的行为就像邀请你参加感恩节晚餐，然后在你坐下来吃饭时发现自己是火鸡。"

斯特凡·奥尔斯托尔和他的塔牌桨板公司出现在2016年4月贝佐斯致股东的信中（在这封信以及贝佐斯后来的文章集《创造与漫步》中，他的名字都被错误地写成斯蒂芬）。奥尔斯托尔是一位登上过电视节目《创智赢家》的创业者，在公司最成功的时候雇了10名员工，每天的充气桨板销售额超过11000美元。多年来，他一直是亚马逊可靠的小白鼠，参与了一项针对亚马逊独家品牌的计划，同意只在亚马逊上销售，并从亚马逊借钱为扩张提供资金，使用他存放在其仓库中的商品作为抵押。贝佐斯写道："他的公司已成为圣迭戈发展最快的公司之一，部分原因是有亚马逊贷款的帮助。"

对于奥尔斯托尔来说，转折点很快就来了。数百个站立式桨板卖家涌入亚马逊，如XYLove和FunWater，主要来自中国，与塔牌竞争。其中一些卖家通过欺诈手段，人为产生"网站最有价值商品"，以及积极的客户评论，来帮助产品获得搜索结果中靠上的位置。

奥尔斯托尔试图在亚马逊上做广告以提高知名度，但这影响了他的利润。贝佐斯在信中提到他在之后的几年里，雇用的人数从10人减少到3人，年销售额从400万美元减少到不足150万美元。"亚马逊对品牌毫不在乎，"到2020年，他几乎完全离开亚马逊，专注于通过自己的网站进行销售，"他们不在乎你是生是死。"

在同一封信中，贝佐斯还吹捧了伯尼·汤普森的公司Plugable Technologies，并引用他的话说，将产品批量运送到欧洲和亚洲的亚马逊仓库"改变了整个范式"。汤普森多年来一直与中国供应商竞争。中国消费电子产品销售商安克的创始人阳萌曾对他说："伯尼，我很抱歉，我要碾轧你了。"

尽管对手放下狠话，与我交谈过的其他亚马逊前盟友不同，Plugable仍然生意兴隆。汤普森通过保持低价和高品质战胜了亚马逊倍思的同类产品，并且在旧款产品销量不断上升的同时，他还不断推出新产品。但汤普森仍然暗暗担心亚马逊可能会随时把他的产品从列表上撤下来。2019年，与保罗·桑德斯一样，汤普森出于他对亚马逊的善意和西雅图的高管们展开对话，他用一份20页PPT陈述了他对公司的依赖以及当产品从网站列表上莫名其妙消失时他感到的危机。一张幻灯片上恳切地写着"不要意外"和"少一些不确定性"。[45]

但汤普森的请求没有人理会。由于每个月都有成千上万的新卖家进入商城,亚马逊的执法人员远远跟不上他们的速度,他们建立的自动化系统经常被不良商家玩弄。就在他向亚马逊的高管们陈说心里话的几个月后,7月的一个星期天,汤普森最畅销的产品——占其销售额40%的笔记本电脑扩展坞,从亚马逊的网站列表上消失了。

四天后列表终于恢复了,但他损失了10万美元的销售额,而且是在汤普森向亚马逊购买了每年6万美元的会员服务之后,才再次赢得了客户经理的注意。"感觉有点像保护费。"他说。他从来没有弄清楚笔记本电脑扩展坞被暂停展示的确切原因。

这些来自亚马逊前盟友的故事佐证了国会小组委员会收到的投诉。多年前,杰夫·贝佐斯给他的第三方商城团队一些简单的指示:消除在亚马逊上进行销售的所有摩擦;消除跨境贸易壁垒;用创新技术和自动化系统解决所有问题,不再依靠昂贵的人力。一个结果是低价品类的激增,推动了亚马逊电子商务业务的历史性增长。但另外一边,全球化中的去中介化力量摧毁了西方卖家,并导致知识产权保护、防止欺诈和公平裁决纠纷变得极其困难。

亚马逊知道这些问题,却用公关手段来竭力掩盖它们,宣称亚马逊是创业者的朋友。"第三方卖家完胜我们的自营零售部门。"贝佐斯在2019年发表的致股东信中写道,告诉人们第三方商城已经成功超越了亚马逊自营零售。一个在2020年火爆全网的电视广告《支持小型企业》,描绘了如何创立一家木工店。[46]但许多亚马逊卖家肯定知道,这类手工艺品制造商可以茁壮成长的地方,是Etsy(网络商店)的波希米亚飞地,而不是亚马逊残酷血腥的资本主义边境。

贝佐斯离这个战场非常遥远。"公司变得越来越复杂，他没有必要知道这些事情的所有细节，"前亚马逊市场部员工、电子商务咨询公司 Buy Box Experts 首席战略官詹姆斯·汤姆森说，"但他应该知道，在一些事情上，亚马逊努力讲好故事的努力已经被破坏了。"

监管带来的意外效果

反垄断小组委员会的最终报告于 2020 年 10 月 6 日发布，这份 450 页的报告满是对亚马逊、谷歌、脸书和苹果滥用市场行为的指控与谴责性结论。[47] 莉娜·可汗和她的同事提出了一个有说服力的事实：大型科技平台任意且以自私自利的方式控制着我们的政治话语、我们的财务生活以及无数小公司的健康，而未能对其进行监管是危险的政府失职。

"毫无疑问，我们的调查表明，国会和反垄断执法机构显然需要采取行动恢复竞争……"[48] 西西林在与司法委员会主席杰里·纳德勒的联合声明中写道。该报告提出的补救措施包括拆分亚马逊和其他科技公司，以消除其不同业务线（如亚马逊零售商店和第三方商城）与其电子商务和 AWS 部门之间的利益冲突。

虽然在激烈的政治混战中，利益中立的立法者和反垄断学者同意其中一些原则，但其他人认为这种补救措施听上去有些过分。拆分公司对亚马逊的卖家、合作伙伴或客户没有帮助，而且关闭像亚马逊倍思这样的自营品牌业务线几乎没有法律依据。毕竟，早在伟大的 A&P 的年代，零售商就研究过什么卖得好，如何以较低的价格培育自有品牌，并在货架上为顾客提供尽可能多的选择。

该报告也难以确定亚马逊确实拥有那种可能致使某些行为违犯美

国法律的垄断权力。业内引用最广泛的数据库 eMarketer 认为，亚马逊在美国电子商务销售额中的份额为 38.7%。[49] 沃尔玛和塔吉特网站的成功，以及为电商卖家提供技术支持的加拿大公司 Shopify，也证明亚马逊对行业并非具有绝对控制权（亚马逊只在美国的图书和电子书领域占据绝对主导地位，2018 年的份额估计分别为 42% 和 89%，可能值得深入研究）。[50] "虽然没有哪个在线商店能够和亚马逊匹敌，但从传统的反垄断视角来看，也很难找到亚马逊拥有垄断权力的领域。"纽约总检察长办公室反垄断局前局长杰伊·希姆斯说。

但该报告也提出了许多方法，让政府可以不用像在 20 世纪 70 年代针对 AT&T 和 90 年代针对微软那样，诉诸旷日持久的反垄断诉讼，就能解决亚马逊的市场问题。例如，监管机构可以检查亚马逊与卖家的合同，防止它以卖家在其他地方以更低价格销售为由，对它们进行处罚。政府还可以恢复卖家对亚马逊提起集体诉讼的能力，并停止使用迫使它们进入漫长而秘密的仲裁程序的现行规定。该报告还提议，国会应提高对大型科技公司并购的批准门槛，哪怕是收购规模不大，占主导地位的公司也必须进行披露，并且证明它们是"为公共利益服务所必需"进行的交易。

报告中没有提到，为了平息亚马逊第三方商城的混乱，立法者还可以改革臭名昭著的《通信规范法》第 230 条。该条目前认为，像亚马逊这样的互联网提供商对其用户的违法行为不承担责任。第 230 条的更改可能会迫使亚马逊对第三方卖家在其网站上进行的欺诈销售或不安全产品负责。监管机构还可以强迫亚马逊验证卖家的税号，或者要求它们支付保证金，如果有任何欺诈迹象，它们的保证金就会被没收（阿里巴巴的天猫就是这样做的）。在成为亚马逊卖家的过程中增加大量摩擦，将使目前有利于中国卖家的竞争环境恢复平衡。

但这些补救措施仅针对所指控的不当行为中最明显的部分。小组委员会还向亚马逊提出了更严重的指控：利用 AWS 和广告的利润来补贴其零售业务，在价格上削弱竞争对手，为进入无关市场提供资金，并吞食更多的数字资产。但报告无法证明这一指控。它抱怨亚马逊"未能提供使小组委员会工作人员能够进行独立评估的财务数据"。[51]

这是反垄断者面临的最艰巨挑战。为了给拆分亚马逊提供可信的理由，他们将不得不解答公司竭尽全力掩盖的问题。它的各个部门如何环环相扣？当亚马逊 Prime 等服务的订阅费覆盖了一些成本时，如何衡量各个业务部门的真实盈利能力？当亚马逊增加这些费用或试图通过完全放弃这些费用来改善其市场地位时，是否违反竞争规则，就像它在 2019 年秋季免除杂货配送每月 15 美元的订阅费用一样？[52]

在 2019 年离职前，担任亚马逊 15 年财务主管的库尔特·祖姆沃尔特表示："世界上没有一家公司比亚马逊更复杂、更难让外人理解。它不同于伯克希尔-哈撒韦和通用电气这样的典型企业集团，亚马逊几乎每项业务都围绕着巧妙地增加与客户的联系而建立。其商业模式的威力在于自我增强的业务和服务的综合，其背后是世界一流的科技、卓越的运营以及严格的评估和衡量流程。"

现在，对亚马逊最引人注目的垄断调查已经结束，尽管麻烦肯定还在后面。作为拜登总统准备在 2021 年初任命的五名联邦贸易委员会委员之一，莉娜·可汗说："企业高管的电子邮件说的是一码事，而公关讲着另一套编造的故事。从历史上看，企业这种否认现实的努力很少奏效。"欧盟竞争事务主管玛格丽特·维斯塔格指控亚马逊不公平地使用第三方卖家的敏感内部数据来为自己的产品提供特权，从而破坏零售业的竞争。[53] 这个案子可能会持续数年，并导致欧盟曾经对谷歌施行的那种巨额罚款。

贝佐斯似乎对接下来发生的一切表示欢迎，甚至暗示它实际上可能会提升亚马逊的地位。"监管经常带来的一个意想不到的后果是它确实有利于现任者。"他在柏林的一次活动中说，[54]"现在，亚马逊在这一点上是现任者，所以也许我应该为此感到高兴。但我不会永远高兴，因为社会一直在进步。"他补充说："这些都是非常具有挑战性的问题。即使在几年后，我们也不会回答他们。我认为这将是持续很长一段时间的事情。"

不确定的未来取决于许多因素：美国国会的政党控制权转移，解决谷歌和脸书等其他科技公司不当行为的相对紧迫性，以及公众对亚马逊和贝佐斯的整体看法。尽管人们对大型科技公司以及亚马逊对西方经济的掌控力越来越大的怀疑在加剧，但该公司在 2020 年已成为某种救星——当新冠肺炎疫情无情袭来，亚马逊成了受困于隔离的全球数百万家庭的救生员。

第 15 章
高速增长与巨大挑战

对于亚马逊来说，近来所遭遇的一系列挑战似乎只是减速带。第二总部选址的不顺、贝佐斯私生活的戏剧性事件、JEDI 合同的丢失，以及与唐纳德·特朗普、反垄断监管机构的对战，几乎都没有减缓亚马逊迅速崛起的势头。杰夫·贝佐斯和他的全球商业帝国似乎完全摆脱了束缚其他大公司的万有引力，增长速度和敏捷性没有受到影响，高管的判断力也没有为巨额财富所蒙蔽。

当然，新的障碍出现了，但也都被亚马逊迅速克服了。2019 年 9 月 20 日，数千名亚马逊员工离开办公桌，与来自世界各地的科技工作者和学生一起参加由"环保少女"格蕾塔·桑伯格发起的全面气候罢工。在西雅图，他们于上午 11 点 30 分聚集在 Spheres 前，举着写有"亚马逊，让我们提高标准，而不是温度"和"石油和天然气公司不用 AWS"的标语，同时要求亚马逊必须重新思考其不顾气候影响，一门心思增加品类、提高运输速度和让客户满意的做法。

就在前一天，杰夫·贝佐斯刚刚在华盛顿特区的新闻发布会上提出"气候承诺"计划,承诺亚马逊将在2040年之前实现零碳排放,比《巴黎协定》设定的最雄心勃勃的目标还要提前十年。Verizon、微软和梅赛德斯-奔驰等公司都加入了该计划,后来,亚马逊还买下了西雅图新体育馆的冠名权,将体育馆命名为"气候承诺竞技场"。

世界各地的媒体都报道了亚马逊员工的抗议活动,共鸣似乎远胜过目标模糊而遥远的"气候承诺"。这种反差预示着一种新型政治权力的出现,这种权力掌握在科技公司的员工而不是他们无所不能的老板手中。在接下来的一年亚马逊遇到的所有意外考验中,如何防范来自其内部的这种危险的分歧将是最大的一个。但人们的注意力很快就从亚马逊重要的碳排放议程上转移了。该公司向全世界保证它已胸有成竹。

相对于亚马逊遭受的各种非议,贝佐斯本人却能独善其身。11月,政治和媒体精英齐聚美国华盛顿特区的史密森尼国家肖像画廊博物馆,参加高级酒会,庆祝画廊的新晋肖像收藏。贝佐斯是六位殊荣获得者之一,他还带来了一大批支持者,包括亚马逊董事会成员,《华盛顿邮报》的高管,他的父母、孩子和他的女朋友劳伦·桑切斯。

在他的演讲中,贝佐斯重提了他的一些陈年旧事,例如,拿Fire Phone自嘲,以及在亚马逊创业早期,他们应该买一些打包桌而不是跪在地上给图书打包,观众也很捧场地大笑。反而是他的大儿子、19岁的普雷斯顿·贝佐斯的发言难得地透露了这位亿万富翁不为人知的一面。

> 我记得8岁的时候,有一次我坐在厨房里,看着他慢慢地把一根铁丝绕在一根钉子上。我记得他拿起那根铁丝,将它的末端与电池接触。我记得他把钉子靠近一块金属,然后它们粘在了一

起。我记得当他从地下室拖出一块白板并努力向我解释，向一个 8 岁的孩子解释，是什么魔力让那根钉子充满磁力时，我眼里充满绝对的敬畏。……对我来说，这段记忆之所以特别重要，是因为他之前可能已经给我讲了很多次。但那一次，我终于记住了。……正是那种温馨的关怀，那种追求知识的快乐，以及那种耐心和坚持，使之成为可能。这些是我喜欢我爸爸的地方。这些也是我认为他很特别的地方。这就是我希望他会被人记住的原因。

贝佐斯看起来真的很感动。"我需要稍微平复一下我的情绪，"他接过话筒，"我今天根本不知道普雷斯顿要说什么。他不想提前告诉我。他希望给我一个惊喜。"对于一个父亲和一位每次公开露面都要充分准备和排练的企业大佬来说，这是一场即兴表演。

两个月后，贝佐斯迎来了另一个提升公众形象的机会，他看上去变得比以往有趣而且更出人意料了。2020 年 1 月中旬，他去了印度，这是自 2014 年他拿着超大支票站在卡车顶上为亚马逊做宣传以来首度访问这个国家。从那以后发生了很多事情。在这次旅程中，贝佐斯和劳伦·桑切斯在泰姬陵前合影留念，在圣雄甘地的陵墓前表达敬意，并身着印度时尚晚装出席了一场在孟买举行的 Prime Video 首映式。虽然已经在印度运营了五年多，但贝佐斯很肯定地说，亚马逊在这里才刚刚起步。"这个国家有些东西很特别，"在亚马逊独立商家峰会的舞台上，贝佐斯告诉他的高级副总裁和前技术顾问阿米特·阿加瓦尔，"这个世纪将是印度的世纪。"

但现在他特有的技术乐观主义和他儿子口中的"耐心和坚持"，并不受人欢迎。当地商人联盟抗议他的到来，称他为"经济恐怖分子"，并挥舞着标语："杰夫·贝佐斯，滚回去！"在他到达前两天，该国竞争委员会宣布对亚马逊及其主要竞争对手沃尔玛旗下的Flipkart展开新调查，罪名是它们开展了反竞争性折扣促销，而政府部长们因《华盛顿邮报》发表关于印度迫害宗教和少数民族的文章，而对贝佐斯展开攻击。莫迪拒绝与贝佐斯会面，许多观察人士认为，印度政府正在暗中支持穆克什·安巴尼的电子商务业务，穆克什·安巴尼是印度首富，也是大型电信和零售集团Reliance Industries的老板。

尽管如此，来自印度或其他地方的这些长期挑战似乎都没有妨碍亚马逊的整体业绩表现。1月30日，贝佐斯回美后，亚马逊公布了一份漂亮的假期财报。将Prime会员包裹两日送达的服务缩短至一天，极大地推动了销售额的增长，AWS持续的竞争力和源源不断的广告营收（后院的金矿）创造了33亿美元的利润，远远超出华尔街的预期。亚马逊还宣布，Prime全球会员人数从两年前的1亿增加到1.5亿，[1]公司员工约80万人，保持了美国第二大私人雇主的地位，仅次于沃尔玛。

在季度收益发布后，投资者抬高了亚马逊的股价。它的市值跨越了1万亿美元的神奇门槛，几周后，终于保持在这一水平。感觉故事已经圆满，杰夫·贝佐斯的身价惊人地达到1240亿美元，而亚马逊的无敌光环看起来比以往任何时候都更加难以打破。但正是在这一刻，高管们第一次看到了传说中的黑天鹅——一种罕见且无法预见的灾难——在2020年的末日景观中展开翅膀。

人人都在依赖亚马逊

因为追踪20世纪90年代末暴发的西尼罗病毒和2003年的SARS疫情，哥伦比亚大学流行病学家伊恩·利普金博士被称为"病毒猎手"，近来，他目睹的一切都让他不安。1月，他去中国旅行时，由于新冠肺炎病毒引发的恐慌北京和广州的大街空荡无人，商店关着门。

2月4日，他乘坐最后一班从北京飞往纽瓦克的直飞航班返回，并在曼哈顿上西区的公寓中开始了为期两周的隔离。第二天，利普金接到了亚马逊资深健康和安全经理凯蒂·休斯的电话。与其他美国公司一样，亚马逊限制了员工进出中国的旅行，但在拥有十几个亚马逊仓库和运输枢纽的意大利，病毒也开始蔓延。休斯问利普金，他是否可以帮助亚马逊分析其风险并应对即将到来的风暴。

利普金是亚马逊的Prime会员和崇拜者，虽然对于亚马逊对小型商家造成影响他也表示遗憾，并尽量从本地商店购买商品。他还非常了解这一新的传染病，知道如果他最担心的事情成真，亚马逊的工人将暴露在巨大的风险之中。其他公司可以关门停业，让员工回家，但亚马逊密集分布在全球的数百个配送中心可能变成传染性病毒的培养皿，而其送货人员每天都与其他人频繁接触。利普金同意担任亚马逊的顾问。

2月，利普金与亚马逊人力资源和运营团队定期连线，建议每个物流中心彻底清洁仓库表面，使用MERV-13级空气过滤器，要求员工佩戴口罩和手套，并安装体温检测点等。"这些人相信数学和技术，如果你提的建议严谨、科学、有依据，他们就会照做，"利普金说，"他们不计成本，这一点不是所有公司都能做到的。"

2月27日，利普金通过视频与整个S-team对话。他向贝佐斯和其他高级管理人员列出了亚马逊员工可能面临的风险。尽管距离特朗普政府宣布全国进入紧急状态、新冠肺炎正式进入大多数美国人的字典还有几周时间，但亚马逊高管似乎已经对这种病毒非常了解。他们提了有关病毒潜伏期及其R0（基本传染数，指单个人可以感染的人数）的关键问题。利普金不记得贝佐斯问了什么,但他说:"我记得我看着那个人,他看起来很健康。"

S-team 与利普金开完会的第二天,亚马逊停止了所有非必要的员工出差。[2] 3 月 4 日,西雅图某企业员工确诊感染后,亚马逊下令办公室员工在家工作两周,[3] 然后一再推迟返岗时间,最后指示员工在当年剩下的时间全部居家隔离。[4] 一周后,亚马逊取消了所有面对面的面试,转而使用其内部视频会议软件 Amazon Chime 与大多数求职者进行线上对话。[5] 这些举措进一步放大了已经存在的巨大差异,让白领工人转为安全的远程工作,却因仓库工人对业务至关重要,而将他们暴露于更大的风险。这是亚马逊面临的最大挑战之一。

到 3 月初,S-team 的一个小组几乎每天下午 4 点(西雅图时间)都要聚在一起,讨论如何应对危机。会议由人力资源主管贝丝·加莱蒂主持,参加者包括杰夫·威尔克、安迪·贾西、运营负责人戴夫·克拉克和贝佐斯。亚马逊的 CEO 通常将大部分时间花在那些未来几年内有发展潜力的项目上。现在,他将目光牢牢锁定在紧迫的当下。他提出问题,进行观察,并领导大家头脑风暴使用科技保护员工的新方法,同时满足被隔离客户激增的新需求。

他也增加了自己的可见度。他在 3 月 21 日给全体员工的一封信中写道:"亲爱的亚马逊人,现在与往常不同,是一个充满压力和不确定性的时期。[6] 这也是我们的工作变得极其重要的时刻……人们都在依赖我们。"这封信概括地讲了亚马逊早期的一些安全防疫措施,如增加消毒频率,以及在口罩供应短缺的情况下为员工购买口罩。它还宣布,亚马逊的仓库将新雇用 10 万名员工,并临时将每小时的工资提高 2 美元,同时增加加班工资,并给予员工无限期无薪休假。他写道:"我自己的时间和思考现在完全专注于 COVID-19 以及亚马逊如何最好地发挥其作用。"

多年来，贝佐斯在亚马逊的许多日常活动都是保密的，现在他开始大力宣传。3月26日，他在Instagram上发了一张他在自己得克萨斯州西部牧场与世界卫生组织总干事谭德塞视频聊天的照片。[7]第二天，他发了自己与华盛顿州州长杰伊·英斯利交谈的照片。[8]4月8日，亚马逊在推特上发布的一段视频中，这位CEO正戴着口罩，卷起袖子，穿过达拉斯附近的一家物流中心和全食超市，这是他多年来第一次参观仓库，几名运营员工说。[9]与此同时，他不再参加周三在《华盛顿邮报》和蓝色起源的会议。那里的高管说，在疫情的早期，他们就已经有几周没有和他说过话了。

更多地出现在公众视野中，部分是他作为CEO的职责，即在充满挑战的时刻努力展示领导力。随着病毒的传播，焦虑随之而来。物流中心的缺勤率飙升。据估计，有30%[10]的亚马逊工人没来上班，有些因自己感染了新冠肺炎，另外一些则是听说同事、朋友或家人感染了病毒，担心自己被传染。[11]面对疫情，"气候承诺"这样的长期目标毫无帮助。亚马逊需要在高缺勤率和客户需求激增的双重挑战中招募新员工，同时快速改变庞大的亚马逊供应链中的许多固有流程。

在这方面，亚马逊的优势令人羡慕。戴夫·克拉克，一位戴眼镜的前中学乐队老师，证明了自己开发大型、复杂系统的特殊才华，比如使用Kiva机器人的仓库网络和自有运输系统亚马逊物流，后者已承担起亚马逊全球交付量的一半[12]和美国的2/3[13]。如果要靠供应链赢得战争，贝佐斯身边有一位世界上最出色的将军。

到4月4日，如利普金建议的，克拉克和团队在物流中心、分拣中心和交通枢纽内引入了体温检测。亚马逊并没有广泛使用手持式红外测温仪，因为这需要穿着个人防护设备的测温员在工人进入建筑物时近距离接触他们，而是斥资数百万美元购买热像仪，安置在入口处识别员工是否有发烧情况。高管们还大量订购口罩，整理数百封来自创业者的电子邮件，他们努力抓住这一突然暴增的物资需求。克拉克回忆说："似乎每个人都有一个在中国开口罩工厂的堂兄、叔叔、阿姨或家人、朋友。"

为了补充其供应，亚马逊还从内部寻找资源，重新启动 Prime Air 无人机实验室中的 3D 打印机来制造塑料面罩。[14] 到 4 月初，亚马逊表示已向员工分发了数百万个口罩，并向一线医护人员捐赠 N95 口罩。[15] "这是一个疯狂的环境，"克拉克说，"每天都像一个星期那么长。"

在动荡中，亚马逊被迫采取与其习惯的追求高增长截然相反的行事方式。它撤回了母亲节和父亲节的促销活动，停止在网站上向客户推荐其他有类似购买历史的人所购买的商品。[16] 它还将 Prime 会员日活动推迟到秋季以缓解仓库压力，并宣布在春季的几个关键星期里，对于参与了亚马逊的第三方运输计划、使用亚马逊物流的独立卖家，它只接受运送"家庭必需品、医疗用品和其他高需求产品"。[17]

该禁令得罪了一些依赖亚马逊物流的卖家，它们指控亚马逊继续出售自己的非必需品库存，如吊床和鱼缸，不公平地谋取利益（亚马逊后来也向司法反垄断小组委员会承认，出售这些商品是一个错误）。[18] 禁令一直持续到 4 月中旬，当时亚马逊宣布将再招聘 7.5 万名员工来帮助满足额外的需求。[19]

克拉克面临的最大挑战是防止工人聚集在物流中心。物流中心的设计目标，是实现最高效率，而不是严格的社交距离。负责贯彻保持 6 英尺距离要求的团队在仓库中游荡，监控工人的间距和口罩，穿着防护服的清洁工定时将医院级喷雾消毒剂喷洒到各处。但亚马逊的大部分解决方案都是技术性的。机器人团队创建了一个名为"Proxemics"的系统，用于分析设施内的安全摄像头拍下的内容并跟踪员工之间的距离。该系统使用人工智能算法来识别问题区域，并为总经理生成关于其建筑物响应情况的数据丰富的报告。亚马逊还在仓库中部署了更多的摄像头和电视屏幕，通过另一个程序"距离助手"，[20]在员工经过时对其进行监控。如果工人走得太近，他们在屏幕上的图像会被红色圆圈覆盖。

并非亚马逊运营部门尝试的所有方法都奏效了。例如，在公共卫生官员得出结论认为，病毒在杂货表面的传播不是一个严重的风险后，一辆设计用于在全食超市的过道和货架间漫游的自动紫外线消毒车被停止使用。一个使用脉搏血氧仪定期测试物流中心工作人员血氧水平的项目，因无法有效识别患有COVID-19的人，也被放弃了。另外一个使用员工手机和仓库Wi-Fi网络来跟踪仓库内员工位置的试验也是同样的结果。[21]

伊恩·利普金博士曾与S-team团队讨论亚马逊亟须快速检测来解决无症状感染员工在不知不觉中传播疾病的问题。由于整个美国都面临COVID-19检测物资的严重短缺，亚马逊也采购不到足够的供应，贝佐斯遂下令亚马逊靠自己来进行检测，虽然在该领域它没有任何经验。杰伊·卡尼说："他用这样的方法去应对一个没有疫苗而且短期内肯定不会有的现实。"

于是就有了"紫外线"项目。在杰夫·威尔克的领导下，亚马逊位于加州桑尼维尔的Lab126办公室和肯塔基州路易斯维尔运营中心的部分区域被改造成临时医疗实验室。一些健康专家、研究科学家和采购专家停下每个人的常规工作，组成一个团队，着手建立大规模的内部检测能力。到了秋天，亚马逊位于23个州的仓库的数千名员工自愿用鼻咽拭子擦拭鼻孔 10 秒钟取样,然后将样本送到其中一个实验室。[22] 亚马逊表示,它的 650 个站点每天要完成成千上万次检测。[23]

贝佐斯在 4 月发布的第一季度财报中写道:"如果你是亚马逊的股东,你可能需要搬把椅子坐下来听,因为我们的计划有点大。"他预测亚马逊在 2020 年夏天将在疫情防控上投入数十亿美元。"这场危机可能持续数月,为客户提供服务并保护员工需要技能、谦逊、发明和金钱。"亚马逊指出这笔投资巨大,面对不断涌现的外界批评,亚马逊仍在为管理疫情风险而做出各种尝试。人力资源主管贝丝·加莱蒂表示:"我们竭尽所能,做了所有我们该做的事情。"

杰伊·卡尼补充说:"我相信,不管是近期还是长期的历史书写中,没有哪个类似规模的公司能比亚马逊做得更多、更快、更好。"

"我们做得很完美吗?不,绝对不是。"

恐惧的浪潮

随着肺炎疫情席卷美国和欧洲,许多实体零售商关门停业,而仍在营业的商店中,卫生纸和消毒剂等必需品也开始缺货。矛盾的是,亚马逊和其他在线零售商却在这股不确定性和恐惧的浪潮中受益。现在,对于待在家中的人来说,在舒适且相对无菌的客厅点击和购买变得更加安全。在线订单猛增,甚至亚马逊帝国中那些落后的部门,如亚马逊生鲜和全食超市的杂货配送服务,订单量也出现了大幅增长。一位分析师表示,COVID-19 就像"给亚马逊注射的一针生长激素"。[24]

取得新成就的同时,批评再一次相伴而来。亚马逊可以推出高管们所能想到的所有保护措施,并临时性地提高几个月的基本工资和加班费。但要继续服务客户,他的员工就需要冒风险往返于亚马逊各个设施和建筑。

到3月,这一点就很明显了,当时意大利和西班牙至少有五名亚马逊员工感染了新冠肺炎病毒。[25] 在接下来的几周里,美国各地的亚马逊设施中都出现了病例。我问戴夫·克拉克是否曾讨论过关闭设施或完全暂停服务。"我们研究了特定建筑和全球不同地区,"他说,"但人们需要一种方法来获得这些物品,尤其是在早期。"

这激怒了许多仓库工人以及长期以来将亚马逊视为公敌的工会。4月中旬,法国工会组织 Solidaires Unitaires Démocratiques 在巴黎法院起诉亚马逊,要求该公司关闭在该国的六个配送中心。一名法官裁定,亚马逊必须限制对健康和食品等必需物资的销售,否则将面临每次违规110万美元的罚款。

说起来容易,做起来难,因为庞大网络中的工作人员很容易犯错并运送不符合新规定的商品。亚马逊的法国运营团队计算出这些罚款加起来可能超过10亿美元。随后,西雅图总部下令关闭法国的物流中心。克拉克说,法官的裁决以及巨额惩罚让"这个决定做起来很容易"。

亚马逊法国的物流中心关闭了一个月,引发了大量争论。[26] 巴黎市长安妮·伊达尔戈呼吁抵制亚马逊,支持当地商店,而法国文化部长则批评说:"亚马逊正在吞掉一切。我们可以决定是否继续投食给它。"[27]

这场战争也给亚马逊企业内部造成了损失。欧洲运营团队多年来努力将亚马逊打造为值得信赖的雇主。一些高管现在认为,置身千里之外的西雅图同事的孤立、集中的决策正在破坏这些努力。在法国的斗争中，长期担任亚马逊欧盟业务副总裁的罗伊·佩尔蒂库奇突然离职，他的团队中的其他几位高级成员也紧随其后离开。

员工在社交媒体上发布的照片和视频显示，尽管亚马逊强制要求保持社交距离，但其工作楼层和休息室仍然挤满了人。他们指责亚马逊的解决方案没用，并且将销售置于安全之上。南加州河滨县一家物流中心的工作人员抱怨说，他们是在当地媒体报道出现病例几天后才被告知有人感染的，而且洗手液的瓶子经常是空的。[28] 其他物流中心和运输枢纽的工人抱怨说，他们每次换班时，只有一张消毒湿巾用于清洁工作台或货车。[29]

这些令人痛心的指控未经证实，但确实存在这种可能，即亚马逊在疫情暴发初期的防控措施远没有高管们所说的那样严格。在印第安纳波利斯以南占地 60 万平方英尺的物流设施 IND9 中，工人们抱怨说，最初挂在拥挤的包裹接收点作为临时分隔物的塑料浴帘非常容易破裂，几周后被有机玻璃隔断取代。在俄亥俄州哥伦布市以东 85.5 万平方英尺的物流中心 CMH1 的一间休息室里，管理人员移除了几十个微波炉中的几个，以增加它们之间的距离。工人们说，这只会导致使用这些设备的人更加拥挤。DEN3 是科罗拉多州 I-25 高速公路旁的一个巨大仓库，消毒剂和洗手液等清洁用品在整个 5 月都非常稀缺，员工只能从所谓的"废品处"（一个存放不适合运输的废弃物品的区域）寻找替代品。

由于许多员工利用亚马逊提供的无限制无薪休假制度，肯塔基州谢泼兹维尔的 SDF9 物流中心的工作人员表示，在疫情流行的最初几周，这座建筑比平时空旷了许多。但是，当这一临时福利于 5 月 1 日到期时，尽管美国的病例增长没有放缓，大楼却变得更加拥挤了。保持社交距离要求的执行变得松弛，比如，引导人们正确通过设施的地板标记减少。"这其实是很可怕的，"一名SDF9工人说，"员工没有遵守防疫规定。"

在强调这些风险方面，没有人比史坦顿岛配送中心JFK8的一位名叫克里斯·斯莫斯的助理经理做得更多。JFK8的员工希望提出要求，并组织起来，和反对亚马逊在长岛市建设第二总部的那些工会组织合作。斯莫斯称，3月初，JFK8的工人从早期病毒密集出现的西雅图参加培训回来，开始出现感染症状。JFK8的管理人员看上去对此并不关心，还于3月12日为员工举办了一场室内活动，包括DJ和抽奖活动，鼓励他们报名参加各种亚马逊小活动团体。

保持社交距离措施很快被采用了，但根据当时疾控中心的指导方针，工人最初被告知只能保持3英尺的距离。[30]斯莫斯还认为，鉴于仓库工人工作的性质，其他要求（如编组工作人数不超过10人）是无法满足的。作为在JFK8工作了5年的老员工，他开始请假并游说他的上司暂时关闭物流中心，并进行彻底消毒。

3月24日，斯莫斯重返工作岗位，并参加了定期的常务会议。高级管理人员向小组通报了JFK8首例确诊的新冠肺炎病例，该病例是一名已超过两周没有进入大楼的员工。斯莫斯认为仓库需要关闭和消毒，所有工人都带薪回家。但他的上司拒绝了。这位上司说，斯莫斯坚持己见并厚颜无耻地"在我向门口走去的时候告诉了尽可能多的人"。

在接下来的几天里，克里斯·斯莫斯向市政府、州政府和疾控中心提出了投诉。尽管他承认自己与一名感染的同事有过接触，但他还是回到仓库并在休息室静坐。3月28日星期六，一名主管告诉斯莫斯，他被安排了带薪"隔离假"并被要求待在家里。然而，在接下来的星期一，他在仓库外又组织了一场示威——时间安排在午休时间——并向媒体透露了消息。一些抗议者聚集在一起，把口罩拉到下巴下边，举着标语，上面写着："杰夫·贝佐斯，你能听到我们说话吗？"和"Alexa，送我们回家！"亚马逊员工和记者直播了抗议活动。

"我是想让人们警惕起来，"斯莫斯说，"越来越多的人意识到这是一个可怕的情况，我们不知道自己面对的是什么。"几个小时后，他被解雇了。表面上是因为违反了居家令，但在他看来，是因为他努力"为正确的事情挺身而出"。[31]

几天后，Vice News 发布了一份 S-team 内部会议记录，使亚马逊面临的公共关系问题变得更加复杂，会议中高管们讨论了如何处理黑人斯莫斯，以及他们对亚马逊安全防范措施的反对意见。这份记录受到大量媒体的关注。[32] "他不聪明，也不善于表达，而且媒体更关注我们而不是他，我们应该利用更强大的公关优势，而不是无数次简单地解释我们如何努力保护工人，"根据会议记录，亚马逊注重措辞的总法律顾问戴维·扎波尔斯基说，"让他成为故事中最有趣的部分，如果可能，让他成为整个工会/组织运动的代言人。"

扎波尔斯基说他当时并不知道斯莫斯的种族，后来不遗余力地为这番言论公开道歉，包括向他的工作人员发送一封电子邮件，表达对黑人人权运动的支持。那年 5 月，乔治·弗洛伊德被杀。"我不应该受情绪的影响，"他告诉我，"我不应该对任何亚马逊员工使用这种描述。这让我感到非常抱歉。"

但是，亚马逊对任何工会行动，甚至仅仅是带有工会组织味道的事情的反对，现在都被公之于众，语气愤世嫉俗甚至不乏偏见。在接下来的几个月里，有新闻曝光了亚马逊情报分析师的工作内容清单，包括发现物流中心内的"劳工组织威胁"，[33] 还曝光了一份全食超市的热点地图，这份地图对每家商店的员工流失率、种族多样性和安全违规行为等变量进行评分，以衡量潜在的亲工会情绪。

物流中心内部分歧的焦点是亚马逊该如何提醒员工注意工作场所的感染。在疫情暴发初期，该公司的内部沟通部门不堪重负，投入很大精力来制定一个通知员工感染情况的规范。沟通团队内部的争论集中在何种感染程度应该向员工发出大规模警报——是出现疑似病例，还是出现确诊病例。这个问题非常重要，因为结果可能需要几天的时间才能确认，将导致个人隔离以及通知其同事的时间过迟。但通告疑似病例可能会引起过度反应并引发恐慌。

最终，该团队决定，只有发现确诊病例后，才通过短信和自动电话通知大楼内的所有员工。然后，他们又担心对于核酸检测结果呈阳性的员工，应该在多大程度上披露他们的工作和轮班信息，才能做到既不侵犯他们的隐私，也不会助长社交媒体上的谣言和猜测。该团队制订了一项计划，使用仓库视频记录来追查接触者。随后，人力资源部门会通知与感染者有过密切接触的员工，要求他们带薪居家隔离。

在充满挑战的情况下，这是一个合理的解决方案，但那个春天，大量亚马逊员工感染病例让员工更加困惑和沮丧。他们抱怨说，没有人告诉他们具体有多少人感染了新冠肺炎，也没有人提供足够信息以衡量他们的暴露情况。一位参与宣传通告原则工作的员工将其比作"一边穿越大西洋，一边造船队"。

可靠的案例数据的匮乏激发了一些员工，以经典的亚马逊风格、靠自己的力量填补漏洞。贾娜·贾姆普是印第安纳州南部 SDF8 运营中心的一名 59 岁的员工，她在疫情暴发之初离职，花大量时间研究了亚马逊物流中心员工的非官方脸书群组，整理出未报告的案例和谣言信息供她的同事们了解进展。

5 月，贾姆普接受了哥伦比亚广播公司的《60 分钟》节目采访，谈论她努力跟踪和报告亚马逊拒绝分享的病例数据。[34] 节目中还包含了一段对克里斯·斯莫斯的采访，批评是严厉的，特别是亚马逊不愿发布有关物流中心感染率的任何信息。戴夫·克拉克独自跑出来面对强大的莱斯利·斯塔尔；他和颜悦色地坚持认为 COVID-19 病例总数并不是一个有用的数字，因为亚马逊认为大多数员工是在他们的社区而不是在工作中感染的。

但到了秋天，面对越来越大的压力，亚马逊改变了做法。据报道，其 130 万前线员工中约有两万人已经检测出或被推定为 COVID-19 阳性。[35] 该公司辩称，其预防措施使这一数字远低于根据当地社区的感染率预测的数字。它还指出，没有一个竞争对手发布过类似的数据，也没有因此受到公职人员和媒体的批评。[36]

尽管如此，贾娜·贾姆普与克里斯·斯莫斯和"亚马逊气候正义员工组织"的创始人一样，被解雇了。亚马逊还解雇了全食超市员工凯蒂·多恩，她在所有全食超市中追踪冠状病毒病例感染情况。[37] 巴希尔·穆罕默德，一名明尼苏达州索马里物流中心的工作人员，曾呼吁加强安全保护。[38] 考特尼·鲍登是宾夕法尼亚州的一名工人，他发出倡议给兼职员工带薪休假。[39]

该公司坚称，它解雇这些员工不是针对他们的发声而进行报复。针对每个人的情况，亚马逊发言人都提出了一项他们违反的内部政策，例如，没有保持社交距离或未经公司授权与媒体对话等。但这很难让人信服。虽然杰夫·贝佐斯和他的同事多年来一直对外部批评感到愤怒，但他们似乎完全无法容忍来自公司内部的批评。他们像是担心自己队伍中的星星之火，最终会把亚马逊变成挤满愤怒和激进工人的可怕地狱。

* * *

蒂姆·布雷不能再违心留在亚马逊了。这位戴着软呢帽的软件开发人员，颇具影响力的 Web 编程语言 XML 的创建者之一，五年来一直担任 AWS 的副总裁和杰出工程师，作为亚马逊最高等级的技术护法，负责拯救遇到疑难的项目。布雷受到了他的左翼朋友的攻击。他怎么能留在一家解雇举报人后仍逍遥法外、完全无视员工安全的公司？

事实证明，他不能。5 月初，布雷辞职，并在他的个人网站上写了一篇尖锐的驳斥文章，认为解雇是不公正的，亚马逊对其员工的忽视反映了公司基因中的缺陷。他写道："解雇吹哨人不仅仅是宏观经济力量的一个副作用，还违背了自由市场功能的内在原则。它证明公司文化中存在一种毒药。我拒绝助纣为虐，也拒绝饮下这种毒药。"[40]

几个月后，我通过视频联系上他时，他正在温哥华居家办公，办公室在一艘摩托艇上。提到他仅仅因为社交媒体上大量工人抱怨工作条件不安全的帖子，就放弃了一份好工作和大量没有拿到手的股票，他感到有些不好意思。他说，维权员工被解雇对他影响很大。"解雇举报人完全不是一个层面，"他说，"从道德上讲，这绝对不能接受。作为一家严格遵守规则的公司，这样做毫无道理可言。这是我不能忍受的。"

在布雷的博客文章引发的短暂媒体争吵中，亚马逊的公关部门谨慎地联系了记者，并将他们指向另一位叫布拉德·波特的杰出工程师在领英上发布的反驳文章。[41] 波特反驳布雷暗示的亚马逊在推出安全预防措施方面过于缓慢的观点，并反对他声称公司将其工人视为可以用完即弃的商品。他写道："如果我们希望人们选择为亚马逊工作，帮助客户运送包裹,那么首要的工作就是说服那些宝贵的员工,你每天都在通过自己的工作全力确保他们的安全。"

尽管如此,波特的反驳以及亚马逊对其COVID-19计划的批评的反应,都忽略了布雷凭良知拒绝的事实。布雷相信,维权员工的证言反映了人们在痛苦时刻的焦虑,是可以理解的。但亚马逊在其习惯性的防御中并没有看到这些普通人的关切,而只看到了敌人的无形之手,如有组织的劳工团体。"有时在混乱中,很难分辨哪些是我们的员工在说话,哪些是第三方团体在拿钱搞事情。"戴夫·克拉克告诉我,"有一群人不管我们做什么都爱我们,还有一群人真的不喜欢我们,不管我们做什么。"

其实,布雷的观点不仅是针对亚马逊,也是在批评美国政府未能保护其最脆弱的工人群体。他开始相信,亚马逊等公司的员工和临时工人迫切需要联邦政府的法律保护。

例如,在许多欧洲国家,一定规模的工作场所都有法律授权的工作委员会,独立于工会之外,帮助员工在公司的重大事项上发表意见。在美国没有这样的事情,这里工人的命运掌握在千里之外的人手中,就算他们不喜欢这样,也别无选择,只能辞职找另一份工作,或冒着被解雇的风险把事情公开。

其他发达国家提供能让人舒适生活的最低工资和政府福利,如带薪病假和育儿假、兼职工人的平等待遇保护以及工作时间限制等。在美国,联邦最低工资仍保持在每小时7.25美元的极低水平,但许多立法者和一些企业高管仍认为这是负担不起的奢侈品,是对美国公司竞争力的征税。结果,许多工人在疫情中听天由命,紧紧抓住他们的薪水和雇主提供的医疗保险(如果有的话)。由于害怕丢掉工作,他们别无选择,只能牺牲自己的生命和健康,家人的安全也处于危险之中。

"亚马逊是一个更大问题的征兆，"布雷在他的摩托艇上说，"我想像与孩子交谈那样对公司说，'好好玩，'但这行不通。你需要的是监管框架。如果你不喜欢仓库员工的待遇，就应该用规定来禁止这种情况的发生。"

"我们所面对的情况，是将一线员工当作狗屎一样对待都完全合法，"他继续说道，"所以这一定会发生。因为如果你不这样做，你的竞争对手就会这样做。"

万亿美元帝国

到 2020 年底，随着新冠肺炎疫情继续在全世界特别是美国造成更多的死亡数字，亚马逊内部也重新建立了一种新常态。是时候反思了。

哀鸿遍野的一年，亚马逊的业绩反而好得出奇。尽管在 COVID-19 测试和安全措施方面进行了大量投资，该公司还是迎来了有史以来最赚钱的一年，年收入猛增 37%，超过 3800 亿美元。[42] 秋天，随着新一波疫情感染在美国和欧洲蔓延，物流中心吸收的工人比以往任何时候都多，亚马逊雇用的全职和兼职工人首次超过 100 万名。[43]

随着电话会议和远程学习取代商务旅行和面对面的互动，AWS 的使用量猛增，这是互联网看不见的基础设施的关键部分。在没有尽头的隔离中，居家的客户更频繁地与 Alexa 互动，并转向声控助手寻求安慰。Prime Video 也蓬勃发展，如暴力超级英雄剧《黑袍纠察队》和喜剧《波拉特 2》等热门作品进一步确立了亚马逊影业在好莱坞的先锋地位，同样受益的还有网飞以及"迪士尼＋"等新晋竞争对手。

到年底，亚马逊已拥有 1.6 万亿美元的市值，杰夫·贝佐斯的个人身家也超过 1900 亿美元。在疫情大流行期间，他的财富增长了 70% 以上。这既是一项令人惊叹的成就，又与病毒给亚马逊物流工作人员造成的经济破坏和困扰形成惊人对比。随着规模较小的本地企业成群结队地消亡，已经向亚马逊和其他科技巨头倾斜的全球商业竞争环境变得更加有利于这些企业。

在西雅图的第一日大厦，一个时代即将结束。2020 年 1 月，53 岁的亚马逊消费者业务 CEO 杰夫·威尔克告诉贝佐斯，他想在 2021 年退休。但随着疫情的加剧，他要求老板暂时不要担心他离职。他说："我会一直待在这里，直到我们真正确信公司已经稳定并且理解我们所处的世界那天。"到 8 月，他满意地认为亚马逊已经度过最糟糕的情况，决定宣布离职。

威尔克在互联网泡沫破灭、亚马逊发展低潮期的时候搭建了亚马逊的物流中心网络，之后在其庞大的电子商务部门负责不同的业务。他被普遍认为是亚马逊锋芒毕露的企业文化中更人道元素的倡导者。"杰夫的遗产和影响将在他离开后持续很长时间。"贝佐斯在给全公司的信中写道，"如果没有他，今天的亚马逊将面目全非。"[44]

不出所料，威尔克提名戴夫·克拉克接替他的职位。在建立亚马逊物流和应对新型冠状病毒危机取得胜利后，克拉克成为贝佐斯麾下的零售业务 CEO，并于 2021 年 1 月写信给拜登政府，请求让亚马逊在疫苗分销方面提供帮助。[45] 这将取决于接替克拉克负责亚马逊运营工作的人，他们不曾在亚马逊形成时期混乱的运营战壕中得到类似的锻炼，因此他们必须以冷静、熟练以及共情来管理庞大的业务和一线员工。

许多任期很长的高管也悄悄离开了，要么是因为他们筋疲力尽，并且已经赚够了钱，要么是因为他们寻求一家小公司更有活力的空间。离职者包括在亚马逊工作了 22 年的资深副总裁杰夫·布莱克本，他是掌管亚马逊影业和快速发展的广告部门的高级副总裁。一群新的守卫取代了他们，其中包括 S-team 的几名新人，如亚马逊时尚部门的克里斯汀·博尚、广告部门的科林·奥贝里和运营部门的艾丽西娅·波勒·戴维斯。[46] 他们与贝丝·加莱蒂一起，改变了这个扩大了的 25 人领导小组的整体面貌，人员构成上更具性别和种族多样性。

至于贝佐斯，随着亚马逊对疫情的应对趋于稳定，他终于可以启动一套新的计划。2020 年 2 月，他承诺向科学家、活动家和气候组织捐赠 100 亿美元，作为"贝佐斯地球基金"新慈善事业的一部分。COVID-19 危机推迟了这个项目。与此同时，麦肯齐·斯科特承诺向各种黑人大学、妇女和 LGBTQ（性少数群体）权利团体无条件捐赠 60 亿美元，之后与西雅图一位化学老师丹·朱维特结婚，后者也在捐赠协议上签了名，这让世界大为震惊。[47] 把她的捐赠和她前夫刚刚起步的慈善投入放在一起来看，非常扎眼。

2020 年秋季，贝佐斯和劳伦·桑切斯开始与气候和保护组织进行视频会议。这些组织的高管表示，这对情侣提的问题富有洞察力，并就如何发挥作用认真征求意见。他们还接触了更多非营利性组织，包括致力于保护低收入社区免受污染等事业的小型草根组织。他们可能感到惊讶：其中一些组织不信任贝佐斯的金钱，谨慎地与一家以虐待工人而闻名的公司的 CEO 保持距离。

致力于为原住民赋权提供可持续解决方案的 NDN 团体，从"贝佐斯地球基金"获得了 1200 万美元的捐助。随后，它发布了一份特别声明，内容写道："我们不会回避事实，那就是亚马逊和杰夫·贝佐斯理应因不公正的工作条件、占用企业救助以及直接导致世界气候变化而受到批评。"[48] 其他群众组织坚称应该和计划接受 1 亿美元赠款的大型环保组织（如环境保护基金和世界资源研究所）被同等对待。五家这种类型的环境正义组织总计获得了 1.51 亿美元的资金。

但一些团体走得更远，它们要求贝佐斯为同时倡导公平劳工标准的气候组织做出贡献。随着一些商讨变得愈加复杂和争执不下，超出了他的预期，贝佐斯要求长期担任亚马逊董事会成员、比尔和梅琳达·盖茨基金会的前 CEO 帕蒂·斯通西弗出面调解。环保组织回忆，她在当年秋天接手这一任务，帮助将气候与清洁能源股权基金、蜂巢气候与性别公正基金等组织添加到接受贝佐斯大笔赠款的受助者名单。她还温和地结束了与 NAACP（美国全国有色人种协进会）的环境和气候正义计划等团体的对话，这些团体坚定地将劳工权利视为气候正义的一个组成部分。

2020 年 11 月 16 日，贝佐斯地球基金宣布了首批 7.91 亿美元的赠款，这表明他终于将自己的高超智慧和巨额财富投向了他这一代人所面对的最大挑战。尽管环保组织仍然质疑他的美好意图，但是成就了如此非凡人生的他，是不会改变自己的行为方式的。

他也用这种态度密切管理亚马逊最有前途的新事业，即便已经身居高位。就像当初的 Alexa 和亚马逊 Go 商店项目，他推动亚马逊开发了柯伊伯项目。这项雄心勃勃的计划，通过发射卫星为世界各地的人提供高速互联网连接。这项投资 100 亿美元的项目直接挑战了 SpaceX 正在部署中的"星链"卫星系统。两家公司就在监管机构面前，围绕无线电频谱和信号最强的低地球高度卫星份额展开了竞争。世界上最富有的两个人又一次在另一场全球瞩目的比赛中相互较量。

同样，贝佐斯密切关注亚马逊在约 4 万亿美元的美国医疗保健市场中的表现。包括筹划已久的亚马逊药房业务，用户可以在线订购处方药物，亚马逊于 11 月 COVID-19 在美国肆虐时公开推出了这项服务。其他医疗相关的项目还有类似 Fitbit 的亚马逊 Halo 智能手环，于 2020 年 8 月推出；以及 Amazon Care，通过这款智能手机应用，华盛顿州的亚马逊员工可以在线咨询医生，亚马逊刚刚开始向其他分公司推广使用。[49] 贝佐斯认为医疗保健领域存在巨大的变革和创新潜力，并定期与公司内部的一个秘密小组会面。这个被称为"大挑战"的小组，目标就是在医疗保健领域进行创新和试验。

贝佐斯仍然专注于寻找有前途的新商机，这些商机可以显著提升亚马逊已经很强劲的财务表现。他还继续将旧业务部门的更多权力移交给安迪·贾西和戴夫·克拉克等关键副手。2021 年 2 月 2 日，亚马逊在一项具有历史意义的公告中透露，贝佐斯将放弃作为 CEO 的职责。[50] 在季度财务报告中，该公司宣布，2021 年晚些时候，贝佐斯将转任执行主席，并将 CEO 一职移交给 AWS 的长期领导者贾西。很多年以前，贾西曾是贝佐斯的首位全职技术顾问。

此举预示着亚马逊权力的正式轮换，以及现代企业史上一个最辉煌朝代的结束。在过去 25 年的时间里，贝佐斯将一个在互联网上卖书的想法变为现实，并通过发明、对技术的彻底拥抱，以及对杠杆的坚定追逐，打造了一个价值超过万亿美元的全球性商业帝国。

几乎没有哪个亚马逊人对这个消息感到惊讶。多年来贝佐斯一直在逐渐远离公司，将时间分散在亚马逊以外的许多优先事项上。他们对他的女朋友也很好奇，想知道他是否更想与劳伦·桑切斯在他们豪华的家中以及刚刚建好的豪华帆船上享受奢侈的生活。

贝佐斯决定让出最高位置的另一个原因是，担任亚马逊 CEO 的乐趣要少得多。CEO 需要管理大量复杂、成熟的业务，如亚马逊商城，那里有一群不满意的商家，不断抱怨欺诈和不公平竞争；如亚马逊物流网络，那里有超过 100 万蓝领工人，其中大部分人都在要求更高的工资和更好的工作条件。这些群体朝亚马逊的高管发泄愤怒，把责任推到他们头上。美国和欧盟政府还向亚马逊施加监管压力。贝佐斯选择了一个自律的领导者——53岁的贾西，把重担交到他的肩上，经过贝佐斯独特管理方式的训练，贾西在聚光灯下表现出色，对于亚马逊的政治对手而言，也是一个稍微谦逊的目标。这位贝佐斯的前技术顾问通过建立和运营亚马逊最赚钱的部门证明了自己的能力，也拥有足够带宽承担更加重要而精彩的职责。

"做亚马逊的CEO意味着重大的责任，而且非常消耗精力。一旦承担这一重任，就很难分出精力给其他的事情，"贝佐斯在给员工的电子邮件中写道，"作为执行主席，我将继续参与亚马逊的重要项目，但我也可以腾出必要的时间和精力专注于第一日基金、贝佐斯地球基金、蓝色起源、《华盛顿邮报》和其他我热爱的事情。我从未像现在这样精力充沛，与退休一点关系也没有。"[51]

杰夫·贝佐斯的使命曾经是避免止步不前，是让亚马逊保持"第一日"公司的状态，即使他不再掌管它那天，也拥有创新的文化和习惯。"亚马逊不是大到不能倒，"他曾在一次全体会议上警告员工，"事实上，亚马逊总有一天会失败，会破产。如果你看看那些大公司，它们的寿命往往也就30多年，而不是100多年。"

现在，发展公司的使命将主要由安迪·贾西来完成，防止这种可怕的未来真的发生。新任CEO面临的最大挑战之一将是留住公司经验丰富的高管，哪怕亚马逊的股价不再上涨。他要保持数量仍在不断增加的仓库员工的积极性和幸福感，还要设法应对国内外政府机构针对亚马逊越发严格的监管审查。一场气候大战很大程度上也在所难免，而且，最终很可能会以一场美国政府对亚马逊的反垄断诉讼而告终。

但是，贝佐斯留在身后的，是十四条神圣不可侵犯的领导力原则、相互关联的业务部门和不可抵挡的增长势头，这些都为贾西和亚马逊的持续兴旺奠定了坚固的基础。从这个意义上讲，贝佐斯的使命，至少在亚马逊，可以说是完成了。

当然，仍然迫在眉睫的是，对一个现在几乎无解的长期问题给出明确答案，那就是：亚马逊让这个世界变得更好了吗？

或许，在亚马逊发展成为市值万亿美元帝国、杰夫·贝佐斯登上商业史册之后，问这个问题根本就没有意义了。亚马逊与我们的生活和社区已经密不可分，让客户享受在家下单的便利，并给所有零售商带来了无法克服的挑战，除了极少数最为灵活的本地企业。它让人想起贝佐斯曾经说过的"单向门""双向门"和"第一类"不可逆转的决定。很久以前，我们跨过一扇单向门，进入很大程度上由杰夫·贝佐斯及其同事构想和建立的科技社会。无论你如何看待在 21 世纪第三个 10 年如此全面地掌控我们的经济生活的这家公司和这个人，现在都没有回头路了。

致　谢

　　我于 2018 年初开始构思此书，并在 2020 年 COVID-19 大流行期间完成写作。在那段充满挑战的日子里，像许多其他事情一样，如果没有朋友、家人和同事的支持和智慧，这项工作是不可能成功完成的，我深深感激他们。

　　西蒙与舒斯特出版公司的斯蒂芬妮·弗雷里希是一位优雅的编辑，她从不回避提出棘手的问题、重新编排文本，并防止叙述偏离事实。她为本书做出了不可估量的贡献。在出版计划提前的情况下，艾米莉·西蒙森、伊丽莎·瑞夫林、杰基·索欧、马修·莫纳汉、萨曼莎·霍巴克和丽莎·欧文的帮助让我能够如期完成书稿。乔纳森·卡普、黛娜·坎纳迪、理查德·罗勒、金伯利·戈尔茨坦、斯蒂芬·贝德福德、玛丽·弗洛里奥、拉里·休斯和已故的卡洛琳·莱迪都相信此书的内容与观点，并且支持对这个重大主题进行广泛探讨。

　　我的经纪人，UTA 的皮拉尔·奎恩，是一位不知疲倦的支持者和顾问。她耐心地敦促我对快速发展的亚马逊和杰夫·贝佐斯的话题进行再度书写，成为此书热情的捍卫者和早期读者。我非常感谢她。

林赛·马斯卡托提供了宝贵的研究支持，并协助林赛·盖尔曼、瑞玛·派瑞克和杰里米·甘茨快速、一丝不苟地完成事实核查工作。戴安娜·素雅库苏玛在照片方面提供了帮助。所有的错误都是我自己导致的。还要感谢亚马逊的克里斯·奥斯特和霍尔·戈登，他们为多次采访提供便利，并收集提供了本书所需的大量事实。

我要感谢彭博新闻的约翰·米可斯维特、雷托·格雷戈里和希瑟·哈里斯，他们是这个项目的热心支持者，并允许我定期从日常工作中抽身写作此书。我非常自豪能成为彭博全球科技报道团队的一员。汤姆·吉斯、吉利安·沃德、马克·米利安、彼得·埃尔斯特罗姆、埃德温·陈、贾尔斯·特纳、莫莉·舒茨、阿利斯泰尔·巴尔和安迪·马丁是我非常棒的合作伙伴，他们领导着全球65位才华横溢的科技记者。《彭博商业周刊》的乔尔·韦伯、克里斯汀·鲍尔斯和吉姆·艾利是我坚定的盟友。马克斯·查夫金在我写作的过程中给了我很多很好的建议和黑色幽默。

我的彭博同事马克·古尔曼、奥斯汀·卡尔、埃伦·休特、乔希·布鲁斯坦、迪娜·巴斯、普里亚·阿南德、伊恩·金、尼科·格兰特、卡尔蒂凯、迈赫罗特拉、安妮·范德梅、内奥米·尼克斯、汤姆·梅特卡夫、杰克·维齐格、布罗迪·福特和德文·彭德尔顿总是有求必应。莎拉·弗里尔和艾米莉·张总是无私给我鼓励和打气。萨丽莎·莱帮助我呈现了亚马逊在印度的故事，第三章的内容部分基于我们为《彭博商业周刊》共同撰写的封面故事。阿什莉·万斯是一位坚定的朋友和同谋。

我要特别感谢彭博记者斯班瑟·索珀和马特·戴以及编辑罗宾·阿杰洛，此书引用了他们的大量工作。他们提供了不可或缺的反馈和关于亚马逊全面而深度的信息。我们正在共同制作亚马逊故事的音频版本，将作为彭博科技播客系列"创始人"的一部分发表，制作人是肖恩·文。敬请关注。

安妮·克恩布鲁特、马特·莫斯克、亚当·皮奥里、肖恩·梅索雷尔、伊森·瓦特斯、迈克尔·乔丹、弗雷德·夏普尔斯、鲁兹瓦纳·巴希尔、亚当·罗杰斯、丹尼尔·麦克金和查尔斯·杜希格都在我需要的时候提供了友谊和帮助。尼克和克里斯塔·比尔顿慷慨地接待了我几次去洛杉矶的旅行；尼克和艾米丽·温菲尔德在西雅图提供了同样的款待。多年来，史蒂文·利维总是给我明智的建议和珍贵的友谊。

我非常幸运拥有一个支持我的大家庭，包括我的兄弟布莱恩·斯通和埃里克·斯通、迪塔·帕帕拉尼·斯通和贝卡·佐勒·斯通、露安娜·斯通、梅特·席斯勒和安德鲁·古列斯库，以及乔恩和莫妮卡·斯通。我的父亲罗伯特·斯通是我最亲密的读者，对本书思想有极大的共鸣。母亲卡罗尔·格里克提供给我无条件的爱和建议，对这项繁重的工作给予了适当的关注。我的祖母伯尼斯·亚斯潘虽然已经103岁，但仍是一位狂热的读者，而我的人生目标之一就是将这本书放到她的手中。

我的女儿伊莎贝拉·斯通、卡利斯塔·斯通和哈珀·福克斯每天都让我感到无比自豪。带着她们在疫情大流行期间表现出的坚韧，多写一本书似乎也没那么难了。当然，如果没有我妻子蒂芙尼·福克斯的爱、耐心和无限的鼓励，这是绝对无法实现的。

致 谢

注 释

序言

1. Matt Day, "Amazon Tries to Make the Climate Its Prime Directive," *Bloomberg*, September 21, 2020, https://www.bloomberg.com/news/features/2020-09-21/amazon-made-a-climate-promise-without-a-plan-to-cut-emissions (January 16, 2021).
2. Amazon Employees for Climate Justice, "Open Letter to Jeff Bezos and the Amazon Board of Directors," *Medium,* April 10, 2019, https://amazonemployees4climatejustice.medium.com/public-letter-to-jeff-bezos-and-the-amazon-board-of-directors-82a8405f5e38 (January 18, 2021).
3. "Meaningful Innovation Leads, Launches, Inspires Relentless Amazon Visitor Improvements" was the basis for the acronym *milliravi*, a word that an Amazon executive coined to mean "a significant mathematical error of a million dollars or more." See Brad Stone, *The Everything Store: Jeff Bezos and the Age of Amazon* (Boston: Little, Brown and Company, 2013), 135.
4. Jeff Bezos profile, "Billionaires: March 2011," *Forbes*, March 9, 2011, retrieved from https://web.archive.org/web/20110313201303if_/http://www.forbes.com/profile/jeff-bezos (January 17, 2021).
5. Nicole Brodeur, "Neighbors Talking About Amazon," *Seattle Times*,

January 12, 2012, https://www.seattletimes.com/seattle-news/neighbors-talking-about-amazon/ (January 17, 2021).

6. Senator Elizabeth Warren, "Here's How We Can Break Up Big Tech," *Medium*, March 8, 2019, https://medium.com/@teamwarren/heres-how-we-can-break-up-big-tech-9ad9e0da324c (January 17, 2021).

第1章

1. Katarzyna Niedurny, "*Kariera Głosu Ivony. 'Wsiadam do windy i słyszę jak mówię "piętro pierwsze"'*" ("Ivona's Voice Career. 'I get in the elevator and hear me say "first floor" ' ") January 4, 2019, https://wiadomosci.onet.pl/tylko-w-onecie/jacek-labijak-o-karierze-glosu-jacek-w-syntezatorze-mowy-ivona/kyht0wl (January 19, 2021).

2. Eugene Kim, "The Inside Story of How Amazon Created Echo, the Next Billion-Dollar Business No One Saw Coming," *Business Insider*, April 2, 2016, https://www.businessinsider.com/the-inside-story-of-how-amazon-created-echo-2016-4 (January 19, 2021).

3. David Baker, "William Tunstall-Pedoe: The Brit Taking on Apple's Siri with 'Evi,' " *Wired UK*, May 8, 2012, https://www.wired.co.uk/article/the-brit-taking-on-siri (January 19, 2021).

4. Mike Butcher, "Sources Say Amazon Acquired Siri-Like Evi App For $26M—Is A Smartphone Coming?" *TechCrunch*, April 17, 2013, https://techcrunch.com/2013/04/17/sources-say-amazon-acquired-siri-like-evi-app-for-26m-is-a-smartphone-coming/ (January 19, 2021).

5. James Vlahos, "Amazon Alexa and the Search for the One Perfect Answer," *Wired*, February 18, 2018, https://www.wired.com/story/amazon-alexa-search-for-the-one-perfect-answer/ (January 19, 2021).

6. Nikko Ström, "Nikko Ström at AI Frontiers: Deep Learning in Alexa," *Slideshare*, January 14, 2017, https://www.slideshare.net/AIFrontiers/nikko-strm-deep-learning-in-alexa (January 19, 2021).

7. Amazon. Techniques for mobile deceive charging using robotic devices. U.S. Patent 9711985, filed March 30, 2015. https://www.freepatentsonline.com/9711985.html (January 19, 2021).

8. Jeff Bezos, "2018 Letter to Shareholders," Amazon, April 11, 2018, https://www.aboutamazon.com/news/company-news/2018-letter-to-shareholders

(January 19, 2021).

9. Austin Carr, "The Inside Story of Jeff Bezos's Fire Phone Debacle," *Fast Company*, January 6, 2015, https://www.fastcompany.com/3039887/under-fire (January 19, 2021).

10. Charles Duhigg, "Is Amazon Unstoppable?" *New Yorker*, October 10, 2019, https://www.newyorker.com/magazine/2019/10/21/is-amazon-unstoppable (January 19, 2021).

11. Matt Day, Giles Turner, and Natalia Drozdiak, "Amazon Workers Are Listening to What You Tell Alexa," *Bloomberg*, April 10, 2019, https://www.bloomberg.com/news/articles/2019-04-10/is-anyone-listening-to-you-on-alexa-a-global-team-reviews-audio?sref=dJuchiL5 (January 19, 2021).

12. Joshua Brustein, "The Real Story of How Amazon Built the Echo," *Bloomberg*, April 19, 2016, https://www.bloomberg.com/features/2016-amazon-echo/ (January 19, 2021).

13. Mario Aguilar, "Amazon Echo Re- view: I Just Spoke to the Future and It Listened," *Gizmodo*, June 25, 2015, https://gizmodo.com/amazon-echo-review-i-just-spoke-to-the-future-and-it-1672926712 (January 19, 2021).

14. Kelsey Campbell-Dollaghan, "Amazon's Echo Might Be Its Most Important Product in Years," *Gizmodo*, November 6, 2014, https://gizmodo.com/amazons-echo-might-be-its-most-important-product-in-yea-1655513291 (January 19, 2021).

15. Brustein, "The Real Story."

16. David Pierce, "Review: Google Home," *Wired*, November 11, 2016, https://www.wired.com/2016/11/review-google-home/ (January 19, 2021).

17. Todd Bishop, "Amazon Bringing Echo and Alexa to 80 Additional Countries in Major Global Expansion," *GeekWire*, December 8, 2017, https://www.geekwire.com/2017/amazon-bringing-echo-alexa-80-additional-countries-major-global-expansion/ (January 19, 2021).

18. Shannon Liao, "Amazon Has a Fix for Alexa's Creepy Laughs," *Verge*, March 7, 2018, https://www.theverge.com/circuitbreaker/2018/3/7/17092334/amazon-alexa-devices-strange-laughter (January 19, 2021).

19. Matt Day, "Amazon's Alexa recorded and shared a conversation without consent, report says," *Seattle Times*, March 24, 2018, https://www.seattletimes.com/business/amazon/amazons-alexa-recorded-and-shared-a-conversation-without-consent-report-says (February 12, 2021).

20. James Vincent, "Inside Amazon's $3.5 Million Competition to Make Alexa Chat Like a Human," *Verge*, June 13, 2018, https://www.theverge.com/2018/6/13/17453994/amazon-alexa-prize-2018-competition-conversational-ai-chatbots (February 12, 2018).

第 2 章

1. Jeff Bezos interviewed by Charlie Rose, *Charlie Rose*, 34:40, November 16, 2012, https://charlierose.com/videos/17252 (January 19, 2021).

2. John Markoff, "How Many Computers to Identify a Cat? 16,000," *New York Times*, June 25, 2012, https://www.nytimes.com/2012/06/26/technology/in-a-big-network-of-computers-evidence-of-machine-learning.html (January 19, 2021).

3. Jacob Demmitt, "Amazon's Bookstore Revealed? Blueprints Provide New Clues About Mysterious Seattle Site," *GeekWire*, October 12, 2015, https://www.geekwire.com/2015/amazons-bookstore-revealed-blueprints-provide-new-clues-about-mysterious-seattle-site/ (January 19, 2021).

4. Brad Stone and Matt Day, "Amazon's Most Ambitious Research Project Is a Convenience Store," *Bloomberg*, July 18, 2019, https://www.bloomberg.com/news/features/2019-07-18/amazon-s-most-ambitious-research-project-is-a-convenience-store?sref=dJuchiL5 (January 19, 2021).

5. Laura Stevens, "Amazon Delays Opening of Cashierless Store to Work Out Kinks," *Wall Street Journal*, March 27, 2017, https://www.wsj.com/articles/amazon-delays-convenience-store-opening-to-work-out-kinks-1490616133 (January 19, 2021); Olivia Zaleski and Spencer Soper, "Amazon's Cashierless Store Is Almost Ready for Prime Time," *Bloomberg*, November 15, 2017, https://www.bloomberg.com/news/articles/2017-11-15/amazon-s-cashierless-store-is-almost-ready-for-prime-time?sref=dJuchiL5 (January 19, 2021).

6. Shara Tibken and Ben Fox Rubin, "What It's Like Inside Amazon's Futuristic, Automated Store," *CNET*, January 21, 2018, https://www.cnet.com/news/amazon-go-futuristic-automated-store-seattle-no-cashiers-cashless/ (January 19, 2021).

7. Amazon includes the costs of operating AWS as part of its R&D expenses. See Rani Molla, "Amazon Spent Nearly $23 Billion on R&D Last Year—More Than Any Other U.S. Company," *Vox*, April 9, 2018, https://www.vox.com/2018/4/9/17204004/amazon-research-development-rd (January 19, 2021).

8. Spencer Soper, "Amazon Will Consider Opening Up to 3,000 Cashierless Stores

by 2021," *Bloomberg*, September 19, 2018, https://www.bloomberg.com/news/articles/2018-09-19/amazon-is-said-to-plan-up-to-3-000-cashierless-stores-by-2021?sref=dJuchiL5 (January 19, 2021).

9. Sebastian Herrera and Aaron Tilley, "Amazon Opens Cashierless Supermarket in Latest Push to Sell Food," *Wall Street Journal*, February 25, 2020, https://www.wsj.com/articles/amazon-opens-cashierless-supermarket-in-latest-push-to-sell-food-11582617660?mod=hp_lead_pos10 (January 19, 2021).

10. Jeff Bezos, "2015 Letter to Shareholders," https://www.sec.gov/Archives/edgar/data/1018724/000119312515144741/d895323dex991.htm (January 19, 2021).

11. Robin Ajello and Spencer Soper, "Amazon Develops Smart Shopping Cart for Cashierless Checkout," *Bloomberg*, July 14, 2020, https://www.bloomberg.com/news/articles/2020-07-14/amazon-develops-smart-shopping-cart-for-cashierless-checkout?sref=dJuchiL5 (January 19, 2021).

第 3 章

2018年9月，我和同事萨丽莎·莱访问了位于印度班加罗尔的亚马逊印度站和Flipkart。本章基于我们撰写的《亚马为逊推动印度网上购物，向沃尔玛全面开战》*Bloomberg Businessweek*, October 18, 2018, https://www.bloomberg.com/news/features/2018-10-18/amazon-battles-walmart-in-indian-e-commerce-market-it-created (January 19, 2021). I also relied in part on *Big Billion Startup: The Untold Flipkart Story* by Mihir Dalal (New Delhi: Pan Macmillan India, 2019). 2019年8月3日，在亚马逊墨西哥前CEO胡安·卡洛斯·加西亚被通缉前，我采访了他。

1. Nicholas Wadhams, "Amazon China Unit Closes Vendor After Report of Fake Cosmetics," *Business of Fashion*, March 20, 2014, https://www.businessoffashion.com/articles/technology/amazon-china-unit-closes-vendor-report-fake-cosmetics (January 19, 2021).

2. Arjun Kharpal, "Amazon Is Shutting Down Its China Marketplace Business. Here's Why It Has Struggled," CNBC, April 18, 2019, https://www.cnbc.com/2019/04/18/amazon-china-marketplace-closing-down-heres-why.html (January 19, 2021), and Felix Richter, "Amazon Has Yet to Crack the Chinese Market," *Stastista*, February 22, 2017, https://www.statista.com/chart/8230/china-e-commerce-market-share/ (January 19, 2021).

3. Dalal, *Big Billion Startup*, 101.

4. "Amazon.in Goes Live—5th June 2013," YouTube video, 2:38, posted by Amit

Deshpande, March 11, 2016, https://www.youtube.com/watch?v=TFUw6OyugfQ&feature=youtu.be&ab_channel=AmitDeshpande (January 19, 2021).

5. Jay Green, "Amazon Takes Cowboy Tactics to 'Wild, Wild East' of India," *Seattle Times*, October 3, 2015, https://www.seattletimes.com/business/amazon/amazon-takes-cowboy-tactics-to-wild-wild-east-of-india/ (January 19, 2021).

6. Mihir Dalal and Shrutika Verma, "Amazon's JV Cloudtail Is Its Biggest Seller in India," *Mint*, October 29, 2015, https://www.livemint.com/Companies/RjEDJkA3QyBSTsMDdaXbCN/Amazons-JV-Cloudtail-is-its-biggest-seller-in-India.html (January 19, 2021).

7. Aditya Kalra, "Amazon documents reveal company's secret strategy to dodge India's regulators," Reuters, February 17, 2021, https://www.reuters.com/investigates/special-report/amazon-india-operation (February 23, 2021).

8. Dalal, *Big Billion Startup*, 163.

9. Sunny Sen and Josey Puliyenthuruthel, "Knock on Wood, India Is Shaping Up Like Our Businesses in Japan, Germany, the UK and the US," *Business Today*, October 26, 2014, https://www.businesstoday.in/magazine/features/amazon-ceo-jeff-bezos-sachin-bansal-binny-bansal/story/211027.html (January 19, 2021).

10. "Amazon CEO Jeff Bezos Meets PM Narendra Modi," *India TV*, October 4, 2014, https://www.indiatvnews.com/business/india/narendra-modi-jeff-bezos-amazon-ceo-flipkart-e-commerce-14744.html (January 20, 2021).

11. Carolina Ruiz, "*MercadoLibre busca alianzas con minoristas en México*" ("Mercado-Libre Seeks Alliances with Businesses in Mexico"), *El Financiero*, OctOBER 11, 2014, https://www.elfinanciero.com.mx/tech/mercadolibre-busca-alianzas-con-competidores-en-mexico (January 20, 2021).

12. James Quinn, "Jeff Bezos . . . Amazon Man in the Prime of His Life," *Irish Independent*, August 19, 2015, https://www.independent.ie/business/technology/news/jeff-bezos-amazon-man-in-the-prime-of-his-life-31463414.html (January 20, 2021).

13. Estimate for Amazon's 2015 Google search spend provided by Andy Taylor, director of research at Tinuiti.

14. Daina Beth Solomon, "Amazon Becomes Mexico's Top Online Retailer in 2017: Report," Reuters, December 15, 2017, https://www.reuters.com/article/us-mexico-retail/amazon-becomes-mexicos-top-online-retailer-in-2017-report-idUSKBN1E92ID (January 20, 2021).

15. Jon Lockett, "Ex-Amazon Mexico CEO on the Run in the US After Wife's Mysterious Murder . . . Months After 'Battering Her,' " *The Sun*, December 12, 2019, https://www.thesun.co.uk/news/10538850/amazon-boss-shooting-mexico-fugitive/ (January 20, 2021).
16. Aditi Shrivastava, "How Amazon Is Wooing Small Merchants With Its 'Chai Cart' Programme," *Economic Times*, August 21, 2015, https://economictimes.indiatimes.com/small-biz/entrepreneurship/how-amazon-is-wooing-small-merchants-with-its-chai-cart-programme/articleshow/48565449.cms (January 20, 2021).
17. "Modi in US: 10 Things PM Said at US-India Business Council," *Financial Express*, June 8, 2016, https://www.financialexpress.com/india-news/modi-in-us-10-things-pm-said-at-us-india-business-council/277037/ (January 20, 2021).
18. Ibid.
19. Malavika Velayanikal, "It's Official: Flipkart's App-Only Experiment with Myntra Was a Disaster," *Tech in Asia*, March 28, 2016, https://www.techinasia.com/flipkart-myntra-app-only-disaster (January 20, 2021).
20. Jon Russell, "New E-commerce Restrictions in India Just Ruined Christmas for Amazon and Walmart," *TechCrunch*, December 27, 2018, https://techcrunch.com/2018/12/27/amazon-walmart-india-e-commerce-restrictions/ (January 20, 2021).
21. Saritha Rai and Matthew Boyle, "How Walmart Decided to Oust an Icon of India's Tech Industry," *Bloomberg,* November 15, 2018, https://www.bloomberg.com/news/articles/2018-11-15/how-walmart-decided-to-oust-an-icon-of-india-s-tech-industry?sref=dJuchiL5 (January 20, 2021); Saritha Rai, "Flipkart Billionaire Breaks His Silence After Walmart Ouster," *Bloomberg*, February 4, 2019, https://www.bloomberg.com/news/articles/2019-02-05/flipkart-billionaire-breaks-his-silence-after-walmart-ouster?sref=dJuchiL5 (January 20, 2021).
22. "Flipkart Founder Sachin Bansal's Wife Files Dowry Harassment Case," *Tribune*, March 5, 2020, https://www.tribuneindia.com/news/nation/flipkart-founder-sachin-bansals-wife-files-dowry-harassment-case-51345 (January 20, 2021).
23. Vindu Goel, "Amazon Users in India Will Get Less Choice and Pay More Under New Selling Rules," *New York Times*, January 30, 2019, https://www.nytimes.com/2019/01/30/technology/amazon-walmart-flipkart-india.html (January 20, 2021).
24. Manish Singh, "India's Richest Man Is Ready to Take On Amazon and Walmart's

Flipkart," *TechCrunch*, December 31, 2019, https://techcrunch.com/2019/12/30/reliance-retail-jiomart-launch/ (January 20, 2021).

第4章

1. Steve Ballmer interviewed by Charlie Rose, *Charlie Rose*, 48:43, October 21, 2014, https://charlierose.com/videos/28129 (January 20, 2021).

2. Werner Vogels, "A Decade of Dynamo: Powering the Next Wave of High-Performance, Internet Scale Applications," *All Things Distributed*, October 2, 2017, https://www.allthingsdistributed.com/2017/10/a-decade-of-dynamo.html (January 20, 2021); "Dynamo: Amazon's Highly Available Key-Value Store," https://www.allthingsdistributed.com/files/amazon-dynamo-sosp2007.pdf (January 20, 2021).

3. "Jeff Bezos' Risky Bet," *Bloomberg Businessweek*, November 13, 2006, https://www.bloomberg.com/news/articles/2006-11-12/jeff-bezos-risky-bet (January 20, 2021).

4. "Maintaining a Culture of Builders and Innovators at Amazon," Gallup, February 26, 2018, https://www.gallup.com/workplace/231635/maintaining-culture-builders-innovators-amazon.aspx (January 20, 2021).

5. "2015 Amazon.com Annual Report," https://ir.aboutamazon.com/annual-reportsproxies-andshare holder-letters/default.aspx (March 10, 2021).

6. Ben Thompson, "The AWS IPO," *Stratechery*, May 6, 2015, https://stratechery.com/2015/the-aws-ipo/ (January 20, 2021).

7. Jon Russell, "Alibaba Smashes Its Record on China's Singles' Day with $9.3B in Sales," *TechCrunch*, November 10, 2014, https://techcrunch.com/2014/11/10/alibaba-makes-strong-start-to-singles-day-shopping-bonanza-with-2b-of-goods-sold-in-first-hour/ (January 20, 2021).

8. Karen Weise, "The Decade Tech Lost Its Way," *New York Times*, December 15, 2019, https://www.nytimes.com/interactive/2019/12/15/technology/decade-in-tech.html (January 20, 2021).

9. Ibid.

10. Mark Wilson, "You're Getting Screwed on Amazon Prime Day," *Fast Company*, July 12, 2019, https://www.fastcompany.com/90374625/youre-getting-screwed-on-amazon-prime-day (January 20, 2021).

11. Matt Krantz, "Amazon Just Surpassed Walmart in Market Cap," *USA Today*,

July 23, 2015, https://www.usatoday.com/story/money/markets/2015/07/23/amazon-worth-more-walmart/30588783/ (January 20, 2021).

12. Taylor Soper, "A Good Day: Macklemore Performs for Amazon Employees After Company Crushes Earnings," *GeekWire*, July 24, 2015, https://www.geekwire.com/2015/a-good-day-macklemore-performs-for-amazon-employees-after-company-crushes-earnings/ (January 20, 2021).

13. Jodi Kantor and David Streitfeld, "Inside Amazon: Wrestling Big Ideas in a Bruising Workplace," *New York Times*, August 15, 2015, https://www.nytimes.com/2015/08/16/technology/inside-amazon-wrest ling-big-ideas-in-a-bruising-workplace.html (January 20, 2021).

14. Jay Carney, "What the New York Times Didn't Tell You," *Medium*, October 19, 2015, https://medium.com/@jaycarney/what-the-new-york-times-didn-t-tell-you-a1128aa78931 (January 20, 2021).

15. John Cook, "Full Memo: Jeff Bezos Responds to Brutal NYT Story, Says It Doesn't Represent the Amazon He Leads," *GeekWire*, August 16, 2015, https://www.geekwire.com/2015/full-memo-jeff-bezos-responds-to-cutting-nyt-expose-says-tolerance-for-lack-of-empathy-needs-to-be-zero/ (January 20, 2021).

16. Diego Piacentini in conversation with the author, and Georges Guyon de Chemilly in conversation with the author.

17. Amazon Staff, "Amazon Ranks #2 on Forbes World's Best Employers List," Amazon, October 20, 2020, https://www.aboutamazon.com/news/workplace/amazon-ranks-2-on-forbes-worlds-best-employers-list (January 20, 2021).

18. Spencer Soper, "Amazon Workers Facing Firing Can Appeal to a Jury of Their Co-Workers," *Bloomberg*, June 25, 2018, https://www.bloomberg.com/news/articles/2018-06-25/amazon-workers-facing-firing-can-appeal-to-a-jury-of-their-co-workers?sref=dJuchiL5 (January 20, 2021).

第 5 章

1. Glenn Kessler, "Trump's Claim That He 'Predicted Osama bin Laden,'" *Washington Post*, December 7, 2015, https://www.washingtonpost.com/news/fact-checker/wp/2015/12/07/trumps-claim-that-he-predicted-osama-bin-laden/ (January 20, 2021).

2. Tim Stenovic, "Donald Trump Just Said If He's Elected President Amazon Will Have Problems," *Business Insider*, Feruary 26, 2016, https://www.

businessinsider.com/donald-trump-says-amazon-will-have-such-problems-2016-2 (January 20, 2021).

3. See Jill Abramson, *Merchants of Truth* (New York: Simon & Schuster, 2019), for more on the challenges at the *Washington Post* before Jeff Bezos's purchase of the newspaper and the changes he made afterward.
4. Ibid., 256.
5. Matthew Cooper, "Fred Hiatt Offered to Quit Jeff Bezos's Washington Post," *Yahoo News*, November 5, 2013, https://news.yahoo.com/fred-hiatt-offered-quit-jeff-bezoss-washington-post-123233358--politics.html (January 20, 2021).
6. Craig Timberg and Paul Farhi, "Jeffrey P. Bezos Visits the Post to Meet with Editors and Others," *Washington Post*, September 3, 2013, https://www.washingtonpost.com/lifestyle/style/jeffrey-p-bezos-visits-the-post-to-meet-with-editors-and-others/2013/09/03/def95cd8-14df-11e3-b182-1b3bb2eb474c_story.html (January 20, 2021).
7. Dan Kennedy, "The Bezos Effect: How Amazon's Founder Is Reinventing *The Washington Post*—and What Lessons It Might Hold for the Beleaguered Newspaper Business," Shorenstein Center on Media, Politics and Public Policy, June 8, 2016, https://shorensteincenter.org/bezos-effect-washington-post/ (January 20, 2021).
8. The Washington Post: Abramson, *Merchants of Truth*, 262.
9. Mathias Döpfner, "Jeff Bezos Reveals What It's Like to Build An Empire . . . ," *Business Insider*, April 28, 2018, https://www.businessinsider.com/jeff-bezos-interview-axel-springer-ceo-amazon-trump-blue-origin-family-regulation-washington-post-2018-4 (January 20, 2021).
10. Justin Ellis, "By Building Partnerships with Other Newspapers, the Washington Post Is Opening Up Revenue Opportunities," Nieman Lab, April 7, 2015, https://www.niemanlab.org/2015/04/congratulations-toledo-blade-reader-on-your-subscription-to-the-washington-post/ (January 20, 2021).
11. WashPostPR, "CBS: Jeff Bezos Talks Washington Post Growth (VIDEO)," *Washington Post*, November 24, 2015, https://www.washingtonpost.com/pr/wp/2015/11/24/cbs-jeff-bezos-talks-washington-post-growth-video/&freshcontent=1/?outputType=amp&arc404=true (January 20, 2021).
12. Ken Doctor, "On the Washington Post and the 'Newspaper of Record' Epithet," *Politico*, December 3, 2015, https://www.politico.com/media/story/2015/12/on-the-washington-post-and-the-newspaper-of-record-epithet-004303/

(January 20, 2021); Frank Pallotta, "WaPo's 'New Publication of Record' Claim Draws NYT Shots," CNN, November 25, 2015, https://money.cnn.com/2015/11/25/media/washington-post-new-york-times-paper-of-record/ (January 20, 2021).

13. Steven Mufson, "Washington Post Announces Cuts to Employees' Retirement Benefits," *Washington Post*, September 23, 2014, https://www.washingtonpost.com/business/economy/washington-post-announces-cuts-to-employees-retirement-benefits/2014/09/23/f485981a-436d-11e4-b437-1a7368204804_story.html (January 20, 2021).

14. Jeff Bezos interviewed by Marty Baron, "Jeff Bezos Explains Why He Bought the Washington Post," *Washington Post* video, 4:00, May 18, 2016, https://www.washingtonpost.com/video/postlive/jeff-bezos-explains-why-he-bought-the-washington-post/2016/05/18/e4bafdae-1d45-11e6-82c2-a7dcb313287d_video.html (January 20, 2021).

15. Benjamin Wofford, "Inside Jeff Bezos's DC Life," *Washingtonian*, April 22, 2018, https://www.washingtonian.com/2018/04/22/inside-jeff-bezos-dc-life/ (January 20, 2021).

16. Gerry Smith, "Bezos's Washington Post Licenses Its Publishing Technology to BP," *Bloomberg*, September 25, 2019, https://www.bloomberg.com/news/articles/2019-09-25/bezos-s-washington-post-licenses-its-publishing-technology-to-bp (January 20, 2021).

17. Joshua Benton, "The Wall Street Journal Joins the New York Times in the 2 Million Digital Subscriber Club," Nieman Lab, February 10, 2020, https://www.niemanlab.org/2020/02/the-wall-street-journal-joins-the-new-york-times-in-the-2-million-digital-subscriber-club/ (January 20, 2021).

18. Marissa Perino, "The Most Outrageous Splurges of Tech Billionaires, from Richard Branson's Private Island to Jeff Bezos' $65 Million Private Jet," *Business Insider*, October 15, 2019, https://www.businessinsider.com/elon-musk-bill-gates-jeff-bezos-tech-billionaire-wildest-purchases-2019-10 (January 20, 2021), and Marc Stiles, "Costco Just Sold a $5.5M Boeing Field Hangar to Jeff Bezos," *Puget Sound Business Journal*, October 22, 2015, https://www.bizjournals.com/seattle/blog/techflash/2015/10/costco-just-sold-a-5-5boeing-field-hangar-to-jeff.html (January 20, 2021).

19. Rick Gladstone, "Jason Rezaian Travels to U.S. on Washington Post Owner's Plane," *New York Times*, January 22, 2016, https://www.nytimes.com/2016/01/23/

world/middleeast/rezaian-family-departs-germany-us.html (January 20, 2021).
20. Wofford, "Inside Jeff Bezos's DC Life."

第 6 章

1. Pete Hammond, "Pete Hammond's Notes on the Season: AFI Narrows the Race; 'La La' Hits L.A.; Jeff Bezos Throws a Party 'By The Sea'; Tom Ford Chows Down," *Deadline*, December 8, 2016, https://deadline.com/2016/12/pete-hammonds-notes-on-the-season-afi-narrows-the-race-la-la-hits-l-a-jeff-bezos-throws-a-party-by-the-sea-tom-ford-chows-down-1201867352/ (January 20, 2021), and "Jeff Bezos and Matt Damon's 'Manchester by the Sea' Holiday Party,'" IMDb, www.imdb.com/gallery/rg2480708352/?ref_=rg_mv_sm (January 20, 2021).
2. Rebecca Johnson, "MacKenzie Bezos: Writer, Mother of Four, and High-Profile Wife," *Vogue*, February 20, 2013, https://www.vogue.com/article/a-novel-perspective-mackenzie-bezos (January 20, 2021).
3. Peter Bart, "Peter Bart: Amazon's Jeff Bezos Taking Aim at Hollywood," *Deadline*, December 9, 2016, https://deadline.com/2016/12/jeff-bezos-hollywood-plan-amazon-manchester-by-the-sea-peter-bart-1201867514/ (January 20, 2021).
4. Mathew Ingram, "Here's Why Comcast Decided to Call a Truce with Netflix," *Fortune*, July 5, 2016, https://fortune.com/2016/07/05/comcast-truce-netflix/ (January 20, 2021).
5. Cecilia Kang, "Netflix Opposes Comcast's Merger with Time Warner Cable, Calls It Anticompetitive," *Washington Post*, April 21, 2014, https://www.washingtonpost.com/news/the-switch/wp/2014/04/21/netflix-opposes-comcasts-merger-with-time-warner-cable-calls-it-anticompetitive/ (January 20, 2021).
6. Sarah Perez, "Amazon Prime Video is coming to Comcast's cable boxes," *TechCrunch*, August 2, 2018, https://techcrunch.com/2018/08/02/amazon-prime-video-is-coming-to-com casts-cable-boxes/ February 23, 2021).
7. Joel Keller, "Inside Amazon's Open-Source Original Content Strategy," *Fast Company*, March 8, 2013, https://www.fastcompany.com/1682510/inside-amazons-open-source-original-content-strategy (January 20, 2021).
8. Jenelle Riley, "Amazon, 'Transparent' Make History at Golden Globes," *Variety*, January 11, 2015, https://variety.com/2015/tv/awards/amazon-transparent-make-history-at-golden-globes-1201400485/ (January 20, 2021).
9. Eugene Kim, "Amazon's $250 Million Bet on Jeremy Clarkson's New Show Is

Already Starting to Pay Off," *Business Insider*, November 21, 2016, https://www.businessinsider.com/amazon-250-million-bet-on-the-grand-tour-paying-off-2016-11 (January 20, 2021).

10. Kim Masters, "Amazon TV Producer Goes Public with Harassment Claim Against Top Exec Roy Price (Exclusive)," *Hollywood Reporter*, October 12, 2017, https://www.hollywoodreporter.com/news/amazon-tv-producer-goes-public-harassment-claim-top-exec-roy-price-1048060 (January 20, 2021), and Stacy Perman, "Roy Price, Ousted from Amazon Over Sexual Harassment Claims, Is Ready to Talk," *Los Angeles Times*, November 23, 2020, https://www.latimes.com/entertainment-arts/business/story/2020-11-23/amazon-studios-roy-price-sexual-harassment-responds-me-too (January 20, 2021).

11. Michelle Castillo, "Netflix Plans to Spend $6 Billion on New Shows, Blowing Away All But One of Its Rivals," CNBC, October 17, 2016, https://www.cnbc.com/2016/10/17/netflixs-6-billion-content-budget-in-2017-makes-it-one-of-the-top-spenders.html (January 20, 2021).

12. Nathan McAlone, "Amazon Will Spend About $4.5 Billion on Its Fight Against Netflix This Year, According to JP Morgan," *Business Insider*, April 7, 2017, https://www.businessinsider.com/amazon-video-budget-in-2017-45-billion-2017-4 (January 20, 2021).

13. Mark Bergen, "Amazon Prime Video Doesn't Compete with Netflix Because Viewers Will Just Pick Both," *Vox*, May 31, 2016, https://www.vox.com/2016/5/31/11826166/jeff-bezos-amazon-prime-video-netflix (January 21, 2021).

14. Lesley Goldberg, " 'Lord of the Rings' Adds 20 to Sprawling Cast for Amazon Series," *Hollywood Reporter*, December 3, 2020, https://www.hollywoodreporter.com/live-feed/lord-of-the-rings-adds-20-to-sprawling-cast-for-amazon-series (January 21, 2021).

15. Brandon Carter, "Djokovic Cancels His Amazon Docuseries," *Baseline*, November 28, 2017, http://baseline.tennis.com/article/70627/novak-djokovic-calls-amazon-documentary (January 21, 2021).

16. Ben Fritz and Joe Flint, "Where Amazon Is Failing to Dominate: Hollywood," *Wall Street Journal*, October 6, 2017, https://www.wsj.com/articles/where-amazon-is-failing-to-dominate-hollywood-1507282205 (January 21, 2021).

17. Ibid.

18. Masters, "Amazon TV Producer Goes Public."

第 7 章

1. Spencer Soper, "Amazon's Clever Machines Are Moving from the Warehouse to Headquarters," *Bloomberg*, June 13, 2018, https://www.bloomberg.com/news/articles/2018-06-13/amazon-s-clever-machines-are-moving-from-the-warehouse-to-headquarters (January 22, 2021).
2. Vidhi Choudary, "Wish, Shopping App for Less Affluent Consumers, Files $1.1B IPO," *TheStreet*, December 7, 2020, https://www.thestreet.com/investing/wish-shopping-app-files-for-1point1-billion-ipo (January 25, 2021).
3. Priya Anand, "Wish, the Online Dollar Store, Is Losing Momentum Before IPO," *Bloomberg*, December 15, 2020, https://www.bloomberg.com/news/articles/2020-12-15/wish-the-online-dollar-store-is-losing-momentum-before-ipo (January 25, 2020).
4. Greg Bensinger, "Shopping App Wish Lands $50 Million Financing Round," *Wall Street Journal*, June 27, 2014, https://www.wsj.com/articles/BL-DGB-36173 (January 25, 2021).
5. See Priya Anand, "Wish, the Online Dollar Store, Is Losing Momentum Before IPO," *Bloomberg*, December 15, 2020, https://www.bloomberg.com/news/articles/2020-12-15/wish-the-online-dollar-store-is-losing-momentum-before-ipo (January 25, 2020)
6. Author interview with Peter Szulczewski, June 26, 2019. Szulczewski told a very different version of this story to *Forbes* and subsequently to clarify the discrepancy. See Parmy Olson, *Forbes*, "Meet the Billionaire Who Defied Amazon and Built Wish, the World's Most-Downloaded E-Commerce App," March 13, 2019, https://www.forbes.com/sites/parmyolson/2019/03/13/meet-the-billionaire-who-defied-amazon-and-built-wish-the-worlds-most-downloaded-e-commerce-app/#ff927bd70f52 (January 25, 2021).
7. Ryan Petersen, "Introducing Ocean Freight by Amazon: Ecommerce Giant Has Registered to Provide Ocean Freight Services," Flexport.com, January 14, 2016, https://www.flexport.com/blog/amazon-ocean-freight-forwarder/ (January 25, 2021).
8. See January 22, 2015, email sent by Sebastian Gunningham, released by House Judiciary Subcommittee on Antitrust as submitted testimony, August 6, 2020, https://judiciary.house.gov/uploadedfiles/00185707.pdf (January 25, 2021).
9. Nick Statt, "How Anker Is Beating Apple and Samsung at Their Own Accessory Game," *The Verge*, May 22, 2017, https://www.theverge.com/2017/5/22/15673712/

anker-battery-charger-amazon-empire-steven-yang-interview (January 25, 2021).

10. Dave Bryant, "Why and How China Post and USPS Are Killing Your Private Labeling Business," *EcomCrew*, March 18, 2017, https://www.ecomcrew.com/why-china-post-and-usps-are-killing-your-private-labeling-business/ (January 25, 2021 via https://web.archive.org/).

11. Alexandra Berzon, "How Amazon Dodges Responsibility for Unsafe Products: The Case of the Hoverboard," *Wall Street Journal*, December 5, 2019, https://www.wsj.com/articles/how-amazon-dodges-responsibility-for-unsafe-products-the-case-of-the-hoverboard-11575563270 (January 25, 2021).

12. Alana Semuels, "When Your Amazon Purchase Explodes," *Atlantic*, April 30, 2019, https://www.theatlantic.com/technology/archive/2019/04/lithium-ion-batteries-amazon-are-exploding/587005/ (January 25, 2021).

13. Ari Levy, "Birkenstock Quits Amazon in US After Counterfeit Surge," CNBC, July 20, 2016, https://www.cnbc.com/2016/07/20/birkenstock-quits-amazon-in-us-after-counterfeit-surge.html (January 25, 2021).

14. Pamela N. Danziger, "Amazon, Already the Nation's Top Fashion Retailer, Is Positioned to Grab Even More Market Share," *Forbes*, January 28, 2020, https://www.forbes.com/sites/pamdanziger/2020/01/28/amazon-is-readying-major-disruption-for-the-fashion-industry/?sh=7acace9267f3 (January 25, 2021).

15. Jeffrey Dastin, "Amazon to Expand Counterfeit Removal Program in Overture to Sellers," Reuters, March 21, 2017, https://www.reuters.com/article/us-amazon-com-counterfeit-idUSKBN16S2EU (January 25, 2021).

16. John Herrman, "All Your Favorite Brands, from BSTOEM to ZGGCD," *New York Times*, February 11, 2020, https://www.nytimes.com/2020/02/11/style/amazon-trademark-copyright.html (January 25, 2021).

17. Jeff Bezos, "2018 Letter to Shareowners," AboutAmazon.com, April 11, 2019, https://www.aboutamazon.com/news/company-news/2018-letter-to-shareholders.

18. Charlie Wood, "The Trump Administration Blacklisted 5 Overseas Amazon Websites as 'Notorious Markets' and Amazon Says It's Political Bullying," *Business Insider*, April 30, 2020, https://www.businessinsider.com/us-blacklists-five-amazon-websites-as-notorious-markets-2020-4 (January 25, 2020).

19. Sarah Perez, "To Fight Fraud, Amazon Now Screens Third-Party Sellers Through Video Calls," *TechCrunch*, April 27, 2020, https://techcrunch.com/2020/04/27/to-fight-fraud-amazon-now-screens-third-party-sellers-through-video-calls/

(January 25, 2020).

20. "Chinese Sellers Outnumber US Sellers on Amazon.com," Marketplace Pulse, January 23, 2020, https://www.marketplacepulse.com/articles/chinese-sellers-outnumber-us-sellers-on-amazoncom (January 25, 2021).

21. Jenny Leonard, "Amazon's Foreign Domains Cited by U.S. as Helping Counterfeiters," *Bloomberg*, April 29, 2020, https://www.bloomberg.com/news/articles/2020-04-29/ustr-lists-amazon-s-foreign-domains-in-counterfeiting-report (January 25, 2021).

第8章

1. Brad Stone, "Whole Foods, Half Off," *Bloomberg*, January 29, 2015, https://www.bloomberg.com/news/articles/2015-01-29/in-shift-whole-foods-to-compete-with-price-cuts-loyalty-app (January 24, 2021).

2. David Kesmodel and John R. Wilke, "Whole Foods Is Hot, Wild Oats a Dud—So Said 'Rahodeb,' " *Wall Street Journal*, July 12, 2007, https://www.nytimes.com/2007/07/12/business/12foods.html (January 24, 2021).

3. John Mackey, *Conscious Capitalism* (Boston: Harvard Business Review Press, 2013), 22.

4. Heather Haddon and David Benoit, "Whole Foods Faces Specter of Long Investor Fight," *Wall Street Journal*, May 12, 2017, https://www.wsj.com/articles/whole-foods-faces-specter-of-long-investor-fight-1494581401 (January 24, 2021).

5. Spencer Soper and Craig Giammona, "Amazon Said to Mull Whole Foods Bid Before Jana Stepped In," *Bloomberg*, April 11, 2017, https://www.bloomberg.com/news/articles/2017-04-11/amazon-said-to-mull-bid-for-whole-foods-before-jana-stepped-in (January 24, 2021).

6. Greg Bensinger and Laura Stevens, "Amazon, in Threat to UPS, Tries Its Own Deliveries," *Wall Street Journal*, April 24, 2014, https://www.wsj.com/articles/amazon-tests-its-own-delivery-network-1398360018 (January 24, 2021).

7. Mark Rogowsky, "Full-Court Express: Google Expands Its Delivery Service, Puts Heat on Amazon," *Forbes*, October 14, 2014, https://www.forbes.com/sites/markrogowsky/2014/10/14/faster-google-expands-its-same-day-delivery-service-into-new-markets-presses-amazon/?sh=1b199d1a5e34 (January 24, 2021).

8. "Google: Amazon Is Biggest Search Rival," BBC, October 14, 2014, https://www.bbc.com/news/technology-29609472 (January 24, 2021).

9. "Private Label Today: Private Label Popular Across Europe," *PLMA International*, 2020, https://www.plmainternational.com/industry-news/private-label-today (January 24, 2021).
10. Greg Bensinger, "Amazon to Expand Private-Label Offerings—from Food to Diapers," *Wall Street Journal*, May 15, 2016, https://www.wsj.com/articles/amazon-to-expand-private-label-offeringsfrom-food-to-diapers-1463346316 (January 24, 2021).
11. Julie Creswell, "How Amazon Steers Shoppers to Its Own Products," *Wall Street Journal*, June 23, 2018, https://www.nytimes.com/2018/06/23/business/amazon-the-brand-buster.html (January 24, 2021).
12. Dana Mattioli, "Amazon Scooped Up Data from Its Own Sellers to Launch Competing Products," *Wall Street Journal*, April 23, 2020, https://www.wsj.com/articles/amazon-scooped-up-data-from-its-own-sellers-to-launch-competing-products-11587650015 (January 24, 2021).
13. Todd Bishop, "Amazon's Treasure Truck Launch Message Was a Screw-Up—Another Misstep in Bungled Rollout," *GeekWire,* https://www.geekwire.com/2015/amazon-announces-treasure-trucks-launch-two-months-after-mysterious-delay/ (January 24, 2021).
14. "Amazon Treasure Truck Bursts into Flames in West Philadelphia Parking Lot," CBS Philly, May 3, 2018, https://philadelphia.cbslocal.com/2018/05/03/west-philadelphia-parking-lot-fire-amazon-treasure-truck/amp/ (January 24, 2021).
15. Roberto A. Ferdman, "I Tried to Figure Out How Many Cows Are in a Single Hamburger. It Was Really Hard," *Washington Post*, August 5, 2015, https://www.washingtonpost.com/news/wonk/wp/2015/08/05/there-are-a-lot-more-cows-in-a-single-hamburger-than-you-realize/ (January 24, 2021).
16. Kurt Schlosser, "Hungry for Further Exploration, Jeff Bezos Eats Iguana and Discusses How to Pay for Space Travel," *GeekWire*, March 12, 2018, https://www.geekwire.com/2018/hungry-exploration-jeff-bezos-eats-iguana-discusses-pay-space-travel/ (January 24, 2021).
17. Stefany Zaroban and Allison Enright, "A Look Inside Amazon's Massive and Growing Fulfillment Network," *Digital Commerce 360*, August 2, 2017, https://www.digitalcommerce360.com/2017/08/02/amazon-jobs-day-a-look-inside-amazons-massive-and-growing-fulfillment-network/ (January 24, 2021).
18. Ronald Orol, "Whole Foods CEO John Mackey: Meeting Amazon Was Like

'Falling in Love,'" *The Street*, March 5, 2018, https://www.thestreet.com/investing/stocks/whole-food-ceo-john-mackey-says-meeting-amazon-was-like-falling-in-love-14509074 (January 24, 2021).

19. Sinead Carew and David Randall, "Whole Foods Shares Keep Rising in Bidding War Speculation," Reuters, June 19, 2017, https://www.reuters.com/article/us-usa-stocks-wholefoods-idUSKBN19A22J (January 24, 2021).

20. Abha Bhattarchai, "Whole Foods Places New Limits on Suppliers, Upsetting Some Small Vendors," *Washington Post*, January 5, 2018, https://www.washingtonpost.com/business/economy/whole-foods-places-new-limits-on-suppliers-upsetting-some-small-vendors/2018/01/05/7f58b466-f0a1-11e7-b390-a36dc3fa2842_story.html (January 24, 2021).

21. Dana Mattioli, "Amazon's Deal Making Threatened by D.C. Scrutiny," *Wall Street Journal*, July 3, 2019, https://www.wsj.com/articles/amazons-deal-making-threatened-by-d-c-scrutiny-11562146205 (January 24, 2021).

22. Laura Stevens, "Amazon Puts Whole Foods, Delivery Units Under Bezos Lieutenant," *Wall Street Journal*, November 9, 2017, https://www.wsj.com/articles/amazon-puts-whole-foods-rapid-delivery-businesses-under-veteran-executive-1510236001 (January 24, 2021).

第9章

1. "How Amazon's Largest Distribution Center Works," YouTube video, posted by Bloomberg Quicktake, November 26, 2012. https://www.youtube.com/watch?v=bfFsqbIn_3E (January 23, 2021).

2. Dave Clark, Tweet, posted on September 6, 2019, https://twitter.com/davehclark/status/1169986311635079168 (January 23, 2021).

3. Spencer Soper, "Inside Amazon's Warehouse," *Morning Call*, September 18, 2011, https://www.mcall.com/news/watchdog/mc-allentown-amazon-complaints-20110917-story.html (January 23, 2021).

4. Spencer Soper, "The Man Who Built Amazon's Delivery Machine," *Bloomberg*, December 17, 2019, https://www.bloomberg.com/news/articles/2019-12-17/amazon-holiday-shopping-the-man-who-makes-it-happen (January 23, 2021).

5. Chris Welch, "Amazon's Robot Competition Shows Why Human Warehouse Jobs Are Safe for Now," *The Verge*, June 1, 2015, https://www.theverge.com/2015/6/1/8698607/amazon-robot-picking-challenge-results (January 23, 2021).

6. "Meet Amazon's New Robot Army Shipping Out Your Products," *Bloomberg Technology* video, 2:10, December 1, 2014, https://www.bloomberg.com/news/videos/2014-12-01/meet-amazons-new-robot-army-shipping-out-your-products (January 23, 2021).

7. Will Evans, "How Amazon Hid Its Safety Crisis," *Reveal*, September 29, 2020, https://revealnews.org/article/how-amazon-hid-its-safety-crisis/, and United States Department of Labor, "Amazon Fulfillment Center Receives $7k Fine," January 12, 2016, https://www.osha.gov/news/newsreleases/region3/01122016 (January 23, 2021).

8. Spencer Soper, "The Man Who Built Amazon's Delivery Machine," *Bloomberg*, December 17, 2019, https://www.bloomberg.com/news/articles/2019-12-17/amazon-holiday-shopping-the-man-who-makes-it-happen (January 23, 2021).

9. Devin Leonard, "Will Amazon Kill FedEx?" *Bloomberg*, August 31, 2016, https://www.bloomberg.com/features/2016-amazon-delivery/ (January 23, 2021).

10. Amrita Jayakumar, "Amazon, UPS Offer Refunds for Christmas Delivery Problems," *Washington Post*, December 26, 2013, https://www.washingtonpost.com/business/economy/amazon-ups-offer-refunds-for-christmas-delivery-problems/2013/12/26/c9570254-6e44-11e3-a523-fe73f0ff6b8d_story.html (January 23, 2021).

11. Cecelia Kang, "Amazon to Deliver on Sundays Using Postal Service Fleet," *Washington Post*, November 13, 2013, https://www.washingtonpost.com/business/technology/amazon-to-deliver-on-sundays-using-postal-service-fleet/2013/11/10/e3f5b770-48c1-11e3-a196-3544a03c2351_story.html (January 23, 2021).

12. David Weil, *The Fissured Workplace* (Harvard University Press, 2014). Weil further elucidates these ideas in "Income Inequality, Wage Determination and the Fissured Workplace," in *After Picketty* (Harvard University Press, 2017), 209.

13. Jason Del Rey, "Amazon Buys Thousands of Its Own Truck Trailers as Its Transportation Ambitions Grow," *Vox*, December 4, 2015, https://www.vox.com/2015/12/4/11621148/amazon-buys-thousands-of-its-own-trucks-as-its-transportation (January 24, 2021).

14. Ángel González, "Amazon Sues Target-Bound Former Logistics Executive Over 'Confidential' Info," *Seattle Times*, March 22, 2016, https://www.seattletimes.com/business/amazon/amazon-sues-target-bound-former-logistics-executive/ (January 24, 2021).

15. Raymond Chen, "Microspeak: Cookie Licking," Microsoft blog post, December 1, 2009, https://devblogs.microsoft.com/oldnewthing/20091201-00/?p=15843 (January 24, 2021).
16. Mary Schlangenstein, "FedEx CEO Calls Amazon Challenge Reports 'Fantastical,' " *Bloomberg News*, March 17, 2016, https://www.ttnews.com/articles/fedex-ceo-calls-amazon-challenge-reports-fantastical (January 24, 2021).
17. Alan Boyle, "First Amazon Prime Airplane Debuts in Seattle After Secret Night Flight," *GeekWire*, August 4, 2016, https://www.geekwire.com/2016/amazon-prime-airplane-seafair/ (January 24, 2021).
18. Jeffrey Dastin, "Amazon Starts Flexing Mus- cle in New Space: Air Cargo," Reuters, December 23, 2016, https://www.reuters.com/article/us-amazon-com-shipping-insight/amazon-starts-flexing-muscle-in-new-space-air-cargo-idUSKBN14C1K4 (January 24, 2021).
19. Randy Woods, "Amazon to Move Prime Air Cargo Hub to Cincinnati," *Air Cargo World*, February 1, 2017, https://aircargoworld.com/news/airports/amazon-to-move-prime-air-cargo-hub-to-cincinnati/ (January 24, 2021).
20. Jason Del Re, "Amazon Is Building a $1.5 Billion Hub for Its Own Cargo Airline," *Vox*, January 31, 2017, https://www.vox.com/2017/1/31/14462256/amazon-air-cargo-hub-kentucky-airport-prime-air (January 24, 2021).
21. Spencer Soper, "Behind Amazon's HQ2 Fiasco: Jeff Bezos Was Jealous of Elon Musk," *Bloomberg*, February 3, 2020, https://www.bloomberg.com/news/articles/2020-02-03/amazon-s-hq2-fiasco-was-driven-by-bezos-envy-of-elon-musk (January 24, 2021).
22. Christian Farr, "Former Amazon Driver Ac- quitted in Death of 84-Year-Old Woman," NBC5, August 1, 2019, https://www.nbcchicago.com/news/local/former-amazon-driver-acquitted-in-death-of-84-year-old-pedestrian/127151/ (January 24, 2021).
23. Caroline O'Donovan and Ken Bensinger, "Amazon's Next-Day Delivery Has Brought Chaos and Carnage to America's Streets—But the World's Biggest Retailer Has a System to Escape the Blame," *BuzzFeed*, August 31, 2019, https://www.buzzfeednews.com/article/carolineodonovan/amazon-next-day-delivery-deaths (January 24, 2021).
24. Patricia Callahan, Caroline O'Donovan, and Ken Bensinger, "Amazon Cuts Contracts with Delivery Companies Linked to Deaths," *ProPublica/BuzzFeed News*,

October 11, 2019, https://www.propublica.org/article/amazon-cuts-contracts-with-delivery-companies-linked-to-deaths (January 24, 2021).

25. Patricia Callahan, "His Mother Was Killed by a Van Making Amazon Deliveries. Here's the Letter He Wrote to Jeff Bezos," *ProPublica*, October 11, 2019, https://www.propublica.org/article/his-mother-was-killed-by-a-van-making-amazon-deliveries-heres-the-letter-he-wrote-to-jeff-bezos (January 24. 2021).

26. Jacob Demmitt, "Confirmed: Amazon Flex Officially Launches, and It's Like Uber for Package Delivery," *GeekWire*, September 29, 2015, https://www.geekwire.com/2015/confirmed-amazon-flex-officially-launches-and-its-like-uber-for-package-delivery/ (January 24, 2021).

27. Rachel Premack, "The Family of a Pilot Who Died in This Year's Amazon Air Fatal Crash Is Suing Amazon and Cargo Contractors Claiming Poor Safety Standards," *Business Insider*, September 19, 2019, https://www.businessinsider.com/amazon-atlas-air-fatal-crash-pilots-sue-2019-9 (January 24, 2021).

28. Gabrielle Coppola, "Amazon Orders 20,000 Mercedes Vans to Bolster Delivery Program," *Bloomberg*, September 5, 2018, https://www.bloomberg.com/news/articles/2018-09-05/amazon-orders-20-000-mercedes-vans-to-bolster-delivery-program (January 24, 2021).

29. Erica Pandey, "Amazon, the New King of Shipping," *Axios*, June 27, 2019, https://www.axios.com/amazon-shipping-chart-fedex-ups-usps-0dc6bab1-2169-42a8-9e56-0e85c590eb89.html (January 24, 2021).

30. Jim Tankersley, "Trump Said Amazon Was Scamming the Post Office. His Administration Disagrees," *New York Times*, December 4, 2018, https://www.nytimes.com/2018/12/04/us/politics/trump-amazon-post-office.html (January 24, 2021).

31. Paul Ziobro, "UPS to Start 7-Day Delivery to Juggle Demands of Online Shopping," *Wall Street Journal*, July 23, 2019, https://www.wsj.com/articles/ups-to-start-7-day-delivery-to-juggle-demands-of-online-shopping-11563918759 (January 24, 2021), and Paul Ziobro, "UPS and Teamsters Discuss Two-Tier Wages, Sunday Deliveries," *Wall Street Journal*, May 9, 2018, https://www.wsj.com/articles/ups-and-teamsters-discuss-two-tier-wages-sunday-deliveries-1525860000?mod=article_inline (January 24, 2021).

32. Thomas Black, "FedEx Ends Ground-Delivery Deal with Amazon," *Bloomberg*, August 7, 2019, https://www.bloomberg.com/news/articles/2019-08-07/fedex-

deepens-pullback-from-amazon-as-ground-delivery-deal-ends?sref=dJuchiL5 (January 24, 2021).

33. Paul Ziobro, "Fred Smith Created FedEx. Now He Has to Reinvent It," *Wall Street Journal,* October 17, 2019, https://www.wsj.com/articles/fred-smith-created-fedex-now-he-has-to-reinvent-it-11571324050 (January 24, 2021).

34. Spencer Soper and Thomas Black, "Amazon Cuts Off FedEx Ground for Prime Holiday Shipments," *Bloomberg*, December 16, 2019, https://www.bloomberg.com/news/articles/2019-12-16/amazon-cuts-off-fedex-ground-for-prime-shipments-this-holiday?sref=dJuchiL5 (January 24, 2021).

35. Spencer Soper, "Amazon Will Spend $800 Million to Move to One-Day Delivery," *Bloomberg*, April 25, 2019, https://www.bloomberg.com/news/articles/2019-04-25/amazon-will-spend-800-million-to-move-to-one-day-delivery (January 24, 2021).

36. Amazon staff, "Ultrafast Grocery Delivery Is Now FREE with Prime," Amazon blog, October 29, 2019, https://www.aboutamazon.com/news/retail/ultrafast-grocery-delivery-is-now-free-with-prime (January 24, 2021).

第10章

1. Chris Spargo, "No Delivery Drones Needed: Amazon Founder Jeff Bezos Flashes His $81bn Smile While Canoodling with His Wife During Some Real-World Shopping at Historic Italian Market," *Daily Mail*, May 11, 2017, https://www.dailymail.co.uk/news/article-4497398/Amazon-founder-Jeff-Bezos-vacations-Italy.html (January 24, 2021).

2. Nick Wingfield, "Jeff Bezos Wants Ideas for Philanthropy, So He Asked Twitter," *New York Times*, June 15, 2017, https://www.nytimes.com/2017/06/15/technology/jeff-bezos-amazon-twitter-charity.html (January 24, 2021).

3. Ian Servantes, "Amazon CEO Jeff Bezos Is Now Buff; Internet Freaks Out," *Men's Health*, July 17, 2017, https://www.menshealth.com/trending-news/a19525957/amazon-jeff-bezos-buff-memes/ (January 24, 2021).

4. Michael Learmonth, "Advertising Becomes Amazon's Newest Low-Price Weapon," *Ad Age*, October 8, 2012, https://adage.com/article/digital/advertising-amazon-s-newest-low-price-weapon/237630 (January 24, 2012).

5. Steve Susi, *Brand Currency: A Former Amazon Exec on Money, Information, Loyalty, and Time* (Lioncrest Publishing, 2019), and interview with the author.

6. David Carnoy, "How Is 'Amazon's Choice' Chosen? Amazon Won't Say," *CNET*,

March 21, 2018, https://www.cnet.com/news/do-humans-choose-what-products-get-amazons-choice/ (January 24, 2021).
7. Monica Nickelsburg, "US Lawmakers Raise Questions About 'Misleading' Amazon's Choice Recommendations," *Geek-Wire,* August 12, 2019, https://www.geekwire.com/2019/us-lawmakers-raise-questions-misleading-amazons-choice-recommendations/ (January 24, 2021).
8. Shane Shifflett, Alexandra Berzon, and Dana Mattioli, " 'Amazon's Choice' Isn't the Endorsement It Appears," *Wall Street Journal,* December 22, 2019, https://www.wsj.com/articles/amazons-choice-isnt-the-endorsement-it-appears-11577035151 (January 24, 2021).
9. Juozas Kaziuk˙enas, "Amazon Demotes Organic Results in Search," Marketplace Pulse, October 30, 2019, https://www.marketplacepulse.com/articles/amazon-search-demotes-organic-results (January 24, 2021).
10. "Investigation of Competition in Digital Markets: Majority Staff Reports and Recommendations," 2020, https://judiciary.house.gov/uploadedfiles/competition_in_digital_markets.pdf (January 24, 2021).
11. Andy Malt, "Amazon Tickets to Close," Amazon blog, February 22, 2018, https://completemusicupdate.com/article/amazon-tickets-to-close/ (January 25, 2021).
12. "Amazon Is Preparing to Close a Chinese E-Commerce Store," *Bloomberg*, April 17, 2019, https://www.bloomberg.com/news/articles/2019-04-17/amazon-is-said-to-prepare-closing-of-chinese-e-commerce-store?sref=dJuchiL5 (January 25, 2021).
13. Mike Rosenberg and Angel González, "Thanks to Amazon, Seattle Is Now America's Biggest Company Town," *Seattle Times*, August 23, 2017, https://www.seattletimes.com/business/amazon/thanks-to-amazon-seattle-is-now-americas-biggest-company-town/ (January 25, 2021).
14. Laura Stevens, Sharon Terlep, and Annie Gasparro, "Amazon Targets Unprofitable Items, with a Sharper Focus on the Bottom Line," *Wall Street Journal*, December 16, 2018, https://www.wsj.com/articles/amazon-targets-unprofitable-items-with-a-sharper-focus-on-the-bottom-line-11544965201 (January 25, 2021).
15. Spencer Soper, "Amazon's Clever Machines Are Moving from the Warehouse to Headquarters," *Bloomberg*, June 13, 2018, https://www.bloomberg.com/news/articles/2018-06-13/amazon-s-clever-machines-are-moving-from-the-warehouse-to-headquarters?sref=dJuchiL5 (January 25, 2021).

16. Staci D. Kramer, "The Biggest Thing Amazon Got Right: The Platform," *Gigaom*, October 12, 2011, https://gigaom.com/2011/10/12/419-the-biggest-thing-amazon-got-right-the-platform/ (January 25, 2021).

17. Bain & Company, "Founder's Mentality,^{SM} and the Paths to Sustainable Growth," YouTube, September 10, 2014, https://www.youtube.com/watch?v=Rp4RCIfX66I (January 25, 2021).

18. Tom Metcalf, "Jeff Bezos Passes Bill Gates to Become the World's Richest Person," *Bloomberg*, October 27, 2017, https://www.bloomberg.com/news/articles/2017-10-27/bezos-seizes-title-of-world-s-richest-person-after-amazon-soars (January 25, 2021).

第 11 章

这一章有两本书可供参考：Christian Davenport, *The Space Barons: Elon Musk, Jeff Bezos, and the Quest to Colonize the Cosmos* (New York: PublicAffairs, 2018), and Tim Fernholz, *Rocket Billionaires: Elon Musk, Jeff Bezos, and the New Space Race* (New York: Houghton Mifflin Harcourt, 2018).

1. Loren Grush, "SpaceX Successfully Lands Its Rocket on a Floating Drone Ship for the First Time," *The Verge*, April 8, 2016, https://www.theverge.com/2016/4/8/11392138/spacex-landing-success-falcon-9-rocket-barge-at-sea (January 24, 2021).

2. Steven Levy, "Jeff Bezos Wants Us All to Leave Earth—for Good," *Wired*, October 15, 2018, https://www.wired.com/story/jeff-bezos-blue-origin/ (January 24, 2021).

3. Clare O'Connor, "Jeff Bezos' Spacecraft Blows Up in Secret Test Flight; Locals Describe 'Challenger-Like' Explosion," *Forbes*, September 2, 2011, https://www.forbes.com/sites/clareoconnor/2011/09/02/jeff-bezos-spacecraft-blows-up-in-secret-test-flight-locals-describe-challenger-like-explosion/?sh=6cde347836c2 (January 24, 2021).

4. Jeff Bezos, "Successful Short Hop, Setback, and Next Vehicle," Blue Origin, September 2, 2011, https://www.blueorigin.com/news/successful-short-hop-setback-and-next-vehicle (January 24, 2021).

5. Jeff Fouse, "NASA Selects Boeing and SpaceX for Commercial Crew Contracts," *SpaceNews*, September 16, 2014, https://spacenews.com/41891nasa-selects-boeing-and-spacex-for-commercial-crew-contracts/ (January 24, 2021).

6. Nasa Office of Inspector General, "Audit of Commercial Resupply Services to the International Space Station," Report No. IG-18-016, April26, 2018, pg. 4, https://oig.nasa.gov/docs/IG-18-016.pdf (January 24, 2021).
7. Jonathan Amos, "SpaceX Lifts Off with ISS cargo," BBC, October 8, 2012, https://www.bbc.com/news/science-environment-19867358 (January 24, 2021).
8. Elon Musk, "Making Humans a Multi-Planetary Species," Mary Ann Liebert, Inc, *New Space* 5 no. 2 (2017): 46, https://www.liebertpub.com/doi/10.1089/space.2017.29009.emu (January 24, 2021).
9. Jeff Bezos, Tweet, February 3, 2018, 9:30 a.m., https://twitter.com/jeffbezos/status/959796196247142400?lang=en (January 24, 2021).
10. Alan Boyle, "Bezos' Blue Origin Space Venture Loses Protest over NASA's Launch Pad," NBC News, December 12, 2013, https://www.nbcnews.com/science/bezos-blue-origin-rocket-venture-fails-stop-nasas-launch-pad-2D11736708 (January 24, 2021).
11. Dan Leone, "Musk Calls Out Blue Origin, ULA for 'Phony Blocking Tactic' on Shuttle Pad Lease," *SpaceNews*, September 25, 2013, https://spacenews.com/37389musk-calls-out-blue-origin-ula-for-phony-blocking-tactic-on-shuttle-pad/ (January 24, 2021).
12. Todd Bishop, "Jeff Bezos' Blue Origin Dealt Setback in Patent Dispute with SpaceX over Rocket Landings," *GeekWire*, March 5, 2015, https://www.geekwire.com/2015/jeff-bezos-blue-origin-dealt-setback-in-patent-dispute-with-spacex-over-rocket-landings/ (January 24, 2021); Todd Bishop, "Blue Origin's Rocket-Landing Patent Canceled in Victory for SpaceX," *GeekWire*, September 1, 2015, https://www.geekwire.com/2015/blue-origins-rocket-landing-patent-canceled-in-victory-for-spacex/ (January 24, 2021).
13. Armin Rosen, "Elon Musk's Aerospace Argument Just Took a Hit," *Business Insider*, June 17, 2014, https://www.businessinsider.com/ula-wont-buy-rocket-engines-from-russia-anymore-2014-6 (January 24, 2021).
14. Loren Grush, "Spacex Successfully Landed Its Falcon 9 Rocket After Launching It to Space," *The Verge*, December 21, 2015, https://www.theverge.com/2015/12/21/10640306/spacex-elon-musk-rocket-landing-success (January 24, 2021).
15. Jeff Bezos, Tweet, December 21, 2015, 8:49 p.m., https://twitter.com/jeffbezos/status/679116636310360067?lang=en (January 24, 2021).

16. Eric Berger, "Behind the Curtain: Ars Goes Inside Blue Origin's Secretive Rocket Factory," *Ars Technica*, March 9, 2016, https://arstechnica.com/science/2016/03/behind-the-curtain-ars-goes-inside-blue-origins-secretive-rocket-factory/ (January 24, 2021).
17. Christian Davenport, *The Space Barons: Elon Musk, Jeff Bezos, and the Quest to Colonize the Cosmos* (New York: PublicAffairs, 2018), 11–13
18. Alan Deutschman, "Inside the Mind of Jeff Bezos," *Fast Company*, August 1, 2004, https://www.fastcompany.com/50541/inside-mind-jeff-bezos-4 (January 24, 2021).
19. Mylene Mangalindan, "Buzz in West Texas Is About Jeff Bezos and His Launch Site," *Wall Street Journal*, November 10, 2006, https://www.wsj.com/articles/SB116312683235519444 (January 24, 2021).
20. Spencer Soper, "Bezos Sells $1 Billion a Year in Amazon Stock for Space Project," *Bloomberg*, April 5, 2017, https://www.bloomberg.com/news/articles/2017-04-05/bezos-hopes-big-windows-will-give-space-tourism-a-boost (January 24, 2021).
21. Chris Bergin and William Graham, "Blue Origin Introduce the New Glenn Orbital LV," NASASpaceFlight.com, September 12, 2016, https://www.nasaspaceflight.com/2016/09/blue-origin-new-glenn-orbital-lv/ (January 24, 2021).
22. Sandra Erwin, "Air Force Awards Launch Vehicle Development Contracts to Blue Origin, Northrop Grumman, ULA," *SpaceNews*, October 10, 2018, https://spacenews.com/air-force-awards-launch-vehicle-development-contracts-to-blue-origin-northrop-grumman-ula/ (January 24, 2021).
23. Christian Davenport, "An Exclusive Look at Jeff Bezos' Plan to Set Up Amazon-Like Delivery for 'Future Human Settlement' of the Moon," *Washington Post*, March 2, 2017, https://www.washingtonpost.com/news/the-switch/wp/2017/03/02/an-exclusive-look-at-jeff-bezos-plan-to-set-up-amazon-like-delivery-for-future-human-settlement-of-the-moon/ (January 24, 2021).
24. Mathias Döpfner, "Jeff Bezos Reveals What It's Like to Build An Empire . . . ," *Business Insider*, April 28, 2018, https://www.businessinsider.com/jeff-bezos-interview-axel-springer-ceo-amazon-trump-blue-origin-family-regulation-washington-post-2018-4 (January 20, 2021).
25. Michael Sheetz, "SpaceX President Knocks Bezos' Blue Origin: 'They Have a Billion Dollars of Free Money Every Year,' " CNBC, October 25, 2019, https://www.cnbc.com/2019/10/25/spacex-shotwell-calls-out-blue-origin-boeing-lockheed-martin-oneweb.html (January 24, 2021).

第 12 章

1. Sarah Perez, "39 Million Americans Now Own a Smart Speaker, Report Claims," *TechCrunch*, January 12, 2018, https://techcrunch.com/2018/01/12/39-million-americans-now-own-a-smart-speaker-report-claims/ (January 26, 2021).
2. Eric Pryne, "Amazon to Make Giant Move to South Lake Union," *Seattle Times*, December 22, 2007, https://www.seattletimes.com/business/amazon-to-make-giant-move-to-south-lake-union/ (January 25, 2021).
3. Matt Day, "Humans of Amazon: Meet Some of the People Behind Seattle's Tech Juggernaut," *Seattle Times,* March 8, 2018, https://www.seattletimes.com/business/amazon/humans-of-amazon-meet-some-of-the-people-behind-seattles-tech-juggernaut/ (January 25, 2021); Rosenberg and González, "Thanks to Amazon."
4. Robert McCartney, "Amazon in Seattle: Economic Godsend or Self-Centered Behemoth?," *Washington Post*, April 8, 2019, https://www.washingtonpost.com/local/trafficandcommuting/amazon-in-seattle-economic-godsend-or-self-centered-behemoth/2019/04/08/7d29999a-4ce3-11e9-93d0-64dbcf38ba41_story.html (January 25, 2021).
5. Amy Martinez and Kristy Heim, "Amazon a Virtual No-Show in Hometown Philanthropy," *Seattle Times*, March 31, 2012, https://www.seattletimes.com/business/amazon-a-virtual-no-show-in-hometown-philanthropy/ (January 25, 2021).
6. Will Kenton, "Social License to Operate (SLO)," *Investopedia*, August 23, 2019, https://www.investopedia.com/terms/s/social-license-slo.asp (January 25, 2021).
7. Phuong Le, "Seattle Approves New Income Tax for Wealthy Residents," Associated Press, July 10, 2017, https://apnews.com/article/d747b2eef95449c3963bb62f9736ef93 (January 25, 2021).
8. "A Close Look at the Proposed Head Tax," *Seattle City Council Insight*, October 30, 2017, https://sccinsight.com/2017/10/30/close-look-proposed-head-tax/ (January 25, 2021).
9. Taylor Soper, "Amazon Cancels Huge Summer Picnic and Post-Holiday Party as Seattle Employee Count Swells, Plans New PostPrime Day Concert," *GeekWire*, June 13, 2018, https://www.geekwire.com/2018/amazon-cancels-huge-summer-picnic-holiday-party-seattle-employee-count-swells-plans-new-prime-day-celebration-concert/ (January 25, 2021).
10. Reid Wilson, "Washington Just Awarded the Largest State Tax Subsidy in U.S. History," *Washington Post*, November 12, 2013, https://www.washingtonpost.

com/blogs/govbeat/wp/2013/11/12/washington-just-awarded-the-largest-state-tax-subsidy-in-u-s-history/ (January 25, 2021).

11. Jason Hidalgo, "Art of the Tesla Deal: How Nevada Won a Gigafactory," *Reno Gazette Journal*, September 16, 2014, https://www.rgj.com/story/news/2014/09/13/art-tesla-deal-nv-won-gigafactory/15593371/ (January 25, 2021).

12. Shayndi Raice and Dana Mattioli, "Amazon Sought $1 Billion in Incentives on Top of Lures for HQ2," *Wall Street Journal*, January 16, 2020, https://www.wsj.com/articles/amazon-sought-1-billion-in-incentives-on-top-of-lures-for-hq2-11579179601 (January 25, 2021).

13. Watchdog News, "Foxconn Chooses Wisconsin for Manufacturing Plant, Says 13,000 Jobs Will Be Created," *Center Square*, July 26, 2017, https://www.thecentersquare.com/wisconsin/foxconn-chooses-wisconsin-for-manufacturing-plant-says-13-000-jobs-will-be-created/article_9a65242e-869a-5867-9201-4ef7b49fb2aa.html (January 25, 2021).

14. Amazon, September 7, 2017, https://images-na.ssl-images-amazon.com/images/G/01/Anything/test/images/usa/RFP_3._V516043504_.pdf.

15. Spencer Soper, "Amazon Weighs Boston in Search for Second Headquarters," *Bloomberg*, September 12, 2017, https://www.bloomberg.com/news/articles/2017-09-12/amazon-is-said-to-weigh-boston-in-search-for-second-headquarters (January 25, 2021).

16. Emily Badger, Quoctrung Bui, and Claire Cain Miller, "Dear Amazon, We Picked Your New Headquarters for You," *New York Times*, September 9, 2017, https://www.nytimes.com/interactive/2017/09/09/upshot/where-should-amazon-new-headquarters-be.html (January 25, 2021).

17. Laura Stevens, Sean McDade, and Stephanie Stamm, "Courting a Giant,"*Wall Street Journal*, November 14, 2017, https://www.wsj.com/graphics/amazon-headquarters/ (January 25, 2021).

18. Soper, "Amazon Weighs Boston."

19. Tony Romm, "Amazon's Pursuit of Tax Credits to Build a New Corporate Headquarters Is Getting Early Pushback," *Vox*, September 7, 2017, https://www.vox.com/2017/9/7/16268588/amazon-tax-credits-ro-khanna-opposition (January 25, 2021).

20. Michael Hiltzik, "Column: Memo to Civic Leaders: Don't Sell Out Your Cities for Amazon's New Headquarters," *Los Angeles Times*, September 12, 2017, https://

www.latimes.com/business/hiltzik/la-fi-hiltzik-amazon-hq-20170911-story.html (January 25, 2021).

21. Natasha Bach, "Kansas City's Mayor Reviewed 1,000 Products on Amazon to Promote His HQ2 Bid," *Fortune*, October 12, 2017, https://fortune.com/2017/10/12/amazon-hq2-kansas-city/ (January 25, 2021).

22. Shannon Liao, "The Eight Most Outrageous Things Cities Did to Lure Amazon for HQ2," *The Verge*, October 19, 2017, https://www.theverge.com/2017/10/19/16504042/amazon-hq2-second-headquarters-most-funny-crazy-pitches-proposals-stonecrest-new-york (January 25, 2021).

23. Laura Stevens, Shibani Mahtani, and Shayndi Raice, "Rules of Engagement: How Cities Are Courting Amazon's New Headquarters," *Wall Street Journal*, April 2, 2018, https://www.wsj.com/articles/rules-of-engagement-how-cities-are-courting-amazons-new-headquarters-1522661401?mod=article_inline (January 25, 2021).

24. Richard Fausset, "Georgia Passes Bill That Stings Delta over N.R.A. Position," *New York Times*, March 1, 2018, https://www.nytimes.com/2018/03/01/business/delta-nra-georgia.html (January 25, 2021).

25. Monica Nickelsburg, "Amazon Suspends Construction in Seattle While the City Considers a New Tax on Its Biggest Businesses," *GeekWire*, May 2, 2018, https://www.geekwire.com/2018/amazon-suspends-construction-seattle-city-considers-new-tax-biggest-businesses/(January 25, 2021), and Matt Day, "Amazon Paid $250 Million in Washington State and Local Taxes for 2017, Source Says," *Seattle Times*, May 9, 2018, https://www.seattletimes.com/business/amazon/amazon-paid-250-million-in-washington-state-and-local-taxes-in-2017-source-says/ (January 25, 2021).

26. Matt Day and Daniel Beekman, "Amazon Issues Threat over Seattle Head-Tax Plan, Halts Tower Construction Planning," *Seattle Times*, May 2, 2018, https://www.seattletimes.com/business/amazon/amazon-pauses-plans-for-seattle-office-towers-while-city-council-considers-business-tax/ (January 25, 2021).

27. Rosenberg and González, "Thanks to Amazon."

28. Matt Day, "Amazon Confirms Major Office Lease in Bellevue, Will Occupy Former Expedia Headquarters," *Seattle Times*, August 21, 2018 https://www.seattletimes.com/business/amazon/amazon-confirms-major-office-lease-in-bellevue-will-occupy-former-expedia-headquarters/ (January 25, 2021).

29. Richard Karlgaard, "Capital Goes Where It's Welcome," *Forbes*, May 18, 2009, https://www.forbes.com/sites/digitalrules/2009/05/18/capital-goes-where-its-welcome/?sh=36ede97353d4 (January 25, 2021).
30. McCartney, "Amazon in Seattle."
31. Daniel Beekman, "About-Face: Seattle City Council Repeals Head Tax Amid Pressure from Businesses, Referendum Threat," *Seattle Times,* June 12, 2018, https://www.seattletimes.com/seattle-news/politics/about-face-seattle-city-council-repeals-head-tax-amid-pressure-from-big-businesses/ (January 25, 2021).
32. Brad Stone, "At $1 Trillion, Amazon Is Still Not Its Stock Price," *Bloomberg*, September 4, 2018, https://www.bloomberg.com/news/articles/2018-09-04/at-1-trillion-amazon-is-still-not-its-stock-price (January 25, 2021).
33. Scott Galloway, "Professor Scott Galloway on Amazon HQ2 and Why It's Time to Break Up Big Tech," *SupplyChain 24/7*, January 25, 2018, https://www.supplychain247.com/article/professor_scott_galloway_on_amazon_hq2_break_up_big_tech (January 25, 2021).
34. Ibid.
35. Lina M. Khan, "Amazon's Antitrust Paradox," *Yale Law Journal* 126, no. 3 (2017), https://www.yalelawjournal.org/note/amazons-antitrust-paradox (January 25, 2021).
36. "Amazon Selects New York City and Northern Virginia for New Headquarters," Amazon, November 13, 2018, https://www.aboutamazon.com/news/company-news/amazon-selects-new-york-city-and-northern-virginia-for-new-headquarters (January 25, 2021).
37. Corey Johnson, Tweet, November 13, 2018, 11:40 a.m., https://twitter.com/CoreyinNYC/status/1062384713535537152 (January 25, 2021).
38. Alexandria Ocasio-Cortez, Tweet, November 12, 2018, 11:40 p.m., https://twitter.com/AOC/status/1062203458227503104 (January 25, 2021).
39. Chris Sommerfeldt and Michael Gartland, "NY Officials Went to Great Lengths to Get Amazon a Helicopter Pad in Queens Despite Fear of Local Pushback: Emails," *New York Daily News*, April 16, 2020, https://www.nydailynews.com/news/politics/ny-amazon-queens-helipad-emails-20200416-3oi2fwjzpzhmncfzalhqre5aru-story.html (January 25, 2021).
40. Ron Dicker, "Jeff Bezos and Amazon Make Off with Sky-High Perks on New York Post Cover," *HuffPost*, November 14, 2018, https://www.huffpost.com/entry/jeff-bezos-amazon-new-york-post-cover_n_5bec4243e4b044bbb1ab8738

(January 25, 2021).

41. "Industrial & Commercial Abatement Program," NYC Department of Finance, https://www1.nyc.gov/site/finance/benefits/benefits-industrial-and-commercial-abatement-program-icap.page (January 25, 2021).

42. See J. David Goodman, "Amazon Has a New Strategy to Sway Skeptics in New York," *New York Times*, January 29, 2019, https://www.nytimes.com/2019/01/29/nyregion/amazon-new-york-long-island-city.html (January 25, 2021).

43. J. David Goodman, "Amazon's New York Charm Offensive Includes a Veiled Threat," *New York Times*, January 30, 2019, https://www.nytimes.com/2019/01/30/nyregion/amazon-queens-nyc-council.html (January 25, 2021).

44. Robert McCartney, Jonathan O'Connell, and Patricia Sullivan, "Facing Opposition, Amazon Reconsiders N.Y. Headquarters Site, Two Officials Say," *Washington Post*, February 8, 2019, https://www.washingtonpost.com/local/virginia-politics/facing-opposition-amazon-reconsiders-ny-headquarters-site-two-officials-say/2019/02/08/451ffc52-2a19-11e9-b011-d8500644dc98_story.html (January 25, 2021).

45. Ibid.

46. Josh Eidelson and Dina Bass, "Amazon Was Holding Talks Wednesday to Make NYC Deal Happen," *Bloomberg*, February 14, 2019, https://www.bloomberg.com/news/articles/2019-02-14/amazon-was-holding-talks-wednesday-to-make-nyc-deal-happen?sref=dJuchiL5 (January 25, 2021).

47. Jillian Jorgensen, "De Blasio Fumes at Amazon and Skeptics of Dashed Deal for HQ2 in Long Island City," *New York Daily News*, February 15, 2019, https://www.nydailynews.com/news/politics/ny-pol-deblasio-amazon-hq2-20190215-story.html (January 25, 2021).

48. J. David Goodman, "Andrew Cuomo Speaks with Jeff Bezos, Hints of 'Other Ways' to Clear Path for Amazon's Return," *New York Times*, February 28, 2019, https://www.nytimes.com/2019/02/28/nyregion/amazon-hq2-nyc.html (January 25, 2021).

49. Jonathan O'Connell and Andrew Ba Tran, "Where Bezos's Jet Flies Most—and What It Might Say About Amazon's HQ2 Winner," *Washington Post*, November 2, 2018, https://www.washingtonpost.com/business/where-bezoss-jet-flies-most--and-what-it-might-say-about-amazons-hq2/2018/11/02/792be19a-de16-11e8-b3f0-62607289efee_story.html (January 25, 2021).

50. See "Amazon Creating 3,500 Jobs in Tech Hubs Across the U.S.," *Business

Facilities, August 21, 2020, https://businessfacilities.com/2020/08/amazon-creating-3500-jobs-in-tech-hubs-across-the-u-s/ (January 25, 2021).

第13章

1. Henry Blodget, "I Asked Jeff Bezos the Tough Questions— No Profits, the Book Controversies, the Phone Flop—and He Showed Why Amazon Is Such a Huge Success," *Business Insider*, December 13, 2014, https://www.businessinsider.com/amazons-jeff-bezos-on-profits-failure-succession-big-bets-2014-12 (January 25, 2021).
2. Ibid.
3. Jeff Bezos in conversation with Mark Bezos, "Amazon CEO Jeff Bezos and Brother Mark Give a Rare Interview About Growing Up and the Secrets to Success," *Summit LA17*, 54:55, November 14, 2017, https://summit.co/videos/amazon-ceo-jeff-bezos-and-brother-mark-give-a-rare-interview-about-growing-up-and-secrets-to-success-3nBiJY03McIIQcgcoe2aUe (January 25, 2021).
4. Benjamin Wofford, "Inside Jeff Bezos's DC Life," *Washingtonian*, April 22, 2018, https://www.washingtonian.com/2018/04/22/inside-jeff-bezos-dc-life/ (January 25, 2021).
5. Rebecca Johnson, "MacKenzie Bezos: Writer, Mother of Four, and High-Profile Wife," *Vogue*, February 20, 2013, https://www.vogue.com/article/a-novel-perspective-mackenzie-bezos (January 25, 2021).
6. Katy Waldman, "The Idealized, Introverted Wives of MacKenzieBezos'sFiction,"*NewYorker*,January23,2019,https://www.newyorker.com/books/page-turner/the-idealized-introverted-wives-of-mackenzie-bezos-fiction (January 25, 2021).
7. Jonah Engel Bromwich and Alexandra Alter, "Who Is Mac-Kenzie Scott?" *New York Times*, January 12, 2019, https://www.nytimes.com/2019/01/12/style/jeff-bezos-mackenzie-divorce.html (January 25, 2021).
8. Jeff Bezos, Twitter video, April 22, 2018, 4:34 p.m., https://twitter.com/JeffBezos/status/988154007813173248 (January 25, 2021).
9. Döpfner, "Jeff Bezos Reveals."
10. Sara Salinas, "Amazon's Jeff Bezos Launches a $2 Billion 'Day One Fund' to Help Homeless Families and Create Preschools," CNBC, September 13, 2018, https://www.cnbc.com/2018/09/13/bezos-launches-day-one-fund-to-help-homeless-families-and-create-preschools.html (January 25, 2021).

11. Adrian Gomez, "Celebrity Buzz Centers on 2 ABQ Natives," *Albuquerque Journal*, January 11, 2019, https://www.abqjournal.com/1267508/celebrity-bu-zzcenters-on-2-abq-natives.html (January 25, 2021).

12. Sara Nathan, "Lauren Sanchez's Brother Tells All on Bezos Romance: 'This Was Real,' " *Page Six*, March 30, 2019, https://pagesix.com/2019/03/30/this-was-real-lauren-sanchezs-brother-tells-all-on-bezos-romance/ (January 25, 2021).

13. Daniel Terdiman, "At Amazon's MARS Conference, Jeff Bezos Plots the Future with 200 (Very) Big Brains," *Fast Company*, March 23, 2018, https://www.fastcompany.com/40547902/at-amazons-mars-conference-jeff-bezos-plots-the-future-with-200-very-big-brains (January 25, 2021).

14. MIT Technology Review, Twitter video, March 20, 2018, 6:57 p.m., https://twitter.com/techreview/status/976231159251324928?lang=en (January 25, 2021).

15. Keith Griffith and Jennifer Smith, "Jeff Bezos and Lover Lauren Sanchez 'Made Out Like Teenagers' in Hollywood Hotspot at Table Next to Michael Sanchez 'Just Days After Their Spouses Discovered Affair,' " *Daily Mail*, January 12, 2019, https://www.dailymail.co.uk/news/article-6583895/Jeff-Bezos-lover-reportedly-like-teenagers-Hollywood-restaurant-Felix.html (January 25, 2021).

16. "Millions of People Living and Working in Space," YouTube video, 1:57, posted by Blue Origin, October 15, 2018, https://www.youtube.com/watch?v=KMdpdmJshFU&feature=emb_logo&ab_channel=BlueOrigin (January 25, 2021).

17. David Ng, Stacy Perman, and Richard Winton, "Who Is Michael Sanchez? Low-Level Hollywood Manager Is a Pivotal Figure in Bezos-Pecker Storm," *Los Angeles Times*, February 13, 2019, https://www.latimes.com/business/hollywood/la-fi-ct-michael-sanchez-20190213-story.html (January 26, 2021).

18. Gary Baum, "Dylan Howard's Hollywood Reboot: Why Are So Many A-Listers Working with a Tabloid Henchman?" *Hollywood Reporter*, February 3, 2020, https://www.hollywoodreporter.com/features/why-are-a-listers-working-dylan-howard-1275651 (January 26, 2021).

19. Lachlan Markay, "Emails Tell the Inside Story of How the Enquirer Got Jeff Bezos' Nudes," *Daily Beast*, July 3, 2020, https://www.thedailybeast.com/emails-tell-the-inside-story-of-how-the-enquirer-got-jeff-bezos-nudes (January 26, 2021).

20. "TV Reunion! Emmy Winner Lauren Sanchez Returns to Host 'Extra' This Thursday," *Radar Online*, September 11, 2018, https://radaronline.com/exclusives/2018/09/tv-reunion-emmy-winner-lauren-sanchez-returns-to-host-extra/

(January 26, 2021).
21. Markay, "Emails."
22. Joe Palazzolo and Michael Rothfeld, *The Fixers: The Bottom-Feeders, Crooked Lawyers, Gossipmongers, and Porn Stars Who Created the 45th President* (New York: Random House, 2020), 351–356.
23. "Declaration of Dylan Howard, James Robertson and Andrea Simpson in Support of Defendants' Special Motion to Strike," in *Michael Sanchez v. American Media, Inc*, pg. 4, line 19.
24. Letter to Charles Stillman and James Mitchell from the U.S. Attorney for the Southern District of New York, September 20, 2018, https://www.justice.gov/usao-sdny/press-release/file/1119501/download (January 26, 2021).
25. Michael Rothfeld, Joe Palazzolo, and Alexandra Berzon, "How the National Enquirer Got Bezos' Texts: It Paid $200,000 to His Lover's Brother," *Wall Street Journal*, March 18, 2019, https://www.wsj.com/articles/how-the-national-enquirer-got-bezos-texts-it-paid-200-000-to-his-lovers-brother-11552953981 (January 26, 2021).
26. Ibid.
27. Evan Real, "Lauren Sanchez's Brother Speaks Out About Involvement in Jeff Bezos Affair Leaking," *Hollywood Reporter*, February 14, 2019, https://www.hollywoodreporter.com/news/lauren-sanchezs-brother-speaks-involvement-jeff-bezos-affair-leaking-1186817 (January 26, 2021).
28. Marc Fisher, Manuel Roig-Franzia, and Sarah Ellison, "Was Tabloid Exposé of Bezos Affair Just Juicy Gossip or a Political Hit Job?" *Washington Post*, February 5, 2019, https://www.washingtonpost.com/politics/was-tabloid-expose-of-bezos-affair-just-juicy-gossip-or-a-political-hit-job/2019/02/05/03d2f716-2633-11e9-90cd-dedb0c92dc17_story.html (January 26, 2021).
29. Jeff Bezos, Tweet, January 9, 2019, 9:17 a.m., https://twitter.com/JeffBezos/status/1083004911380393985 (January 26, 2021).
30. Fisher, Roig-Franzia, and Ellison, "Tabloid Exposé."
31. Matthew Yglesias, "Donald Trump's Twitter Feud with Amazon, Explained," *Vox*, April 4, 2018, https://www.vox.com/policy-and-politics/2018/4/4/17193090/trump-amazon-feud (January 26, 2021).
32. Dylan Howard, James Robertson, and Andrea Simpson, "Bezos Shared Wife's Pillow Talk with Mistress, Boasted About U2's Bono," *National Enquirer*,

January 12, 2019, https://www.nationalenquirer.com/celebrity/jeff-bezos-shared-wifes-pillow-talk-with-mistress-lauren-sanchez/ (January 26, 2021).

33. "First Photos Show Jeff Bezos' Girlfriend Lauren Sanchez Carefree After Scandal," *Us Weekly*, January 14, 2019, https://www.usmagazine.com/celebrity-news/pictures/lauren-sanchez-steps-out-after-news-of-jeff-bezos-affair-pics/ (January 26, 2021).
34. Declaration of Dylan Howard.
35. Jeff Bezos, "No Thank You, Mr. Pecker," *Medium*, February 7, 2019, https://medium.com/@jeffreypbezos/no-thank-you-mr-pecker-146e3922310f (January 26, 2021).
36. Fisher, Roig-Franzia, and Ellison, "Tabloid Exposé."
37. Lachlan Markay and Asawin Suebsaeng, "Bezos Launches Investigation into Leaked Texts with Lauren Sanchez That Killed His Marriage," *Daily Beast*, January 30, 2019, https://www.thedailybeast.com/bezos-launches-investigation-into-leaked-texts-with-lauren-sanchez-that-killed-his-marriage (January 26, 2021); Lachlan Markay and Asawin Suebsaeng, "Bezos' Investigators Question Michael Sanchez, Brother of Mistress Lauren Sanchez, in National Enquirer Leak Probe," *Daily Beast,* February 13, 2019, https:// www.thedailybeast.com/bezos-investigators-question-the-brother-of-his-mistress-lauren-sanchez-in-national-enquirer-leak-probe (January 26, 2021).
38. Markay and Suebsaeng, "Bezos' Investigators."
39. Gerry Smith and Elise Young, "New Jersey Officials Press National Enquirer's Hedge-Fund Owner over Bezos Feud," Bloomberg, February 12, 2019, https://www.bloomberg.com/news/articles/2019-02-12/n-j-officials-press-enquirer-s-hedge-fund-owner-over-bezos-feud?sref=dJuchiL5 (January 26, 2021); Katherine Burton, Sridhar Natarajan, and Shahien Nasiripour, "As N.J. Cuts Hedge Fund Ties, Chatham Shows That Can Take Years," Bloom-berg, June 11, 2019, https://www.bloomberg.com/news/articles/2019-06-11/as-n-j-cuts-hedge-fund-ties-chatham-shows-that-can-take-years?sref=dJuchiL5 (January 26, 2021).
40. Fisher, Roig-Franzia, nd Ellison, "Tabloid Exposé."
41. Bezos, "No Thank You."
42. Ibid.
43. Ibid.
44. Gavin de Becker, "Bezos Investigation Finds the Saudis Obtained His Private Data," *Daily Beast*, March 31, 2019, https://www.thedailybeast.com/jeff-bezos-

investigation-finds-the-saudis-obtained-his-private-information (January 26, 2021).

45. See "National Enquirer Says Saudis Didn't Help on Bezos Story," *Daily Beast*, March 31, 2019, https://www.thedailybeast.com/national-enquirer-says-saudis-didnt-help-on-bezos-story (January 26, 2021).

46. Katie Paul, "Exclusive: Apple and Amazon in Talks to Set Up in Saudi Arabia—Sources," Reuters, December 28, 2017, https://www.reuters.com/article/us-saudi-tech-exclusive/exclusive-apple-and-amazon-in-talks-to-set-up-in-saudi-arabia-sources-idUSKBN1EM0PZ (January 26, 2021); Bradley Hope and Justin Scheck, *Blood and Oil: Mohammed Bin Salman's Ruthless Quest for Global Power* (New York: Hachette, 2020).

47. Marc Fisher and Jonathan O'Connell, "The Prince, the Billionaire and the Amazon Project That Got Frozen in the Desert," *Washington Post*, October 27, 2019, https://www.washingtonpost.com/politics/the-prince-the-billionaire-and-the-amazon-project-that-got-frozen-in-the-desert/2019/10/27/71410ef8-eb9c-11e9-85c0-85a098e47b37_story.html (January 26, 2021).

48. Justin Scheck, Bradley Hope, and Summer Said, "Saudi Prince Courted Amazon's Bezos Before Bitter Split," *Wall Street Journal*, January 27, 2020, https://www.wsj.com/articles/saudi-prince-courted-amazons-bezos-before-bitter-split-11580087674 (January 26, 2021).

49. Marc Fisher, "U.N. Report: Saudi Crown Prince Was Involved in Alleged Hacking of Bezos Phone," *Washington Post*, January 22, 2020, https://www.washingtonpost.com/politics/un-ties-alleged-phone-hacking-to-posts-coverage-of-saudi-arabia/2020/01/22/a0bc63ba-3d1f-11ea-b90d-5652806c3b3a_story.html (January 26, 2021); Jared Malsin, Dustin Volz, and Justin Scheck, "U.N. Suggests Bezos' Phone Was Hacked Using Saudi Crown Prince's Account," *Wall Street Journal*, January 22, 2020, https://www.wsj.com/articles/u-n-experts-say-hacking-of-bezoss-phone-suggests-effort-to-influence-news-coverage-11579704647 (January 26, 2021).

50. Ben Feuerherd, "Jeff Bezos and Lauren Sanchez Get Cozy on Mega Yacht in Italy," *Page Six*, August 31, 2019, https://pagesix.com/2019/08/31/jeff-bezos-and-lauren-sanchez-get-cozy-on-mega-yacht-in-italy/ (January 26, 2021).

51. Priya Elan, "Dress Like a Tech Bro in Kaftan, Sliders, Gilet . . . and Jeff Bezos's Shorts," *The Guardian*, November 2, 2019, https://www.theguardian.com/fashion/2019/nov/02/jeff-bezos-shorts-tech-bro-fashion (January 26, 2021).

52. Bill Bostock, "Jeff Bezos Attended a Vigil at the Saudi Consulate Where Washington Post Writer Jamal Khashoggi Was Murdered One Year Ago," *Business Insider*, October 2, 2019, https://www.businessinsider.com/jeff-bezos-visit-saudi-consulate-istanbul-khashoggi-murder-anniversary-2019-10 (January 26, 2021).

53. "Washington Post Owner Jeff Bezos Attends Khashoggi Memorial in Istanbul," *Daily Sabah*, October 2, 2019, https://www.dailysabah.com/turkey/2019/10/02/washington-post-owner-jeff-bezos-attends-khashoggi-memorial-in-istanbul (January 26, 2021).

54. Ibid.

55. Eileen Kinsella, "Jeff Bezos Reportedly Spent More Than $70 Million on a Kerry James Marshall and a Record-Shattering Ed Ruscha at Auction Last Fall," *Artnet*, February 6, 2020, https://news.artnet.com/market/jeff-bezos-art-collector-1771410 (January 26, 2021).

56. Katy McLaughlin and Katherine Clarke, "Jeff Bezos Buys David Geffen's Los Angeles Mansion for a Record $165 Million," *Wall Street Journal*, February 12, 2020, https://www.wsj.com/articles/jeff-bezos-buys-david-geffens-los-angeles-mansion-for-a-record-165-million-11581542020 (January 26, 2021).

第14章

1. Spencer Soper, "Amazon Will Spend $800 Million to Move to One-Day Delivery," *Bloomberg*, April 25, 2019," https://www.bloomberg.com/news/articles/2019-04-25/amazon-will-spend-800-million-to-move-to-one-day-delivery?sref=dJuchiL5 (January 25, 2021).

2. Jack Witzig, Berber Jin, and *Bloomberg*, "Jeff Bezos's Net Worth Hits a New High After Recovering Losses from Divorce," *Fortune*, July 2, 2020, https://fortune.com/2020/07/02/jeff-bezos-net-worth-new-high-amazon-shares-divorce/ (January 25, 2021).

3. Transcript of Economic Club of Washington, D.C., interview, September 13, 2018, https://www.economicclub.org/sites/default/files/transcripts/Jeff_Bezos_Edited_Transcript.pdf (January 25, 2021).

4. Marc Levinson, *The Great A&P and the Struggle for Small Business in America* (New York: Hill and Wang, 2011).

5. Elizabeth Warren, "Here's How We Can Break Up Big Tech," *Medium*, March 8, 2019, https://medium.com/@teamwarren/heres-how-we-can-break-up-big-

tech-9ad9e0da324c (January 25, 2021).

6. "This Is Why Warren Wants to Break Up Big Tech Companies," CNN, April 23, 2019, https://www.cnn.com/videos/politics/2019/04/23/elizabeth-warren-amazon-google-big-tech-break-up-town-hall-vpx.cnn (January 25, 2021).

7. Richard Rubin, "Does Amazon Really Pay No Taxes? Here's the Complicated Answer," *Wall Street Journal*, June 14, 2019, https://www.wsj.com/articles/does-amazon-really-pay-no-taxes-heres-the-complicated-answer-11560504602 (January 25, 2021).

8. Döpfner, "Jeff Bezos Reveals."

9. Abha Battarai, "Ama- zon Is Doling Out Raises of As Little as 25 Cents an Hour in What Employees Call 'Damage Control,'" *Washington Post*, September 24, 2018, https://www.seattletimes.com/business/amazon/amazon-raises-starting-wage-for-its-workers-to-15-an-hour (January 25, 2021).

10. Jeff Bezos, "2018 Letter to Shareowners," April 11, 2019, https://www.aboutamazon.com/news/company-news/2018-letter-to-shareholders. (January 25, 2021).

11. Krystal Hu, "Some Amazon Employees Say They Will Make Less After the Raise," *Yahoo! Finance*, October 3, 2018, https://finance.yahoo.com/news/amazon-employees-say-will-make-less-raise-174028353.html (January 25, 2021).

12. Bernie Sanders, Tweet, December 27, 2019, https://twitter.com/BernieSanders/status/1210602974587822080 (January 25, 2021).

13. "Amazon 'Getting Away with Murder on tax', says Donald Trump," Reuters, May 13, 2016, https://www.theguardian.com/us-news/2016/may/13/amazon-getting-away-with-on-tax-says-donald-trump (January 25, 2021).

14. Donald Trump, Tweet, August 16, 2017, https://www.thetrumparchive.com/?searchbox=%22many+jobs+being+lost%21%22 (January 26, 2021).

15. "Be Careful What You Assume," United States Postal Service Office of the Inspector General, February 16, 2015, https://www.uspsoig.gov/blog/be-careful-what-you-assume (January 25, 2021).

16. Eugene Kiely and D'Angelo Gore, "Trump's Amazon Attack," FactCheck.org, April 5, 2018, https://www.factcheck.org/2018/04/trumps-amazon-attack/ (January 25, 2021).

17. Damian Paletta and Josh Dawsey, "Trump Personally Pushed Postmaster General to Double Rates on Amazon, Other Firms," *Washington Post*, May 18, 2018, (January 25, 2021).

18. Jeff Bezos, Tweet, August 10, 2017, https://twitter.com/JeffBezos/status/895714205822730241 (January 25, 2021).
19. Naomi Nix, "Amazon Has Plenty of Foes in Pentagon Cloud Deal," *Bloomberg*, June 26, 2018, https://www.bloomberg.com/news/articles/2018-06-26/amazon-foes-in-pentagon-cloud-deal-are-said-to-include-sap-csra?sref=dJuchiL5 (January 25, 2021).
20. Naomi Nix, "Inside the Nasty Battle to Stop Amazon from Winning the Pentagon's Cloud Contract," *Bloomberg*, December 20, 2018, https://www.bloomberg.com/news/features/2018-12-20/tech-giants-fight-over-10-billion-pentagon-cloud-contract (January 25, 2021).
21. Brian Schwarz, "Top CEOs Ramp Up GOP Donations as Biden Threatens to Scale Back Corporate Tax Cuts," CNBC, July 27, 2020, https://www.cnbc.com/2020/07/27/top-ceos-give-big-to-gop-as-biden-threatens-to-scale-back-corp-tax-cuts.html (January 25, 2021).
22. Jennifer Jacobs, "Oracle's Safra Catz Raises Amazon Contract Fight with Trump," *Bloomberg*, April 4, 2018, https://www.bloomberg.com/news/articles/2018-04-04/oracle-s-catz-is-said-to-raise-amazon-contract-fight-with-trump?sref=dJuchiL5 (January 25, 2021).
23. Naomi Nix, "Google Drops Out of Pentagon's $10 Billion Cloud Competition," *Bloomberg*, October 8, 2018, https://www.bloomberg.com/news/articles/2018-10-08/google-drops-out-of-pentagon-s-10-billion-cloud-competition?sref=dJuchiL5 (January 25, 2021).
24. Mike Stone, "Jeff Bezos Says Amazon Wants to Work More with the Pentagon," Reuters, December 7, 2019, https://www.reuters.com/article/us-usa-pentagon-amazon/amazon-ceo-says-wants-to-work-more-with-pentagon-idUSKBN1YB0JL (January 25, 2021).
25. "President Trump Meeting with Prime Minister of the Netherlands," C-SpAN, July 18, 2019, https://www.c-span.org/video/?462777-1/president-trump-meets-dutch-prime-minister-mark-rutte (January 25, 2021).
26. Donald Trump Jr., Tweet, July 18, 2019, https://twitter.com/DonaldJTrumpJr/status/1151905489472630785 (January 25, 2021).
27. Billy Mitchell, "JEDI Complaints Under Review by New Defense Secretary," *FedScoop*, August 1, 2019, https://www.fedscoop.com/jedi-mark-esper-review-congress-complaints/ (January 25, 2021).

28. Frank Konkel and Heather Kuldell, "Esper Recuses Himself from JEDI Cloud Contract Review," NextGov.com, October 22, 2019, https://www.nextgov.com/it-modernization/2019/10/esper-recuses-himself-jedi-cloud-contract-review/160782/ (January 25, 2021).
29. Monica Nickelsburg and Todd Bishop, "Satya Nadella: Staying Out of Politics, Focusing on Tech, Helped Microsoft Win Pentagon Cloud Contract," *GeekWire*, November 1, 2019, https://www.geekwire.com/2019/satya-nadella-staying-politics-focusing-tech-helped-microsoft-win-pentagon-cloud-contract/ (January 26, 2021).
30. Jay Greene and Laura Stevens, "Wal-Mart to Vendors: Get Off Amazon's Cloud," *Wall Street Journal*, June 21, 2017, https://www.wsj.com/articles/wal-mart-to-vendors-get-off-amazons-cloud-1498037402?mod=e2tw (January 26, 2021).
31. Lina Khan, "Amazon's Antitrust Paradox," *Yale Law Journal* 126, no. 3 (2017): 710–805.
32. Davis Streitfeld, "Amazon's Antitrust Antagonist Has a Breakthrough Idea," *New York Times*, September 7, 2018, https://www.nytimes.com/2018/09/07/technology/monopoly-antitrust-lina-khan-amazon.html (January 26, 2021).
33. Alexis C. Madrigal, "A Silicon Valley Congressman Takes On Amazon," *Atlantic*, June 19, 2017, https://www.theatlantic.com/technology/archive/2017/06/ro-khanna-amazon-whole-foods/530805/ (January 26, 2021).
34. Kostya Medvedovsky, Tweet, June 19, 2017, https://twitter.com/kmedved/status/876869328934711296 (January 26, 2021).
35. Brent Kendall and Heather Haddon, "FTC Approves Whole Foods-Amazon," *Wall Street Journal*, August 23, 2017, https://www.wsj.com/articles/whole-foods-shareholders-approve-merger-with-amazon-1503498623 (January 26, 2021).
36. Adam Satariano, "Amazon Dominates as a Merchant and Platform. Europe Sees Reason to Worry," *New York Times*, September 19, 2018, https://www.nytimes.com/2018/09/19/technology/amazon-europe-margrethe-vestager.html (January 26, 2021).
37. David Mc-Laughlin, Naomi Nix, and Daniel Stoller, "Trump's Trustbusters Bring Microsoft Lessons to Big Tech Fight," *Bloomberg*, June 11, 2019, https://www.bloomberg.com/news/articles/2019-06-11/trump-s-trustbusters-bring-microsoft-lessons-to-big-tech-fight?sref=dJuchiL5 (January 26, 2021).
38. "Cicilline to Chair Antitrust Subcommittee," January 23, 2019, https://cicilline.house.gov/press-release/cicilline-chair-antitrust-subcommittee (January 26, 2021).

39. Kim Lyons, "Nadler Calls Amazon Letter to Judiciary Committee 'Unacceptable,'" *The Verge*, May 16, 2020, https://www.theverge.com/2020/5/16/21260981/nadler-amazon-bezos-seller-judiciary (January 26, 2021).
40. Lauren Feiner, "Amazon Exec Tells Lawmakers the Company Doesn't Favor Own Brands over Products Sold by Third-Party Merchants," CNBC, July 16, 2019, https://www.cnbc.com/2019/07/16/amazon-tells-house-it-doesnt-favor-own-brands-in-antitrust-hearing.html (January26, 2021).
41. Laura Hautala, "Tech Titans Face Video Glitches in Congressional Testimony, *CNET*, July 29, 2020, https://www.cnet.com/news/tech-titans-face-video-glitches-in-congressional-testimony/ (January 26, 2021).
42. Brad Stone, *The Everything Store* (Boston: Little, Brown and Company, 2013), 294–300; 241–246.
43. David McCabe, "One of Amazon's Most Powerful Critics Lives in Its Backyard," *New York Times*, May 3, 2020, https://www.nytimes.com/2020/05/03/technology/amazon-pramila-jayapal.html (January 26, 2021).
44. 有关2020年7月29日召开的听证会内容，参见 https://www.rev.com/blog/transcripts/big-tech-antitrust-hearing-full-transcript-july-29 (February 27, 2021).
45. Karen Weise, "Prime Power: How Amazon Squeezes the Businesses Behind Its Store," *New York Times*, December 20, 2019, https://www.nytimes.com/2019/12/19/technology/amazon-sellers.html (January 26, 2021).
46. "Supporting Small Businesses," You Tube video, 0:30, "amazon," October 5, 2020, https://www.youtube.com/watch?v=4qwk2T8-SRA&ab_channel=amazon (January 26, 2021).
47. House Committee on the Judiciary, "Judiciary Antitrust Subcommittee Investigation Reveals Digital Economy Highly Concentrated, Impacted by Monopoly Power," October 6, 2020, https://judiciary.house.gov/news/documentsingle.aspx?DocumentID=3429 (January 26, 2021).
48. Ibid.
49. "Amazon Remains the Undisputed No. 1," *eMarket*, March 11, 2020, https://www.emarketer.com/content/amazon-remains-the-undisputed-no-1 (January 26, 2021).
50. Matt Day and Jackie Gu, "The Enormous Numbers Behind Amazon's Market Reach," *Bloomberg*, March 27, 2019, https://www.bloomberg.com/graphics/2019-amazon-reach-across-markets/?sref=dJuchiL5 (January 26, 2021).
51. Subcommittee on Antitrust, Commercial and Administrative Law of the Committee

of the Judiciary, "Investigation of Competition in Digital Markets," October 2020, p. 318.

52. "Ultrafast Grocery Delivery Is Now FREE with Prime," AboutAmazon.com, October 29, 2019, https://www.aboutamazon.com/news/retail/ultrafast-grocery-delivery-is-now-free-with-prime (January 26, 2021).

53. Foo Yun Chee, "Europe Charges Amazon with Using Dominance and Data to Squeeze Rivals," Reuters, November 10, 2020, https://www.reuters.com/article/eu-amazon-com-antitrust/europe-charges-amazon-with-using-its-dominance-and-data-to-squeeze-rivals-idUSKBN27Q21T (January 26, 2021).

54. Döpfner, "Jeff Bezos Reveals."

第15章

1. Spencer Soper, "Amazon Results Show New Spending Splurge Paying Off; Shares Jump," *Bloomberg*, January 30, 2020, https://www.bloomberg.com/news/articles/2020-01-30/amazon-holiday-results-crush-wall-street-estimates-shares-surge (January 26, 2021).

2. Jeffrey Dastin, "Amazon Defers 'Non-essential' Moves Even in U.S. as Corporate Travel Bans Spread," Reuters, February 28, 2020, https://www.reuters.com/article/us-china-health-amazon-com/amazon-defers-non-essential-moves-even-in-u-s-as-corporate-travel-bans-spread-idUSKCN20M2TZ (January 26, 2021).

3. Taylor Soper, "Amazon Changes Coronavirus Plan, Tells Seattle Area Employees to Work from Home until March 31," *GeekWire*, March 4, 2020, https://www.geekwire.com/2020/amazon-changes-coronavirus-plan-tells-seattle-area-employees-work-home-march-31/ (January 26, 2021).

4. Monica Nickelsburg, "Amazon Extends Work from Home Policy to January 2021, Opens Offices with New Safety Measures," *GeekWire*, July 15, 2020, https://www.geekwire.com/2020/amazon-extends-work-home-policy-january-2021-opens-offices-new-safety-measures/ (January 26, 2021).

5. Roy Maurer, "Job Interviews Go Virtual in Response to COVID-19," *SHRM*, March 17, 2020, https://www.shrm.org/resourcesandtools/hr-topics/talent-acquisition/pages/job-interviews-go-virtual-response-covid-19-coronavirus.aspx (January 26, 2021).

6. Jeff Bezos, "A Message from Our CEO and Founder," Amazon, March 21, 2020, https://www.aboutamazon.com/news/company-news/a-message-from-our-ceo-and-

founder (January 26, 2021).

7. Jeff Bezos, Instagram post, March 26, 2020, https://www.instagram.com/p/B-NbzviHy5B/ (January 26, 2021).

8. Jeff Bezos, Instagram post, March 27, 2020, https://www.instagram.com/p/B-QSpVsHQcq/?hl=en (January 26, 2021).

9. Amazon News, Twitter video, April 8, 2020, https://twitter.com/amazonnews/status/124809282807030 1697?s=20 (January 26, 2021).

10. Karen Weise and Kate Conger, "Gaps in Amazon's Response as Virus Spreads to More Than 50 Warehouses," *New York Times*, April 5, 2020, https://www.nytimes.com/2020/04/05/technology/coronavirus-amazon-workers.html (January 26, 2021).

11. Benjamin Romano, "Amazon Confirms COVID-Positive Employee in One of Its Seattle-Area Warehouses," *Seattle Times*, March 28, 2020, https://www.seattletimes.com/business/amazon/amazon-confirms-covid-positive-employee-in-one-of-its-seattle-area-warehouses/ (January 26, 2021).

12. Matt Day, "Amazon Is Its Own Biggest Mailman, Shipping 3.5 Billion Parcels," *Bloomberg*, December 19, 2019, https://www.bloomberg.com/news/articles/2019-12-19/amazon-is-its-own-biggest-mailman-delivering-3-5-billion-orders (January 26, 2021).

13. "Amazon Posts Self-Delivery Record in July, Consultancy Says," *Benzinga*, August 14, 2020, https://www.benzinga.com/news/earnings/20/08/17085321/amazon-posts-self-delivery-record-in-july-consultancy-says (January 26, 2021).

14. Eugene Kim, "Leaked Emails Show Amazon's Drone Delivery Team Is Manufacturing Face Shields for COVID-19 and Crowdsourcing Employee Ideas to Improve Warehouse Safety," *Business Insider*, May 6, 2020, https://www.businessinsider.com/amazon-drone-delivery-team-is-manufacturing-covid-19-face-shields-2020-5 (January 26, 2021).

15. "Getting Millions of Masks to Our Employees," Amazon, April 5, 2020, https://www.aboutamazon.com/news/company-news/getting-millions-of-masks-to-our-employees (January 26, 2021).

16. Dana Mattioli, "Amazon Retools with Unusual Goal: Get Shoppers to Buy Less Amid Coronavirus Pandemic," *Wall Street Journal,* April 16, 2020, https://www.wsj.com/articles/amazon-retools-with-unusual-goal-get-shoppers-to-buy-less-amid-coronavirus-pandemic-11587034800 (January 26, 2021).

17. "Temporarily Prioritizing Products Coming into Our Fulfillment Centers," *Amazon*

Services Seller Forums, March 2020, https://sellercentral.amazon.com/forums/t/temporarily-prioritizing-products-coming-into-our-fulfillment-centers/592213 (January 26, 2021).

18. "Investigation of Competition in Digital Markets," pg. 270, https://www.documentcloud.org/documents/7222836-Investigation-of-Competition-in-Digital-Markets.html#text/p270 (January 26, 2021); Adi Robertson and Russel Brandom, "Congress Releases Blockbuster Tech Antitrust Report," *The Verge*, October 6, 2020, https://www.theverge.com/2020/10/6/21504814/congress-antitrust-report-house-judiciary-committee-apple-google-amazon-facebook (January 26, 2021).

19. Dana Mattioli, "Amazon to Expand Shipments of Nonessential Items, Continue Adding Staff," *Wall Street Journal*, April 13, 2020, https://www.wsj.com/articles/amazon-seeks-to-hire-another-75-000-workers-11586789365 (January 26, 2021).

20. Brad Porter, "Amazon Introduces 'Distance Assistant,' " Amazon, June 16, 2020, https://www.aboutamazon.com/news/operations/amazon-introduces-distance-assistant (January 26, 2021).

21. Mark Di Stefano, "Amazon Drops Pandemic Test to Track Warehouse Workers Through Wi-Fi," *The Information*, November 30, 2020, https://www.theinformation.com/articles/amazon-drops-pandemic-test-to-track-warehouse-workers-through-wi-fi (January 26, 2021).

22. Paris Martineau, "Amazon Quietly Expands Large-Scale Covid Testing Program for Warehouses," *The Information*, September 24, 2020, https://www.theinformation.com/articles/amazon-quietly-expands-large-scale-covid-testing-program-for-warehouses (January 26, 2021).

23. "Update on COVID-19 Testing," Amazon, October 1, 2020, https://www.aboutamazon.com/news/operations/update-on-covid-19-testing (January 26, 2021).

24. Matthew Fox, " 'COVID-19 Has Been Like Injecting Amazon with a Growth Hormone': Here's What 4 Analysts Had to Say About Amazon's Earnings Report as $4,000 Price Targets Start to Roll In," *Business Insider*, July 31, 2020, https://markets.businessinsider.com/news/stocks/amazon-earnings-wall-street-reacts-blockbuster-report-analysts-stock-price-2020-7-1029456482 (January 26, 2021).

25. Matt Day, Daniele Lepido, Helen Fouquet, and Macarena Munoz Montijano, "Coronavirus Strikes at Amazon's Operational Heart: Its Delivery Machine," *Bloomberg*, March 16, 2020, https://www.bloomberg.com/news/articles/2020-03-16/coronavirus-strikes-at-amazon-s-operational-heart-its-delivery-machine?sref=

dJuchiL5 (January 26, 2021).

26. Matthew Dalton, "Amazon Shuts French Warehouses After Court Orders Coronavirus Restrictions," *Wall Street Journal*, April 16, 2020, https://www.wsj.com/articles/amazon-shuts-warehouses-in-france-11587036614 (January 26, 2021); Mathieu Rosemain, "Amazon's French Warehouses to Reopen with 30% Staff—Unions," Reuters, May 18, 2020, https://www.reuters.com/article/health-coronavirus-amazon-france/amazons-french-warehouses-to-reopen-with-30-staff-unions-idINKBN22U27G?edition-redirect=in (January 26, 2021).

27. Pierre-Paul Bermingham, "Amazon Under Fire in France as Coronavirus Restrictions Hit Rivals," *Politico Europe*, November 5, 2020, https://www.politico.eu/article/spotlight-falls-on-amazon-as-french-businesses-are-restricted-by-lockdown-rules/ (January 26, 2021).

28. Sam Dean, "Fearful of COVID-19, Amazon Workers Ask for State Probe of Working Conditions," *Los Angeles Times*, April 9, 2020, https://www.latimes.com/business/technology/story/2020-04-09/fearful-of-covid-19-amazon-workers-ask-for-state-probe-of-working-conditions (January 26, 2021).

29. Sebastian Herrera, "Fired Amazon Warehouse Workers Accuse Company of Retaliation, Which It Denies," *Wall Street Journal*, April 14, 2020, https://www.wsj.com/articles/fired-amazon-warehouse-workers-accuse-company-of-retaliation-which-it-denies-11586891334 (January 26, 2021); Spencer Soper and Matt Day, "Amazon Drivers Received Single Wipe to Clean Vans Before Shifts," *Bloomberg*, March 18, 2020, https://www.bloomberg.com/news/articles/2020-03-18/amazon-drivers-received-single-wipe-to-clean-vans-before-shifts?sref=dJuchiL5 (January 26, 2021).

30. Benjamin Romano, "Amazon Confirms Seattle-Area Warehouse Employee Has Coronavirus," *Seattle Times*, March 28, 2020, https://www.seattletimes.com/business/amazon/amazon-confirms-covid-positive-employee-in-one-of-its-seattle-area-warehouses/ (January 26, 2021).

31. Josh Eidelson and Luke Kawa, "Firing of Amazon Strike Leader Draws State and City Scrutiny," *Bloomberg*, March 30, 2020, https://www.bloomberg.com/news/articles/2020-03-30/amazon-worker-who-led-strike-over-virus-says-company-fired-him (January 26, 2021; "Interview with Chris Smalls," Emily Chang, Bloomberg TV, March 30, 2020, https://www.bloomberg.com/news/videos/2020-03-30/striking-amazon-employee-accuses-company-of-retaliation-video (February 28, 2021).

32. Paul Blest, "Leaked Amazon Memo Details Plan to Smear Fired Warehouse Organizer: 'He's Not Smart or Articulate,' " *Vice News*, April 2, 2020, https://www.vice.com/en/article/5dm8bx/leaked-amazon-memo-details-plan-to-smear-fired-warehouse-organizer-hes-not-smart-or-articulate, (February 28, 2020).
33. Hayley Peterson, "Amazon-Owned Whole Foods Is Quietly Tracking Its Employees with a Heat Map Tool That Ranks Which Stores Are Most At Risk of Unionizing," *Business Insider*, April 20, 2020, https://www.businessinsider.com/whole-foods-tracks-unionization-risk-with-heat-map-2020-1?r=US&IR=T (January 26, 2021); Nick Statt, "Amazon Deletes Job Listings Detailing Effort to Monitor 'Labor Organizing Threats,' " *The Verge*, September 1, 2020, https://www.theverge.com/2020/9/1/21417401/amazon-job-listing-delete-labor-organizing-threat-union (January 26, 2021).
34. "Amazon worker: At least 600 Amazon employees stricken by coronavirus," CBS, May 10, 2020, https://www.cbsnews.com/news/amazon-workers-with-coronavirus-60-minutes-2020-05-10/ (February 16, 2021).
35. Amazon's "Update on COVID-19 Testing."
36. Amazon's "Update on COVID-19 Testing."
37. Lauren Kaori Gurley, "Whole Foods Just Fired an Employee Who Kept Track of Corona Virus Cases," *Motherboard*, March 29, 2020, https://www.vice.com/en/article/y3zd9g/whole-foods-just-fired-an-employee-who-kept-track-of-coronavirus-cases (February 28, 2021).
38. Sarah Ashley O'Brien, "Fear and a firing inside an Amazon warehouse," CNN, April 22, 2020, https://www.cnn.com/2020/04/22/tech/amazon-warehouse-bashir-mohamed/index.html (February 28, 2021).
39. Caroline O'Donovan, "This Fired Worker Says Amazon Retaliated Against Her. Now the Company is Facing Charges," *BuzzFeed News*, December 4, 2020, https://www.buzzfeednews.com/article/carolineodonovan/amazon-worker-retaliation-coronavirus (February 16, 2021).
40. Tim Bray, "Bye, Amazon," Ongoing by Tim Bray, April 29, 2020, https://www.tbray.org/ongoing/When/202x/2020/04/29/Leaving-Amazon (January 26, 2021).
41. Brad Porter, "Response to Tim Bray's Departure . . ." LinkedIn, May 5, 2020, https://www.linkedin.com/pulse/response-tim-brays-departure-brad-porter/ (January 26, 2021).
42. Spencer Soper, "Amazon Projects Revenue Signaling Strong E-Commerce

Demand," *Bloomberg*, February 2, 2021, https://www.bloomberg.com/news/articles/2021-02-02/amazon-projects-revenue-signaling-strong-e-commerce-demand (February 28, 2021).

43. Karen Weis, "Pushed by Pandemic, Amazon Goes on a Hiring Spree Without Equal," *New York Times*, November 27, 2020, https://www.nytimes.com/2020/11/27/technology/pushed-by-pandemic-amazon-goes-on-a-hiring-spree-without-equal.html (February 28, 2021).

44. Annie Palmer, "Jeff Wilke, Amazon's Consumer Boss and a Top Lieutenant to Bezos, Will Step Down in 2021," CNBC, August 21, 2020, https://www.cnbc.com/2020/08/21/amazons-consumer-boss-jeff-wilke-to-step-down-in-2021.html (January 26, 2021).

45. Annie Palmer, "Read the full letter Amazon sent to Biden offering to help with Covid-19 vaccines," CNBC, January 20, 2021, https://www.cnbc.com/2021/01/20/amazon-sends-letter-to-biden-offering-to-help-with-covid-19-vaccines.html (February 28, 2021).

46. Jason Del Ray, "Jeff Bezos finally added 2 more women to Amazon's senior leadership team—joining 19 men," *Recode*, December 5, 2019, https://www.vox.com/recode/2019/12/5/20998013/amazon-s-team-leadership-women-jeff-bezos-tech-diversity (February 28, 2021); Taylor Soper, "Here are the three Amazon execs who just joined Jeff Bezos' elite 'S-team' leadership suite," *GeekWire*, August 21, 2020, https://www.geekwire.com/2020/three-amazon-execs-just-joined-jeff-bezos-elite-s-team-leadership-suite/ (February 28, 2021).

47. Sophie Alexander and Ben Steverman, "MacKenzie Scott's Remarkable Giveaway Is Transforming the Bezos Fortune," *Bloomberg*, February 11, 2021, https://www.bloomberg.com/features/2021-bezos-scott-philanthropy (Feburary 28, 2021).

48. Nick Tilsen, "Shifting Power and Emboldening Indigenous-Led Climate Solutions: NDN Collective on Bezos Earth Fund Grant," NDN Collective, November 25, 2020, https://ndncollective.org/shifting-power-and-emboldening-indigenous-led-climate-solutions-ndn-collective-on-bezos-earth-fund-grant/ (January 26, 2021).

49. Blake Dodge, "Amazon Wants to Provide Medical Care to Workers at Major Companies. Here's an Inside Look at Amazon Care," *Business Insider*, December 16, 2020, https://www.businessinsider.com/inside-amazon-care-telehealth-employers-2020-12 (January 26, 2021).

50. "Amazon.com Announces Financial Results and CEO Transition," Amazon,

February 2, 2021, https://ir.aboutamazon.com/news-release/news-release-details/2021/Amazon.com-Announces-Fourth-Quarter-Results (February 17, 2021)

51. "Email from Jeff Bezos to Employees," Amazon.com, February 2, 2021, https://www.aboutamazon.com/news/company-news/email-from-jeff-bezos-to-employees (March 10, 2021).